Direito do Trabalho em Tempos de Crise Econômico-Sanitária

Direito do Trabalho em Perspectiva

AMATRA-2, *vol. 1*:

Direito do Trabalho em Tempos de Crise Econômico-Sanitária

Organizadores:

Fábio Moterani

Frederico Monacci Cerutti

Marcelo Azevedo Chamone

AMATRA·2

LACIER

LACIER
Lacier Livraria e Editora
www.livrarialacier.com.br

Rua Doutor Quirino, 808 – Centro
CEP 13015-081 – Campinas, SP – Brasil

Abril 2021

Diretor: *Lacier José de Rezende*
Diretor assistente: *Eduardo Soares Aureliano*
Projeto de capa: *Fabio Giglio*
Projeto gráfico e editoração eletrônica: *Peter Fritz Strotbek – The Best Page*

Ficha Catalográfica

Dados Internacionais de Catalogação na Publicação (CIP)
(Câmara Brasileira do Livro, SP, Brasil)

Direito do trabalho em tempos de crise econômico-sanitário / organização Marcelo Azevedo Chamone , Frederico Monacci Cerutti , Fábio Moterani. -- 1. ed. -- Campinas, SP : Lacier Editora, 2021. -- (Amatra 2 ; 1)

ISBN 978-65-88805-04-6

1. Direito 2. Direito do trabalho - Brasil I. Chamone, Marcelo Azevedo. II. Cerutti, Frederico Monacci. III. Moterani, Fábio. IV. Série

21-59382 CDU- 34:331(81)

Índices para catálogo sistemático:

1. Brasil : Direito do trabalho 34:331(81)

Aline Graziele Benitez - Bibliotecária - CRB-1/3129

Sumário

Apresentação

Frederico Monacci Cerutti[1]

Com grande prazer e satisfação apresento esta obra coletiva dos magistrados da Associação dos Magistrado do Trabalho da 2ª Região. Este audacioso projeto é fruto da colaboração e esforço coletivo de juízes estudiosos que se debruçaram sobre questões surgidas nesse período tão complexo de nossa sociedade. A pandemia da Covid-19 trouxe uma série de restrições, infortúnios e complexos problemas que desaguaram no Poder Judiciário Trabalhista. O clima é de incerteza e insegurança jurídica. O empregador pode reduzir os salários do empregado? É necessária negociação coletiva? Antes de negociar ou depois? Como o sindicato fará a negociação coletiva se não pode se reunir com a base? Muitas são as dúvidas e caminhos para serem seguidos. O que é inegável é que as relações de trabalho vêm sofrendo forte impacto e a Justiça do Trabalho é o Ramo do Poder Judiciário que se apresenta como o fiel desta intrincada balança que tenta compatibilizar a tensão entre capital e trabalho. Para além da abordagem teórica, os aspectos práticos e hermenêuticos dos importantes conflitos trabalhistas foram esmiuçados pelos autores. A proposta é trazer reflexões a partir de uma constatação inexorável: o mundo do trabalho mudou. Não só as relações individuais de trabalho foram impactadas, mas o direito coletivo do trabalho teve sua função e estrutura modificadas. Os entes coletivos foram instados a lidar com problemas nunca experimentados e puderam exercer o protagonismo dentro de uma profusão de atos normativos das mais variadas fontes. Aqui faço especial menção ao infindável arcabouço normativo produzido durante a pandemia: leis, decretos municipais, estaduais e da união, medidas provisórias, mais decretos, outras medidas provisórias, medidas que caducaram... Mais uma vez, incertezas e inseguranças diante de arranjo estatal e institucional ineficiente diante de toda a multiplicidade e dinâmica de conflitos surgidos durante a pandemia. Nesse ponto, a criatividade na proposição de soluções, sempre dentro dos limites constitucionais para tanto, foi um importante agente de mudança. Mudança esta que permeou a forma da prestação jurisdicional e, especificamente, a forma de funcionamento do poder judiciário. A atividade essencial de processar e

(1) Juiz do Tribunal Regional do Trabalho da 2ª Região. Presidente da Amatra-2 para o biênio 2020-2022.

julgar conflitos não ficou parada, mas foi ressignificada com o uso da tecnologia em favor daqueles que buscam o Poder Judiciário. Audiência por videoconferência, atos telepresenciais, plataformas de reunião e outros mecanismos se tornaram presentes no dia a dia dos operadores do direito. Em meio a esta tormenta, todos os autores se debruçaram sobre temas sensíveis e procuraram trazer o aspecto humano como tema central e ponto de partida para um novo mundo do trabalho. A obra não tem a pretensão de esgotar as discussões, nem de trazer soluções prontas, mas de estimular o debate dentro de um ambiente democrático e dialético. Espero que a leitura seja proveitosa e que esta pequena contribuição da Associação dos Magistrados do Trabalho da 2ª Região promova, ao menos, uma boa e necessária reflexão às práticas nas relações de trabalho e no processo do trabalho.

PARTE I

Direito Coletivo do Trabalho

1. O Papel e Atuação dos Sindicatos no Período de Crise Sanitária

Davi Furtado Meirelles[1]

Notas introdutórias

As mudanças ocorridas no mundo nos últimos tempos, decorrentes da globalização e dos avanços tecnológicos, influenciaram diretamente o Direito do Trabalho, na medida em que impactaram as estruturas das empresas e, consequentemente, as próprias relações de trabalho.

As crises econômicas já não ficam adstritas a uma localidade, tomam proporções globais, atingindo diversos países.

Num cenário de recessão econômica, as empresas lutam por sua sobrevivência, enquanto os trabalhadores vêm seus contratos de trabalho sendo ameaçados constantemente.

As cíclicas crises econômicas que afetam essas relações de trabalho merecem especial atenção, tendo em vista que são utilizadas como mote nos discursos pela diminuição ou flexibilização dos direitos trabalhistas, tanto pelos governos de plantão, quanto pelas grandes corporações econômicas.

Como se isso não bastasse, vivemos na atualidade uma das maiores crises sanitárias, com proporções jamais vistas antes e, com elas, surgiram intensos debates sobre a desregulamentação do direito do trabalho. Então, diante de tal cenário, como garantir esses direitos? Em tempos normais, quem procura as empresas para negociação coletiva são os sindicatos sérios, representativos. Porém, em cenário econômico (e sanitário) desfavorável, quem procura para negociar são os patrões e, geralmente, com uma pauta pronta: demissões ou flexibilização de direitos, numa perspectiva quase sempre desfavorável aos trabalhadores.

---

(1) Desembargador Federal do Trabalho do TRT da 2ª Região (SP). Professor Titular da Faculdade de Direito de São Bernardo do Campo e Professor Convidado da Escola Paulista de Direito (EPD). Mestre e Doutor em Direito do Trabalho pela PUC-SP. Foi Advogado e Coordenador do Departamento Jurídico do Sindicato dos Metalúrgicos do ABC.

Os sindicatos mais fortes e representativos, preocupados com as consequências danosas de uma demissão em massa na sociedade, negociam para evitar as demissões. Com o intuito de alcançar o menor impacto social possível, esses sindicatos precisam negociar de maneira cuidadosa, pois a sobrevivência de famílias está em jogo.

Porém, até que ponto os sindicatos podem negociar? Além disso, as empresas podem se aproveitar desses períodos para promover dispensas e adotar outras formas de contratação para diminuir custos? E a preocupação com a proteção desses trabalhadores no seu meio ambiente de trabalho?

Diante dessa nova realidade, relevante apresentar a importância da negociação coletiva como instrumento hábil para amenizar os impactos causados pelas crises econômicas e sanitárias, evitando a dispensa em massa dos trabalhadores, preservando a manutenção dos empregos, por meio de normas jurídicas negociadas coletivamente, pois diante da indiscutível crise econômica oriunda da pandemia que o mundo vem enfrentando, percebe-se que, cada vez mais, as relações empregatícias têm sido afetadas com desempregos estruturais.

Fato é que a legislação, ainda que protecionista, muitas vezes não é capaz de solucionar de maneira rápida e eficaz os problemas trabalhistas que surgem em tempos de crises econômicas e sanitárias, por ser rígida, incapaz de se modelar caso a caso.

Diante de tudo isso, procuraremos aqui analisar o novo papel dos sindicatos face às novas crises econômicas e sanitárias, decorrentes da pandemia do coronavírus (Covid-19).

1. Surgimento dos sindicatos

Em que pese a negociação coletiva somente ter ganhado importância no ordenamento jurídico brasileiro a partir de 1988 (já que até então ela era colocada em segundo plano diante da intensa intervenção estatal nas relações laborais e no sistema sindical, o que inibia o pleno exercício da autonomia privada coletiva), faz-se imperioso um estudo preliminar do desenvolvimento do sindicalismo no mundo e, posteriormente, no Brasil, de forma que seja possível entender e contextualizar os motivos que levaram a sua criação, e sua atual importância, tendo em vista a atual Carta Magna ter legitimado tais órgãos para atuarem como representantes dos atores das negociações coletivas.

1.1. Surgimento dos sindicatos no mundo

Ao falar da história do sindicalismo na esfera mundial, a doutrina tem por costume dividir a evolução em três fases, a saber: fase da proibição, fase da tolerância e fase do reconhecimento jurídico.

Com a origem do mercantilismo, no século XIV, surgem as corporações de ofício, nascendo a partir de então as primeiras formas organizadas de trabalho. Essas corporações possuíam seu próprio estatuto e "normas trabalhistas", motivo pelo qual, muitos autores as consideram o embrião do sindicalismo.

Mais à frente na história, foram com as conhecidas revoluções liberais, principalmente a Revolução Francesa e a Revolução Industrial, que as associações de trabalhadores tornaram-se proibidas, tendo em vista que os ideais liberais da época pregavam a predominância dos interesses da burguesia e, em conseqüência, defendiam a propriedade privada. Eis aqui a fase da proibição.

O segundo momento do sindicalismo consiste na fase da tolerância, momento a partir do qual os Estados, no geral, resolvem revogar as leis penais que consideravam crime as associações de trabalhadores, que proibiam a coalizão desses operários.

Essa alteração de visão dos Estados em relação ao sindicalismo tem como base a questão social, ideia que foi implementada com o período liberal e teve seu ponto alto na Revolução Industrial.

Nesse período, com o surgimento da máquina a vapor ampliaram-se as empresas, uma vez que os trabalhos realizados pelas máquinas, antes realizados de forma artesanal, tornaram-se mais rápidos e produtivos. Como consequência, muitos postos de trabalho foram extintos, causando o desemprego.

As condições de trabalho eram precárias, com jornadas excessivas que chegavam a atingir quatorze, dezesseis horas, sem diferenciar trabalho diurno e noturno, e sem a menor condição de higiene e segurança.

O objetivo do empregador era aumentar ao máximo seu lucro, pagando o menor salário possível e explorando a mão de obra operária, não só de homens, como também de mulheres e crianças.

Diante de tal situação, a Revolução Industrial criou o cenário perfeito para a formação das coalizões de trabalhadores que se sentiam oprimidos nas fábricas, em degradantes condições de labor, despertando o propósito associativo.

Portanto, é nesse momento que a história do nascimento do Direito do Trabalho e do Direito Sindical acabam se misturando e se complementando, uma vez que o sindicato surgiu como meio de defesa das reivindicações dos trabalhadores que buscavam melhores condições de trabalho.

A mudança de paradigmas vivida pela sociedade afetou diretamente a postura do Estado frente ao sindicalismo, tendo como primeiro passo a tolerância de tais associações.

Todavia, a mera postura de aceite por parte do Estado já não era suficiente, momento a partir do qual surge a terceira fase, denominada fase de reconhecimento. O Estado, que até então se mantinha inerte, passou a intervir nas relações trabalhistas, promulgando leis protecionistas que regulavam as condições de labor.

A partir de então, com o reconhecimento legal das associações sindicais na esfera ordinária, a matéria foi inserida nos textos constitucionais, a exemplo da Constituição Mexicana de 1917, que em seu art. 123 regulamentou todo o trabalho, versando inclusive sobre o direito de greve, e da Constituição de *Weimar*, de 1919, que traz os arts. 159 e 165, onde o primeiro garante a liberdade de associação para melhoria das condições de trabalho e o segundo reconhece a organização de trabalhadores e patrões.

Com efeito, é com o fim da Primeira Guerra Mundial, que o direito de sindicalização, tanto para os trabalhadores quanto para seus empregadores, surge concretamente, passando a ser regulamentado pelo art. 427, inciso II, do Tratado de Versalhes.

Ainda em Versalhes, foi aprovada a criação da Organização Internacional do Trabalho (OIT), organismo especial ligado à Organização das Nações Unidas (ONU), que tratou de adotar convenções internacionais versando sobre o princípio da liberdade sindical. Destacam-se a Convenção n. 87, sobre liberdade sindical e proteção ao direito sindical e a Convenção n. 98, sobre direito de organização e negociação coletiva.

Paralelamente, em Paris, foi aprovada a Declaração Universal dos Direitos do Homem, que em seu artigo XX, dispõe que todo homem tem direito à liberdade de reunião e associação, para fins pacíficos, seguido pelo artigo XXIII, mencionando especificamente que todo homem tem direito a organizar sindicatos e nele ingressar para proteger seus interesses.

Daí em diante os sindicatos tiveram seu reconhecimento internacional.

1.2. Surgimento dos sindicatos no Brasil

O desenvolvimento do sindicalismo no Brasil não se deu na mesma época em que ocorreu nos continentes europeus, tendo em vista a predominância da economia agrária no Brasil Imperial.

As primeiras organizações operárias com características de associação e cunho reivindicatório, que buscavam melhores salários e redução de jornada de trabalho, foram a Liga Operária de 1870, a União Operária, em 1880, e, posteriormente, a União dos Estivadores, instituída em 1903.

Foi nesse mesmo ano que se criou o Decreto n. 979, primeira norma elaborada para regulamentar a atividade sindical, prevendo, a criação de sindicatos mistos, tendo como funções o estudo, o custeio e a defesa dos seus membros.

Quatro anos depois, em 05 de janeiro de 1907, surge o Decreto n. 1.637, para complementar o anterior, estabelecendo, além das atividades previstas no Decreto n. 979, o desenvolvimento dos interesses gerais da profissão e dos interesses profissionais de seus integrantes, podendo, a partir desse momento, inclusive, contratar em nome dos obreiros.

Com a chegada de Getúlio Vargas ao poder, em 1930, o sindicalismo brasileiro entra em outro momento histórico. Em 1931, com o Decreto n. 19.770, a sindicalização no Brasil foi regulamentada, passando o Estado a reconhecer a existência do sindicato como instituição capaz de auxiliar o pleno funcionamento da ordem constituída, sendo em 1932, por meio do Decreto n. 21.764, oficialmente reconhecidas as negociações coletivas de trabalho.

Em 1934, é estabelecida na Carta Constitucional a pluralidade sindical, que pouco tempo depois, em 1937, após o Estado restabelecer as diretrizes de 1931, cai por terra, sendo adotado o princípio da unicidade sindical.

Com a Consolidação das Leis do Trabalho (CLT), por meio do Decreto-lei n. 5.452, de 01 de maio de 1943, que teve como objetivo reunir e ampliar as leis trabalhistas, a unicidade sindical foi mantida e regulamentada. Todas essas iniciativas estatais, fortemente influenciadas pelo modelo italiano com a *Carta del Lavoro* de 1927, concretizaram o ideário corporativista do governo de Vargas.

Assim, para se libertar desse Estado manipulador, alcançando a verdadeira autonomia, no final dos anos 1970, influenciados pelo novo sindicalismo surgido no ABC paulista, os sindicatos pressionaram o Estado por reforma e democracia.

Nesse período ocorreu o nascimento das primeiras centrais sindicais, tais como a CUT (Central Única dos Trabalhadores), no CONCLAT (Congresso Nacional da Classe Trabalhadora) de agosto de 1983 e, em seguida, a CGT (Confederação Geral dos Trabalhadores). Em 1991, surgiu a Força Sindical.

Surgiram, ainda, as primeiras representações internas de trabalhadores, chamadas de comissões de fábrica, o que levou a um gradual rompimento com o sistema sindical corporativista então vigente.

Assim, pode-se concluir que tanto no âmbito mundial como no Brasil os sindicatos surgiram como um fenômeno sociológico, diante da necessidade de os trabalhadores buscarem melhores condições de trabalho por meio de soluções pacíficas de conflitos. Esta sempre foi sua missão.

2. Os sindicatos após a Constituição Federal de 1988

A Constituição de 1988 trouxe ao longo dos seus 170 primeiros artigos os fundamentos principiológicos da dignidade da pessoa humana, do valor social do trabalho, da livre-iniciativa e da função social do trabalho.

No campo sindical, afastou qualquer possibilidade jurídica de intervenção do Estado sobre os sindicatos, rompendo com o controle político-administrativo que até então exercia na estrutura sindical, por meio do antigo Ministério do Trabalho.

Os direitos trabalhistas e sociais estão dispostos no art. 7º. Em seguida, o art. 8º, *caput*, dispõe sobre a liberdade sindical, mas impõe restrições ao longo dos incisos do artigo, assinalando o aspecto contraditório do modelo sindical brasileiro.

Apesar de um modelo contraditório, os pontos mantidos na Constituição são frutos da influência de uma parte do movimento sindical, que passou a ter mais força e a influenciar nos rumos políticos do país. Porém, ressalte-se que apesar de ser um tipo de sindicalismo restritivo, reflete o consentimento dos sindicatos, mesmo que não seja o modelo sindical desejável.

O atual modelo sindical no Brasil é limitado, pois a existência de sindicato por categoria econômica ou profissional, algumas profissões ficam à margem, sem um sindicato que realmente represente os seus interesses. Fosse uma organização a partir da categoria preponderante, no qual os trabalhadores escolhem a entidade que melhor os represente, seria o mais ideal, pois refletiria a vontade do trabalhador.

Portanto, trata-se de uma liberdade relativa na medida em que há inúmeros entraves na legislação brasileira, como a unicidade sindical (art. 8º, inciso II, da CF), a contribuição sindical que vigorou como obrigatória até a recente Reforma Trabalhista da Lei n. 13.467/2017 (art. 8º, inciso IV, parte final, da CF), o sistema confederativo e o conceito de enquadramento sindical por categoria (art. 8º, inciso IV, da CF), e o poder normativo da Justiça do Trabalho (art. 114, §§ 2º e 3º, da CF).

A liberdade na organização sindical pressupõe que os trabalhadores decidirão a forma como se organizarão, espontaneamente, com possibilidade de pluralidade sindical, independente de categorias, sem contribuições obrigatórias, com liberdade de filiação e com direito à negociação coletiva, sem interferência do Estado ou do Judiciário.

3. A importância da negociação coletiva

A negociação coletiva de trabalho é consubstanciada no princípio da autonomia privada coletiva, ou seja, na liberdade que as partes do processo negocial têm de regulamentar toda e qualquer matéria relacionada ao Direito do Trabalho, dentro de alguns limites que a sistemática legislativa impõe. Esses limites são os chamados direitos indisponíveis (que não podem ser renunciados) e as normas de ordem pública (que dizem respeito à saúde e segurança do trabalhador no meio ambiente de trabalho).

Mas, em nenhuma hipótese podemos interpretar essa limitação como se fosse a inegociabilidade desses direitos. Do contrário, jamais poderíamos negociar para melhorar aquele mínimo que a legislação nos garantiu, e não há dúvidas de que esse tipo de negociação pode, e deve, ocorrer sempre.

O limitador ao processo de negociação coletiva existe para evitar prejuízos ao trabalhador, parte mais fraca na relação trabalhista, e que, por isso mesmo, mereceu proteção.

A dificuldade em conciliar o princípio protetivo com a dinâmica da negociação coletiva aparece quando esta última não visa melhorar ou piorar o que está previsto em lei, mas manter o mesmo patamar de direitos, todavia, aplicados de forma diferenciada ao que a legislação prevê. É o que chamamos de flexibilização de direitos.

A palavra "flexibilização" encontra-se um tanto quanto desgastada, o que leva a um certo preconceito quando da sua aplicação. Foi muito combatida no passado por representar o sinônimo de precarização.

O *caput* do art. 7º da Constituição Federal traz um dos princípios mais importantes para o Direito do Trabalho: a melhoria da condição social do trabalhador, ou a vedação do retrocesso social. Tal significa que, quando o legislador constitucional expressou que *"são direitos dos trabalhadores urbanos e rurais"*, quis o mesmo elencar não apenas aqueles que estão previstos nos incisos do mesmo art. 7º, mas também outros que puderem contribuir para *"a melhoria se sua condição social"*.

E muitos desses direitos poderão surgir por meio de acordos e convenções coletivas de trabalho, inseridos também no contexto dos direitos sociais (inciso XXVI do art. 7º).

Reunindo os princípios relacionados ao Direito Sindical, temos que a autonomia privada coletiva permite que a negociação coletiva tenha por objetivo a adequação setorial, desde que visando, sempre, a melhoria da condição social do trabalhador.

4. A reforma trabalhista e a prevalência do negociado sobre o legislado

A polêmica questão relativa à prevalência do negociado sobre o legislado tornou-se o ponto mais importante da Reforma Trabalhista de 2017 (Lei n. 13.467/2017) desde quando foi anunciada e preparada.

É certo que a negociação coletiva, concretizada em acordos coletivos e convenções coletivas de trabalho, tem por função melhorar as condições de trabalho e de vida do trabalhador, numa situação absolutamente mais positiva do que a legislação prevê, por vezes aplicando o direito posto de forma diferenciada do que previsto legalmente, mas de maneira mais adequada à situação vivenciada pelas partes (empresa e trabalhador). O que não se deve é permitir que a negociação coletiva prevaleça sobre a lei, quando da ocorrência de retirada de diretos mínimos hoje legalmente assegurados.

Como já analisado anteriormente, a Constituição Federal de 1988, que veio estimular a negociação coletiva, trouxe no seu art. 7º um rol de direitos mínimos, que são direitos sociais, que não podem ser negociados em prejuízo do trabalhador, podendo ser melhorados ou, ainda, flexibilizados. Ocorre que a negociação coletiva no Brasil é baseada em alguns princípios básicos, e um deles é o da autonomia privada, o que quer dizer que a liberdade de negociar permite que os sindicatos de trabalhadores e as empresas negociem algo diferente do que está na lei. Para melhorar, ninguém tem dúvida. O que não pode é negociar piorando aquele mínimo que está garantido em lei. Mas, o que é melhorar e o que é piorar? É uma dúvida que sempre surgiu.

Pode-se argumentar que a garantia de direitos mínimos que estão na lei, de forma inflexível, pode gerar um custo demasiadamente alto para a empresa, que venha redundar em desemprego. Será que estamos realmente protegendo esse trabalhador? É nesse contexto que surge a importância da negociação coletiva, já que ela vai aplicar a lei, ajustando as situações a cada realidade de setor, a cada empresa especificamente, o que chamamos no Direito do Trabalho de "adequação setorial". Para isso serve a negociação coletiva, para promover adequação setorial. Então, quando se tem um rol de direitos garantidos na Constituição, é preciso imaginar que esse rol de direitos vai ser aplicado na medida do que for possível, dentro dos ajustes necessários, e a negociação coletiva é que vai garantir isso.

Já vínhamos assistindo, há alguns anos, determinadas negociações que faziam esses ajustes. O próprio Supremo Tribunal Federal (STF) vinha permitindo a prevalência do negociado sobre o legislado já há algum tempo, desde que se garantam alguns direitos mínimos e, ainda que haja supressão de alguns direitos, que se garanta, em contrapartida, outros benefícios compensatórios, processo este que nós podemos chamar de "flexibilização de direitos".

Assim, embora se reconheça que os direitos sociais são garantidos como direitos fundamentais constitucionalizados, protegidos como cláusulas pétreas, portanto, irrenunciáveis, os mesmos são passíveis de aplicação alternativa a cada caso concreto, desde que haja compensação que garanta a vedação do retrocesso social. Flexibilizar com segurança jurídica não parece levar a um arriscado processo de precarização de direitos, menos ainda, à desregulamentação dos mesmos.

O que pode justificar a prevalência do negociado sobre o legislado, flexibilizando a concessão de alguns direitos em troca de outros benefícios compensatórios, é a busca do equilíbrio econômico do contrato, princípio que, desde o Código Civil de 2002, é base fundante do direito contratual brasileiro, evitando o enriquecimento sem causa de uma parte em detrimento da possibilidade de lesão à outra, promovendo uma ideia de justiça contratual.

Com os mesmos fundamentos principiológicos devemos analisar a alteração promovida no art. 620 da CLT, um dos dispositivos que sustentam o princípio protetivo do Direito do Trabalho. Não é segredo para ninguém que a Justiça do Trabalho, e o próprio Direito do Trabalho, protege o trabalhador em detrimento da empresa. Esse princípio protetivo é necessário porque o trabalhador é a parte mais frágil da relação, é a parte hipossuficiente, ele precisa de ter o mínimo de proteção em relação ao seu empregador.

O que sustenta essa proteção na CLT são basicamente três artigos: o art. 9º, que estabelece que tudo aquilo que vier a fraudar a CLT é nulo; o art. 468, que não permite a alteração unilateral do contrato de trabalho, nem a bilateral que venha trazer prejuízo para o trabalhador; e o art. 620, que dizia que as condições previstas em convenção coletiva, quando mais favoráveis, deveriam ser aplicadas em detrimento do acordo coletivo, o que significa, por outro lado, que se o acordo é mais favorável, ele que se aplica em detrimento da convenção.

Ali estava garantida a prevalência da norma mais favorável para o trabalhador, e agora a Reforma Trabalhista modifica essa garantia e institui a prevalência da norma mais específica, quando diz que as condições previstas em acordo coletivo de trabalho sempre prevalecerão sobre a convenção coletiva.

Vejamos o quadro que poderemos ter daqui por diante: além do negociado prevalecer sobre o legislado, a negociação mais específica vai valer sobre a mais geral. E a mais específica nem sempre é feita com o sindicato, pois é aquela que se desenvolve no âmbito da empresa, que muitas vezes poderá ser realizada com a representação interna de trabalhadores, agora regulamentada nos arts. 510-A a 510-D da CLT, visando dar efetividade ao art. 11 constitucional. Ocorre que essa regulamentação na Reforma acabou por afastar o sindicato dessa representação interna, permitindo que a empresa possa interferir na representação da forma como ela quiser. Podemos vivenciar num futuro próximo várias empresas estimulando a criação de representações internas de trabalhadores para negociar ao seu bel-prazer. E essa negociação coletiva no local de trabalho vai poder prevalecer sobre a convenção coletiva da categoria, que vai prevalecer sobre a lei.

Novamente a polêmica está estabelecida. Baseado na vedação do retrocesso social quanto às conquistas de direitos para os trabalhadores, essa prevalência do acordo coletivo sobre a convenção coletiva somente poderá ser reconhecida caso não fique caracterizada a retirada de direitos, ou a sua precarização em relação ao que até aqui era garantido.

Como argumentamos acima, o equilíbrio contratual está garantido no Código Civil de 2002, não podendo haver lesão de uma parte em detrimento da outra. A negociação coletiva vai buscar esse equilíbrio, num processo de ganha-ganha, em que os dois lados possam sair satisfeitos.

Portanto, a prevalência do negociado sobre o legislado somente deve ser reconhecida se não houver afronta ao princípio da melhoria da condição social do trabalhador, ou da vedação ao retrocesso social, garantido no *caput* do art. 7º constitucional, o que também deve ser observado na nova regra do art. 620 da CLT, na media em que as alterações infraconstitucionais vindas com a Reforma Trabalhista não podem violar princípios e garantias constitucionais, consagradas em cláusulas pétreas.

A negociação coletiva deve continuar cumprindo o seu papel de buscar o equilíbrio na relação contratual de trabalho, como forma de contemplar as necessidades dos dois lados.

5. A negociação coletiva em tempos de pandemia

Considerando seu processo histórico, podemos afirmar que a negociação coletiva é um direito individual do trabalhador (e da empresa isoladamente), porém, de exercício coletivo, através de um ente sindical ou de um grupo de trabalhadores que venha representar os demais. De tal forma que a legislação infraconstitucional brasileira condena a recusa à sua realização, ao dispor no *caput* do art. 616 da CLT que *"os sindicatos representativos de categorias econômicas ou profissionais e as empresas, inclusive as que não tenham representação sindical, quando provocados, não podem recusar-se à negociação coletiva"*.

Nesse contexto, e considerando a sistemática constitucional brasileira, à parte de ser um direito fundamental, a negociação coletiva confronta o valor social do trabalho com a livre-iniciativa, constituindo-se num dever das partes (trabalhadores e empresas).

Portanto, conforme já analisado anteriormente, o seu exercício visa buscar um equilíbrio de forças, observando-se pleitos e benefícios que sejam razoáveis e proporcionais a cada situação real negociada. Esse aspecto se desdobra, ainda, numa importante função da negociação coletiva, qual seja, a adequação setorial negociada.

Já a flexibilização de direitos compreende o ato de afrouxamento ou eliminação de leis ou normas, em especial as que afetem relações econômicas, cuja utilização, na esfera trabalhista, implicaria numa elasticidade, ou possibilidade de manejamento desse conjunto de normas. A questão é se isso vai ocorrer unilateralmente, sem qualquer contrapartida de direitos, o que parece impossível no sistema constitucional brasileiro, o que vai caracterizar, inclusive, em precarização de direitos; ou se haverá compensação de outros direitos ou benefícios em relação àqueles que foram flexibilizados.

A flexibilização, em princípio, não seria possível, sob o prisma constitucional, na medida em que há um dever de proteção ao trabalhador, como parte vulnerável na relação de trabalho, garantindo-lhe os direitos já conquistados. Uma possível revisão desses direitos trabalhistas consagrados deve verificar os limites desse ato à manutenção de uma proteção ao trabalhador, ao menos no que tange à garantia do mínimo existencial.

Nesse sentido, ressalta-se a importância da negociação coletiva enquanto mecanismo capaz de identificar a melhor aplicação das normas jurídicas diante da realidade econômica, sobretudo no âmbito da empresa.

No campo dos direitos e garantias individuais a necessária proteção ao trabalhador faz muito mais sentido, face à sua reconhecida inferioridade econômica perante o empregador. Porém, no campo das relações coletivas, a equivalência e a igualdade dos entes contratantes vai desaconselhar a necessidade de excessiva proteção, permitindo a flexibilização daqueles direitos e garantias.

E de todo esse aspecto analisado, o mais relevante parece ser a necessidade de se buscar soluções adequadas para as demandas que surgem no dia a dia das relações de trabalho. O moderno direito exige maior flexibilidade na aplicação das fontes normativas articuladas, hoje menos imperativas e mais dispositivas ou supletivas, que possibilitem maior conformação com a realidade através de instrumentos normativos.

Se, numa situação de plena normalidade, tudo isso vem sendo observado nas relações coletivas de trabalho, com muito mais razão essa sistemática interpretativa há de ser buscada e aceita pelas partes interessadas em momentos de excepcionalidade, pela qual estamos passando com a crise do coronavírus (Covid-19).

É bem verdade que desde o início da pandemia, com o advento da então Medida Provisória n. 927, em 22 de março de 2020, editada em caráter de urgência para vigorar durante o período do estado de calamidade pública decretado dois dias antes (em 20.03.2020), já se permitia a negociação individual sobre direitos como teletrabalho, antecipação de férias individuais, concessão de férias coletivas, aproveitamento e antecipação de feriados, banco de horas, suspensão de exigências administrativas em segurança e saúde no trabalho e recolhimento de FGTS, conforme estabeleceu seu art. 3º.

Da mesma forma, a então Medida Provisória n. 936, de 1º de abril de 2020, na seqüência, ampliou a possibilidade de negociação individual para a redução de jornada de trabalho, com a consequente redução salarial (art. 7º), ou mesmo suspensão temporária do contrato de trabalho (art. 8º), tendo como contrapartida a garantia de emprego (art. 10), durante o mesmo período do estado de calamidade declarado.

Mas, e os demais direitos e benefícios, legais e convencionais, não inseridos no dispositivo citado? É simples. Continuaram a depender de negociação coletiva, e não individual. Até mesmo os tópicos elencados no art. 3º da MP n. 927/2020 e nos arts. 7º e 8º da MP n. 936/2020 podiam ser objeto de negociação coletiva, ao invés de tratativa individual. Afinal, como diz a máxima, "quem pode o mais, pode o menos".

Em tempos de crise econômica e sanitária, como a atual, evidente que o empregador buscará negociar direitos com a finalidade de reduzir seus custos, visando se adequar ao momento econômico. Muitos sindicatos profissionais poderão se recusar a negociá-los, porém, deixando de cumprir, assim, seu dever enquanto titular do processo negocial, como comentado mais acima.

Na ausência do sindicato, ou na sua recusa injustificável, a negociação coletiva poderá ocorrer, sim, por outros meios, tais como, com a participação das federações e confederações da mesma categoria, nos termos do art. 617 da CLT, ou ainda, diretamente com os próprios trabalhadores interessados, através de comissões por eles escolhidas.

Conforme analisado no tópico anterior, a Reforma Trabalhista de 2017, consubstanciada na Lei n. 13.467, acrescentou os arts. 510-A a 510-D à CLT, orientando e disciplinando o funcionamento das representações internas de trabalhadores, dando cumprimento à regra constitucional do art. 11.

Mas, desde então, poucas foram as empresas que tiveram essa experiência sacramentada, o que permitiria a negociação coletiva no próprio local de trabalho, colaborando para os ajustes necessários em tempos como os que vivemos agora. Os modelos até aqui existentes são parcos e prematuros, destacando-se as conhecidas comissões de fábrica dos metalúrgicos do ABC, existentes desde a década de 80 do século passado. Mas, como já enfatizado, a negociação coletiva não é um privilégio do ente sindical, ou mesmo de uma representação interna regulamentada. É um direito do trabalhador, de cunho individual.

Portanto, quando a parte final do § 1º do art. 617 da CLT, após as tentativas frustradas de intervenção dos titulares do processo negocial, autoriza que "*... poderão os interessados prosseguir diretamente na negociação coletiva até final*", isso significa que os próprios trabalhadores interessados podem escolher comissões ocasionais para negociar termos específicos com as empresas. E haverá, com certeza, segurança jurídica no que for negociado, situação essa que se justifica, mais ainda, em momentos de exceção como o que estamos vivendo.

Mesmo que certas formalidades legais sejam inobservadas, como a necessidade de assembleia (art. 612 da CLT), que muito bem pode ser substituída por consultas e aprovações por meios eletrônicos (conforme já autorizava o inciso II do art. 17 da MP n. 936/2020, dispositivo mantido integralmente na Lei n. 14.020/2020), ou depósito do instrumento normativo negociado, que tem por finalidade maior a publicidade do mesmo, desnecessária no caso de negociação coletiva localizada, tudo estará sendo válido, se o objetivo de regulamentar e preservar direitos forem garantidos.

Mais uma vez, enfatizamos, o que se quer alcançar é o equilíbrio econômico contratual necessário para ajustamento das relações coletivas de trabalho. Há que se estabelecer uma correlação entre os instrumentos normativos disponíveis e aplicar o direito que for mais conveniente para as partes diretamente interessadas.

Importante analisar, contudo, a possibilidade de haver conflito entre o conteúdo dos acordos individuais em relação aos instrumentos coletivos, regra que está prevista no art. 12, § 5º, incisos I e II, e § 6º, da Lei n. 14.020, de 06 de julho de 2020, originária do Projeto de Lei de Conversão n. 15/2020.

Vale ressaltar, antes de mais nada, que estamos tratando de uma legislação especial, com período de vigência determinado. A então Medida Provisória n. 936, depois transformada no Projeto de Lei de Conversão n. 15/2020, e sancionada como Lei n. 14.020/2020, vigorará enquanto permanecer o estado de calamidade pública que foi decretado no país (Decreto Legislativo n. 6, de 20 de março de 2020). Regulamentará as relações de trabalho durante esse período de calamidade pública.

Parece-nos evidente, portanto, que haverá um conflito de interpretação na aplicação das regras postas, na medida em que, por exemplo, no caso do art. 12, §§ 5º e 6º, da Lei n. 14.020/2020, haverá a possibilidade de, sobrevindo um instrumento coletivo e, sendo este, melhor do que o acordo individual autorizado desde a MP n. 936/2020, o mesmo se sobrepor ao acordo individual.

O dispositivo em comento é claro ao dispor que o acordo individual firmado em data anterior somente vai permanecer válido se ficar demonstrado que o mesmo é mais benéfico para o trabalhador do que o instrumento normativo (aqui, leia-se, acordo coletivo ou convenção coletiva) que vier posteriormente.

Tal fato poderá trazer certos desdobramentos ainda desconhecidos, com uma certa dose de polêmica, porque não se sabe em que medida ou em que momento isso poderá acontecer. Certamente vai depender de cada caso concreto, e o Judiciário Trabalhista saberá dar a resposta adequada a esses casos, na medida em que muitos acordos individuais foram firmados e estão em vigor.

Porém, na medida em que novos acordos coletivos (ou convenções coletivas, a depender de cada situação negociada) forem sendo realizados a partir de agora, eles poderão se sobrepor àqueles acordos individuais, ressalvando sempre, não trazendo estes últimos condições mais vantajosas e benéficas para o trabalhador do que o instrumento coletivo posterior. A regra geral é essa.

Essa sistemática trazida pela legislação especial valoriza a autonomia privada coletiva, na medida em que o instrumento normativo oriundo da negociação coletiva volta a se sobrepor ao acordo individual. Ao que parece, o legislador brasileiro tomou o cuidado de fazer uma reparação ou, pelo menos, minimizar um dos maiores problemas advindos com a antiga MP n. 936/2020, que causou grande celeuma naquela oportunidade, que foi, justamente, a autorização para acordos individuais poderem prevalecer sobre normas coletivas já sedimentadas, sobretudo no caso de ausência de atuação sindical.

O que parecia justificar aquela sistemática era a necessidade e urgência em disciplinar uma situação excepcional, colocando ao empregador e ao empregado uma alternativa para ajustarem seus contratos individuais de trabalho, principalmente naqueles locais onde os sindicatos não atuam com certa frequência, onde têm uma dificuldade maior de manter certa representatividade.

Invoco, aqui, o testemunho de um caso ocorrido em minha terra natal, no interior de Minas Gerais. O proprietário de um posto de combustíveis não via condições de negociar com o sindicato representativo da categoria profissional, justamente porque este nunca aparecia para a negociação coletiva. E os seus empregados jamais se sentiram representados por uma organização sindical de classe. A regra estabelecida pela então Medida Provisória o socorreu, permitindo fazer os acordos individuais, regulamentando as condições de trabalho para aquele momento e, com isso, preservando os empregos. Era essa, nos parece, a finalidade.

Quando a matéria foi questionada quanto à sua constitucionalidade no Supremo Tribunal Federal (STF), o relator, ministro Ricardo Lewandowski, analisou e concedeu aquela liminar que esclarecia que o acordo individual firmado deveria ser comunicado posteriormente ao sindicato profissional respectivo. Este, por sua vez, se desejasse, poderia iniciar um processo de negociação coletiva e estabelecer um acordo coletivo, cumprindo o seu papel. Caso contrário, a situação estaria sacramentada, estaria validado o acordo individual que foi feito.

A Suprema Corte, no entanto, decidiu pela constitucionalidade da regra, e pela desnecessidade de comunicação à entidade sindical. Parece-nos que o Poder Legislativo, quando da votação do PLC n. 15/2020, agora convertida na Lei n. 14.020/2020, voltou a valorizar o papel do sindicato. Justamente porque volta-se a dar importância à autonomia da vontade coletiva, já que, em havendo o acordo coletivo ou a convenção coletiva, onde há a participação sindical, o instrumento coletivo se sobreporá ao acordo individual que foi realizado. Salvo, lembrando mais uma vez, se este acordo individual for melhor para o trabalhador.

Interessante notar que a regra do princípio protetivo do trabalhador, que sempre norteou a ciência do Direito do Trabalho no Brasil, mas que foi esquecida por ocasião da Reforma Trabalhista (Lei n. 13.467/2017), volta à sua relevância histórica e original. Na oportunidade daquela Reforma, voltamos a lembrar, o art. 620 da CLT foi alterado de forma substancial, cuja nova redação procurou valorizar a especificidade da norma em detrimento da proteção do trabalhador, quando estabeleceu que o acordo coletivo passaria a prevalecer, sempre, no confronto com a convenção coletiva, por se tratar de norma mais específica.

Com isso, pode-se dizer que a Lei n. 14.020/2020 restabeleceu uma necessária proteção ao trabalhador numa situação excepcional, em que o legislador teve a compreensão quanto à gravidade do momento.

Mais uma vez, temos que a finalidade, aqui, é trazer um maior equilíbrio contratual para as partes, em observância aos princípios da boa fé e da proporcionalidade, valores inerentes ao mundo do trabalho, base dos fundamentos constitucionais brasileiros.

Considerações finais

De tudo o que foi analisado, pode-se concluir que a todos é garantido constitucionalmente o direito a um trabalho decente e digno, dando a ele o seu devido valor social e a importância para a sociedade como um todo. E num Estado Democrático de Direito, também deve ser garantida a livre-iniciativa empresarial. O que deve levar ao equilíbrio de forças contrapostas, como o capital e o trabalho, é efetivação do princípio da dignidade humana, norte maior da nossa Constituição.

Não há vozes dissonantes de que o trabalho humano tem que ser protegido e valorizado, já que é condição necessária para proporcionar ao homem uma existência digna, afinal, não é possível alcançá-la sem gozar dos direitos sociais básicos, como alimentação, saúde, moradia e educação.

As empresas ficam com a "saúde financeira" abalada, e para conseguirem sobreviver, a primeira medida que se busca são as dispensas em massa. Nesse momento o sindicato deve intervir, servindo-se da autonomia privada coletiva que lhe conferiu a Lei Maior.

Para tanto, as negociações coletivas de trabalho apresentam-se como instrumentos de diálogos capazes de aferir excelentes resultados, pois por meio delas é possível, em meio às crises econômicas, flexibilizar temporariamente alguns direitos trabalhistas buscando uma alternativa às demissões coletivas.

Todavia, para se obter o êxito desejado, faz-se necessário observar diversos princípios, dentre eles a boa-fé, a lealdade e o repasse das informações, pois sem essas informações será impossível entender a real situação da empresa para embasar a negociação, e consequentemente buscar a melhor alternativa para os agentes envolvidos.

Imperioso, ainda, destacar que o direito de negociar coletivamente deve estar irmanado com o princípio da adequação setorial negociada. Ou seja, as normas autônomas criadas podem, e devem, prevalecer diante da legislação estatal se forem para ampliar direitos, se transacionarem parcelas laborais de indisponibilidade relativa, ou ainda, flexibilizando direitos já garantidos e praticados, adequado-os à realidade de cada empresa ou setor, desde que preservando um "patamar mínimo civilizatório".

É nesse ponto que se depara com a questão da crise econômica e sanitária pela qual passa o Brasil, e o mundo como um todo. Em períodos de exceção, uma nova leitura dos direitos e garantias do mundo do trabalho, muitos deles frutos de conquistas históricas, desde que negociados dentro dos princípios já destacados, ainda que de forma temporária, se faz necessário. Se insere, aqui, a possibilidade de reduzir temporariamente alguns direitos para que seja possível propiciar a manutenção dos empregos, protegendo um direito maior, o direito ao trabalho.

Não há dúvidas de que, em tempos de crise econômica, agora acompanhada de uma crise sanitária, os empregos acabam sendo diretamente afetados, causando um grande impacto social. Num momento em que são chamados a cumprir sua missão, os sindicatos são responsáveis na luta para, pelo menos, reduzir esse impacto.

A Reforma Trabalhista de 2017, vinda com o mote de promover a modernização da legislação trabalhista, na verdade suprimiu diversos direitos, além de impactar de maneira negativa, direta e indiretamente, na atuação dos sindicatos. É chegada a hora da virada, a oportunidade que os sindicatos queriam para demonstrar seu valor aos trabalhadores que deles necessitam.

Em tempos de pandemia, que lutem pela prevalência e pela garantia da dignidade do trabalhador ante a força econômica do capital. Que se estabeleça, através das negociações coletivas, o necessário equilíbrio nas relações contratuais de trabalho.

É o que todos desejamos.

2. Convenções e Acordos Coletivos: Conteúdo e Vigência em Tempos de Crise

Renato Sabino Carvalho Filho[1]

1. Normas coletivas

Os conflitos coletivos existentes entre os trabalhadores e empregadores, em regra, são resolvidos por meio de negociação coletiva. A negociação coletiva é, em síntese, um meio de autocomposição para se resolver conflitos coletivos de trabalho. Diz-se autocomposição, uma vez que o conflito é resolvido pelas próprias partes nele envolvidas, sem a necessidade de terceiro.

Com a negociação coletiva, espera-se que a categoria possa entabular uma norma coletiva, que pode ser uma convenção coletiva de trabalho ou um acordo coletivo de trabalho.

A negociação é, portanto, um processo, enquanto a norma coletiva e o seu resultado.

Nos termos do art. 611, *caput*, da CLT, a convenção coletiva é o "acordo de caráter normativo, pelo qual dois ou mais Sindicatos representativos de categorias econômicas e profissionais estipulam condições de trabalho aplicáveis, no âmbito das respectivas representações, às relações individuais de trabalho".

Vê-se que a convenção coletiva é entabulada por dois ou mais sindicatos. De um lado, tem-se o sindicato dos trabalhadores. De outro, estará o sindicato dos empregadores. A convenção coletiva de trabalho é, necessariamente, uma norma coletiva que conta com sindicatos em ambos os polos.

A sua aplicação ocorre no âmbito das representações das categorias. Isso significa que toda a categoria será abrangida pela convenção. Como exemplo, a convenção

(1) Juiz do trabalho no TRT2. Doutor em Direito do Trabalho pela USP. Mestre em Direito pela PUC/SP. Professor de Direito do Trabalho e de Processo do Trabalho.

coletiva dos bancários é feita entre o sindicato dos bancários e o sindicato dos bancos, tendo a sua aplicação a todos os bancários. Não importa, assim, qual é o banco empregador.

Já o acordo coletivo de trabalho é entabulado entre o sindicato dos empregadores e uma ou mais empresas. Vê-se, assim, que ele é mais específico do que a convenção coletiva de trabalho, tendo em vista que traz um conjunto de regras que serão aplicadas especificamente para os empregados da empresa acordante.

Como exemplo, independentemente da existência de convenção coletiva, o sindicato dos bancários poderá firmar acordo coletivo de trabalho com o Banco X, sendo as suas cláusulas aplicadas especificamente para os bancários empregados do Banco X.

Por se tratar de norma mais específica, o art. 620 da CLT prevê que, em havendo conflito entre as cláusulas de acordo coletivo de trabalho e de convenção coletiva do trabalho, as cláusulas daquele devem sempre prevalecer.

A elaboração de normas coletivas é, portanto, um meio pelo qual os sindicatos podem adaptar as regras legais e as condições de trabalho para uma determinada categoria.

Vale ponderar que, em diversos dispositivos, a CLT trata de contratos coletivos de trabalho. Como exemplo, temos o *caput* do art. 71. A razão de ser do termo está na Constituição de 1937, vigente à época da promulgação da CLT, em 1943. O texto constitucional então vigente não usava a denominação "convenção coletiva de trabalho", mas sim "contrato coletivo de trabalho". Em razão disso, as disposições celetistas da época usam o termo "contrato coletivo de trabalho" para se referir à atual convenção coletiva de trabalho, termo este que voltou a ser adotado pela Constituição de 1946.

Contudo, os arts. 32, parágrafo único, e 33, I, da Lei n. 12.815/2013 continua a fazer alusão aos contratos coletivos de trabalho (os dispositivos remetem à possibilidade de existência de "contrato, acordo ou convenção coletiva de trabalho"). Segundo Homero Batista Mateus da Silva, a menção aos contratos coletivos de trabalho na Lei dos Portos ocorre para permitir que seja entabulada uma norma coletiva por ente que não tenha natureza de sindicato, como o órgão gestor de mão de obra (OGMO) O legislador teria deixado, assim, aberta uma terceira via de negociação, para que não fosse alegada a impossibilidade de se mesclarem sujeitos não sindicais.(2)

2. Conteúdo da norma coletiva

O art. 613 trata do conteúdo das convenções e dos acordos coletivos de trabalho, apontando que eles devem conter, obrigatoriamente: a) a designação dos sindicatos e empresas que participaram da elaboração da norma; b) as categorias dos trabalhadores

(2) *Curso de direito do trabalho aplicado*, v. 7: direito coletivo do trabalho, p. 164-5.

abrangidas pelos dispositivos das normas coletivas (que coincidirão com o âmbito de representação dos sindicatos); c) o prazo de vigência da norma coletiva; c) as condições que foram ajustadas para reger as relações de trabalho dos empregados representados pelos sindicatos; d) os direitos e deveres dos empregados e das empresas; e) as penalidades a serem aplicadas para a hipótese de descumprimento das cláusulas da norma; f) normas para a conciliação de divergências sugeridas entre os convenentes, por motivo de aplicação dos seus dispositivos; g) as disposições sobre a prorrogação e revisão das cláusulas da norma coletiva.

As cláusulas contidas nas normas coletivas são divididas em cláusulas obrigacionais e normativas.

As cláusulas normativas dizem respeito as condições de trabalho a que se submeterão os empregados de determinada categoria durante o prazo de vigência da norma. São elas que trazem os direitos dos empregados e dos empregadores. Como exemplo, são as cláusulas que estabelecem piso salarial, adicional de horas extras ou prazos de estabilidade provisória.

As cláusulas obrigacionais, por sua vez, são aquelas que vinculam os sujeitos que entabulam as normas coletivas, trazendo obrigações que devem ser por ele cumpridas.

Amauri Mascaro Nascimento pondera que "as cláusulas obrigacionais criam direitos e deveres entre os sujeitos estipulantes, destacando-se as garantias para facilitar o exercício da representação sindical no estabelecimento".(3) E arremata que "as cláusulas normativas são as que se destinam, pela sua natureza, a aplicar-se às relações individuais de trabalho", concluindo que "o conteúdo normativo é o núcleo dos acordos e a sua parte principal, a sua verdadeira razão de ser: a constituição das normas para os contratos individuais de trabalho".(4)

O Poder Judiciário tem a atribuição de julgar a validade das cláusulas das normas coletivas. O art. 8º, § 3º, da CLT estabelece que a Justiça do Trabalho deverá analisar exclusivamente os elementos essenciais do negócio jurídico (quais sejam: sujeitos, forma e objeto, que deve ser lícito possível e determinado ou determinável). O art. 611-B da CLT traz, inclusive, rol de direitos cuja supressão ou redução tornam ilícito o objeto de convenção ou acordo coletivo de trabalho.

Doutrinariamente, Mauricio Godinho Delgado prega que a validade das normas coletivas deve ser verificada por meio de aplicação do princípio da adequação setorial negociada. Por ele, as cláusulas de normas coletivas devem trazer a adaptação das normas vigentes a determinada categoria. Para tanto, as cláusulas das normas

---

(3) *Compêndio de direito sindical*, p. 430.

(4) *Op. cit.*, p. 431.

coletivas precisam respeitar dois limites: a) quando as normas autônomas juscoletivas implementam um padrão setorial de direitos superior ao padrão geral oriundo da legislação heterônoma aplicável; b) quando as normas autônomas juscoletivas transacionam setorialmente parcelas justrabalhistas de indisponibilidade apenas relativa, e não de indisponibilidade absoluta.[(5)]

O primeiro deles é de que as cláusulas podem prever patamar de direitos superiores aos previstos em lei. Tal diretriz é natural, pois um dos objetivos da negociação coletiva é exatamente o de permitir que os trabalhadores tenham mais direitos do que aqueles já previstas na legislação.

O segundo limite é a possibilidade de transação de direitos, com a supressão ou redução daqueles que sejam de indisponibilidade apenas relativa. Não é válida, portanto, a cláusula de norma coletiva que transaciona direitos de indisponibilidade absoluta.

Segundo Godinho, existem três tipos de clausulas de indisponibilidade absoluta.[(6)]

Em primeiro lugar, estão as normas constitucionais, ou seja, os direitos trabalhistas já previstos na Constituição. Aqui também se inserem as normas que têm status constitucional em nosso ordenamento, como as previstas nos tratados internacionais de direitos humanos, ratificados pelo Brasil e aprovados, em cada Casa do Congresso Nacional, em dois turnos, por 3/5 dos votos dos respectivos membros. Como exemplo, temos a Convenção Internacional sobre os Direitos das Pessoas com Deficiência e seu Protocolo Facultativo (Decreto n. 6.949/2009) e o Tratado de Marraquexe para Facilitar o Acesso a Obras Publicadas às Pessoas Cegas, com Deficiência Visual ou com Outras Dificuldades para Ter Acesso ao Texto Impresso (Decreto n. 9.522/2018).

Além disso, temos as normas previstas nos tratados internacionais ratificados pelo Brasil (que possuem status de norma supralegal, de acordo com a jurisprudência do STF), dentre as quais se inserem as Convenções da Organização Internacional do Trabalho.

Por fim, são de indisponibilidade absoluta todas as normas infraconstitucionais que garantam um patamar civilizatório mínimo ao trabalhador. Em tal ponto, o autor exemplifica referidas normas como sendo as referentes a identificação profissional, salário, bem como saúde e segurança do trabalho.

É interessante ponderar que o rol do art. 611-B da CLT engloba exatamente os direitos constitucionais e as normas que garantem o patamar civilizatório mínimo mencionadas por Godinho.

---

(5) *Direito coletivo do trabalho*, p. 190-1

(6) *Op. cit.*, p. 192-4.

Já Luciano Martinez ensina que são cinco as fronteiras da negociação coletiva, podendo o Poder Judiciário intervir no exercício da autonomia coletiva se eles forem desrespeitados. Em primeiro lugar, a norma coletiva somente pode abranger matérias trabalhistas, não podendo prever cláusulas referentes a outros grupos intermediários de pressão, como partidos políticos e entidades religiosas ou da família. Ademais, a norma coletiva somente pode dizer respeito a direitos transindividuais, não podendo ser entabulada cláusula que diga respeito a um empregado especificamente. A terceira fronteira é que a norma coletiva não pode infringir os direitos fundamentais assegurados ao trabalhador na qualidade de cidadão, o que significa reconhecer que os direitos fundamentais devem ser respeitados (inclusive os previstos no art. 5º da Constituição, como o direito de amplo acesso à justiça). A quarta fronteira é a impossibilidade de a norma coletiva violar os direitos laborais mínimos protegidos por lei, não podendo a norma coletiva violar norma legal proibitiva ou aquilo que o constituinte identificou como núcleo mínimo civilizatório. Neste ponto, o autor pondera que a norma coletiva só poderá prevalecer nas situações em que a própria norma legal preveja essa prevalência, o que se dá no rol do art. 611-A da CLT. Por fim, a quinta fronteira é a impossibilidade de a norma coletiva macular os direitos alheios, inclusive os direitos tributários do Estado. (7)

Passemos, agora, a analisar possíveis cláusulas normativas das normas coletivas em tempos de crise econômica, notadamente a causada pela pandemia de Covid-19.

2.1. Cláusulas sobre vacinação compulsória e punições por descumprimento

A primeira discussão a ser travada é se a norma coletiva da categoria pode prever a obrigatoriedade de vacinação contra o coronavírus para todos os integrantes da categoria. Tal ponto é importante, pois cláusula em tal sentido pode ferir liberdade individual do indivíduo. Além disso, é necessário se ponderar se a convenção ou o acordo coletivo de trabalho pode prever alguma forma de punição ou retaliação ao empregado que optar por não se vacinar, tal como aplicação de justa causa ou impossibilidade de acesso às dependências do empregador.

A pandemia de Covid-19 exigiu que o Poder Legislativo prontamente editasse a Lei n. 13.979/2020, para tratar das medidas para enfrentamento da emergência de saúde pública de importância internacional decorrente do coronavírus. O art. 3º, III, *"d"*, da referida lei autoriza que as autoridades determinem a realização compulsória de vacinação e outras medidas profiláticas.

Com o avanço das pesquisas, diversos laboratórios desenvolveram vacinas para a imunização contra o coronavirus, o que foi feito em tempo deveras inferior ao que normalmente se leva para finalizar todas as fases de pesquisa das vacinas. Além disso,

(7) *Curso de direito do trabalho*. 11. ed. São Paulo: Saraiva, 2020. p. 1.042-1.045.

as vacinas existentes obtiveram apenas autorização para uso emergencial pela ANVISA, não tendo obtido, ainda, o registro definitivo.

Com isso, algumas pessoas colocam em cheque a eficácia das vacinas e externam preocupações com a possibilidade de existirem efeitos colaterais. Em razão disso, afirmam a sua opção por não se vacinar, ainda que exista campanha nacional de imunização. Ademais, algumas pessoas alegam ter direito à recusa à imunização, em decorrência de convicções filosóficas, religiosas, morais e existenciais.

Ocorre que referida liberdade individual, aparentemente, colide com o art. 3º, III, *"d"*, da Lei n. 13.979/2020, que prevê a possibilidade de vacinação obrigatória.

No ARE n. 1.267.879, foi fixada a seguinte tese de repercussão geral pelo Supremo Tribunal Federal (STF):

> "É constitucional a obrigatoriedade de imunização por meio de vacina que, registrada em órgão de vigilância sanitária, tenha sido incluída no plano nacional de imunizações; ou tenha sua aplicação obrigatória decretada em lei; ou seja objeto de determinação da União, dos estados, do Distrito Federal ou dos municípios com base em consenso médico-científico. Em tais casos, não se caracteriza violação à liberdade de consciência e de convicção filosófica dos pais ou responsáveis, nem tampouco ao poder familiar."

Também solucionando a questão, em 17.12.2020, o Plenário do Supremo Tribunal Federal (STF) julgou as Ações Diretas de Inconstitucionalidade (ADIs) ns. 6.586 e 6.587. Por maioria, a Excelsa Corte julgou parcialmente procedente os pedidos para conferir ao art. 3º, III, *"d"*, da Lei n. 13.979/2020 interpretação conforme a Constituição. Foi firmada, assim, a seguinte tese de julgamento:

> (I) A vacinação compulsória não significa vacinação forçada, porquanto facultada sempre a recusa do usuário, podendo, contudo, ser implementada por meio de medidas indiretas, as quais compreendem, dentre outras, a restrição ao exercício de certas atividades ou à frequência de determinados lugares, desde que previstas em lei, ou dela decorrentes, e (i) tenham como base evidências científicas e análises estratégicas pertinentes, (ii) venham acompanhadas de ampla informação sobre a eficácia, segurança e contraindicações dos imunizantes, (iii) respeitem a dignidade humana e os direitos fundamentais das pessoas, (iv) atendam aos critérios de razoabilidade e proporcionalidade e (v) sejam as vacinas distribuídas universal e gratuitamente; e (II) tais medidas, com as limitações acima expostas, podem ser implementadas tanto pela União como pelos Estados, Distrito Federal e Municípios, respeitadas as respectivas esferas de competência".

Em seu voto, o relator das ações diretas de inconstitucionalidade, Ministro Ricardo Lewandowski, afirma que as pessoas não podem ser vacinadas sem o seu consentimento e que o Estado não pode adotar medidas invasivas, aflitivas ou coativas. Isso, porque a vacinação sem aquiescência violaria os direitos fundamentais à intangibilidade, à integridade e à inviolabilidade do corpo humano.

Por se tratar de decisão em controle concentrado de constitucionalidade, tem ela efeito vinculante.

Saliente-se que os direitos fundamentais possuem eficácia também com relação aos particulares, o que permite reconhecer que, assim como o poder público, os particulares não podem agir de forma a obrigar a pessoa a se vacinar, sem a sua concordância.

Por tal motivo, conforme posicionamento vinculante o STF, entendemos que a cláusula que preveja a obrigatoriedade de vacinação dos empregados é inválida, por ferir liberdade individual e direitos fundamentais da pessoa.

Resta, ainda, analisar a possibilidade de previsão de sanções ao recalcitrantes, por meio de norma coletiva.

Em 27.01.2021, o Conselho da Europa aprovou a Resolução n. 2.361/2021, que prevê que a vacina não pode ser obrigatória e que ninguém pode ser política ou socialmente forçado a se vacinar. Ademais, a resolução estabelece que ninguém pode ser discriminado pela opção de não se vacinar.

Em nosso ordenamento jurídico, ainda nas ADIs ns. 6.586 e 6.587, o STF assentou-se a tese de que a legislação pode impor restrições as pessoas que se recusarem à imunização. Seriam, assim, medidas indiretas para que as pessoas optem por se vacinar. Como exemplo, poderia haver previsão legal de restrição ao exercício de atividades ou frequência a determinados lugares.

Considerando que as normas coletivas possuem cláusulas que devem ser aplicadas de forma indistinta a todos os membros da categoria (no caso de convenção coletiva de trabalho) ou a todos os empregados da empresa (na hipótese de convenção coletiva de trabalho), entendemos que o posicionamento vinculante do STF nas ADIs ns. 6.586 e 6.587 também pode ser aplicado na regulamentação dos direitos e deveres da categoria.

Com isso, as normas coletivas podem prever restrições aos empregados que se recusarem a se vacinar. Contudo, tais restrições devem respeitar os parâmetros estabelecidos pela Excelsa Corte.

Em primeiro lugar, as restrições devem ter previsão expressa na lei ou ser dela decorrentes, podendo ser implementadas pela União, pelos Estados ou Municípios, dentro de sua esfera de competência. No caso em análise, a previsão da restrição deve ser expressa na norma coletiva.

Ademais, as medidas indiretas devem ter embasamento em evidências científicas e análises estratégicas pertinentes e devem vir acompanhadas de ampla informação sobre a eficácia, a segurança e as contraindicações das vacinas.

Acrescente-se que as medidas de coerção devem respeitar a dignidade humana e os direitos fundamentais, atendendo aos critérios da razoabilidade e proporcionalidade.

Por fim, as vacinas devem ser distribuídas de forma universal e gratuita.

Entendemos que, em respeito à decisão vinculante do STF, a norma coletiva não pode prever a possibilidade de aplicação de justa causa ao empregado que se nega a tomar a vacina. Em primeiro lugar, porque ninguém pode ser punido pelo exercício regular de direito reconhecido pela Suprema Corte. Assim, se a pessoa tem o direito constitucional de se recusar a vacinar, não pode ser punida por isso. Além disso, não se trata de falta grave prevista em lei. Por fim, a decisão da Suprema Corte reconhece a possibilidade de existência de restrições aos recalcitrantes, e não de punições.

Nada impede, contudo, que possam ser impostas restrições, via norma coletiva, aos empregados que optarem por não se vacinar. Como exemplo, a norma pode prever a impossibilidade de acesso ao prédio da empresa, se a pessoa opta por não se vacinar. Nada impede, contudo, que, em decorrência de faltas injustificadas, o empregado seja punido por desídia ou abandono de emprego.

O que não se pode admitir é que a recusa à vacinação seja motivo de automática aplicação de justa causa. Isso, porque, se assim o for, o empregador seria obrigado a demitir todos os empregados não vacinados, indistintamente, sob pena de reversão da justa causa, por violação ao requisito da igualdade. Com efeito, não se pode admitir que pessoas que praticaram a mesma falta recebam punições distintas. Isso impediria, por exemplo, o empregador de manter referidos empregados em seu quadro, permitindo que seja feito o teletrabalho, conforme previsão nos arts. 75-A a 75-E da CLT.

2.2. Cláusulas de redução de salário

O art. 7º, VI, da Constituição garante a irredutibilidade salarial como direito fundamental dos empregados, ressalvada a possibilidade de redução dos salários por meio de convenção ou acordo coletivo de trabalho. Vê-se, assim, que a própria Constituição Federal previu exceção ao direito fundamental ali previsto.

É importante ponderar que as exceções aos direitos fundamentais devem ser expressamente previstas no texto constitucional. Assim, não poderia lei infraconstitucional restringir direito ali previsto. Ademais, as restrições se justificam para proteger outros direitos fundamentais.

Acrescente-se que a Medida Provisória (MP) n. 936/2020 e a Lei n. 14.020/2020 permitem que, em decorrência da pandemia de Covid-19, seja feita a redução da jornada e dos salários dos empregados, inclusive por acordo individual entre empregado e empregador. Na liminar na ADI n. 6.377, o STF que a redução de jornada e de salário, por acordo individual, durante a pandemia de Covid-19, é constitucional.

Vê-se, assim, que o texto constitucional autoriza expressamente a redução temporária de salário por norma coletiva, o que pode ocorrer em momentos de crise econômica na categoria, para a preservação dos empregos.

O art. 611-A, § 3º, da CLT trouxe uma proteção para os trabalhadores que se submeterão à redução de salário por norma coletivas. Segundo o dispositivo, a convenção ou o acordo coletivo devem prever a proteção dos empregados contra a dispensa imotivada durante o prazo de vigência do instrumento normativo.

Com isso, durante o período em que existe a redução salarial, os empregados não podem ser dispensados, tendo, portanto, garantia provisória de emprego. Nada impede que uma norma coletiva preveja, inclusive, prazo superior de estabilidade. O art. 611-A, § 3º, da CLT traria, portanto, período *mínimo* de garantia dos empregados contra a dispensa sem justa causa.

Acrescente-se que a norma coletiva deve conter cláusulas que tracem os limites da redução salarial. Com efeito, Homero Batista Mateus da Silva pondera que "Não se pode criticar esse dispositivo, exceto pelo fato de que ele não prevê teto para a redução e nem para o prazo de duração da cláusula de crise".(8)

É necessário, contudo, avaliar se a estabilidade provisória em comento decorre da lei ou da norma coletiva. A análise é importante porque algumas categorias podem elaborar normas coletivas com previsão de redução salarial, porém sem previsão de garantia de emprego no período.

Imagine-se a hipótese de dispensa de um empregado durante o período de redução de jornada e de salário previsto em norma coletiva sem previsão de estabilidade provisória para o período. Tal empregado tem direito à reintegração ou às diferenças salariais do período?

Em primeiro lugar, a literalidade do dispositivo indica que a estabilidade decorre da norma coletiva, o que significa que é a norma coletiva que deve prever a garantia de emprego no período.

Além disso, vale ponderar que os parágrafos do art. 611-A da CLT tratam exatamente do reconhecimento de nulidade das cláusulas de norma coletiva.

Tais pontos reforçam a conclusão de que, tecnicamente, o caso seria de nulidade de referida cláusula, por ausência de contrapartida expressamente prevista em lei. Com isso, o empregado deveria buscar o recebimento dos salários que não foram pagos durante o período, pois a redução foi fundamentada em cláusula objetivamente nula.

---

(8) *CLT comentada*, p. 446.

2.3. Cláusulas que preveem direitos constitucionais trabalhistas em patamar inferior ao previsto em lei

Ao permitir a redução do salário por meio de norma coletiva, é possível que se advogue a tese de que a norma coletiva também pode relativizar outros direitos constitucionais, para patamares inferiores aos previstos em lei.

Isso, porque o salário seria o principal direito trabalhista, ao permitir o sustento do empregado e de sua família. Nessa linha de raciocínio, também estaria autorizada a flexibilização dos demais direitos trabalhistas. Como exemplo, poder-se-ia cogitar de norma coletiva prevendo adicional de horas extras de 40% em tempos de crise.

Contudo, a lógica de que "quem pode mais também pode menos" não pode ser aplicada.

Em primeiro lugar, porque a flexibilização de direitos constitucionais por meio de negociação coletiva deve ser autorizada constitucionalmente de forma específica. Assim, não se poderia aplicar interpretação extensiva aos casos previstos no art. 7º da Lei Maior.

Ademais, a negociação de direitos constitucionais trabalhistas em patamares inferiores aos previstos em lei violariam o princípio da adequação setorial negociada, tendo em vista que os direitos constitucionais trabalhistas são normas de indisponibilidade absoluta.

Por fim, referida cláusula seria nula, por ter objeto ilícito, conforme art. 611-B da CLT. Recorde-se que todos os direitos previstos no art. 7º da Constituição foram inseridos no rol do dispositivo.

Dessa forma, concluímos que, mesmo em tempos de crise econômica, é nula a cláusula de norma coletiva que preveja a redução de direitos constitucionais trabalhistas para patamares inferiores à lei, exceto nas exceções expressamente previstas na Constituição.

2.4. Cláusulas sobre os direitos e deveres no teletrabalho

O labor a distância é uma realidade que existe há muito tempo no mundo do trabalho. Tanto o é que o art. 6º da CLT, com redação dada pela Lei n. 12.551/2011 já estabelecia que a subordinação não fica afastada pela utilização de meios telemáticos e informatizados de comando e controle e supervisão do trabalho alheio. O *caput* do dispositivo já previa que não havia diferença entre o trabalho feito nas dependências do empregador ou fora dela.

A Lei n. 13.467/2017, por sua vez, trouxe para a CLT a previsão expressa e regulamentação do teletrabalho, bem como excluiu do teletrabalhador o direito à aplicação das normas referentes à jornada de trabalho (excluindo, portanto, o direito à limitação de jornada e contabilização de horas extraordinárias a tais empregados).

Saliente-se que, de acordo com o art. 75-B da CLT, o teletrabalho é aquele realizado predominantemente fora das dependências do empregador, com o uso de tecnologias de informação e comunicação que, por sua natureza, não se constituam como trabalho externo. Com isso, o fato de o empregado precisar comparecer em parte de sua jornada nas dependências da empresa não afasta a caracterização do teletrabalho (parágrafo único do dispositivo).

Os arts. 75-A a 75-E da CLT passaram a prever as formalidades para a realização do teletrabalho, dentre as quais, destacam-se: a) a necessidade de menção expressa ao teletrabalho no contrato de trabalho (art. 75-C, *caput*, da CLT); b) necessidade de concordância do empregado para a alteração do regime presencial de prestação de serviços para o de teletrabalho (art. 75-C, § 1º, da CLT); c) desnecessidade de concordância do empregado para o retorno às atividades nas dependências da empresa (art. 75-C, § 2º, da CLT); d) necessidade de previsão, em contrato escrito, sobre a responsabilidade pela aquisição, manutenção ou fornecimento de equipamentos tecnológicos e da infraestrutura necessária para a prestação de serviços, bem como sobre o reembolso de despesas (art. 75-D da CLT).

Em razão da pandemia de Covid-19, a MP n. 927/2020 trouxe algumas modificações pontuais ao regramento legal, quais sejam: a) desnecessidade de concordância do empregado para a adoção do regime telepresencial, bastando a decisão e comunicação do empregador com 48 horas de antecedência, independentemente da existência de acordos individuais ou coletivos (art. 4º, *caput* e § 2º); b) possibilidade de firmar acordo escrito até 30 dias após o início do teletrabalho, dispondo sobre responsabilidade pela aquisição, manutenção ou fornecimento de equipamentos tecnológicos e da infraestrutura necessária para a prestação de serviços, bem como sobre o reembolso de despesas (art. 4º, § 3º, da CLT); c) possibilidade de acordo individual ou coletivo prever que o tempo de uso de aplicativos e programas de comunicação fora da jornada de trabalho normal constitua tempo à disposição, regime de prontidão ou sobreaviso (art. 4º, § 5º, da CLT).

A partir de tais previsões, é possível constatar que existe uma série de cláusulas acerca do teletrabalho que podem ser previstas em convenções e acordos coletivos de trabalho. De fato, até mesmo pela menção no art. 611-A, VIII, da CLT, as normas coletivas podem prever contornos adicionais ao teletrabalho, como requisitos mínimos de validade, quantitativos e alguns benefícios assistenciais.[(9)]

Passemos, assim, a analisar algumas dessas possíveis cláusulas.

a) A concordância do empregado

E necessário reconhecer que a CLT traz a consensualidade como um requisito para o teletrabalho, pois o empregado precisa concordar com a alteração de sistema de trabalho presencial para o teletrabalho.

---

(9) SILVA, Homero Batista Mateus da. *Comentários à reforma trabalhista*, p. 117.

Em regra, a validade da alteração contratual no direito do trabalho depende de concordância e da ausência de prejuízo direito ou indireto ao empregado (art. 468 da CLT). Todavia, o art. 75-B da CLT afasta o requisito da ausência de prejuízo direto ou indireto para a alteração do trabalho presencial para o teletrabalho.

De fato, é inegável que existe parcela de prejuízo ao empregado que passa a ser teletrabalhador, a partir do momento em que ele deixa de estar protegido pelas regras de jornada e, assim, deixa de receber horas extras. Além disso, há perda de convívio social com os colegas de trabalho, o que pode, inclusive, gerar efeitos no direito coletivo. De fato, as lutas pelas reivindicações da categoria são reforçadas quando os colegas de trabalho vivenciam juntos as mesmas condições de trabalho em sua rotina laboral.

Por outro lado, existem alguns benefícios que devem ser sopesados, como a possibilidade de passar mais tempo com a família ou se dedicando a atividades pessoais, notadamente por não se perder tempo no transporte até o trabalho. Além disso, é possível que o teletrabalhador faça algumas tarefas pessoais no meio do que seria seu expediente normal, compensando o tempo de trabalho ao final do dia. A empresa também se beneficia com a redução de custos com a manutenção de infraestrutura e do local de trabalho.(10)

Em suma, para a validade da alteração do trabalho presencial para o teletrabalho, basta o acordo de vontades, não devendo ser feita a análise de existência de prejuízo direito ou indireto ao empregado.

Apenas excepcionalmente é que a legislação permitiu tal alteração, independentemente da vontade do empregado. Tal fato ocorreu durante a pandemia de Covid-19, quando diversos decretos municipais e estaduais determinaram o fechamento temporário de alguns estabelecimentos. Com isso, não haveria outra alternativa ao empregador, que não determinar que o trabalho fosse prestado predominantemente fora das dependências da empresa.

Trata-se de situação excepcional, que não pode ser generalizada para qualquer caso de crise econômica. É que a desnecessidade de concordância do empregado não se justifica pela crise econômica que viria com a pandemia de Covid-19, mas sim a necessidade de fechamento dos estabelecimentos empresariais, por força de decretos municipais e estaduais. A dispensa de concordância se justifica, assim, pela falta de alternativas ao empregador para manter a prestação de serviços, mesmo com os estabelecimentos fechados.

Com isso, por violar liberdade individual do empregado, entendemos ser nula a cláusula de norma coletiva que permitir a alteração do trabalho presencial para o

(10) Gustavo Filipe Barbosa Garcia, *Curso de direito do trabalho*, p. 240.

teletrabalho sem a concordância do empregado, apenas por determinação do empregador. Ressalvam-se aqui as exceções eventualmente previstas em lei, como ocorreu com a MP n. 927/2020.

b) Responsabilidade pelos instrumentos de trabalho e reembolso de despesas

Nos termos do art. 2º da CLT, em uma relação de emprego, os riscos do negócio correm por conta do empregador. Trata-se da alteridade do contrato de trabalho, que, por sua vez, é consequência da subordinação jurídica.

Não se pode admitir, portanto, que o empregado tenha que gastos com a prestação de serviços. Em tal norte, todas as despesas que o empregado tenha para poder prestar serviços ao empregador devem ser indenizadas.

Além disso, cabe ao empregador fornecer todos os instrumentos e equipamentos de trabalho, não possuindo eles natureza salarial, a teor do art. 458, § 2º, I, da CLT.

Na regulamentação do teletrabalho, resta claro que as partes devem dispor quanto à responsabilidade pela aquisição, manutenção ou fornecimento de equipamentos tecnológicos e da infraestrutura necessária para a prestação de serviços, bem como sobre o reembolso de despesas.

E, em razão da alteridade, os custos para se criar a estrutura do teletrabalho devem correr por conta do empregador[11]. Nada impede, contudo, que seja feito contrato de comodato, podendo o empregado fazer uso de equipamentos que já possui, a exemplo do computador ou pacote de dados de internete. Contudo, se houver a necessidade de compra de equipamento, este deve ser custeado pelo empregador, sob pena de se transferir os riscos e custos do negócio ao empregado.

Dessa forma, por violação à alteridade, entendemos ser nula a cláusula de norma coletiva que preveja a obrigatoriedade de o empregado custear a compra de equipamentos e infraestrutura necessários para a prestação de serviços.

No que tange ao reembolso de despesas, também por violação à alteridade, entendemos ser nula a cláusula de norma coletiva que preveja a desnecessidade de o empregador reembolsar as despesas que o empregado teve com a compra de equipamentos e infraestrutura necessários para a prestação de serviços. Aqui se insere, por exemplo, a necessidade de o empregado ter que contratar pacote de dados de internete com mais dados ou mais velocidade.

c) Benefícios a serem mantidos durante o teletrabalho

Outro importante ponto a se analisar diz respeito a manutenção dos benefícios recebidos pelos empregados, durante o período de teletrabalho, como vale-transporte,

(11) *Ibidem*, p. 242.

cestas básicas, planos de saúde, vale-cultura e vale-alimentação. Alguns desses benefícios são devidos por força de lei, enquanto outros são devidos por força de normas coletivas, regulamentos empresariais ou contratos de trabalho.

Não há previsão legal expressa sobre quais benefícios devem ser mantidos quando o empregado passa a laborar no teletrabalho. Assim, nada impede que a omissão seja solucionada por meio da inclusão de cláusulas a tal respeito nas convenções ou acordos coletivos de trabalho.

Em tal ponto, pode-se fazer a divisão em dois tipos de benefícios.

O primeiro deles engloba os benefícios devidos em decorrência da prestação de serviços de forma presencial na empresa, como o vale-transporte e o vale-refeição. A razão de ser desses benefícios é a prestação de serviços fora de casa, custeando as despesas com transporte público ou com as refeições em locais próximos das dependências da empresa. Tanto o é que tais benefícios não são mantidos na hipótese de interrupção do contrato de trabalho, como nas férias.

Se o empregado permanecerá em casa, não precisando se deslocar até o trabalho, não há motivo para continuar recebendo tais benefícios. Quanto ao vale transporte, ao mesmo tempo em que o empregado não mais receberia o benefício, o empregador também não mais poderá fazer o desconto da parcela de custeio do empregado, de 6% sobre o salário básico (art. 4º, parágrafo único, da Lei n. 7418/1985).

Já o segundo tipo deles engloba os benefícios que são concedidos em decorrência da prestação de serviços propriamente dita, independentemente de o trabalho ocorrer nas dependências da empresa ou fora dela. É o caso dos benefícios que são mantidos, até mesmo na interrupção dos contratos de trabalho. Como exemplo, o teletrabalho não poderia afastar a obrigatoriedade de manutenção do plano de saúde ou de pagamento de cesta básica.

Permitir que o teletrabalho afaste a obrigatoriedade de concessão de benefícios devidos pela mera prestação de serviços ao empregador seria como permitir que seja feita alteração contratual ilícita, por haver prejuízo direto ao empregado. Pondere-se que o que configuraria alteração contratual ilícita não seria a prestação de serviços em teletrabalho, mas sim a retirada dos benefícios que são devidos, independentemente da prestação de serviços nas dependências da empresa.

2.5. Cláusulas que preveem a obrigatoriedade de negociação coletiva para a dispensa coletiva

O direito de dispensar o empregado sem justa causa é tradicionalmente visto como um direito potestativo do empregador. Assim, pode ele dispensar o empregado sem nenhuma justificativa, ficando, por outro lado, responsável pelo pagamento das verbas devidas. Nessa linha, as empresas também efetuavam dispensas coletivas de empregados, sem nenhuma justificativa ou formalidade.

Contudo, em 2009, a Subseção de Dissídios Coletivos (SDC) do TST enfrentou o caso de dispensa coletiva da EMBRAER. Referida empresa, mesmo após receber incentivos governamentais, efetuou a dispensa coletiva de milhares de empregados sem nenhuma negociação com o sindicato.

A Corte Superior entendeu que a dispensa coletiva deveria ter sido precedida de negociação coletiva com o sindicato dos trabalhadores, porém, como não havia nenhuma previsão legal expressa em tal sentido, foi excluída a indenização aplicada pelo Tribunal Regional do Trabalho da 15ª Região.

Todavia, no final do acórdão do RODC 309/20-000-15-00.4, a SDC do TST fixou a premissa de que, dali em diante, todas as dispensas coletivas devem ser precedidas de negociação coletiva, sob pena de nulidade. Com isso, as empresas que desrespeitarem referida regra estariam sujeitas à reintegração dos empregados dispensados.

A Lei n. 13.467/2017 alterou tal panorama, ao inserir o art. 477-A da CLT. De acordo com tal dispositivo, as dispensas plúrimas ou coletivas se equiparam às dispensas individuais, não havendo a necessidade de autorização prévia do ente sindical ou a relização de negociação coletiva de trabalho.

Vê-se, portanto, que a Reforma Trabalhista deu ampla liberdade para as empresas dispensarem os empregados, chancelando a tese do direito potestativo de dispensa.

Todavia, as normas coletivas podem prever direitos não previstos em lei.

Sendo assim, nada impede que, por meio de norma coletiva, se estabeleça a obrigatoriedade de negociação coletiva ou autorização prévia do ente sindical para que a dispensa coletiva seja válida em determinada categoria. Referida previsão pode ser aplicada, independentemente de se tratar de tempos de crise ou não.

E, por se tratar de cláusula que aumenta o patamar de direitos dos empregados, entendemos que ela é valida e o seu desrespeito dá aos empregados dispensados o direito à reintegração.

3. Vigência das normas coletivas

A vigência da norma coletiva é o período pelo qual ela opera efeitos no mundo jurídico. O art. 614, § 3º, da CLT estabelece que as normas coletivas têm vigência máxima de 2 anos, porém as partes convenentes ou acordantes podem estabelecer período menor.

José Cláudio Monteiro de Brito Filho aponta que a omissão quanto ao prazo de vigência não torna a norma coletiva inválida, por não seu requisito de validade. No caso de omissão, deve-se interpretar que a norma tem vigência pelo prazo de 2 anos.[(12)] O autor também leciona que "inexiste vedação legal ao estabelecimento de duração diferenciada para determinadas cláusulas, ou seja, não é vedado que parte das cláusulas do ajuste tenha uma duração e o restante do instrumento outra".[(13)]

Já Luciano Martinez pondera que a limitação legal de vigência das normas coletivas caracteriza intervenção do Estado nos sindicatos, até mesmo porque toda norma coletiva é regida pela cláusula implícita "rebus sic stantibus". Dessa forma, considerando que a revisão da norma pode ocorrer se houver modificação substancial dos fatos, compete às partes convenentes ou acordantes estipularem o tempo de vigência da norma coletiva, sem a necessidade de limitação legal[(14)]. Segundo o autor:

> Independentemente do propósito contido na norma coletiva, ela deve ter o prazo de duração que os sujeitos coletivos entenderem necessário para o alcance dos seus propósitos, sendo certo que, nesse tipo de relação, não há contratante vulnerado. (...) Se, por alguma razão, a contratação coletiva for firmada por tempo indeterminado, caberá às próprias partes a rediscussão das cláusulas caso advenha fato novo ou acontecimento imprevisto que modifique substancialmente a relação de trabalho.[(15)]

Contudo, a jurisprudência do TST é no sentido de que as partes não podem entabular norma coletiva com prazo de vigência indeterminado. Tal posicionamento se justifica porque as convenções e os acordos coletivos de trabalho são pautados na necessidade de adaptação das normas para uma determinada categoria, em determinado tempo e espaço. Assim, quando do término da vigência da norma coletiva, a categoria deve iniciar novo processo de negociação, para que nova norma coletiva seja entabulada.

A Orientação Jurisprudencial (OJ) n. 322 da SDI1 do TST prevê que é inválida, naquilo que exceder a 2 anos, a clausula de termo aditivo que prorroga a vigência de acordo coletivo originário por prazo indeterminado. Conquanto a OJ se refira aos acordos coletivos, o mesmo entendimento deve ser aplicado as convenções coletivas.

A Lei n. 13.467/2017 passou a prever expressamente a impossibilidade de a norma coletiva ter ultratividade. Dessa forma, com o término da vigência de um instrumento normativo, as suas cláusulas não mais operam efeitos. Nesse sentido, se a

---

(12) *Direito sindical*, p. 191.

(13) *Op. cit.*, p. 197.

(14) *Op. cit.*, p. 1.025.

(15) Luciano Martinez, *op. cit.*, p. 1.026.

norma coletiva tem vigência até 20.10.2019, as previsões ali contidas não mais operam efeitos em 21.10.2019.

Nada impede, contudo, que alguns direitos implementados durante a vigência de norma coletiva tenham efeitos futuros. Como exemplo, se a norma coletiva tiver previsão de estabilidade provisória e se o empregado implementar os seus requisitos ainda no prazo de vigência da norma, o direito à estabilidade provisória permanece, mesmo que a norma não opere mais efeitos. Em tal sentido é a OJ n. 41 da SDI1 do TST.

Antes da Reforma Trabalhista, ante a omissão legal, havia três correntes doutrinárias quanto à ultratividade das normas coletivas.

A teoria da aderência irrestrita previa que, uma vez que os direitos estivessem previstos em norma coletiva, eles não mais poderiam ser retirados dos empregados, sob pena de violação ao art. 468 da CLT. Trata-se de posicionamento que não prevaleceu na jurisprudência.

Já a teoria da aderência limitada pelo tempo estabelecia que as cláusulas das normas coletivas eram aplicadas apenas durante o prazo de vigência da norma coletiva, não aderindo aos contratos de trabalho. Esta corresponde à atual redação do art. 614, § 3º, da CLT e à antiga redação da Súmula n. 277 do TST. O entendimento sumulado excluía o período em que vigorou o art. 1º, § 1º, da Lei n. 8542/92, segundo o qual as cláusulas de normas coletivas integravam os contratos individuais de trabalho e só poderiam ser reduzidos ou suprimidos por posterior norma coletiva.

A partir de setembro de 2012, o TST passou a adotar, na nova redação da Súmula n. 277, a teoria da aderência limitada por revogação, ou seja, as cláusulas das normas coletivas aderiam aos contratos de trabalho até que nova norma coletiva fosse entabulada. Além de objetivar estimular a negociação coletiva, a Corte Superior Trabalhista passou a entender que tal diretriz se amolda ao art. 114, § 2º, da Constituição. Segundo tal dispositivo, o Poder Normativo da Justiça do Trabalho obrigatoriamente deve manter, na sentença normativa, os direitos previstos na norma coletiva anterior (o que permite concluir que a norma deve continuar operando efeitos até que haja nova normatização coletiva). A redação da súmula é objeto da ADPF n. 323.

Em suma, de acordo com a legislação atual, compete às partes convenente ou acordantes estabelecer o prazo de vigência da norma coletiva, que deve ser de, no máximo, 2 anos, não podendo as cláusulas ser aplicadas após referida data.

Contudo, na situação de pandemia de Covid-19, o art. 10 da MP n. 927/2020 previu expressamente que os acordos e as convenções coletivas vencidos ou vincendos, no prazo de 180 dias a contar da vigência da medida provisória, poderão ser prorrogados, a critério do empregador, pelo prazo de 90 dias, após o termo final do prazo.

O primeiro ponto a se analisar é que a medida provisória, com força de lei, permite que a norma coletiva continue a ser aplicada apenas com a vontade do empregador. Tal previsão se choca com o necessário acordo de vontades entre as partes convenentes e acordantes.

Ora, em regra, a assinatura de uma norma coletiva depende do acordo de vontade de ambas as partes, estando os trabalhadores representados pelo sindicato da categoria. A autorização para que apenas o empregador decida se continuará a aplicar a norma coletiva é excepcional e não pode ser aplicada a outras situações de crise econômica, mas apenas naquela gerada pela pandemia de Covid-19, conforme previsão na MP n. 927/2020.

Além disso, o permissivo da ultratividade teve previsão expressa em medida provisória, que, por sua vez, tem força de lei. Não podem as partes convenentes ou acordantes estabelecer, assim, ultratividade além daquela prevista na MP n. 927. Se assim pretenderem, devem fazer nova negociação coletiva ou, ao menos, negociar a prorrogação da norma já existente (desde que respeitado o prazo máximo de 2 anos).

Para tanto, o art. 17, II, da MP n. 936/2020 permite a adoção de meios eletrônicos para atendimento de requisitos formais para a convocação, deliberação, decisão, formalização e publicidade de norma coletiva. Isso significa que as partes interessadas poderão fazer uso de assembleia virtual para a deliberação de pauta de reivindicações e aprovação final da norma coletiva. No mesmo sentido é o art. 17, II, da Lei n. 14.020/2020.

Por fim, é importante ponderar que a vigência de norma coletiva começa 3 dias após o seu registro na Secretaria das Relações de Trabalho. Tal registro é requisito de validade da norma coletiva. Em tal sentido, se a norma não estiver registrada, ela ainda não tem vigência como norma coletiva e, portanto, os empregados e empregadores não podem exigir o seu cumprimento um dos outros. As convenções e acordos coletivos de trabalho registrados podem ser consultados no Banco do Sistema de Negociações Coletivas de Trabalho MEDIADOR, da Secretaria das Relações de Trabalho (<http://www3.mte.gov.br/sistemas/mediador/ConsultarInstColetivo>).

4. Conclusões

A partir das premissas acima, podemos concluir que as situações de crise econômica são aquelas que exigem ativa participação dos entes sindicais, na tentativa de preservação dos drieitos dos empregados.

Podemos verificar que muitos direitos acabam sendo relativizados por força de lei, porém nada impede que, via normas coletivas, eles sejam restabelecidos ou, ao menos, que os efeitos sejam minimizados.

Contudo, mesmo em tempos de crise excepcional, exceto quando houver expressa previsão em fonte normativa heterônoma, as cláusulas das normas coletivas devem respeitar os limites consagrados pela lei e pela doutrina para a sua validade.

Por fim, concluímos que a vigência da norma coletiva deve ser determinada pelas partes, em acordo de vontades, exceto quando houver previsão legal expressa em sentido contrário.

Referências

BRITO FILHO, José Cláudio Monteiro de. *Direito sindical.* 4. ed. São Paulo: LTr, 2012.

DELGADO, Mauricio Godinho. *Direito coletivo do trabalho.* 6. ed. São Paulo: LTr, 2015.

GARCIA, Gustavo Filipe Barbosa. *Curso de direito do trabalho.* 15. ed. São Paulo: Saraiva, 2020.

MARTINEZ, Luciano. *Curso de direito do trabalho.* 11. ed. São Paulo: Saraiva, 2020.

NASCIMENTO, Amauri Mascaro. *Compêndio de direito sindical.* 8. ed. São Paulo: LTr, 2015.

SILVA, Homero Batista Mateus da. *CLT comentada.* 2. ed. São Paulo: Revista dos Tribunais, 2018.

______. *Comentários à reforma trabalhista.* São Paulo: Revista dos Tribunais, 2017.

______. *Curso de direito do trabalho aplicado.* V. 7: direito coletivo do trabalho. 3. ed. São Paulo: Revista dos Tribunais, 2015.

3. Atividades Essenciais em Tempos de Crise

Renata Orsi Bulgueroni[1]

Introdução

A crise sanitária gerada pelo novo coronavírus foi responsável por profundas alterações na sociedade. Distanciamento social, isolamento, quarentena, medidas diferenciadas de higiene e aumento do uso da tecnologia foram algumas de suas consequências – muitas das quais, certamente, imporão mudanças permanentes no dia a dia do ser humano.

Por óbvio, o mundo do trabalho não restaria imune a tais alterações. Enquanto milhares de trabalhadores viram-se obrigados a prestar seus serviços de casa, em regime de teletrabalho, ou foram vítimas do desemprego acarretado pela crise econômica, outros enfrentaram um aumento exacerbado de sua demanda de trabalho, face à essencialidade das atividades por eles desenvolvidas. São profissionais que atuam na área da saúde, de distribuição de alimentos, de abastecimento de água e energia elétrica, entre tantos outros cuja continuidade da prestação de serviços foi fundamental para evitar um colapso ainda maior da sociedade mundial.

O direito do trabalho viu-se obrigado a tutelar, de forma emergencial, todas as situações acima mencionadas — e, assim, evitar que os efeitos nefastos da crise econômica tornassem-se ainda mais prementes. No presente estudo, será analisada, especificamente, a situação de empregados e empregadores que desempenham atividades essenciais, em atenção, sobretudo, às formas de minimização dos riscos laborais decorrentes do aumento da demanda e à plena garantia de salubridade do ambiente laboral.

---

(1) Especialista, Mestra e Doutora em Direito do Trabalho e da Seguridade Social pela Universidade de São Paulo (USP). Juíza do Trabalho do Tribunal Regional do Trabalho da Segunda Região. Professora da FGVLaw e do MeuCurso Educacional.

1. Parâmetros para a delimitação das atividades essenciais

Mesmo em tempos não pandêmicos, já se mostra extremamente árdua a delimitação de quais atividades podem ser consideradas "essenciais" em determinada sociedade. É bastante comum, nesse sentido, a associação da ideia de "essencial" com a tutela dos direitos fundamentais do cidadão, com as atividades "socialmente relevantes" e, até mesmo, com os serviços públicos.

Porém, uma análise técnica da matéria demonstra ser o tema repleto de peculiaridades, de forma que — pelo menos em um contexto pré-pandemia —, determinada atividade considerada essencial para uma sociedade pode não o ser para outra, bem como o caráter fundamental de um serviço pode variar com o passar dos anos ou com a simples alternância de governos. Se, por exemplo, os regimes corporativistas de meados do século XX não concebiam uma sociedade sem que a fabricação de armamentos fosse considerada fundamental, certamente a chamada "geração Y" não consegue vislumbrar um mundo sem a essencialidade da tecnologia para o desenvolvimento das relações sociais e econômicas.

Como se sabe, as primeiras preocupações da ciência jurídica com a delimitação das atividades essenciais foram direcionadas ao tema da greve. Com efeito, uma vez reconhecida a paralisação laboral como direito do trabalhador (inclusive constitucional, na grande maioria dos ordenamentos ocidentais), fez-se necessária a imposição de limites para seu exercício, especialmente com relação a serviços cuja paralisação integral poderia ensejar riscos à população.

Atento à dificuldade de identificação dos serviços essenciais para fins de limitação do direito de greve, o Comitê de Liberdade Sindical da OIT houve por bem, inicialmente, conceituá-los como sendo aqueles cuja interrupção absoluta "*poderia ocasionar prejuízos públicos*" ou "*graves prejuízos à coletividade nacional*" (definição de 1961). Posteriormente, entretanto, o Comitê procurou restringir a definição, consagrando, em 1971, a ideia de que tais serviços seriam aqueles "*cuja interrupção poderia por em risco a vida ou as condições normais de existência de toda ou parte da população*". Finalmente, o conceito atual (de 1983), ainda mais restritivo, indica que atividades essenciais são aquelas "*cuja interrupção poderia por em risco a vida, a segurança ou a saúde da pessoa em toda ou parte da população*".(2)

Dessa forma, como bem ressalta Estêvão Mallet, "atividade essencial" não se confunde com atividade voltada à tutela de direito fundamental do cidadão(3) — eis

(2) Para mais informações, cf. *Os princípios do Comitê de Liberdade Sindical referentes à greve*. Disponível em: <https://www.ilo.org/wcmsp5/groups/public/---americas/---ro-lima/---ilo-brasilia/documents/publication/wcms_231057.pdf>. O documento contempla, inclusive, relação elaborada pela própria OIT dos serviços que podem ou não ser considerados essenciais.

(3) Embora tal associação seja feita de forma expressa por alguns ordenamentos, como o italiano, em que a Legge 146/90 indica como atividades essenciais aquelas direcionadas a garantir "direitos da pessoa de rele-

que não poderia abranger, por exemplo, serviços ligados à educação e ao lazer —, nem tampouco é sinônimo de "atividade socialmente relevante". Ainda, não se devem associar as atividades essenciais aos serviços públicos[(4)], sob pena de se restringir o conceito em demasia.[(5)]

No Brasil, a Constituição da República de 1988 atribuiu ao legislador a competência para delimitar quais seriam os serviços essenciais para fins de exercício do direito de greve (art. 9º, § 1º, CF/88)[(6)] — tarefa, atualmente, cumprida pelo art. 10 da Lei n. 7.783/89. E, a comprovar que o conceito de "serviço essencial" não é estanque, registre-se que referido dispositivo legal vem sendo constantemente atualizado (em especial por reformas dos últimos dois anos), com inserção de novas atividades em seu rol, como a perícia médica da Previdência Social e da carreira federal (incisos XII a XIV) e as atividades portuárias (inciso XV).[(7)]

No contexto de pandemia da Covid-19, outras legislações passaram a disciplinar a matéria, inclusive com a positivação de novo rol de atividades essenciais pela Lei n. 13.979/20, regulamentada pelo Decreto n. 10.282/20 (e suas sucessivas alterações). É certo que o contexto no qual referidas normativas se inserem é muito diverso do enfrentado pela Lei n. 7783/89, já que, enquanto esta pretendia limitar o direito de greve, aquelas visam a assegurar a manutenção de serviços fundamentais durante as medidas restritivas impostas pela pandemia. Porém, será que realmente não seria possível utilizar a disciplina já existente (*i.e.*, o art. 10 da Lei de Greve) para a delimitação dos serviços essenciais — e assim evitar a profusão legislativa vivenciada nos tempos atuais, que causa confusão não apenas ao operador do direito, mas a todos que buscam soluções para sua subsistência no período pandêmico?

A resposta, para o legislador brasileiro, foi negativa. E, entre os motivos jurídicos que levaram a tal opção (deixando-se de lado, por óbvio, eventuais questões políticas), destacam-se, em nosso entender, os seguintes:

1) A Lei de Greve foi criada, exclusivamente, para a iniciativa privada (lembrando-se que sua extensão aos servidores públicos somente viria a ser efetivada em

---

vância constitucional", como o direito à vida, à saúde, à segurança e à educação. Sobre o tema, cf., por todos, SANTORO-PASSARELLI, *Diritto sindacale*, p. 156 e ss.

(4) Embora tal restrição ocorra em alguns países, como o Uruguai, onde a Lei n. 13.720/68 refere-se aos serviços essenciais como sendo os "*serviços públicos, incluídos os administrados por particulares*". Para mais informações, cf. SAN VICENTE, *Derecho Sindical – Tomo 1*, p. 258. Em análise da legislação brasileira, Amauri Mascaro Nascimento atribui a identificação entre atividades essenciais e serviços públicos ao fato de que estes normalmente contemplam atividades que não podem sofrer solução de continuidade sem prejuízo para a coletividade (NASCIMENTO, *Compêndio de Direito Sindical*, p. 594).

(5) MALLET, *Dogmática Elementar do Direito de Greve*, p. 93-94.

(6) Como ocorre, também, na Espanha, conforme art. 28.2 da Constituição (para estudo do tema da greve em serviços essenciais no país, cf., por todos, MONTOYA MELGAR, *Derecho del Trabajo*, p. 741-743).

(7) Estas últimas, curiosamente, já afastadas pela OIT do conceito de atividade essencial, conforme documento acima referido (*Os princípios do Comitê de Liberdade Sindical referentes à greve*).

2007 — MIs ns. 670, 708 e 712). Assim, em princípio, serviços públicos restariam excluídos do rol do art. 10, assim como atividades para as quais a greve foi constitucionalmente proibida, como segurança pública e prevenção a incêndios — e, como a relevância de tais atividades sobressai no atual período pandêmico, mostra-se de rigor seu reconhecimento formal pela legislação;

2) Sempre houve dúvidas em doutrina sobre se o rol do art. 10 da Lei seria meramente exemplificativo ou taxativo.[(8)] A prevalecer a teoria da taxatividade, impedir-se-ia o reconhecimento de outras atividades essenciais no contexto pandêmico; a prevalecer o caráter exemplificativo, correr-se-ia o risco de elastecimento exacerbado do rol e, por conseguinte, de judicialização de tema que, prioritariamente, deve ser tratado em âmbito administrativo;[(9)]

3) Finalmente, a positivação do rol via legislação federal e regulamentação via decreto presidencial demonstraram um interesse, da União, em proceder a tratamento centralizado da crise sanitária, evitando que cada localidade regulamente os serviços essenciais conforme suas necessidades — desiderato, contudo, obstado pelo STF na apreciação da ADI n. 6.341, quando foi resguardada a atribuição de cada esfera de governo para delimitar as atividades essenciais, na forma do art. 23, II, CF/88.

2. Mas, afinal, quais são as atividades consideradas essenciais para o contexto da pandemia Covid-19?

Diante do acima explicitado, para fins de enumeração dos assim chamados "serviços essenciais" no período pandêmico, é necessário que o jurista tome conhecimento do seguinte arcabouço legislativo:

> **Art. 10 da Lei n. 7783/89** – o qual, por óbvio, não foi revogado pela legislação pandêmica, e deve servir como base fundante ao desenvolvimento da matéria;
>
> **Art. 3º-J, § 1º, da Lei n. 13.979/20** – o qual interessa especialmente ao operador do direito do trabalho, por contemplar, de forma específica, as profissões consideradas "essenciais" no contexto da crise sanitária;

---

(8) No sentido de se tratar de rol meramente exemplificativo, cf., *e.g.*, MALLET, *Dogmática Elementar...*, p. 96; em sentido contrário, cf., *e.g.*, LEITE, *A greve como direito fundamental*, p. 82. A própria jurisprudência trabalhista oscila quanto à questão, encontrando-se, junto ao Tribunal Superior do Trabalho e ao Supremo Tribunal Federal, julgados no sentido da taxatividade (TST, RO-11414-67.2010.5.02.0000, Seção Especializada em Dissídios Coletivos, relatora Ministra Katia Magalhaes Arruda, DEJT 15.04.2014) e da não taxatividade (STF, MI n. 708/DF, Gilmar Mendes, Tribunal Pleno, 25/20/2007; TST, AIRR – 1437-69.2015.5.02.0002, relator: João Pedro Silvestrin, Publicação: 02.09.2020).

(9) Problema que não é de todo desconhecido na América Latina: segundo Oscar Ermida Uriarte, no Uruguai, onde a legislação deixa a cargo da autoridade administrativa a fixação dos serviços essenciais para fins de greve, há inúmeros conflitos judiciais em torno de tal definição (URIARTE, *Apuntes sobre la huelga*, p. 173).

Art. 3º, § 1º, do Decreto n. 10.282/20 (considerando as alterações posteriores, sobretudo pelos Decretos ns. 10.292/20, 10.342/20, 10.344/10 e 10.329/20) — o qual, reproduzindo o conceito de atividades essenciais trazido pelo Comitê de Liberdade Sindical da OIT, regulamenta o art. 3º-J da Lei n. 13.979/20 e consagra numeroso rol de serviços essenciais para o período de pandemia;

Normativa estadual ou municipal a respeito do tema — a qual, consoante entendimento do STF acima mencionado (ADI n. 6.341), deve ser combinada com os dispositivos acima.

Ora, não é necessário ser um profundo conhecedor da matéria para concluir que, com tão extensa regulamentação, há grandes chances de inserção de serviços não propriamente "essenciais" entre aqueles que devem, realmente, ser considerados como tal.(10) E foi, exatamente, o que ocorreu — especialmente por força das alterações realizadas posteriormente ao art. 3º, § 1º, do Decreto n. 10.282/20, pelos Decretos acima citados.

Assim é que, *e.g.*, ganhou a atenção da imprensa nacional a inserção, no rol das atividades essenciais, de salões de beleza e barbearias (inciso LVI, art. 3º, Decreto n. 10.282/20). Será que, em um contexto pandêmico, realmente se faz imprescindível à vida, à segurança ou à saúde "*da pessoa em toda ou parte da população*" (consoante conceito da OIT), a abertura de tais estabelecimentos? Da mesma forma, será o comparecimento a "*academias de esporte de todas as modalidades*" (inciso LVII, art. 3º, Decreto n. 10.282/20) ou a *"atividades religiosas de qualquer natureza"* (inciso XXXIX, art. 3º, Decreto n. 10.282/20) um dos direitos fundamentais a serem tutelados no momento atual?

Ademais, outro questionamento se coloca com relação ao rol: a despeito de sua amplitude, seria este taxativo ou meramente exemplificativo?

A se defender a não taxatividade do elenco, como já têm feito alguns estudiosos da matéria(11), estar-se-ia admitindo que qualquer autoridade administrativa ou judiciária (e não apenas legislativa, como já entendeu o STF) poderia ampliá-lo, por exemplo, quando da fiscalização de um estabelecimento comercial ou análise de um caso levado à sua jurisdição. Com a devida vênia, entende-se que tal posicionamento é temerário, podendo trazer severos prejuízos à segurança jurídica, em um período

---

(10) Crítica, aliás, que já fora feita por Uriarte quando da análise do sistema brasileiro de greve, quanto à tipificação legal dos serviços essenciais: "*Riesgos mayores de este sistema son, en primer lugar, el de que generalmente da cabida a listas interminables que incluyen a servicios que no son esenciales o el de que la enumeración se complementa con un agregado más o menos generico o flexible que desdibuja la taxatividad*" (URIARTE, *Apuntes sobre la huelga*, p. 170.

(11) Cf., *e.g.*, SCHWIND, *Reflexões sobre a Lei n. 13.979/20 e o Decreto n. 10.282/20*; CARVALHO, *Serviços essenciais à comunidade e a Covid-19*.

em que esta se faz tão necessária. Por isso, em nosso entender, ao menos até segunda ordem dos Tribunais Superiores, o rol há de ser considerado taxativo.

De qualquer maneira, independentemente de elucubrações teóricas, é preciso realizar análise dogmática da delimitação de serviços essenciais pela legislação pandêmica, para, assim, poder-se adentrar a análise de seus efeitos nas relações de trabalho. E, nesse mister, com finalidade estritamente didática, entende-se que o rol dos serviços essenciais pode ser categorizado da seguinte forma:

> **a) Atividades essenciais relacionadas à saúde e à assistência social** (categoria que envolve, sobretudo, a popularmente conhecida "linha de frente" do combate à pandemia): assistência à saúde, incluídos serviços médicos e hospitalares; assistência social e atendimento à população em estado de vulnerabilidade; atividades médico-periciais relacionadas com a seguridade social, com a caracterização de deficiências e com outras prestações médico-periciais da carreira de Perito Médico Federal. Ainda, enquadram-se em referido grupo os serviços de distribuição e comercialização de medicamentos e as atividades de pesquisa na área da Covid-19;
>
> **b) Atividades essenciais relacionadas à segurança pública e à fiscalização**: segurança pública e privada, incluídas a vigilância, a guarda e a custódia de presos; defesa nacional e defesa civil; guarda, uso e controle de substâncias, materiais e equipamentos com elementos tóxicos, inflamáveis, radioativos ou de alto risco; vigilância e certificações sanitárias e fitossanitárias; prevenção, controle e erradicação de pragas dos vegetais e de doença dos animais; inspeção de alimentos, produtos e derivados de origem animal e vegetal; vigilância agropecuária internacional; fiscalização tributária e aduaneira federal; fiscalização ambiental; fiscalização do trabalho; serviços de atendimento a mulheres em situação de violência doméstica e familiar, a crianças, a adolescentes, a pessoas idosas e a pessoas com deficiência;
>
> **c) Atividades essenciais relacionadas à trânsito e transporte**: transporte e trânsito intermunicipal, interestadual e internacional de passageiros; transporte e trânsito de passageiros por táxi ou aplicativo; controle de tráfego aéreo, aquático ou terrestre; transporte, armazenamento, entrega e logística de cargas em geral. Ademais, embora inexista previsão no Decreto n. 10.282/20, devem-se inserir também as atividades portuárias, contempladas pelo art. 10 da Lei n. 7.783/89;
>
> **d) Atividades essenciais ligadas a serviços** públicos ou **à comunidade:** serviços funerários; geração, transmissão e distribuição de energia elétrica; serviços bancários; serviços postais; produção/distribuição/comercialização de petróleo e de combustíveis, biocombustíveis e gás liquefeito; monitoramento de construções e barragens que possam acarretar risco à segurança; levantamento e análise de

dados geológicos com vistas à garantia da segurança coletiva; cuidados com animais em cativeiro; atividades de processamento do benefício do seguro-desemprego e de outros benefícios correlatos; atividades de atendimento ao público em agências bancárias, cooperativas de crédito ou congêneres, referentes aos programas governamentais ou privados de enfrentamento da pandemia; produção e distribuição de numerário à população; produção, transporte e distribuição de gás natural. Ademais, em atenção ao art. 10 da Lei n. 7.783/90, destacam-se também os serviços de tratamento e abastecimento de água e captação e tratamento de esgoto e lixo. Por outro lado, nos termos do art. 4º do Decreto, os Poderes Judiciário e Legislativo, os Tribunais de Contas, o Ministério Público e a Defensoria Pública definirão suas limitações de funcionamento;

e) Atividades essenciais ligadas a telecomunicações: telecomunicações e *internet*; serviço de *call center*; serviços relacionados à tecnologia da informação e de processamento de dados (*data center*) para suporte de outras atividades consideradas essenciais; serviços de radiodifusão sonora e de sons e imagens;

f) Atividades essenciais ligadas à distribuição de produtos: produção, distribuição, comercialização e entrega de produtos de saúde, higiene, alimentos e bebidas e materiais de construção;

g) Outros serviços (categoria que contém atividades de essencialidade duvidosa e que, por isso, suscita as críticas acima referidas): mercado de capitais e seguros; atividade de assessoramento; atividades de representação judicial e extrajudicial, assessoria e consultoria jurídicas exercidas pelas advocacias públicas, relacionadas a serviços públicos; atividades religiosas; unidades lotéricas; serviços de comercialização, reparo e manutenção de partes e peças novas e usadas e de pneumáticos novos e remoldados; atividades de desenvolvimento de produtos e serviços, incluídas aquelas realizadas por meio de *start-ups*; locação de veículos; atividades de produção, distribuição, comercialização, manutenção, reposição, assistência técnica, monitoramento e inspeção de equipamentos de infraestrutura, instalações, máquinas e equipamentos em geral, incluídos elevadores, escadas rolantes e equipamentos de refrigeração e climatização; atividades cujo processo produtivo não possa ser interrompido sob pena de dano irreparável das instalações e dos equipamentos, tais como o processo siderúrgico e as cadeias de produção do alumínio, da cerâmica e do vidro; atividades de lavra, beneficiamento, produção, comercialização, escoamento e suprimento de bens minerais; construção civil; atividades industriais; salões de beleza e barbearias; academias de esporte de todas as modalidades.

A análise do rol das atividades essenciais do Decreto n. 10.282/20 deve ser combinada, consoante já asseverado, com o estudo do art. 3º-J, § 1º, da Lei n. 13.979/20

— o qual contempla, de forma mais específica, as profissões consideradas essenciais no contexto de pandemia, quais sejam: enfermeiros; fisioterapeutas, terapeutas ocupacionais, fonoaudiólogos e profissionais envolvidos nos processos de habilitação e reabilitação; psicólogos; assistentes sociais; vigilantes que trabalham em unidades públicas e privadas de saúde; agentes comunitários de saúde; agentes de combate às endemias; técnicos e auxiliares de enfermagem; técnicos, tecnólogos e auxiliares em radiologia e operadores de aparelhos de tomografia computadorizada e de ressonância nuclear magnética; maqueiros, maqueiros de ambulância e padioleiros; cuidadores e atendentes de pessoas com deficiência, de pessoas idosas ou de pessoas com doenças raras; biólogos, biomédicos e técnicos em análises clínicas; médicos-veterinários; farmacêuticos, bioquímicos e técnicos em farmácia; cirurgiões-dentistas, técnicos em saúde bucal e auxiliares em saúde bucal; motoristas de ambulância; profissionais dos Centros de Referência de Assistência Social (Cras) e dos Centros de Referência Especializados de Assistência Social (Creas); servidores públicos que trabalham na área da saúde, inclusive em funções administrativas; outros profissionais que trabalhem ou sejam convocados a trabalhar nas unidades de saúde durante o período de isolamento social ou que tenham contato com pessoas ou com materiais que ofereçam risco de contaminação pelo novo coronavírus; policiais federais, civis, militares, penais, rodoviários e ferroviários e membros das Forças Armadas; agentes socioeducativos, agentes de segurança de trânsito e agentes de segurança privada; brigadistas e bombeiros civis e militares; agentes de fiscalização. e guardas municipais; coveiros, atendentes funerários, motoristas funerários, auxiliares funerários e demais trabalhadores de serviços funerários e de autópsias; profissionais de limpeza; profissionais que trabalham na cadeia de produção de alimentos e bebidas, incluídos os insumos; aeronautas, aeroviários e controladores de voo.

Por óbvio, o rol das profissões acima indicado é meramente exemplificativo, haja vista que todos os profissionais que atuem nas atividades elencadas como essenciais pelo Decreto n. 10.282/20 (e, eventualmente, pela normativa estadual/municipal) enquadrar-se-ão em referido conceito.

3. Impactos trabalhistas da delimitação de serviços essenciais no contexto pandêmico

É cediço que a pandemia vem impondo desafios a empregados e empregadores que atuam em quaisquer ramos de atividades. Porém, especificamente nos serviços essenciais, cuidados e preocupações adicionais colocam-se ao operador do direito do trabalho, sobretudo diante da aparente colisão entre o direito à saúde e à integridade física do trabalhador e o atendimento às necessidades prementes da coletividade.

Alguns temas trabalhistas, portanto, merecem especial atenção em relação a tais trabalhadores, como as questões atinentes à duração do trabalho, a observância de normas de saúde e segurança no trabalho e as regras acerca da terminação contratual. Nesse contexto, o presente estudo objetiva pontuar alguns aspectos relevantes a serem considerados por empregados, empregadores e operadores do direito com relação a aludidos temas — sem pretensão, por óbvio, de esgotamento da matéria, mas, sobretudo, com o objetivo de delinear alguns posicionamentos que sejam úteis para a boa prática das relações laborais.

Dessa forma, novamente com finalidade estritamente didática, entende-se que as principais questões trabalhistas enfrentadas pelos exercentes de atividades essenciais podem ser categorizadas da seguinte maneira:

a) Questões envolvendo direitos fundamentais dos trabalhadores

Por óbvio, a crise sanitária não afasta a caracterização do empregado como "trabalhador-cidadão",(12) e, por conseguinte, a obrigatoriedade de observância da integralidade de seus direitos fundamentais. Porém, é interessante notar que a própria Lei n. 13.979/20, em seu art. 3º, houve por bem positivar alguns direitos específicos que, em seu entender, mostrar-se-iam ainda de maior relevância no período pandêmico.

A começar, a lei resguarda o direito de informação do trabalhador quanto a seu estado de saúde (art. 3º, § 2º, I). Embora a previsão pareça sobremaneira óbvia, tem especial importância para os trabalhadores da assim chamada "linha de frente" (i.e., das atividades essenciais relacionadas à saúde e à assistência social), que acabam ficando mais expostos e propensos à contaminação pelo vírus.(13)

Porém, ao contrário do que crê grande parte do empresariado nacional, não há justificativa para que o empregador obrigue seus empregados, ainda que atuantes em serviços essenciais, a realizarem exames médicos tendentes a acusar a presença do vírus. Com efeito, a exigência de exames médicos além dos previstos em lei pode ensejar violação ao direito à intimidade do trabalhador (art. 5º, X, CF/88), passível de compensação de danos extrapatrimoniais (art. 5º, V, CF/88).(14)

Aliás, até mesmo a obrigatoriedade de realização de exame de retorno, após o afastamento de empregado infectado pela Covid-19, restou mitigada pela Portaria Conjunta 20 da Secretaria Especial de Previdência e Trabalho e do Ministério da Economia, a qual permite o retorno dos trabalhadores contaminados após 14 dias do

---

(12) Na expressão de OLIVEIRA, 'Direito do Trabalho e Cidadania', p. 59-69.

(13) Acerca do direito genérico à informação em tempos de pandemia, sobretudo no que tange às negociações coletivas e à proteção de dados, cf. GUNTHER; VILLATORE e AZEVEDO, 'Direito fundamental à informação em tempos de coronavírus', p. 123-138.

(14) Aliás, a Portaria Conjunta n. 20, de 18.06.2020, da Secretaria Especial de Previdência e Trabalho e do Ministério da Economia, prevê que o empregador não poderá exigir "*testagem laboratorial para a Covid-19 de todos os trabalhadores como condição para retomada das atividades do setor ou do estabelecimento*" (item 12.1.1).

diagnóstico (item 2.5, a) e dos casos suspeitos que "*estiverem assintomáticos por mais de 72 horas*" (item 2.5.2, b) – independentemente, portanto, da realização de novo exame.

A matéria, inclusive, foi objeto de ação civil pública ajuizada pelo Ministério Público do Trabalho em face de rede de supermercados que estava obrigando seus empregados com suspeita de Covid-19 a realizarem novo exame, na unidade da empresa, para atestar a presença do vírus. O juízo da 43ª Vara do Trabalho do Rio de Janeiro concedeu tutela de urgência para obstar referida prática, especialmente por considerar que o comparecimento do empregado à unidade da empresa poderia colocar em risco não apenas ele próprio, mas também seus colegas e as pessoas que com ele tivessem contato durante o deslocamento.(15)

De qualquer maneira, caso o exame seja de interesse do próprio profissional que atua em atividades essenciais, terá prioridade em sua realização e será tempestivamente tratado e orientado "*sobre sua condição de saúde e sobre sua aptidão para retornar ao trabalho*" (art. 3º-J, § 3º, Lei n. 13.979/20).

Ademais do direito à informação, o art. 3º, § 2º, da Lei n. 13.979/20 também prevê, no inciso II, o direito ao tratamento gratuito e, no inciso III, "*o pleno respeito à dignidade, aos direitos humanos e às liberdades fundamentais das pessoas*". Com base nesse inciso III, certamente surgirão questionamentos quanto à possibilidade de o empregador impor a vacinação obrigatória de seus empregados (quando esta vier a ser desenvolvida) para retorno ou continuidade do trabalho.

A vacinação obrigatória foi expressamente prevista pelo art. 3º, III, d, da Lei n. 13.979/20, como uma das medidas que poderão ser impostas pelo Estado para enfrentamento do vírus. Caso referida medida venha, efetivamente, a ser adotada pelo ordenamento brasileiro, inexistirá qualquer ilegalidade na conduta do empregador que exija a vacinação de seus empregados para continuidade do labor; caso contrário, a compulsoriedade da vacinação poderá ser interpretada, uma vez mais, como violação à intimidade do empregado, e ensejar condenação por danos morais.

A conclusão acima, entretanto, poderá vir a ser alterada, a depender do posicionamento firmado pelo STF no julgamento do ARE n. 1.267.879 (Tema 1103 de repercussão geral), no qual se discute a possibilidade de os pais não vacinarem seus filhos por razão morais, filosóficas, religiosas e existenciais. Embora a área do direito afeta a referido julgamento seja a familista, é grande a chance de os argumentos expendidos pelo Pretório Excelso gerarem repercussões trabalhistas, ante a identidade do tema.

b) Questões envolvendo utilização de EPIs específicos

A crise sanitária impôs a adoção de protocolos de segurança específicos e a utilização de novos equipamentos de proteção individual e coletiva em todos os

(15) ACP 0100358-88.2020.5.01.0043

setores da atividade produtiva. Porém, seguramente, nos serviços da linha de frente de combate à Covid-19, a observância das novas regras de saúde e segurança no trabalho é ainda mais relevante — consoante bem explicitado, aliás, pelo art. 3º, § 2º, da Lei n. 13.979/20:

> **Art. 3º-J, § 2º** "O poder público e os empregadores ou contratantes fornecerão, gratuitamente, os equipamentos de proteção individual (EPIs) recomendados pela Anvisa aos profissionais relacionados no § 1º deste artigo que estiverem em atividade e em contato direto com portadores ou possíveis portadores do novo coronavírus, considerados os protocolos indicados para cada situação."

Da mesma forma, o Decreto n. 10.282/20, no art. 3º, § 7º, prevê que "*na execução dos serviços públicos e das atividades essenciais de que trata este artigo devem ser adotadas todas as cautelas para redução da transmissibilidade da Covid-19*".

A se analisar a normativa brasileira acerca do fornecimento, treinamento e fiscalização de EPIs (sobretudo, os arts. 166 e 167 da CLT c/c a NR6 do Ministério do Trabalho), poder-se-ia pensar que o dispositivo da Lei n. 13.979/20 acima transcrito se faz despiciendo, uma vez que a legislação já prevê a obrigatoriedade de fornecimento de todos os equipamentos necessários à redução dos riscos laborais (independentemente de se estar ou não em um contexto pandêmico). Todavia, o legislador preferiu — e com razão — ser cauteloso, temerário de que a crise econômica enfrentada por muitos empregadores no período de pandemia pudesse ser utilizada como argumento para o descaso quanto à saúde do trabalhador, em especial, aquele mais exposto ao contágio pelo novo coronavírus.(16)

De qualquer forma, por óbvio, o artigo não deve ser interpretado sob viés reducionista: o fato de mencionar o fornecimento de EPIs "*considerados os protocolos indicados para cada situação*" não deve servir de salvo-conduto para a empresa esquivar-se do fornecimento de máscaras ou álcool em gel sob o argumento de que as atividades prestadas não implicam "*contato direto com portadores ou possíveis portadores do novo coronavírus*". Não importa, por exemplo, que o trabalhador apenas preste serviços internos em uma *startup* (curiosamente elencada como uma das atividades essenciais pelo Decreto n. 10.282/20), sem contato com o público, se este teve de utilizar transporte público para chegar até o local. Equipamentos mais específicos, como *faceshields*

(16) Nesse aspecto, causou profunda comoção doutrinária a previsão da MP n. 927/20 (com vigência já encerrada), no sentido de que, como forma de enfrentamento da pandemia, poderia ser adotada "*a suspensão de exigências administrativas em segurança e saúde no trabalho*" (art. 3º, VI), inclusive com suspensão de exames médicos obrigatórios (art. 15) e de treinamentos de utilização de EPIs (art. 16). Como bem ressalta Homero Batista Mateus da Silva, tais medidas, mesmo à época da vigência da MP, deveriam ser interpretadas com parcimônia, eis que "*podem trazer conforto e segurança num primeiro momento, assim como economia de recursos financeiros, mas podem se reverter contra a empresa, sobretudo nos casos de acidentes potencializados pela imperícia do empregado no manejo de máquinas e equipamentos*". (SILVA, *Legislação trabalhista em tempos de pandemia*, p. 72).

ou roupas plásticas de proteção, certamente apenas serão obrigatórios em situações mais delicadas, mas máscaras e álcool gel deverão ser disponibilizados de forma gratuita pelo empregador em quaisquer atividades.(17)

Entretanto, como se sabe, a simples disponibilização (e fiscalização) dos EPIs não é suficiente: é preciso, também, que haja amplo e constante trabalho de conscientização dos empregados que atuam em serviços essenciais quanto à correta utilização dos equipamentos. Afinal, por mais simples que possa parecer o uso de uma máscara, *e.g.*, vê-se diariamente pessoas que a utilizam de forma equivocada, deixando nariz e boca descobertos. Da mesma forma, é preciso pontuar os riscos da utilização excessiva de álcool em gel, especialmente em ambientes fechados e com risco de combustão, bem como orientar os profissionais quanto ao distanciamento social mínimo, especialmente em atividades que envolvem contato com o público.(18)

Não menos importante, ainda, é a preocupação com a saúde mental dos trabalhadores da linha de frente da pandemia — os quais, por estarem mais sujeitos a situações de *stress* e esgotamento físico, tendem a apresentar maiores comprometimentos de sua integridade psíquica. Não por outra razão, é fundamental que o empregador zele pela observância dos intervalos e períodos de repouso de referidos trabalhadores, não lhes exigindo a prestação de labor em jornadas excessivas (tema que será abordado em tópico próprio do presente estudo), bem como disponibilize ambientes que permitam a constante interação com colegas (já que a troca de experiências é fundamental em períodos de *stress* e ansiedade) e coloque à sua disposição canais para imediato atendimento psicológico, caso necessário.

c) Questões envolvendo duração do trabalho

A matéria da duração do trabalho ganha especial relevo quando se está diante de empregados que atuam em serviços essenciais — já que, no período de pandemia, muitos desses serviços tiveram sua demanda ampliada, e, como corolário, passaram a exigir um maior número de horas de trabalho por referidos profissionais.

---

(17) A respeito do tema, interessante decisão liminar foi proferida pelo Juízo da 82ª Vara do Trabalho de São Paulo nos autos da TutAntAnt 1000396-28.2020.5.02.0082, movida pelo Ministério Público do Trabalho em face da empresa iFood, mediante a qual esta foi obrigada a fornecer álcool-gel e observar outras medidas de segurança em relação a seus entregadores. Embora referida decisão tenha sido cassada pelo TRT da 2ª Região em sede de mandado de segurança (sobretudo em razão da ainda premente discussão sobre a natureza da relação existente entre iFood e entregadores), bem demonstra a consciência social que deve nortear a atuação de empregadores no contexto pandêmico quanto à prevenção de riscos laborais.

(18) Em atuação pioneira, a FUNDACENTRO editou manual contendo diversas orientações aos trabalhadores que atuam em serviços essenciais quanto à prevenção dos riscos laborais advindos da crise sanitária (<http://arquivosbiblioteca.fundacentro.gov.br/exlibris/aleph/u23_1/bd/PUB_Guia_Industria_Essencial-final.pdf>). No mesmo sentido, a Secretaria Especial de Previdência e Trabalho, vinculada ao Ministério da Economia, publicou o Ofício Circular n. 1.088/2020/ME, contendo diversas orientações a empregados e empregadores no setor de supermercados quanto à prevenção dos riscos advindos da pandemia (<https://enit.trabalho.gov.br/portal/images/PDF/orienta%C3%A7%C3%B5es_SIT_STRAB_supermercados.pdf>).

Neste tema, a MP n. 927/20 (com vigência encerrada em 19.07.2020) previa, especificamente para os profissionais de saúde, a possibilidade de prorrogação de jornada *"mesmo para as atividades insalubres e para a jornada de doze horas de trabalho por trinta e seis horas de descanso"*, inclusive com adoção de escala de horas suplementares entre a décima terceira e a vigésima quarta hora do intervalo interjornada, *"sem que haja penalidade administrativa, garantido o repouso semanal remunerado"* (art. 26).

O dispositivo foi alvo de severas críticas doutrinárias, eis que nunca antes se admitira, no direito brasileiro, jornada tão dilatada — e, como se sabe, a ampliação excessiva de jornadas de trabalho tende a ocasionar um maior número de doenças e acidentes em virtude do *stress*, fadiga e esgotamento físico e mental do trabalhador. Assim, como bem salienta Homero Batista Mateus da Silva, o dispositivo deveria ser interpretado com *"bastante moderação pelo hospital, caso realmente não seja possível a contratação de outro profissional para ajudar na função e caso não seja possível promover revezamento de jornadas suplementares"*.[19]

Por sorte (ou, quem sabe, consciência social do legislador), a previsão não foi repetida na legislação pandêmica superveniente ao encerramento da vigência da MP, minimizando-se os efeitos nefastos que certamente causaria, não apenas aos profissionais da saúde, mas à sociedade como um todo. Atualmente, portanto, aplica-se aos serviços essenciais a normativa tradicional sobre duração do trabalho, prevista nos arts. 58 e seguintes da CLT.

Contudo, nos casos em que a pandemia ensejou aumento da demanda no serviço essencial, alguns cuidados especiais devem ser observados na aplicação de referida normativa, especialmente no que tange à extrapolação de jornada.

Sabe-se, a esse respeito, que o art. 59, *caput*, da CLT autoriza a realização, diária, de até duas horas extras pelo trabalhador. Porém, o profissional que atua na linha de frente do combate à Covid-19 já se encontra naturalmente mais sujeito a situações de *stress* e ansiedade extrema. Quando sua jornada é habitualmente prorrogada, durante várias semanas ou meses, aumentam também as chances de seu adoecimento laboral; ademais, em tais condições, não se pode garantir que o serviço por ele desempenhado gozará da mesma qualidade e eficiência, justamente em razão da fadiga mental (além, por óbvio, da física) que lhe acomete.

O empregador não pode, então, se deixar seduzir pela possibilidade de exigir horas extras habituais de seus empregados, como alternativa (barata) à contratação de novos trabalhadores para fazer frente ao aumento da demanda.[20] Certamente, nos

---

(19) SILVA, *Legislação trabalhista...*, p. 91.

(20) Aliás, embora tradicionalmente admitida pela jurisprudência (como, por exemplo, se infere das Súmulas ns. 115, 172, 219, entre outras, do Tribunal Superior do Trabalho), a prestação de "horas extras habituais" soa contraditória em si mesma, já que o trabalho além da jornada normal é, por sua natureza, "extraordinário",

primeiros meses da pandemia, muitas empresas prestadoras de atividades essenciais sentiram a necessidade de prorrogar a jornada de trabalho de seus empregados de forma habitual; todavia, se, nos tempos atuais, tal realidade ainda se faz presente, é preciso repensar a necessidade de aumento de seu quadro de pessoal, com a contratação de novos trabalhadores (ainda que mediante contratos por prazo determinado, em suas diversas modalidades admitidas em lei). Evita-se, assim, a fadiga de um único empregado e, ao mesmo tempo, contribui-se para a diminuição da taxa de desemprego, agravada pela pandemia.

Por outro lado, para os casos em que o trabalho extraordinário ainda é uma necessidade, é altamente recomendável a adoção de sistemas de compensação em detrimento de prorrogação pura e simples de jornada. Se, em situações normais, pode parecer mais vantajoso ao trabalhador o percebimento do adicional de horas extras pelo sobrelabor, em momentos de crescimento desmedido da demanda mostra-se muito mais benéfica à sua saúde a concessão de descansos adicionais após jornadas dilatadas de trabalho.

Finalmente, no exercício de sua função social, deverá o empregador adotar postura proativa na conscientização de seus empregados quanto à importância da desconexão do trabalho, do cumprimento regular dos intervalos e descansos legais e do pleno exercício de seu direito ao lazer e convívio social — como forma de garantir a higidez mental e física do trabalhador e a salubridade do ambiente laboral.

d) Questões envolvendo férias

Nos primeiros tempos da crise sanitária, houve grande preocupação com a manutenção das atividades essenciais à sociedade, sobretudo aquelas ligadas à área da saúde – eis que, a julgar pelos exemplos de outros países, o sistema de saúde brasileiro corria severo risco de entrar em colapso.

Não por outra razão, o art. 7º da MP n. 927/20 permitiu a suspensão de *"férias ou licenças não remuneradas dos profissionais da área de saúde ou daqueles que desempenhem funções essenciais"*, desde que mediante comunicação formal, por escrito ou por meio eletrônico, preferencialmente com antecedência de quarenta e oito horas.

São plenamente compreensíveis os motivos por trás do dispositivo legal. Porém, respeitados posicionamentos em sentido contrário(21), entende-se que a suspensão das

---

jamais podendo fazer parte da normalidade da prestação de serviços. A respeito, destaca-se a lição de Jorge Luiz Souto Maior: *"As horas extraordinárias, prestadas de forma ordinária, é outra preocupação do direito ao não trabalho. Trata-se de uma esdrúxula prática que interfere, obviamente, na saúde dos trabalhadores e mesmo na ampliação do mercado de trabalho. Aliás, trata-se de uma grande contradição: no país do desemprego as empresas utilizarem-se, de forma habitual, da prática do trabalho em horas extras e pior, na maioria das vezes, sem o pagamento do adicional respectivo".* (MAIOR, 'Do direito à desconexão do trabalho', p. 14).

(21) Por todos, cf. BOTELHO, 'Férias em tempos de Covid-19: análise da MP n. 927/2020', p. 373.

férias/licença do trabalhador deve ser absolutamente excepcional, sob pena de incorrer-se, inclusive, em grave risco para a própria sociedade como um todo.

Imagine-se a seguinte situação: determinado empregado da área de saúde encontrava-se com férias programadas para abril de 2020, após um ano de trabalho extremamente árduo, com níveis de estafa elevadíssimos. Seu empregador, com fulcro no dispositivo acima, decide suspender seu período de férias — atitude que, obviamente, lhe trará menos custos do que a contratação de um trabalhador substituto (ainda que temporário). O empregado, então, é chamado a trabalhar mesmo cansado e sem motivação, colocando em risco a integridade física e a saúde de todas as pessoas que venham a ser por ele atendidas, já que naturalmente seu zelo habitual pelo trabalho restará comprometido.

Da mesma forma, imagine-se que o empregado esteja afastado da empresa porque esta, por liberalidade, concedeu-lhe uma licença não remunerada para cuidar de um parente doente. De súbito, referida licença é interrompida, e o trabalhador é chamado a retornar. ainda que não possua condições psicológicas a tanto — o que, certamente, afetará sua dedicação ao trabalho.

Por todo o exposto, reitera-se que a possibilidade de suspensão das férias/licenças atende muito mais a um interesse da empresa (evitar gastos com a contratação de substitutos) do que a uma efetiva necessidade social – de forma que, mesmo diante de concordância expressa do trabalhador, tal procedimento deveria ser adotado em situações absolutamente excepcionais. Assim, andou muito bem a Lei n. 14.020/20 em não repetir referida previsão em seu texto.

e) Questões envolvendo medidas de enfretamento da crise: suspensão de contratos de trabalho e redução proporcional de salário e jornada

Como se sabe, as Medidas Provisórias ns. 927 e 936/2020 (esta, convertida na Lei n. 14.020/20) contemplaram medidas de enfretamento da crise sanitária pelas empresas, incluindo a suspensão de contratos de trabalho e a redução proporcional de jornada e salário. Especificamente quanto aos serviços essenciais, prevê o art. 13 da Lei n. 14.020/20:

> **Art. 13.** A redução proporcional de jornada de trabalho e de salário ou a suspensão temporária do contrato de trabalho, quando adotadas, deverão resguardar o exercício e o funcionamento dos serviços públicos e das atividades essenciais de que tratam a Lei n. 7.783, de 28 de junho de 1989, e a Lei n. 13.979, de 6 de fevereiro de 2020.

Andou bem o legislador ao consagrar aludida limitação: se a maioria dos serviços considerados essenciais experimentou aumento em sua demanda, não há falar em adoção de medidas de enfrentamento de uma "crise" que não os afetou.

Porém, é preciso cuidado na interpretação do dispositivo legal. Veja-se, com efeito, que este não proíbe peremptoriamente, nos serviços essenciais, a suspensão de contratos de trabalho ou a redução proporcional de salários e jornada, mas apenas prevê que essas medidas, se adotadas, "*deverão resguardar o exercício e o funcionamento dos serviços públicos e das atividades essenciais*". O detalhamento se mostra de fundamental importância quando se recorda que, entre os serviços elencados como "essenciais" pela legislação de regência, muitos têm essencialidade duvidosa, como academias e salões de beleza. E, mesmo entre os serviços realmente fundamentais, poderá haver atividades específicas que acabaram afetadas pela pandemia, como, *e.g.*, o setor de cirurgias plásticas de determinado hospital.

Ante a casuística que reveste o tema, certamente não faltarão ações, na Justiça do Trabalho, de empregados em serviços essenciais que tiveram seus contratos suspensos ou suas jornadas e salários reduzidos, pretendendo a anulação da avença ou algum tipo de compensação financeira. Caberá, então, ao Poder Judiciário a importante missão de, na subsunção do caso ao art. 13 da Lei n. 14.020/20, analisar: a) se o serviço prestado pela empresa reclamada pode, de fato, ser considerado "essencial" (ou se trata apenas de uma das ficções jurídicas do Decreto n. 10.282/20); b) se a atividade individualmente exercida pelo trabalhador insere-se na essencialidade do serviço prestado pela empresa; c) se, em se tratando de atividade essencial, houve realmente decréscimo da demanda, a justificar a adoção da medida; d) se, praticada a suspensão do contrato ou redução de salário e jornada, manteve-se o regular funcionamento do serviço essencial, com a mesma qualidade e eficiência anteriormente observados.

f) Questões envolvendo dispensa do comparecimento ao trabalho por empregados pertencentes ao grupo de risco

O art. 3º, § 3º, da Lei n. 13.979/20 dispõe que será considerada como justificada a falta ao serviço decorrente das medidas previstas na lei, *i.e.*, isolamento, quarentena e restrições de deslocamento. Não há qualquer previsão, porém, no que tange à possível ausência justificada ao serviço por trabalhadores que atuem em atividades essenciais, mas integrem o grupo de risco do novo coronavírus (seja por moléstias pré-existentes, seja pelo avanço da idade) ou residam com pessoas que se enquadrem em referido grupo.

A respeito do tema, bastante interessante é a solução trazida por Luciano Martinez e Aloísio Cristovam dos Santos Júnior, para quem existe uma obrigação do empregador de "acomodação razoável", *i.e.*, um *"dever de acomodar o empregado vulnerável em posto compatível com a depreciação de sua capacidade laborativa, justamente para evitar o seu submetimento ao um perigo manifesto de mal considerável"*[(22)] Trata-se de evidente

(22) MARTINEZ e SANTOS JUNIOR, 'O dever de acomodação razoável em favor dos empregados imunodeficientes nos tempos do coronavírus', p. 235.

manifestação do chamado "princípio da precaução" (art. 225, § 1º, incisos IV, V e VII, CF/88), segundo o qual o empregador, em atitude proativa, deve sempre procurar minimizar os riscos de lesão ao trabalhador, ainda que não haja certeza científica sobre os efeitos do elemento nocivo.(23)

Nesse contexto, a melhor solução para tais situações seria, assim, a colocação do empregado em regime de teletrabalho.(24) Porém, sabe-se que nem sempre tal medida é exequível, especialmente em atividades que exijam a presença física do empregado no local de trabalho. Assim, como alternativas, poder-se-ia pensar, também, na retirada do empregado de funções que exijam contato direto com o público externo, ou sua realocação em ambientes separados na empresa, sem convívio constante com outros colegas.

Se nenhuma das soluções acima citadas mostrar-se viável na organização empresarial, não há alternativa ao empregador senão manter o trabalhador na função orginalmente desempenhada (e, como corolário, ter de lidar com o risco de caracterização do nexo causal no caso de eventual adoecimento do empregado — como a seguir exposto com mais vagar). Por outro lado, se o empregador, em motivo justificado, simplesmente se recusar ao cumprimento do dever de acomodação, nada obstará o pleito de rescisão indireta do contrato de trabalho por parte do empregado (com fulcro no art. 483, *b* e *d*, CLT), bem como de eventual compensação pelos danos morais causados.(25)

g) Questões envolvendo terminação contratual

É sabido que diversas empresas têm se utilizado do argumento da força maior (sob a modalidade do *factum principis* ou simplesmente alegando crise econômica em virtude da pandemia) para dispensar seus empregados, com redução das verbas rescisórias devidas.

Neste aspecto, reitera-se o quando acima exposto sobre a adoção de medidas de enfrentamento da crise por empresas atuantes nos serviços essenciais: em havendo aumento da demanda em razão da crise sanitária, certamente não há falar em cessação

---

(23) A respeito, recorde-se da distinção efetuada pela doutrina entre o princípio da prevenção e da precaução: enquanto, por força do primeiro, previne-se porque já se tem a certeza do dano trazido pelo elemento nocivo e das consequências que este acarreta, no segundo, previne-se porque ainda não é possível ter o pleno conhecimento científico acerca dos danos e consequências decorrentes do elemento nocivo (RODRIGUES, *Elementos de direito ambiental: parte geral*, p. 207). Acerca do tema, ainda, cf. PRATA, 'Direito fundamental à precaução em tempos de coronavírus', p. 151-162.

(24) Em jurisprudência, aliás, várias decisões vêm sendo proferidas nesse sentido, para determinar a colocação, em regime de teletrabalho, de empregados pertencentes ao grupo de risco ou conviventes com pessoas que o integram (cf., por exemplo, a decisão liminar proferida na Ação Civil Coletiva 0000264-18.2020.5.10.0000, em trâmite perante o TRT10, de autoria do Des. Grijalbo Fernandes Coutinho).

(25) Nesse sentido, MARTINEZ e SANTOS JUNIOR, *O dever de acomodação razoável...*, p. 273-275.

do contrato do trabalhador por força maior; de outra parte, sendo provada a crise econômica da empresa (em especial, nos serviços de essencialidade duvidosa), poderá, eventualmente, justificar-se a adoção de referida forma de rescisão contratual.

Contudo, em qualquer hipótese, impõe-se atuação cuidadosa, por parte do Poder Judiciário, na análise dos casos que lhe têm sido submetidos diariamente, nos quais o reclamante busca o reconhecimento da dispensa sem justa causa e a consequente complementação de suas verbas rescisórias. Como bem aponta José Fernandes Simão, a força maior deve ser invocada apenas em casos absolutamente excepcionais, mesmo em tempos de pandemia, já que, segundo dados do jornal *Valor Econômico*, *"85% das companhias que tem ação na bolsa conseguem honrar seus compromissos trabalhistas mesmo que ficassem 12 meses sem faturar. E metade das empresas restantes (15%, portanto) suportariam 6 meses"*.(26) Assim, sob pena de se transferir ao trabalhador o risco do negócio, é preciso cautela no reconhecimento da força maior, admitindo-a somente quando restar sobejamente comprovado o impacto da crise sanitária sobre a saúde financeira da empresa.

h) Questões envolvendo responsabilidade do empregador no caso de adoecimento por Covid-19

Outro tema que vem sendo objeto de intensos debates entre operadores do direito envolve a responsabilidade do empregador no caso de contaminação do empregado por Covid-19 no local de trabalho. E a discussão, certamente, se intensifica quando se está diante de atividades essenciais, sobretudo entre profissionais da saúde e outros trabalhadores que têm contato direto com pessoas contaminadas pelo vírus.

O art. 21, III, da Lei n. 8.213/91 equipara ao acidente de trabalho, para fins previdenciários, "*a doença proveniente de contaminação acidental do empregado no exercício de sua atividade*". Assim, em tese, demonstrado o nexo entre a contaminação do trabalhador e a atividade por ele desenvolvida, não há maiores problemas na caracterização da doença ocupacional e responsabilização do empregador, ao menos em relação à compensação extrapatrimonial por danos à saúde do empregado.(27)

Foi esta, aliás, a linha adotada pelo art. 29 da MP n. 927/20, segundo o qual "*os casos de contaminação pelo coronavírus (Covid-19) não serão considerados ocupacionais,*

---

(26) SIMÃO, "O contrato nos tempos da Covid-19". Esqueçam a força maior e pensem na base do negócio'.

(27) Incorrem em manifesto equívoco as vozes que, por ocasião do surgimento das primeiras discussões a respeito do tema, passaram a defender que, em razão de sua característica endêmica, a contaminação pelo novo coronavírus restaria afastada das doenças ocupacionais, na forma do art. 20, § 1º, *d*, da Lei n. 8213/91. Com efeito, referido dispositivo prevê que não se considera como ocupacional a doença endêmica "*salvo comprovação de que é resultante de exposição ou contato direto determinado pela natureza do trabalho*" — ou seja, em nada alterando as considerações acima quanto ao nexo causal para fins de caracterização da natureza laboral da moléstia.

exceto mediante comprovação do nexo causal". Embora referido dispositivo tenha tido sua eficácia suspensa pelo STF em 29.04.2020, na ADI n. 6.342, em realidade não trouxe qualquer novidade à legislação, na medida em que apenas repisou a necessidade de preenchimento dos requisitos civilistas para caracterização da responsabilidade do empregador por acidentes ou doenças laborais.

A grande dificuldade, porém, consiste justamente na comprovação do referido nexo causal.

Se um trabalhador da área da saúde, por exemplo, manteve-se em total isolamento social, apenas se deslocando de sua casa para seu trabalho e vice-versa, sem qualquer contato com outras pessoas, e se contaminou com o vírus, é de se presumir o nexo causal, com a consequente responsabilização do empregador. Todavia, e se esse mesmo trabalhador utilizou-se de transporte público para se dirigir ao trabalho? Restaria afastado o nexo em razão desse simples fato? Mas, se não precisasse trabalhar, será que essa pessoa teria saído de sua residência e se submetido ao grande risco que é a viagem em um ônibus fechado e com pouca circulação de ar?

É por força de tais questionamentos que, em nosso entender, deve haver **presunção do nexo causal** entre o contágio por Covid-19 e o trabalho desempenhado nas atividades essenciais especificadas pela legislação, na linha do que já prevê a legislação previdenciária acerca do Nexo Técnico Epidemiológico (art. 21-A, Lei n. 8.213/91). Caberia, nesse sentido, ao empregador o ônus de demonstrar que o trabalhador, em realidade, vinha descumprindo as regras de isolamento social e, assim, afastar a caracterização do nexo. E nem se argumente que se trataria de prova negativa e, portanto, vedada pelo ordenamento jurídico: afinal, é muito mais fácil ao empregador provar que o empregado frequentava outros lugares além do trabalho (mediante, por *e.g.*, oitiva de testemunhas, análise de fotos em redes sociais, etc.) do que ao empregado provar que não os frequentava.(28)

Questão também controvertida envolve outro elemento da responsabilidade civil: a **culpa**. É que, como se sabe, embora prevaleça a regra da responsabilidade subjetiva do empregador por acidentes/doenças do trabalho (art. 7º, XXIII, CF/88), de há muito o Tribunal Superior do Trabalho (e, mais recentemente, o próprio STF – RE n. 828.040) fixou a tese de que, a depender da atividade, deve ser atribuída responsabilidade objetiva ao empregador (na chamada "teoria do risco criado").

Nesse contexto, questiona-se: o simples fato de o empregado atuar em uma atividade essencial já permitiria a caracterização da responsabilidade objetiva de seu

(28) Em sentido análogo, o entendimento de Homero Batista Mateus da Silva, para quem "*a aptidão para a prova é muito mais próxima do empregador, dono dos meios de produção, do que do empregado, que tecerá comentários sobre a rotina de trabalho e não necessariamente terá acesso aos certificados de aprovação ou à frequência dos cursos de capacitação, por exemplo*" (SILVA, *Legislação trabalhista...*, p. 98).

empregador pela contaminação por Covid-19 ou seria necessária a prova da efetiva culpa/dolo em tal dano?

Considerando o grande rol das atividades consideradas como essenciais pela normativa pandêmica, a melhor solução é a casuísta: mantém-se, em princípio, a responsabilização subjetiva do empregador, à exceção das atividades que, por sua natureza, ensejem maior risco de contágio (em especial, as atividades de saúde). Esse, aliás, o posicionamento adotado por Cláudio Brandão, para quem a responsabilidade objetiva do empregador deverá englobar todos os profissionais de saúde "*que estejam nas atividades diretamente relacionadas atendimento aos pacientes ou atividades correlatas*" e os profissionais que exercem atividades acessórias no setor de saúde, como maqueiros, pesquisadores, ascensoristas, atendentes, vigilantes, motoristas de carros funerários, coveiros e trabalhadores que realizam a limpeza dos estabelecimentos de saúde.(29)

i) Questões envolvendo greve

Se o conceito originário de "serviços essenciais" surgiu com a Lei de Greve, nada mais lógico do que questionar: como fica o exercício do direito de greve em referidos serviços no contexto de pandemia?

Uma leitura rasa do art. 3º, § 11, da Lei n. 13.979/20 e do art. 3º, § 3º, do Decreto n. 10.282/20 poderia levar a entendimento equivocado sobre uma suposta proibição da greve em setores essenciais no período da crise sanitária. Veja-se, a respeito, a redação de referidos dispositivos:

> **Art. 3º, § 11, Lei n. 13.979/20:** É vedada a restrição à ação de trabalhadores que possa afetar o funcionamento de serviços públicos e de atividades essenciais, definidos conforme previsto no § 9º deste artigo, e as cargas de qualquer espécie que possam acarretar desabastecimento de gêneros necessários à população.
>
> **Art. 3º, § 3º, Decreto n. 10.282/20:** É vedada a restrição à circulação de trabalhadores que possa afetar o funcionamento de serviços públicos e atividades essenciais, e de cargas de qualquer espécie que possam acarretar desabastecimento de gêneros necessários à população.

Ora, por óbvio, não se devem interpretar os artigos acima como consagradores de uma proibição à greve em serviços essenciais, em razão da vedação à "restrição à circulação/ação" dos trabalhadores atuantes em tais setores. Aliás, em situações emergenciais, como a presente, é ainda mais frequente a violação de direitos laborais pelas empresas, seja por dificuldades práticas no enfrentamento da crise, seja por absoluta má-fé e intenção de reduzir custos. Nesse contexto, a greve arvora-se como instrumento fundamental para garantia de direitos historicamente consolidados, e, como tal, não pode ser suprimida ao trabalhador.

---

(29) BRANDÃO, 'A Covid-19 e o adoecimento ocupacional', p. 285. A respeito do tema, cf., ainda, STURMER, 'O meio ambiente do trabalho e a responsabilidade do empregador decorrente da Covid-19', p. 83-109.

É mister, pois, que se combinem os preceitos acima transcritos com o art. 11 da Lei n. 7.783/89: a greve em serviços essenciais continua sendo perfeitamente possível, desde que resguardado o mínimo indispensável ao atendimento das necessidades inadiáveis da população. E, tendo havido ampliação do rol de serviços essenciais por parte da legislação pandêmica, entende-se que tal prescrição não se aplica apenas aos serviços indicados no art. 10 da Lei n. 7.783/89, mas a todos aqueles enquadrados como fundamentais pela novel legislação.

Ademais, no contexto da pandemia, uma espécie de greve se mostra de fundamental importância em relação, especificamente, aos serviços e atividades essenciais: a **greve ambiental**.

Como se sabe, a greve ambiental é aquela realizada com a finalidade precípua de obter melhores condições de saúde e segurança no ambiente de trabalho, ou forçar o empregador a respeitar as normas relativas ao tema. Amplamente admitida por doutrina e jurisprudência, a greve ambiental tem por características fundamentais a manutenção do pagamento de salários aos grevistas e a desnecessidade de observância dos requisitos tradicionais da Lei n. 7.783/89 — eis que a ameaça iminente à integridade física do trabalhador demanda atuação rápida dos grevistas, independentemente de formalidades legais.

Como bem ressalta Raimundo Simão de Melo, no contexto da pandemia, o não fornecimento de EPIs adequados pelo empregador ou mesmo o descumprimento de outras regras de saúde de segurança de trabalho, em especial face aos profissionais da "linha de frente" de combate ao vírus deve ensejar a greve ambiental, na medida em que, no conflito entre o direito à vida de quem trabalha e o direito à vida das demais pessoas, prevalece "*como parece ser óbvio e natural, a vida de quem sai de casa, do necessário isolamento, para trabalhar em prol dos outros seres humanos*".[30] Assim, é imperioso que os trabalhadores atuantes em serviços essenciais valham-se de referido instrumento sempre que a empresa recusar-se ao fornecimento/substituição de EPIs específicos ou à observância de medidas de combate ao vírus.

Conclusões

Muitos são os desafios impostos pela pandemia da Covid-19 ao trabalho como um todo; entretanto, como se percebe, em relação aos serviços essenciais (especialmente os da "linha de frente" de combate ao vírus), é preciso ainda maior cuidado em alguns aspectos, como elastecimento da jornada e risco de adoecimento do trabalhador. Por isso, empregado e empregador devem atuar de forma conjunta para evitar que o acréscimo da demanda — não acompanhado por investimentos na área de saúde e segurança do trabalho — seja um entrave para a qualidade da prestação do serviço e para a salubridade do ambiente laboral.

(30) MELO, 'Greve ambiental em tempos de coronavírus', p. 616.

Da parte do empregador, sobressai o dever de ampla informação, conscientização e fiscalização de seus empregados quanto: a) aos efeitos nefastos da prorrogação desmedida da jornada de trabalho; b) à necessidade de observância estrita dos períodos de descanso, com foco no lazer e convívio social com amigos e familiares; e c) à adequada utilização dos EPIs específicos para evitar a contaminação pelo vírus. Ainda, jamais poderá o empresário atribuir o risco de seu negócio ao trabalhador, pretendendo a suspensão do contrato de trabalho ou mesmo sua rescisão por motivo de força maior quando inexistentes motivos sólidos para tanto, ou forçando empregados que façam parte do grupo de risco a continuarem sua prestação de serviços sem qualquer adaptação.

Por outro lado, é fundamental que o empregado conheça os limites de seu corpo e mente quando da prestação de seus serviços, sempre comunicando seu empregador quando perceber que as condições de trabalho podem ocasionar seu adoecimento. Ademais, deve exigir da empresa a observância de todas as normas de saúde e segurança no trabalho, quanto ao fornecimento de EPIs específicos, afastamento imediato de trabalhadores contaminados ou com suspeita de contaminação por Covid-19 e acomodação de pessoas que pertençam ao grupo de risco, na medida das possibilidades da empresa — sempre se lembrando de que, na inobservância de quaisquer desses deveres, exsurge a greve ambiental como importante instrumento de pressão.

Bibliografia

BEZERRA LEITE, Carlos Henrique. *A greve como direito fundamental*. 2. ed. Curitiba: Juruá, 2014.

BOTELHO, Paulo Régis Machado. 'Férias em tempos de Covid-19: análise da MP n. 927/2020'. In: BELMONTE, Alexandre Agra; MARTINEZ, Luciano; MARANHÃO, Ney (Coords.). *O Direito do Trabalho na crise da Covid-19*. Salvador: JusPodivm, 2020.

BRANDÃO, Claudio. 'A Covid-19 e o adoecimento ocupacional'. In: BELMONTE, Alexandre Agra; MARTINEZ, Luciano; MARANHÃO, Ney (Coords.). *O Direito do Trabalho na crise da Covid-19*. Salvador: JusPodivm, 2020.

BRASIL. *Ofício Circular n. 1.088/2020/ME da Secretaria Especial de Previdência e Trabalho*. Disponível em: <https://enit.trabalho.gov.br/portal/images/PDF/orienta%C3%A7%C3%B5es_SIT_STRAB_supermercados.pdf>.

CARVALHO, Rodrigo César Picon de. *Serviços essenciais à comunidade e a Covid-19*. Disponível em: <https://canalcienciascriminais.com.br/servicos-essenciais-a-comunidade-e-a-Covid-19/>.

FUNDACENTRO. *Manual FUNDACENTRO sobre prevenção dos riscos laborais advindos da crise sanitária*. Disponível em: <http://arquivosbiblioteca.fundacentro.gov.br/exlibris/aleph/u23_1/bd/PUB_Guia_Industria_Essencial-final.pdf>.

GUNTHER, Luiz Eduardo; VILLATORE, Marco Antônio César; AZEVEDO, André Jobim de. 'Direito fundamental à informação em tempos de coronavírus'. In: BELMONTE, Alexandre Agra; MARTINEZ, Luciano; MARANHÃO, Ney (Coords.). *O Direito do Trabalho na crise da Covid-19*. Salvador: JusPodivm, 2020.

MALLET, Estêvão. *Dogmática Elementar do Direito de Greve*. São Paulo: LTr, 2014.

MARTINEZ, Luciano; SANTOS JUNIOR, Aloísio Cristovam dos. 'O dever de acomodação razoável em favor dos empregados imunodeficientes nos tempos do coronavírus'. In: BELMONTE, Alexandre Agra; MARTINEZ, Luciano; MARANHÃO, Ney (Coords.). *O Direito do Trabalho na crise da Covid-19*. Salvador: JusPodivm, 2020.

MELO, Raimundo Simão de. 'Greve ambiental em tempos de coronavírus'. In: BELMONTE, Alexandre Agra; MARTINEZ, Luciano; MARANHÃO, Ney (Coords.). *O Direito do Trabalho na crise da Covid-19*. Salvador: JusPodivm, 2020.

MONTOYA MELGAR, Alfredo. *Derecho del Trabajo*. 29. ed. Madri: Tecnos, 2008.

NASCIMENTO, Amauri Mascaro. *Compêndio de Direito Sindical*. 6. ed. São Paulo: LTr, 2011.

OLIVEIRA, Paulo Eduardo Vieira. 'Direito do Trabalho e Cidadania'. In: *Revista do Tribunal Regional do Trabalho da 15ª Região*, n. 31. Campinas, jul./dez. 2007.

ORGANIZAÇÃO INTERNACIONAL DO TRABALHO. *Os princípios do Comitê de Liberdade Sindical referentes à greve*. Disponível em: <https://www.ilo.org/wcmsp5/groups/public/---americas/---ro-lima/---ilo-brasilia/documents/publication/wcms_231057.pdf>.

PRATA, Marcelo Rodrigues. 'Direito fundamental à precaução em tempos de coronavírus'. In: BELMONTE, Alexandre Agra; MARTINEZ, Luciano; MARANHÃO, Ney (Coords.). *O Direito do Trabalho na crise da Covid-19*. Salvador: JusPodivm, 2020.

RODRIGUES, Marcelo Abelha. *Elementos de direito ambiental: parte geral*. São Paulo: Revista dos Tribunais, 2005.

SANTORO-PASSARELLI, Giuseppe. *Diritto sindacale*. Bari: Laterza, 2007.

SAN VICENTE, Osvaldo Mantero de. *Derecho Sindical – Tomo 1*. 2. ed. Montevideo: Fundación de Cultura Universitaria, 2015.

SCHWIND, Rafael Wallbach. *Reflexões sobre a Lei n. 13.979/20 e o Decreto n. 10.282/20:* descabimento de restrições a serviços essenciais sem prévia articulação com o poder concedente e a agência reguladora. Disponível em: <https://www.migalhas.com.br/depeso/322804/reflexoes-sobre-a-lei-13979-20-e-o-decreto-10282-20-descabimento-de-restricoes-a-servicos-essenciais-sem-previa-articulacao-com-o-poder-concedente-e-a-agencia-reguladora>.

SILVA, Homero Batista Mateus da. *Legislação trabalhista em tempos de pandemia*. São Paulo: Revista dos Tribunais, 2020.

SIMÃO, José Fernandes. *"O contrato nos tempos da Covid-19"*. Esqueçam a força maior e pensem na base do negócio. Disponível em: <https://www.migalhas.com.br/coluna/migalhas-contratuais/323599/o-contrato-nos-tempos-da-Covid-19--esquecam-a-forca-maior-e-pensem-na-base-do-negocio>.

SOUTO MAIOR, Jorge Luiz. 'Do direito à desconexão do trabalho'. In: *Revista do Tribunal Regional do Trabalho da 15ª Região*, n. 23, Campinas, 2003.

STURMER, Gilberto. 'O meio ambiente do trabalho e a responsabilidade do empregador decorrente da Covid-19'. In: *Revista de Direito do Trabalho*, v. 213, p. 83-109, set./out. 2020.

URIARTE, Oscar Ermida. *Apuntes sobre la huelga*. 3. ed. Montevideo: Fundación de Cultura Universitaria, 2012.

4. Fiscalização do Trabalho

Daiana Monteiro Santos[1]

1. A fiscalização do trabalho e seu avanço na proteção do trabalhador

A instituição da fiscalização do trabalho decorreu de um processo histórico de desenvolvimento do capitalismo e exploração desmesurada dos trabalhadores que resultou em um longo processo de lutas por direitos de proteção da relação laboral.

A evolução do Direito do Trabalho no Brasil se deu, inicialmente, sob ideais de controle da classe trabalhadora, entretanto, ao longo dos anos um projeto social se desenvolveu e se instalou de maneira mais notável com o advento da Constituição Cidadã de 1988, cujo texto traz como um dos elementos basilares, a dignidade da pessoa humana e os valores sociais do trabalho e da livre-iniciativa.

Não obstante a relevância dos direitos sociais manifestada na Constituição da República (CR), nos últimos anos, ideais políticos ultraliberais vêm tomando força no Brasil e, consequentemente, reformas trabalhistas de flexibilização do Direito do Trabalho têm sido implantadas pelos Poderes Legislativo e Executivo de modo a priorizar interesses econômicos em detrimento de interesses sociais, as quais são constantemente objeto de questionamentos perante o Poder Judiciário.

A política de flexibilização de direitos laborais resulta diretamente na atuação da fiscalização do trabalho que, além disso, vem sofrendo também obstruções outras que a impedem de atuar de forma mais eficiente em todo território nacional.

a. Período pretérito à fiscalização do trabalho — Breve histórico

A sistemática de fiscalização do trabalho é intrinsicamente ligada à normatização do Direito do Trabalho, sendo este produto do capitalismo e, consequentemente, do trabalho livre. É essencial, desse modo, analisar o cenário histórico social que antecedeu a criação da inspeção do trabalho no Brasil.

---

(1) Juíza do Trabalho do Tribunal Regional do Trabalho da 2ª Região. Membro do Grupo de Pesquisa Trabalho e Capital da Universidade de São Paulo. Especialista em Direito e Processo do Trabalho pela Pontifícia Universidade Católica de São Paulo. Mestre em Direito Social Pela Universidade Paris 1 - Panthéon - Sorbonne.

A auditoria-fiscal do trabalho foi inicialmente instituída no Reino Unido com a regulamentação do "factory Act" em 1833 que criou a figura dos inspetores do trabalho incumbidos na fiscalização quanto à observância das normas tutelares aos direitos dos trabalhadores, especialmente mulheres e crianças(2).

No Brasil, o fim da escravidão se deu com a Lei Aurea 1888(3), porém essa mudança não representou, de imediato, significativo aumento das lutas por melhores condições de trabalho e perdurou o estigma cultural em relação ao negro, de modo que o capitalista demonstrava ampla preferência pela contratação de imigrantes nas fábricas que estavam sendo instaladas no país. Todavia, mesmo a mão de obra estrangeira era submetida a elevados níveis de exploração e tratamentos repressivos, resquício do longo período escravocrata instalado no país. Tais trabalhadores, sejam eles negros ou imigrantes, eram submetidos a jornadas de trabalho elevadíssimas, baixos salários e condições de moradia e alimentação precárias.

O capitalista do final do século XIX e início do século XX era o escravista de antes e, como resposta à lógica escravista mantida nos trabalhos rurais e nos centros urbanos, imigrantes mobilizaram-se e se uniram aos movimentos operários existentes para lutar contra o modelo de sociedade capitalista que estava instalando-se no Brasil.

Tal feito teve resposta imediata da classe dominante brasileira e foi dado início a um período de restrição de direitos a trabalhadores estrangeiros, como a vedação de voto, limitação associativa a ponto de poderem ser expulsos do país se viessem a comprometer, por qualquer motivo, a "segurança nacional ou tranquilidade pública", como pode-se observar nos Decretos ns. 1.641, de 7 de janeiro de 1907, 19.482, de 12 de dezembro de 1930, 19.770, de 19 de março de 1931, e 406 de 4 de maio de 1938.

Considerando que num primeiro momento a mão de obra estrangeira era tida como mais civilizada e melhor qualificada para o mercado de trabalho brasileiro, a deturpação desse entendimento por meio de criação de leis prejudiciais aos imigrantes se deu, não sob o suposto intento de proteger a classe trabalhadora brasileira, mas como forma de inviabilizar movimentos sociais e enfraquecer as lutas operárias por melhores condições de trabalho.

Ainda assim, o esforço da classe dominante não impediu o aumento de tensões sociais e certos benefícios foram criados como forma de conter os movimentos reivindicatórios de categorias específicas de trabalhadores. Mantida, entretanto, forte repressão do Estado às greves e outros movimentos coletivos por meio de força policial e ataque aos trabalhadores.

---

(2) BIGNAMI, Renato. *A modernização da Inspeção do Trabalho no Brasil*. Disponível em: <https://www.academia.edu/24862616/A_moderniza%C3%A7%C3%A3o_da_Inspe%C3%A7%C3%A3o_do_Trabalho_no_Brasil>.

(3) Lei Imperial n. 3.353, de 13 de maio de 1888.

A diversidade da composição da classe trabalhadora no Brasil não foi empecilho para a união dos operários na luta de melhores condições de trabalho, pois estas eram de extrema precariedade e exploração e, portanto, insustentáveis. À vista disso, no final do século XIX foi fundado o Partido Operário e outros grupos socialistas e associações de classe. Em 1908 foi instituída a Confederação Operária Brasileira (CBO), ligada à Confederação Geral dos Trabalhadores (CGT) na França. Logo centenas de greves ocorreram entre as últimas décadas do fim do século XIX e início do século XX.

Segundo Jorge Luiz Souto Maior, "em 1917, eclodiu um movimento grevista de enorme significado para o desenvolvimento das relações de trabalho no Brasil. Ao menos, isso foi uma verdade "nas relações trabalhistas entre o operariado paulista e o setor patronal"[(4)].

Em decorrência da pressão da classe trabalhadora e exploração do trabalho infantil, alguns projetos de lei iniciaram seu trâmite no período sob análise, porém sem sucesso, bem como foram editadas outras normas de aplicação pontual – sobre determinadas profissões e localidades – cuja finalidade era precipuamente a contenção de mobilizações sociais e não a proteção do trabalhador.

Por meio do Decreto n. 1.313/1891[(5)] foi criada a Inspeção do Trabalho, ligada inicialmente ao Ministério do Interior, cuja finalidade era inibir o trabalho de crianças em fábricas do Rio de Janeiro.

Mariana Benevides da Costa destaca outras normas e projetos de instituição de inspeção do trabalho pelo Brasil. "Por exemplo: a) Projeto n. 273, de 1908, de

---

(4) SOUTO MAIOR, *História do Direito do Trabalho no Brasil*, p. 127.

(5) "O Generalissimo Manoel Deodoro da Fonseca, Chefe do Governo Provisorio da Republica dos Estados Unidos do Brazil, attendendo à conveniencia e necessidade de regularisar o trabalho e as condições dos menores empregados em avultado numero de fabricas existentes na Capital Federal, afim de impedir que, com prejuizo proprio e da prosperidade futura da patria, sejam sacrificadas milhares de crianças, Decreta:

Art. 1º E' instituida a fiscalização permanente de todos os estabelecimentos fabris em que trabalharem menores, a qual ficará a cargo de um inspector geral, immediatamente subordinado ao Ministro do Interior, e ao qual incumbe:

1º Velar pela rigorosa observancia das disposições do presente decreto, tendo para esse fim o direito de livre entrada em todos os estabelecimentos fabris, officinas, laboratorios e depositos de manufacturas da Capital Federal;

2º Visitar cada estabelecimento ao menos uma vez por mez; podendo, quando entender conveniente, requisitar do Ministerio do Interior a presença de um engenheiro ou de alguma autoridade sanitaria;

3º Apresentar, no mez de janeiro, ao Ministro do Interior, o relatorio das occurrencias mais notaveis do anno antecedente, relativamente ás condições dos menores, indicando as medidas que julgar convenientes para a realização efficaz da Assistencia. Acompanharão o relatorio quadros estatisticos, em que se mencionem os estabelecimentos inspeccionados, e, quanto aos menores, o nome, idade, nacionalidade propria e paterna, nota de analphabeto ou não, e outros quaesquer esclarecimentos".

Disponível em: <https://www2.camara.leg.br/legin/fed/decret/1824-1899/decreto-1313-17-janeiro-1891-498588- publicacaooriginal-1-pe.html>.

autoria do sergipano Graccho Cardoso, entre outros, cujo art. 41 previa a criação de inspetores do trabalho para efetivar regulamentos nas empresas e estabelecimentos industriais; b) Decreto n. 3.550, de 10 de outubro de 1918, que previa a criação do Departamento Nacional do trabalho, mas não saiu do papel porque a competência legislativa para o assunto pertencia aos Estados; c) Serviço de Inspeção do Trabalho, criado em 1921, como extensão do Serviço de Povoamento e circunscrito ao Ministério da Agricultura, Indústria e Comércio; d) Reforma constitucional de 1926, que conferiu à União competência legislativa para matéria trabalhista e, portanto, para a própria inspeção do trabalho"(6).

b. A criação do Ministério do trabalho, sua atuação na fiscalização das relações de trabalho e influência internacional

O Tratado de Versalhes, assinado em 28 de junho de 1919(7), além de representar o pacto pelo fim da primeira Guerra Mundial também criou a Organização Internacional do Trabalho. Em sua redação já constava a previsão de serviço de inspeção do trabalho(8) a ser organizados pelos Estados, a fim de assegurar maior proteção aos trabalhadores(9).

No mesmo ano de sua criação, foi editada pela Organização Internacional do Trabalho (OIT) a Recomendação n. 5 sobre Inspeção do Trabalho, na qual sugere que cada Estado Membro estabeleça uma sistemática segura e eficaz de inspeção das condições de trabalho nas fábricas e ateliers, bem como um serviço público especialmente destinado a proteger a saúde dos trabalhadores(10). Ainda, em 1926, editada Recomendação n. 28 no tocante à inspeção do trabalho para fiscalizar o cumprimento dos direitos dos trabalhadores em atividades marítimas(11).

Considerando o contexto internacional destacado, de um lado, a criação da OIT e, de outro, a crise mundial iniciada pela queda da bolsa de Nova Iorque em 1929, bem como o cenário nacional com o desenvolvimento da indústria, o aumento

---

(6) BENEVIDES COSTA, 'A fiscalização do trabalho de 1930 a 1964', p. 106-107.

(7) Vigente no Brasil a partir do Decreto n. 13.990, de 12 de janeiro de 1920. Promulga o Tratado de Paz entre os países aliados, associados e o Brasil de um lado e de outro a Alemanha, assinado em Versailles em 28 de junho de 1919.

(8) "Etimologicamente, a palavra inspetor quer dizer aquele que vê, observa e fiscaliza e vem do latim *inspector*, significando aquele que olha em, mergulha os olhos em, examina ou passa revista. Daí a importância da visita ao local de trabalho, onde o inspetor pode, por meio dos seus sentidos, verificar se a norma está sendo cumprida, isto é, se o contrato de trabalho corresponde com a realidade das condições do meio ambiente de trabalho em toda sua magnitude" BIGNAMI, *A modernização da Inspeção do Trabalho no Brasil*.

(9) Disponível em: <https://fr.wikisource.org/wiki/Trait%C3%A9_de_Versailles_1919/13>.

(10) Disponível em: <https://www.ilo.org/dyn/normlex/en/f?p=1000:12100:1730190317377::NO::P12100_SHOW_TEXT:Y:>.

(11) Disponível em: <https://www.ilo.org/dyn/normlex/fr/f?p=NORMLEXPUB:12100:0::NO:12100:P12100_ILO_CODE:R028>

do número de trabalhadores imigrantes e a elevada exploração da mão de obra em geral, as classes trabalhadoras passaram a se organizar e lutar por melhores condições de trabalho.

Devido ao crescimento da hostilidade na relação de trabalho, a questão social passou a ser tratada com prioridade pelo governo Vargas como forma de mediar e reduzir os conflitos entre capital e trabalho e conter a pobreza. Para tanto, foi criado o Ministério do trabalho em 26 de novembro de 1930 por meio do Decreto n. 19.433, com autoridade para regulamentar a relação de trabalho em caráter universal. Entretanto, num primeiro momento, sua atuação visava precipuamente os interesses do governo para controlar a classe trabalhadora.

Conforme cita Deivison Amaral:

> "As medidas adotadas por Vargas fizeram com que ele fosse acusado de ter oferecido direitos aos trabalhadores e trabalhadoras de forma impositiva para controlá-los e evitar a convulsão social. Parte do movimento sindical não via com bons olhos as medidas normativas anunciadas no primeiro governo Vargas, entre elas, a vinculação dos sindicatos ao Estado por meio do registro no Ministério do Trabalho e a obrigatoriedade da formação de um sindicato único por categoria profissional."(12)

Nesse cenário, a inspeção do trabalho, vinculada ao Departamento Nacional do Trabalho (Decreto n. 19.671-A), atuava segundo determinados interesses, sucumbindo a inclinações do capital entre as décadas de 1930 e 1940, período em que Vargas teve por prioridade o desenvolvimento industrial no Brasil(13).

Por meio do Decreto n. 21.690, de 1932, foram criadas as Inspetorias Regionais nos Estados da Federação, as quais foram transformadas em Delegacias Regionais do Trabalho (Decreto n. 2.168, de 1940), cujas atribuições visavam materializar as competências do Departamento Nacional do Trabalho com destaque para a fiscalização do trabalho.

Reforçando o poder do Ministério do Trabalho diversas normas foram criadas entre as décadas de 1930 e 1940, dentre elas a regulamentação dos Institutos de Aposentadoria e Pensões, a criação da Carteira de Trabalho, a instituição do salário mínimo. Tais disposições integraram a Consolidação das Leis do Trabalho de 1943.

Em 1947 foi editada a Convenção Internacional do Trabalho n. 81 dispondo sobre a "Inspeção do Trabalho na Indústria e no Comércio"(14), ratificada em 25 de

---

(12) Disponível em: <https://www.cafehistoria.com.br/por-que-ministerio-do-trabalho-foi-criado>.

(13) BENEVIDES COSTA, 'A fiscalização do trabalho de 1930 a 1964', p. 107.

(14) No mesmo ano foi apresentada a Recomendação n. 81 dispondo sobre orientações gerais acerca das atividades de inspeção do trabalho.

abril de 1957, porém denunciada em 05 de abril de 1971 por meio do Decreto n. 68.796/1971(15), o qual foi revogado pelo Decreto n. 95.461/87 com o consequente revigoramento da ratificação e promulgação anteriores. A referida Convenção tem por finalidade a imposição aos Estados Membros de manutenção de um sistema de Inspeção do Trabalho nos estabelecimentos industriais a fim de assegurar a observância de direitos trabalhistas e proteção das condições de trabalho em tais ambientes, em especial quanto "à duração do trabalho, aos salários, à segurança, à higiene e ao bem estar, ao emprego de crianças e adolescente e a outras matérias conexas"(16).

Em 1969 foi editada a Convenção n. 129 da OIT que trata da inspeção do trabalho na agricultura de forma a estender a proteção de direitos trabalhistas, de saúde e de segurança também aos trabalhadores rurais(17), entretanto tal convenção não foi ratificada pelo Estado brasileiro(18).

No período em que o Brasil esteve sob o regime militar ditatorial houve significativa redução nas atividades de fiscalização do trabalho, de modo que, consoante mencionado pelo Professor Souto Maior(19), estudantes da Universidade de São Paulo voluntariaram-se para atuar como inspetores do trabalho. Visando compensar o déficit, os próprios trabalhadores foram igualmente convocados a denunciar abusos patronais às autoridades competentes, bem como foi solicitada a cooperação das entidades sindicais.(20)

O Ministério do Trabalho, no decorrer dos anos, passou a assumir outras atribuições de forma mais efetiva, dentre elas a "fiscalização das condições de trabalho", "a coordenação política de geração de emprego e renda" e o "combate ao trabalho análogo à escravidão", passando a seguir uma linha mais ampla de proteção do trabalhador e promoção do trabalho seguro(21).

c. Evolução legislativa no Brasil e o fortalecimento da fiscalização do trabalho

A Consolidação das Leis do Trabalho (CLT), desde sua edição original, estabelece o núcleo de normas que regulamentam a inspeção do trabalho e sua atuação em seu Capítulo V.

(15) **Falta o texto desta nota!**

(16) Disponível em: <https://www.ilo.org/brasilia/convencoes/WCMS_235131/lang--pt/index.htm>

(17) Também em 1969 nova Recomendação (n. 133) visou orientar os Estados Membros no tocante ao trabalho rural.

(18) Disponível em: <https://www.ilo.org/dyn/normlex/fr/f?p=NORMLEXPUB:12100:0::NO:12100:P12100_ILO_CODE:C129>

(19) SOUTO MAIOR, Jorge Luiz. *O mito dos setenta anos da CLT* — um estudo preliminar. Encarte. (São Paulo: LTr, 2013), citado em BENEVIDES COSTA, 'A fiscalização do trabalho de 1930 a 1964'.

(20) BENEVIDES COSTA, 'A fiscalização do trabalho de 1930 a 1964', p. 109.

(21) AMARAL, *Porque o Ministério do Trabalho foi criado?*

O texto consolidado destaca a relevância que deve ser dada às normas de segurança e medicina do trabalho, trazendo cláusulas abertas de modo a viabilizar ampla regulamentação legislativa e por meio do Poder Executivo da União, nos termos do art. 155 da CLT. Além disso, impõe às empresas o dever de cumprir outras disposições constantes em códigos de obras ou regulamentos sanitários de outros entes federados, bem como constantes em convenções coletivas de trabalho (art. 154 da CLT).

As redações dos artigos acima citados viabilizam atualização constante e mais célere das normas concernentes à saúde e segurança do trabalhador, sistemática esta, em princípio, positiva, pois as relações e atividades de trabalho são dinâmicas. Entretanto, a facilidade de alteração de tais normas pode igualmente levar a retirada de direitos tutelares dos trabalhadores sem o zelo que a matéria exige, como tem ocorrido nas recentes revisões das Normas Regulamentares (NR), inclusive em violação à própria lei.

A inspeção do trabalho possui diversos campos de operação, sendo condição necessária para o início das atividades de um estabelecimento empresarial (art. 160 da CLT), assim como quando há modificação substancial nas instalações, eis que imprescindível a aprovação por parte da autoridade competente acerca das medidas adotadas em matéria de segurança e medicina do trabalho e, por fim, enquanto permanecer em atividade. Neste contexto, a revogação da Norma Regulamentar n. 02(22), que tratava exatamente deste assunto, constitui ato que contraria a própria lei.

A amplitude de poder da fiscalização do trabalho é garantida pela CLT ao viabilizar ao Delegado Regional do Trabalho (art. 161), se constatar em laudo técnico a exposição de trabalhadores a grave e iminente risco, a interdição do estabelecimento, máquina, equipamento ou setor, sem necessidade de autorização judicial prévia, podendo-se utilizar-se de apoio de outras autoridades. Tal medida pode ser tomada a pedido de auditor fiscal do trabalho ou mesmo por entidade sindical.

No tocante à interdição há decisão judicial proferida em Ação Civil Pública n. 0021076-41.2014.5.04.0006(23) promovia pelo Ministério Público do Trabalho, cuja eficácia é "*erga omnes*"(24) nos termos do art. 16 da Lei n. 7.347/1985(25), no sentido

(22) Portaria n. 915, de 30 de julho de 2019 da Secretaria Especial de Previdência e Trabalho do Ministério da Economia.

(23) Disponível em: <https://trt-4.jusbrasil.com.br/jurisprudencia/432025580/recurso-ordinario-ro-210764120145040006/inteiro-teor-432025589>

(24) Acerca da eficácia das sentenças civis prolatadas em Ação Civil Pública, o Supremo Tribunal Federal determinou a suspensão de todos os processos em que se discuta a abrangência territorial sobre tais decisões em RE n. 1101937 com repercussão geral reconhecida (Tema n. 1.075) e seu julgamento está programado para 16-12-2020. Disponível em: <http://www.stf.jus.br/portal/cms/verNoticiaDetalhe.asp?idConteudo=441707&caixaBusca=N>

(25) "Art. 16. A sentença civil fará coisa julgada *erga omnes*, nos limites da competência territorial do órgão prolator, exceto se o pedido for julgado improcedente por insuficiência de provas, hipótese em que qualquer

de ser o auditor-fiscal do trabalho autoridade competente para determinar a interdição de estabelecimento, nos termos do art. 161 da CLT combinado com a Portaria n. 1.719 de 05 de novembro de 2014, *in verbis*:

> "Seção II – Da competência
>
> Art. 4º Os Auditores Fiscais do Trabalho — AFT estão autorizados, em todo o território nacional, a ordenar a adoção de medidas de interdições e embargos, e o consequente levantamento posterior dos mesmos, quando se depararem com uma condição ou situação de perigo iminente à vida, à saúde ou à segurança dos trabalhadores.
>
> § 1º Para o início ou manutenção da produção de seus efeitos, o embargo ou interdição não depende de prévia autorização ou confirmação por autoridade diversa não envolvida na ação fiscal, ressalvada exclusivamente a possibilidade de recurso ao órgão técnico superior da Inspeção do Trabalho.
>
> § 2º A competência prevista no *caput* destina-se a todos os AFT em exercício na circunscrição da Superintendência Regional do Trabalho e Emprego, bem como aos integrantes dos grupos móveis de fiscalização legalmente instituídos, que estejam em ação no local em que se verificou a condição ou situação de grave e iminente risco.
> § 3º A interdição ou o embargo somente é aplicável à condição ou situação constatada pelo AFT em verificação física no local de trabalho, com alcance limitado ao local inspecionado."[26]

Os citados dispositivos da Consolidação das Leis do Trabalho foram recepcionados pela Constituição da Federal de 1988 que estabelece, dentre os fundamentos da República, a dignidade da pessoa humana e os valores sociais do trabalho (art. 1º, III e IV). Além disso, a Lei Maior é expressa ao fundar a ordem econômica não apenas na livre-iniciativa mas igualmente "na valorização do trabalho humano" (art. 170, *caput*), devendo ser observado o princípio da função social da propriedade, de modo que a atuação empresarial no Brasil deve ser exercida conforme tais diretrizes, sob pena de violar direitos constitucionais além de outras normas infraconstitucionais tutelares da saúde e segurança dos trabalhadores, passíveis de fiscalização trabalhista, dentre outras sanções administrativas ou judiciais.

O art. 21, XXIV, da Constituição da República atribuiu à União a competência exclusiva para organizar, manter e executar a inspeção do trabalho, esta realizada por auditores-fiscais do trabalho, autoridades integrantes de carreira de Estado cujo acesso se dá por meio de concurso público, devendo ser assegurada sua independência — observando, neste contexto, o determinado no art. 6 da Convenção n. 81 da OIT — sendo tais profissionais, atualmente, vinculados à Subsecretaria de Inspeção do Trabalho (SIT), órgão do Ministério da Economia.

---

legitimado poderá intentar outra ação com idêntico fundamento, valendo-se de nova prova. (Redação dada pela Lei n. 9.494, de 10.9.1997)"

(26) Disponível em: <http://www.normaslegais.com.br/legislacao/Portaria-mte-1719-2014.htm>.

A Lei n. 10.593, de 06 de dezembro de 2002, dispõe sobre as atribuições do auditor fiscal do trabalho:

"Art. 11. Os ocupantes do cargo de Auditor-Fiscal do Trabalho têm por atribuições assegurar, em todo o território nacional:

I - o cumprimento de disposições legais e regulamentares, inclusive as relacionadas à segurança e à medicina do trabalho, no âmbito das relações de trabalho e de emprego;

II - a verificação dos registros em Carteira de Trabalho e Previdência Social — CTPS, visando a redução dos índices de informalidade;

III - a verificação do recolhimento e a constituição e o lançamento dos créditos referentes ao Fundo de Garantia do Tempo de Serviço (FGTS) e à contribuição social de que trata o art. 1º da Lei Complementar n. 110, de 29 de junho de 2001, objetivando maximizar os índices de arrecadação; (Incluído pela Lei n. 13.464, de 2017)

IV - o cumprimento de acordos, convenções e contratos coletivos de trabalho celebrados entre empregados e empregadores;

V - o respeito aos acordos, tratados e convenções internacionais dos quais o Brasil seja signatário;

VI - a lavratura de auto de apreensão e guarda de documentos, materiais, livros e assemelhados, para verificação da existência de fraude e irregularidades, bem como o exame da contabilidade das empresas, não se lhes aplicando o disposto nos arts. 17 e 18 do Código Comercial.

VII - a verificação do recolhimento e a constituição e o lançamento dos créditos decorrentes da cota-parte da contribuição sindical urbana e rural. (Incluído pela Lei n. 13.464, de 2017)

§ 1º O Poder Executivo regulamentará as atribuições privativas previstas neste artigo, podendo cometer aos ocupantes do cargo de Auditor-Fiscal do Trabalho outras atribuições, desde que compatíveis com atividades de auditoria e fiscalização. (Redação dada pela Lei n. 13.464)

Remuneração das Carreiras Vigente a Partir de 30 de Junho de 1999

§ 2º Os ocupantes do cargo de Auditor-Fiscal do Trabalho, no exercício das atribuições previstas neste artigo, são autoridades trabalhistas. (Incluído pela Lei n. 13.464, de 2017)

Art. 11-A. A verificação, pelo Auditor-Fiscal do Trabalho, do cumprimento das normas que regem o trabalho do empregado doméstico, no âmbito do domicílio do empregador, dependerá de agendamento e de entendimento prévios entre a fiscalização e o empregador. (Incluído pela Lei Complementar n. 150, de 2015)

§ 1º A fiscalização deverá ter natureza prioritariamente orientadora. (Incluído pela Lei Complementar n. 150, de 2015)

§ 2º Será observado o critério de dupla visita para lavratura de auto de infração, salvo quando for constatada infração por falta de anotação na Carteira de Trabalho e Previdência Social ou, ainda, na ocorrência de reincidência, fraude, resistência ou embaraço à fiscalização. (Incluído pela Lei Complementar n. 150, de 2015)

§ 3º Durante a inspeção do trabalho referida no *caput*, o Auditor-Fiscal do Trabalho far-se-á acompanhar pelo empregador ou por alguém de sua família por este designado. (Incluído pela Lei Complementar n. 150, de 2015)

O inciso I do art. 11 supracitado representa um grande avanço na evolução do instituto da Inspeção do Trabalho, porquanto ampliou sua competência para além das relações laborais tuteladas pela CLT. Assim, afirma Renato Bignami que:

> A referida lei inclui, assim, sob o manto tutelar do Estado, os autônomos, as cooperativas de trabalho e de mão de obra, os trabalhadores em economias familiares, os servidores públicos estatutários, os parceiros agrícolas, os pequenos agricultores e outras figuras de trabalhadores não incluídos na clássica acepção da relação empregatícia.

A regulamentação das atribuições privativas à Inspeção do Trabalho, autorizada pelo § 1º, do aludido art. 11, se deu por meio do Decreto n. 4.552 de 27 de dezembro de 2002[27].

A atuação da inspeção do trabalho é ampla, se estendendo a "todas as empresas, estabelecimentos e locais de trabalho, públicos ou privados, igualmente aos profissionais liberais e instituições sem fins lucrativos, bem como às embarcações estrangeiras em águas territoriais brasileiras"[28], sendo que os trabalhadores atuantes nesses locais — responsáveis, prepostos ou representantes legais — são obrigados a permitir o acesso dos auditores-fiscais aos locais físicos, documentos e materiais para fins de inspeção do trabalho.

O campo jurídico de fiscalização pelos auditores-fiscais do trabalho é igualmente abrangente, podendo inspecionar o cumprimento de normas legais e regulamentares a respeito de saúde e segurança do trabalho, inclusive sobre acidentes e doenças ocupacionais, registro em Carteira de Trabalho e Previdência Social, recolhimento de Fundo de Garantia do Tempo de Serviço, exploração de trabalho em condições análogas a de escravo e de trabalho infantil, a observância de normas coletivas e normas internacionais ratificadas pelo Brasil.

A inspeção compreende atuação investigativa com poderes para realizar interrogatórios, obter cópias de documentos e coleta de materiais, realizar notificações, autuações e até mesmo propor as interdições necessárias.

Aos auditores-fiscais do trabalho é assegurada independência no exercício de suas atividades sendo vedada a imposição de encargos e/ou funções distintos dos legalmente admitidos, bem como interferência por parte de autoridades de direção ministerial. Há críticos a tais vedações sob a alegação de violar a Convenção n. 81 da

(27) O regulamento da Inspeção do Trabalho era anteriormente regido pelo Decreto n. 55.841/1965.

(28) Art. 9º, do Decreto n. 4.552, de 27 de dezembro de 2002.

OIT, art. 4, quanto à submissão da inspeção do trabalho "à vigilância e ao controle de uma autoridade central", tal como a Constituição da República no tocante ao art. 87, parágrafo único, porquanto o Ministro de Estado é incumbido de orientar, supervisionar e coordenar as entidades da administração federal, nas quais se inserem os auditores-fiscais do trabalho.

Não obstante citado posicionamento contrário, entende-se que as garantias previstas no art. 19 do Decreto n. 4.552/2002 estão em conformidade com a Convenção n. 81 da OIT, consoante art. 6(29), e visam assegurar a autoridade e imparcialidade do auditor-fiscal do trabalho no exercício de suas atribuições. Dessa forma, na qualidade de servidor público, o auditor-fiscal do trabalho deve agir nos limites da lei e da Constituição da República, da mesma forma que os poderes concedidos pelo texto constitucional aos Ministros de Estado estão restritos aos limites legais e princípios constitucionais da administração pública, em especial, no caso em tela, os da legalidade, impessoalidade e moralidade. Sendo assim, as garantias sob análise não violam o direito convencional ou constitucional, pelo contrário, reforça os postulados constantes no *caput* do art. 37 da Lei Maior.

O auditor-fiscal do trabalho é detentor de "poder de polícia" no exercício de suas atribuições, o que consiste na atividade do Estado de limitar "o exercício dos direitos individuais em benefício do interesse público", segundo conceito moderno adotado no direito brasileiro(30). Ou seja, pode haver interferência na liberdade e propriedade particulares caso verificada a violação de direitos dos trabalhadores, cujos atos devem ser devidamente fundamentados.

Considerando os limites constitucional, legais e normativos de atuação da fiscalização do trabalho, os princípios que a norteiam e que devem ser observados, sob pena de nulidade dos atos praticados são(31):

- Princípio da lealdade e boa-fé – o administrador deve agir com decoro e probidade, devendo, inclusive, presumir a boa-fé do administrado;
- Princípio da instrução probatória – propiciar o contraditório e ampla defesa ao administrado;
- Princípio da verdade material – o administrador deve se utilizar de todos meios lícitos para buscar a verdade real;
- Princípio da revisibilidade imediata dos atos – relaciona-se ao princípio da legalidade e da instrução probatória, de modo que ao administrado deve ser

(29) "Art. 6 - O pessoal da inspeção será composto de funcionários públicos cujo estatuto e condições de serviço lhes assegurem a estabilidade nos seus empregos e os tornem independentes de qualquer mudança de governo ou de qualquer influência externa indevida."

(30) DI PIETRO, *Direito Administrativo*, p. 117

(31) RENZO, *Fiscalização do Trabalho*, p. 81-86.

oportunizada a possibilidade de demonstrar a regularidade de seus atos antes da lavratura do autor de infração;

- Princípio da preclusão dos procedimentos – sua aplicação é controvertida, porquanto não obstante a autoridade administrativa não devesse rever fiscalização encerrada, ela pode revisar seus atos de ofício, desde que devidamente fundamentado;
- Princípio da audiência do fiscalizado – consiste no direito de o administrado ser ouvido pelo auditor-fiscal do trabalhado que o fiscaliza;
- Princípio da objetividade da ação fiscal – no qual a autoridade administrativa não deve agir de forma subjetiva, preservando a objetividade no atendimento do interesse público (32)

Ademais, a ação fiscal, assim como qualquer outro procedimento administrativo, deve observar os preceitos do art. 37 da Constituição da República e da Lei n. 9.784/1999, que regula o processo administrativo no âmbito da Administração Pública Federal.

Ação fiscal consiste na inspeção a ser realizada pelo auditor-fiscal do trabalho, podendo ser presencial ou remota, devendo a empresa ser notificada e observadas as demais regras de conduta e princípios acima expostos.

A Pandemia do Covid-19 veio fortalecer o projeto de priorização da fiscalização do trabalho ser realizada remotamente, movimento este fortemente criticado pelos juristas trabalhistas por não ser este mecanismo capaz de constatar de forma efetiva a realidade vivida pelos trabalhadores no ambiente de trabalho.

2. A flexibilização do direito do trabalho e sua influência na fiscalização do trabalho

a. Reforma trabalhista

Consoante destacado na parte introdutória deste capítulo, há incontestável dependência entre a inspeção do trabalho e a existência do Direito do Trabalho como meio de tutelar as condições de trabalho, saúde e segurança do trabalhador.

A despeito de o Direito do Trabalho ter sido criado inicialmente para atender os interesses do Estado e do capital com a redução de protestos e movimentos grevistas, fato é que no decorrer dos anos, especialmente no século XX, a classe trabalhadora conquistou direitos essenciais à garantia de sua dignidade, tais como limitação de jornada de trabalho, direito a intervalos intrajornada e entre jornadas, férias anuais remuneradas, normatização de trabalho em condições insalubres e perigosas, direitos

(32) Lei n. 9.784, de 29 de janeiro de 1999, art. 2º.

coletivos, entre outros. Isto é, foi construído um amplo arcabouço de normas trabalhistas heterônomas ou autônomas, todas passíveis de ter seu cumprimento exigido pelas autoridades da fiscalização do trabalho.

A Constituição da República de 1988 constitui o alicerce de sustentação do Direito do Trabalho, pois trouxe por fundamento do Estado Democrático de Direito a dignidade da pessoa humana e os valores sociais do trabalho, trazendo em seu art. 7º os direitos fundamentais dos trabalhadores, dentre eles o princípio do não retrocesso social (art. 7º, *caput*).

Contudo, nos últimos anos, a legislação trabalhista vem sofrendo reformas impactantes nas quais nota-se o claro intento de alterar a perspectiva do Direito do Trabalho até então edificada segundo um projeto humanista, social, inclusivo e democrático, sob o fundamento de estar adequando-o às "modernas" relações de trabalho, mas provocando, na realidade, o enfraquecimento da proteção do trabalhador e sua completa desintegração da visão de classe. Tais circunstâncias dificultam a luta por melhores condições de trabalho ou mesmo para manter os direitos arduamente conquistados ao longo da história.

Nas palavras de Mauricio Godinho Delgado(33):

> Acolhendo as teses ultraliberalistas do Estado Mínimo e do império genérico e incontrastável dos interesses do poder econômico nas diversas searas da economia, da sociedade e das políticas públicas, a nova legislação, de maneira célere e compulsiva, deflagrou agressivo processo de desregulamentação e flexibilização trabalhistas, completado por severas restrições ao acesso à Justiça do Trabalho por parte do trabalhador brasileiro.

A Lei n. 13.467/2017 foi denominada como a lei da "Reforma Trabalhista" e teve por escopo a flexibilização de direitos trabalhistas o que, consequentemente, impactou diretamente no enfraquecimento da atuação da fiscalização do trabalho. Ilustrativamente as alterações trazidas em matéria de duração de trabalho demonstram a diminuição de controle externo, como ocorre no art. 61, § 1º, da CLT, eis que a redação anterior determinava a comunicação à autoridade competente em matéria de trabalho e a justificativa no momento da fiscalização quanto à extrapolação dos limites legais de jornada laboral e, sua nova redação dispensa a necessidade de tal informação e/ou justificativa. Retirado, pois, o controle pelo auditor-fiscal do trabalho sobre o excesso de jornada, viabilizando ao empregador estabelecer a prorrogação de jornada sem nenhum controle, nem mesmo sindical.

---

(33) DELGADO, *Curso de direito do trabalho*, p. 157.

Há dispositivos da Lei n. 13.467/2017 pendentes de julgamento perante o Supremo Tribunal Federal em Ações Diretas de Inconstitucionalidade(34). Acerca disso, entende-se que a retirada de direitos laborais importa em manifesta violação ao *caput* do art. 7º da Constituição da República, pois sua redação, de forma expressa, não dá margem a alterações legislativas que piorem a condição social do trabalhador(35).

Não obstante a explícita inconstitucionalidade, outras alterações legislativas por atos dos poderes legislativo e executivo da União sobrevieram com o intuito de retirar direitos tutelares dos trabalhadores, ora motivadas por crises econômicas, ora pela necessidade de "modernização" do direito e, por fim, pela pandemia da Covid-19. Em meio às reformas legais ocorreram mudanças diretas na fiscalização do trabalho quanto aos métodos de trabalho e limites de atuação.

b. A extinção do Ministério do Trabalho e Emprego e sua vinculação ao Ministério da Economia

O Ministério do Trabalho e Emprego foi extinto em janeiro de 2019(36) e suas atribuições foram reduzidas e distribuídas entre outras pastas ministeriais, de modo que foi criada a Secretaria Especial de Previdência e Trabalho vinculada ao Ministério da Economia.

A extinção do Ministério do Trabalho e Emprego foi alvo de muitas críticas por demonstrar não apenas o desinteresse político sobre o trabalhador e seus direitos, mas também a evidente superioridade dada pelo governo às questões econômicas em detrimento das sociais uma vez que as pastas de Previdência e Trabalho são agora subordinadas ao Ministério da Economia. Ao apresentar uma visão secundária em

---

(34) As ADIs ns. 5.870 e 6.050, da Anamatra; 6069, do CFOAB; e 6.082, da Confederação Nacional dos Trabalhadores da Indústria (CNTI) questionam a tarifação da indenização por danos morais; as ADIs ns. 5.806, 5.826, 5.829 e 6.154, ajuizadas, respectivamente, pela Federação Nacional dos Empregados em Postos de Serviços e Combustíveis e Derivados de Petróleo (Fenepospetro), pela Federação Nacional dos Trabalhadores em Empresas de Telecomunicações e Operadores de Mesas Telefônicas (Fenattel) e pela Confederação Nacional dos Trabalhadores na Indústria (CNTI) questionam a jornada intermitente; a ADI n. 5.994 proposta pela Confederação Nacional dos Trabalhadores na Saúde (CNTS) se refere à jornada de 12x36; A procuradoria-geral da República (PGR) questiona a nova regra acerca da gratuidade de justiça por meio da ADI n. 5.766; a ADI n. 6.002 proposta pelo Conselho Federal da OAB refere-se à exigência de liquidação dos pedidos em petição inicial; a ADI n. 6.142, ajuizada pela Confederação Nacional dos Trabalhadores Metalúrgicos (CNTM) questiona a constitucionalidade da dispensa dos sindicatos no tocante à homologação das extinções contratuais; nas ADIs ns. 6.021 e 5.867, a Anamatra questiona a constitucionalidade do reajuste de créditos trabalhistas.

(35) Já foram apreciadas pelo Supremo Tribunal Federal, a Ação Direta de Inconstitucionalidade concernentes ao trabalho de gestantes e lactantes em ambiente insalubre (ADI 5938), declarando a reforma inconstitucional neste aspecto e, no tocante às ADIs ns. 5.797, 5.810, 5.811, 5.813, 5.815, 5.794, 5.850, 5.865, 5.885, 5.887, 5.892, 5.859, 5.900, 5.912, 5.913, 5.923 e 5.945 questionando a facultatividade da contribuição sindical, a Lei n. 13.467/2017 teve sua constitucionalidade reconhecida.

(36) Medida Provisória n. 870, de 1º de janeiro de 2019.

relação aos direitos sociais, o governo age em colisão com a mensagem trazida pela Constituição da República de 1988 que determinou o tratamento equilibrado, quiçá prioritário, no tocante aos direitos sociais frente aos interesses econômicos:

> Art. 1º A República Federativa do Brasil, formada pela união indissolúvel dos Estados e Municípios e do Distrito Federal, constitui-se em Estado Democrático de Direito e tem como fundamentos:
>
> (...)
>
> III - a dignidade da pessoa humana;
>
> IV - os valores sociais do trabalho e da livre-iniciativa;
>
> Art. 170. A ordem econômica, fundada na valorização do trabalho humano e na livre-iniciativa, tem por fim assegurar a todos existência digna, conforme os ditames da justiça social, observados os seguintes princípios: (...)
>
> II - propriedade privada;
>
> III - função social da propriedade;
>
> IV - livre concorrência;
>
> V - defesa do consumidor;
>
> VI - defesa do meio ambiente, inclusive mediante tratamento diferenciado conforme o impacto ambiental dos produtos e serviços e de seus processos de elaboração e prestação; (Redação dada pela Emenda Constitucional n. 42, de 19.12.2003)
>
> VII - redução das desigualdades regionais e sociais;
>
> VIII - busca do pleno emprego;
>
> IX - tratamento favorecido para as empresas de pequeno porte constituídas sob as leis brasileiras e que tenham sua sede e administração no País. (Redação dada pela Emenda Constitucional n. 6, de 1995)

A visão subalterna dada às matérias relacionadas ao trabalhador reflete diretamente na fiscalização do trabalho, porquanto os auditores-fiscais do trabalho estão igualmente vinculados ao Ministério da Economia e este órgão ministerial tem se empenhado em reformar as Normas Regulamentadoras anteriormente editadas pelo Ministério do Trabalho e Emprego, afetando não apenas a atuação da inspeção do trabalho como a saúde e segurança dos trabalhadores.

A fiscalização do trabalho vem sofrendo embaraços também de ordens financeira e funcional, pois há anos se encontra em grave déficit de ocupação de cargos(37) e nos últimos meses teve significativos cortes de recursos, como no caso de corte de quase 50% dos recursos para fiscalização de trabalho escravo, com previsão ainda menor para 2021, isto é, o orçamento previsto é de R$ 24,1 milhões para ações de

---

(37) SAKAMOTO, *Covid: País tem déficit de 1,5 mil fiscais para vigiar condição de trabalho.*

inspeção de segurança e saúde no trabalho, combate ao trabalho escravo e fiscalização de obrigações trabalhistas, correspondente à menor verba para o setor, conforme série histórica iniciada em 2013 do Sistema de Planejamento do Orçamento do Ministério da Economia[38].

O quadro abaixo, retirado de edital do jornal *Folha de S. Paulo*, demonstra a queda desarrazoada no orçamento da União para a fiscalização do Trabalho[39]:

Projeto de Orçamento, em R$*

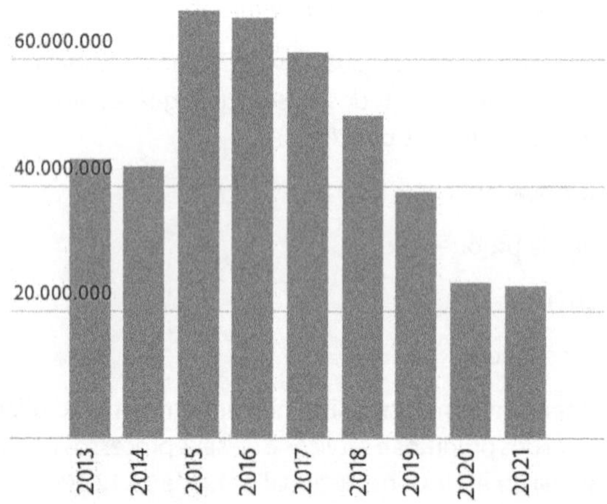

A redução orçamentária praticada pelo governo federal vai ao encontro de sua política de flexibilização do Direito do Trabalho, de modo que o enfraquecimento da fiscalização favorece a impunidade sobre violações de direitos laborais pelos empregadores.

A justificativa trazida pelo Ministério da Economia para a redução orçamentária se deu, pois a Inspeção do Trabalho está em processo de reformulação de suas atividades com o aproveitamento de ferramentas tecnológicas e inteligência artificial, de modo que não ocorrerá a redução e sim incremento do número de fiscalizações[40].

A fiscalização do trabalho atua em diversas linhas, porém é notória a relevância de seu ofício no combate ao trabalho em condições análogas a de escravo, de exploração do trabalho infantil e ao trabalho inseguro.

---

(38) Disponível em: <https://www.redebrasilatual.com.br/trabalho/2020/09/fiscalizacao-trabalhista-cortes-bolsonaro/>.

(39) Disponível em: <https://www1.folha.uol.com.br/mercado/2020/09/verba-para-fiscalizacoes-trabalhistas-cai-pela-metade-no-governo-bolsonaro.shtml>.

(40) Disponível em: <https://www1.folha.uol.com.br/mercado/2020/09/verba-para-fiscalizacoes-trabalhistas-cai-pela-metade-no-governo-bolsonaro.shtml>.

O Boletim Especial sobre fiscalizações em tempos de Pandemia da Covid-19[41], publicado em julho de 2020 pelo Sindicato Nacional dos Auditores-Fiscais do Trabalho (SINAIT), ressalta a importância social da auditoria-fiscal do trabalho na orientação quanto às medidas sanitárias a ser adotadas pelas empresas, bem como a continuidade de atividades presenciais no resgate de trabalhadores em condições análogas a de escravo, regularização de trabalhadores sem registro, afastamento de crianças e adolescentes trabalhando em lixões durante a pandemia e no combate à exploração sexual infantil.

Ora, a priorização de fiscalizações remotas por meio de análise de informações prestadas pelas empresas através de ferramentas tecnológicas certamente não viabilizará a efetiva luta contra as variadas formas de "fraude social"[42]. Portanto, é essencial o aporte financeiro, funcional e normativo para coibir a impunidade dos exploradores do trabalho humano, especialmente em períodos de crise como o vivido atualmente no Brasil.

c. Normas Regulamentadoras e seus "empecilhos" à economia

Seguindo os ideais de flexibilização de direitos, o Poder Executivo da União deu início em 2019, com maior ênfase e afogo, a um processo de revisão das Normas Regulamentadoras (NRs) editadas pelo extinto Ministério do Trabalho e Emprego, as quais possuem relação direta com a atividades dos auditores-fiscais do trabalho. Desde janeiro de 2019, houve modificação da redação de mais de vinte Normas Regulamentadoras.

Dentre as mudanças prejudiciais aos trabalhadores, realizadas sob o argumento de reduzir burocracias e custos empresariais, destacam-se as alterações de Normas Regulamentadoras (NR), a revogação integral da NR n. 2 sobre a necessidade de inspeção prévia de todo estabelecimento novo para assegurar a segurança do estabelecimento e a ausência de riscos acidentários ou de doenças ocupacionais. Outra alteração relevante foi a substituição do Programa de Prevenção dos Riscos Ambientais (PPRA) pela Programa de Gerenciamento de Riscos (PGR)[43], este mais técnico, bem como foram flexibilizadas as exigências de controle sobre riscos e saúde dos trabalhadores de empresas individuais, micro e pequenas empresas[44], alteração de

---

(41) Boletim especial – Fiscalizações em tempos de pandemia da Covid-19. Disponível em: <https://www.sinait.org.br/arquivos/publicacoes/Publicacao_109.pdf>.

(42) "'Fraude social' é aquela ação empresarial contrária ao ordenamento jurídico social que tenha por finalidade burlar os dispositivos legais trabalhistas e/ou previdenciários com vistas a obter uma vantagem econômica de natureza ilícita sobre seus concorrentes causando, consequentemente, prejuízos ao trabalhador, ao segurado, ao Estado e à própria sociedade."

(43) Portarias SEPRT n. 6.730, de 09 de março de 2020, e n. 6.735, de 10 de março de 2020.

(44) As alterações promovidas nas NRs ns. 01, 07, 09 e 18 entrarão em vigência um ano a partir de sua publicação, isto é, a partir do primeiro semestre de 2021.

normas sobre insalubridade de modo a restringir as condições insalubres de trabalho de maneira prejudicial ao trabalhador[(45)], além de outras revisões programadas.

Acerca das reformulações normativas, o Ministério Público do Trabalho ingressou com Ação Civil Pública n. 0000317-69.2020.5.10.0009 questionando o acelerado processo de revisão das Normas Regulamentares aduzindo que:

> "A UNIÃO tem conduzido, atualmente, acelerado procedimento de revisão de todas as normas regulamentadoras (NR's) de "saúde, segurança, higiene e conforto no trabalho.
>
> Somente nos últimos 5 (cinco) meses, 6 (seis) NR's foram alteradas e, a qualquer tempo, pode vir a ser publicada mais uma Portaria de modificação, alusiva à NR-31 (sobre meio ambiente no trabalho rural). Tal norma foi discutida pela Comissão Tripartite Paritária Permanente (CTPP) em somente 2 (dois) dias de reuniões, em 10 e 11 de março de 2020 (DOC. 3), e nas quais também se iniciaram deliberações para ampla revisão das NRs 17 (Ergonomia), 4 (SESMT) e 5 (CIPA)"
>
> (...) o atual processo de revisão das NRs têm (*sic*) sido promovido de modo afoito, com pouquíssimo tempo para análise e amadurecimento de propostas das bancadas e **sem os imprescindíveis estudos científicos e de impacto regulatório** que as legitimem e viabilizem embasamento distinto da mera doxa, ou seja, das simples opiniões pessoais daqueles que estão à frente das novas redações.
>
> (...) Dentre as normas alteradas, destaca-se o **Anexo 3 da NR-15**, recentemente modificado por intermédio da Portaria n. 1.359, de 9 de dezembro de 2019 (DOCs 1 e 2), cuja nulidade — por ofensa a numerosas regras legais e supralegais — é objeto da presente ação civil pública. Tal portaria, sem nenhuma base científica, passou a estabelecer que o calor apenas pode gerar insalubridade "em ambientes fechados ou ambientes com fonte artificial de calor". Vale dizer, a partir dessa novel previsão — que não contou com o consenso das bancadas da CTPP, sendo arbitrada pela ré —, **trabalhadores rurais (como cortadores de cana-de-açúcar) ou da construção civil sujeitos a idêntico risco físico (calor), com mesma ou maior intensidade (temperatura), que empregados de fábricas ou escritórios, não mais serão tidos, ao contrário destes últimos, como expostos à insalubridade.**"

Em sua ação, o Ministério Público do Trabalho destacou o grave risco de alterações afoitas, como as que têm sido praticadas sem o devido estudo prévio de impacto regulatório e de violação de normas de direito material e a expressa intenção do governo em dar andamento célere ao processo revisional, provocarem efeitos drásticos para a saúde e segurança de milhões de trabalhadores no país.

Na referida ação civil pública o Ministério Público do Trabalho requereu acerca da revisão das Normas Regulamentadoras:

> "1) Seja, imediatamente, suspensa a produção de efeitos pela Portaria n. 1.359, de 9 de dezembro de 2019, da Secretaria Especial de Previdência e Trabalho, com o consequente retorno da vigência da redação anterior dos enunciados normativos alterados ou revogados por tal portaria;

---

(45) Portaria n. 1.359, de 9 de dezembro de 2019.

2) Seja imposto à demandada o dever de observar, imediatamente, os seguintes requisitos nos procedimentos de revisão, alteração ou revogação de normas regulamentadoras:

I - Elaboração de texto técnico básico e sua submissão a consulta pública, de modo a promover a publicidade e possibilitar a análise e o encaminhamento de sugestões por parte da sociedade, em consonância com os arts. 2º, II e III, e 7º da Portaria MTB n. 1.224/2018;

II - Realização de análise de impacto regulatório antes da elaboração da proposta de edição de portaria, consoante determinam o art. 5º da Lei n. 13.874/19 e o art. 4º, § 1º, da Portaria MTB n. 1.224/18;

III - Confecção de proposta de regulamentação acompanhada por plano de trabalho, que contemple os seus pressupostos, os principais aspectos a serem contemplados no texto normativo, as etapas do trabalho e o cronograma de trabalho, em conformidade com o art. 4º, § 2º, da Portaria MTB n. 1.224/2018;

IV - A elaboração de plano de implementação da proposta de regulamentação, em conformidade com o art. 9º da Portaria MTB n. 1.224/18;

V - A submissão das propostas a exame tripartite, em reuniões entre bancada do governo, trabalhadores e empregadores, com composição paritária e participação de auditores-fiscais do Trabalho com autonomia técnica, devendo haver o encaminhamento das propostas de regulamentação e das atas das reuniões anteriores a respeito da norma em questão para as bancadas de empregadores e trabalhadores previamente às reuniões designadas e em tempo hábil para que elas consultem suas bases, de acordo com os arts. 2 e 3 da Convenção n. 144 da OIT, os arts. 4 e 8 da Convenção n. 155 da OIT, o art. 6 da Convenção n. 81 da OIT, os itens II, *"d"*, e VI, *"b"*, do Decreto n. 7.602/11, os arts. 10 e 11 do Decreto n. 9.944/19 e o art. 1º da Portaria MTB n. 1.224/18.

3) Seja cominada, para a hipótese de ofensa à obrigação prevista no item 2, multa no valor de R$ 1.000.000,00 (um milhão de reais) por norma que altere, revogue ou revise por norma regulamentadora sem observância dos requisitos nele dispostos, sem prejuízo da declaração de sua nulidade, mantendo-se a vigência da norma anterior, valor reversível, preferencialmente, a entidades públicas, projetos ou fundos a serem apontados pelo MPT, que permitam recomposição de danos causados aos direitos metaindividuais, nos termos dos arts. 5º, § 6º, e 13 da Lei n. 7.347/85, devendo, em caso de incidência de multas durante o estado de calamidade pública reconhecido pelo Decreto Legislativo n. 6/2020, ser priorizada a reversão para medidas de combate à pandemia gerada pelo coronavírus."

Sobre tais requerimentos houve decisão liminar parcialmente favorável ao autor para que a União observe o disposto nos arts. 2º, incisos II e III, 4º, § 1º e §§ 2º, 7º e 9º, da Portaria MTB n. 1.224, de 28 de dezembro de 2018, isto é, deverá elaborar texto técnico básico, disponibilizá-lo para consulta pública, constar na proposta de revisão a análise do impacto regulatório, bem como possuir um plano de trabalho detalhado conforme estabelecido na referida Portaria. Destaca que a adoção de tais critérios é imprescindível para evitar o aumento expressivo de custos privados para empresas se amoldarem às novas regras e coibir a elevação de despesas públicas no tocante ao custeio de benefícios previdenciários e despesas do Sistema único de Saúde, se majoradas as condições inseguras de trabalho.

As revisões promovidas pelo Poder Executivo sobre as Normas Regulamentadoras concernentes à saúde e segurança do trabalhador restringem a atuação da fiscalização do trabalho, porquanto as operações da administração pública dependem de previsão legal, normativa ou convencional.

Além dos variados recursos utilizados nos últimos anos sob a justificativa de "desburocratizar" e "modernizar" as relações entre capital e trabalho e, consequentemente, reduzir direitos dos trabalhadores e conter a fiscalização do trabalho, o Poder Executivo da União tem se utilizado de Medidas Provisórias (MP) para reformar leis ordinárias, mesmo quando ausentes os requisitos formais cumulativos da relevância e urgência, consoante determina o art. 62 da Constituição da República.

d. Medida Provisória n. 905 de 2019 — vigência curta, porém impactante

A Medida Provisória n. 905 publicada em 12 de novembro de 2019 produziu significativas mudanças na CLT e na operacionalização da inspeção do trabalho, de modo que restou questionável sua constitucionalidade em relação a diversos aspectos e, além disso, a urgência não se justificava, violando, assim, um dos requisitos do art. 62 da Constituição da República.

Além da evidente inconstitucionalidade formal, as alterações trazidas pela MP n. 905 trouxeram enormes impactos também perante o Congresso Nacional sendo que quando percebeu-se que tal norma caducaria, o governo que a editou decidiu por revogá-la por meio da MP n. 955 de 2020. Desse modo a MP n. 905 teve vigência entre 11 de novembro de 2019 e 20 de abril de 2020.

No tocante à atuação dos auditores-fiscais do trabalho, a MP n. 905 trouxe alterações em matéria de Direito do Trabalho e quanto às suas atribuições e metodologia de trabalho, tais como:

- Concedeu nova redação ao art. 67 da CLT com a retirada do parágrafo único, no qual constava a possibilidade de fiscalização de escala de revezamento sobre trabalho aos domingos, a qual deveria ser organizada em periodicidade mensal;
- em relação à comunicação ao órgão de fiscalização do trabalho sobre a extrapolação dos limites de jornada dos jornalistas profissionais, a MP n. 905 veio tão somente revogar o controle por parte da autoridade administrativa, enfraquecendo a atuação desta no tocante a questões que são diretamente afetas à saúde e segurança do trabalhador;

- não menos relevante foram as alterações do Título VII da CLT concernentes ao Processo de Multas Administrativas e fiscalização e autuação trabalhistas, sendo que, embora a MP n. 905 não tenha sido confirmada pelo Poder Legislativo, caso vingasse, seria evidente o prejuízo ao equilíbrio das relações de trabalho em detrimento dos trabalhadores. Mais especificamente, acerca deste título, a referida Medida Provisória pretendeu:

- no art. 627 da CLT trazia a ampliação das hipóteses de dupla visita pelo auditor-fiscal do trabalho, de modo a tornar regra o que antes era exceção, abrangendo com a mudança cerca de 90% das empresas brasileiras e, além disso, violações legais ou regulamentares relacionadas à saúde e segurança do trabalhador também estariam sujeitas a essa sistemática se tais infrações fossem leves;

- no mesmo artigo supra citado, foi criada a figura da visita técnica de instrução com agendamento prévio. Tal medida foi vista como interferência indevida na autonomia do auditor-fiscal do trabalho(46);

- o art. 627-B trouxe uma restrição às atribuições do auditor-fiscal do trabalho ao determinar a realização de ações coletivas de prevenção e saneamento de irregularidades quando verificados altos níveis de acidentes e doenças ocupacionais, sendo vedada a lavratura de auto de infração nesses casos. Dessa forma, empresas negligentes com a saúde dos trabalhadores receberiam um tratamento indulgente por parte do Estado de modo a favorecer o acúmulo de capital em detrimento daquelas que atuam com responsabilidade social e investem seus recursos para proporcionar condições seguras e saudáveis de trabalho;

- o art. 628-B, parágrafo 3º havia mantido a possibilidade de ser o auditor-fiscal do trabalho responsabilizado por má-fé, porém enquanto a redação original delimitava a má-fé no tocante às informações prestadas ou omitidas no livro "Inspeção do Trabalho", a redação trazida pela MP n. 905 retirou essa delimitação e, consequentemente, ampliou a possibilidade de punição da autoridade sobre qualquer ato relacionado à inspeção, viabilizando, assim, eventual perseguição funcional(47) e violando o princípio da igualdade em relação às demais carreiras de auditoria-fiscal da União, uma vez que estas estão sujeitas ao mesmo regime jurídico;

- o § 4º-A do art. 630 novamente trouxe restrições à atuação dos auditores-fiscais ao proibi-los de exigir do empregador ou empregado a comprovação, por

(46) Nota Pública – MP n. 905 significa interferência na ação fiscal. Disponível em: <http://abet-trabalho.org.br/nota-publica-mp-905-significa-interferencia-na-acao-fiscal/>.

(47) *Idem.*

documentos, de suas solicitações, quando possível adquirir tais informações por meio de base de dados oficial da administração pública federal. Segundo nota da Diretoria Executiva Nacional do Sindicato Nacional dos Auditores--Fiscais do Trabalho "o acesso a diversos bancos de dados não está, pelo por ora (*sic*), garantido aos Auditores-Fiscais"(48);

- no tocante à composição do Conselho Recursal para apreciar os recursos de decisões que ensejem a aplicação de multas, não obstante o § 2º do art. 635 da CLT tenha previsto a presença de representantes dos trabalhadores, dos empregadores e auditores-fiscais, estes seriam nomeados pelo Secretário Especial de Previdência e Trabalho do Ministério da Economia, ou seja, além de se tratar de indicação política, não é possível garantir que cada indicado atuaria efetivamente como representante da categoria para a qual foi nomeado;
- o art. 637-A ainda viabilizava a propositura de novo recurso sobre decisão administrativa de segunda instância para fins de uniformização de jurisprudência na eventualidade de haver interpretações divergentes sobre a mesma lei no tocante a decisões de outra câmara, turma ou órgão similar, sem se preocupar com as peculiaridades de cada caso.

Acerca das alterações que haviam sido promovidas pela Medida Provisória n. 905, de 2019, a Diretoria Executiva Nacional do Sindicato Nacional dos Auditores Fiscais do Trabalho publicou nota criticando-as fortemente(49):

> A forma como todas as alterações estão propostas tem o claro propósito de intimidar o Auditor-Fiscal de cumprir integralmente o seu dever de proteger o trabalhador e garantir o cumprimento da legislação trabalhista e de segurança e saúde no trabalho. Punição por má fé, sem explicação clara do que seja a má fé, é uma ameaça aos Auditores-Fiscais do Trabalho.
>
> Avança o projeto de enfraquecimento da Fiscalização do Trabalho que vem sendo colocado em prática por muitas vias. Extinção do Ministério do Trabalho, rebaixamento da SIT, "simplificação" das Normas Regulamentadoras, não realização de concurso público para recomposição do quadro de Auditores-Fiscais que se encontra extremamente defasado, reforma trabalhista que legaliza as irregularidades, entre outras medidas.

Depreende-se, pelos exemplos acima, a clara intenção política em reduzir o poder de atuação dos auditores-fiscais do trabalho não apenas por meio da literal desregulamentação ou flexibilização de direitos historicamente garantidos aos trabalhadores,

---

(48) Nota Pública – MP n. 905 significa interferência na ação fiscal. Disponível em: <http://abet-trabalho.org.br/nota-publica-mp-905-significa-interferencia-na-acao-fiscal/>.

(49) *Idem*.

mas também mediante a limitação de suas atribuições e restrição de seu poder de coerção em face dos infratores de normas laborais. Esse direcionamento político nas reformas em matéria de Direito do Trabalho se confirma por meio de outros atos editados ulteriormente.

e. Medida Provisória n. 927 e a flexibilização explícita da fiscalização do trabalho

Com o advento da Pandemia da Covid-19 as questões relacionadas à saúde e segurança do trabalhador e ao exercício da atividade empresarial despertaram maior atenção das autoridades, tornando-se imprescindível a criação de regulamentações específicas para a atuação da inspeção do trabalho, vez que a administração pública é regida pelo princípio da legalidade, ou seja, todos seus atos dependem de autorização legal ou normativa.

Uma das primeiras manifestações do Poder Executivo da União se deu com a edição da Medida Provisória n. 927 em 22 de março de 2020, na qual, especificamente quanto às atribuições dos auditores fiscais do trabalho, previu em seu art. 31, que estes deveriam, no prazo de cento e oitenta dias, atuar de maneira tão somente orientadora, ou seja, sem autuar os empregadores, exceto nos casos de:

> I – falta de registro de empregado, a partir de denúncias;
>
> II – situações de grave e iminente risco, somente para as irregularidades imediatamente relacionadas à configuração da situação;
>
> III – ocorrência de acidente de trabalho fatal apurado por meio de procedimento fiscal de análise de acidente, somente para as irregularidades imediatamente relacionadas às causas do acidente; e
>
> IV – trabalho em condições análogas às de escravo ou trabalho infantil.[50]

As exceções acima expostas são extremamente limitantes e prejudiciais ao trabalhador, sobretudo num período de maior risco à sua saúde em razão da mencionada pandemia sanitária, pois somente verificaria ausências de registro desde que mediante denúncias e as situações de grave e iminente risco apenas seriam passíveis de autuação caso as irregularidades fossem diretamente relacionadas à situação, aplicável o mesmo raciocínio aos acidentes de trabalho e unicamente aos episódios fatais. Ora, situações de grave risco ou acidentes fatais que não se enquadrem nessa relação de causalidade imediata seriam “irrelevantes” durante o período descrito e o mesmo se aplicaria a outras situações de risco ou acidentes não fatais, ou seja, que não tenham resultado na morte do trabalhador.

---

(50) Disponível em: <http://www.planalto.gov.br/ccivil_03/_ato2019-2022/2020/mpv/mpv927.htm>.

Editar uma norma no sentido de conter a atuação fiscal a ponto de expressamente desconsiderar situações gravemente atentatórias à vida do trabalhador viola direitos humanos mínimos e deve ser veementemente combatida. Em hipótese nenhuma deve ser admissível tal desprezo com a vida humana, mormente durante uma crise sanitária global, como a vivida atualmente pela pandemia da Covid-19.

Relativamente ao citado art. 31, o Ministério Público do Trabalho publicou Nota Técnica criticando-o no mesmo sentido(51):

> A disposição do art. 31 da MP n. 927/2020 pode colidir com a ordem constitucional pela supressão de competências essenciais da atividade de fiscalização trabalhista nesse momento, tais como situações agravadas pelo estado de calamidade pública, especialmente em atividades essenciais à contenção da epidemia e que demandarão fiscalização com autuação e adoção de medidas cautelares, para garantir, por exemplo, a adoção de medidas de controle de riscos ocupacionais, o uso efetivo dos equipamentos de proteção individual, e a inibição da prática de jornadas de trabalho extenuantes.

Em seu livro sobre comentários às Medidas Provisórias n. 927 e 936, o prof. Homero Batista também se manifestou contrariamente à redação legal em comento(52):

> Causa espanto que uma lei ou medida emergencial proponha pacto de não fiscalização. Até mesmo os cálculos atuariais previdenciários teriam de ser revistos, dado o aumento do índice de acidentes de trabalho pelo abandono das posturas mínimas de prevenção em matéria de saúde, higiene e segurança do trabalho.

A respeito disso, o Supremo Tribunal Federal decidiu, em Ações Diretas de Inconstitucionalidade questionando diversos dispositivos da Medida Provisória n. 927/2020(53), por maioria de votos, que a redação do art. 31, supracitada, é incompatível com os valores sociais do trabalho, de modo que ao restringir a atuação dos "auditores fiscais do trabalho, atenta contra a saúde dos empregados, não auxilia no combate à pandemia e diminui a fiscalização no momento em que vários direitos trabalhistas estão em risco"(54).

---

(51) Nota técnica sobre a Medida Provisória n. 927/2020. Disponível em: <https://mpt.mp.br/pgt/noticias/trabalhotecnico_52-2020_gerado-em-28-03-2020-23h28min39s-pdf-pdf-1.pdf>.

(52) SILVA, *Legislação trabalhista em tempos de pandemia*, p. 106.

(53) "As ações foram ajuizadas pelo Partido Democrático Trabalhista (ADI n. 6.342), pela Rede Sustentabilidade (ADI n. 6.344), pela Confederação Nacional dos Trabalhadores Metalúrgicos (ADI n. 6.346), pelo Partido Socialista Brasileiro (ADI n. 6.348), pelo Partido Comunista do Brasil (PCdoB), pelo Partido Socialismo e Liberdade (PSOL) e pelo Partido dos Trabalhadores (PT) conjuntamente (ADI 6349), pelo partido Solidariedade (ADI n. 6.352) e pela Confederação Nacional dos Trabalhadores da Indústria (ADI n. 6.354)" (<http://www.stf.jus.br/portal/cms/verNoticiaDetalhe.asp?idConteudo=442355>).

(54) Disponível em: <http://www.stf.jus.br/portal/cms/verNoticiaDetalhe.asp?idConteudo=442355>.

Em função da decisão judicial acima referida, o Ministério da Economia, por meio da Secretaria Especial de Previdência e Trabalho e Subsecretaria de Inspeção do Trabalho editaram o Ofício Circular SEI n. 1460/2020/ME com instruções às atividades de fiscalização do trabalho durante a pandemia da Covid-19, pela qual, em razão de se caráter essencial(55), estabelece o rol de matérias urgentes e prioritárias para atuação dos auditores-fiscais do trabalho(56), determinando ordem de prioridade(57). Ademais, a referida norma vedou o trabalho presencial de fiscalização àqueles em situação de risco.

Entende-se que o Ofício Circular SEI n. 1.460/2020/ME, publicado em 30 de abril de 2020, contraria a decisão do STF, pois, apesar de sua redação ser mais ampla do que aquela constante no art. 31 da MP n. 905, manteve rol taxativo e restritivo para a fiscalização presencial pelos auditores-fiscais do trabalho durante o período de calamidade pública(58), bem como estabeleceu critérios de prioridade, excluindo situações gravíssimas como a ocorrência de acidentes ou doenças ocupacionais, muitas vezes incapacitantes, ou mesmo limitando o combate ao trabalho análogo ao de escravo e labor infantil apenas quando houver indícios "relevantes".

3. Conclusão

A história de criação da fiscalização do trabalho demonstra claramente a essencialidade de sua existência na salvaguarda do Direito do Trabalho. Essas circunstâncias resultaram em lutas por melhores condições de trabalho e, para contê-las, se deu a intervenção do Estado e a criação das primeiras normas e instituições trabalhistas, dentre elas, a figura da inspeção do trabalho. Ulteriormente, o Direito do Trabalho se fortaleceu na tutela dos direitos dos trabalhadores, muitos destes soerguidos a nível

---

(55) Decreto n. 10.292 de 25 de março de 2020, art. 1º, XXXVI.

(56) "2. São consideradas urgentes as fiscalizações relativas ao § 2º do art. 3º da Portaria n. 643, de 11 de maio de 2016, que envolvam: a. Risco grave à segurança e à saúde; b. Falta de pagamento do salário aos trabalhadores; c. Indícios relevantes de trabalho análogo ao de escravo; d. Indícios relevantes de trabalho infantil.

3. São consideradas prioritárias enquanto durar o período de calamidade pública, reconhecido pelo Decreto Legislativo n. 6, de 20 de março de 2020, as fiscalizações: a. Nas empresas em que possa ocorrer risco de exposição de trabalhadores à Covid-19; b. Para verificação das situações previstas na Medida Provisória n. 936, de 1 de abril de 2020. c. Relativas à não entrega ao trabalhador de documentos que comprovem a extinção contratual para fins de saque de FGTS e demais benefícios sociais; d. Relativas ao registro, à não prestação de informações relacionadas a obrigações exigíveis pelo Ministério da Economia relativas admissão, dispensa e outras que inibam ou dificultem o acesso do trabalhador ao FGTS e demais benefícios sociais; e. Para análise de acidente fatal; f. Para lavratura de notificação de débito do Fundo de Garantia por Tempo de Serviço e Contribuição Social Rescisória (NDFC) com risco de prescrição."

(57) "9. As designações de auditores-fiscais do trabalho para as atividades deverão obedecer a seguinte ordem de prioridade: a. Fiscalizações urgentes; b. Fiscalizações prioritárias; c. Atividades, de forma remota, privilegiando a prevenção da propagação da Covid-19 e à vulnerabilidade de renda do trabalhador motivada pelo descumprimento da legislação durante a pandemia. "

(58) Decreto Legislativo n. 06, de 20 de março de 2020.

constitucional e inseridos entre os direitos fundamentais no intuito de equilibrar a natural desigualdade na relação entre capital e trabalho.

A garantia de independência e imparcialidade na atuação dos auditores-fiscais do trabalho é essencial à proteção dos direitos dos trabalhadores a fim de resguardar sua dignidade, saúde e segurança nas relações laborais, consoante arcabouço normativo constante na Constituição da República, convenções internacionais e demais normas heterônomas e autônomas, de modo a ser imprescindível o combate a qualquer tentativa de obstaculizar o exercício de suas atividades.

A fiscalização do trabalho atua diretamente na proteção social e deve ser preservada, pois, distintamente do Poder Judiciário que necessita ser provocado para agir, os auditores-fiscais do trabalho não são inertes e o processo de inspeção fiscal é dinâmico e pró-ativo e, dessa maneira, representa o instrumento mais eficaz no combate à sonegação dos direitos dos trabalhadores e na efetivação das normas de segurança e medicina do trabalho.

Os variados artifícios adotados nos últimos anos para reduzir a eficiência da fiscalização do trabalho e, consequentemente, o cumprimento de normas legais afrontam não apenas o direito constitucional e fundamental dos trabalhadores, como as normas internacionais ratificadas pelo Brasil, tais como a Convenção n. 81 da OIT, a Declaração Universal de Direitos Humanos de 1948[(59)] e a Convenção Americana sobre Direitos Humanos (Pacto de São José da Costa Rica)[(60)].

---

(59) "Art. 4. Ninguém será mantido em escravidão ou servidão; a escravidão e o tráfico de escravos serão proibidos em todas as suas formas. Art. 5. Ninguém será submetido à tortura nem a tratamento ou castigo cruel, desumano ou degradante. (...) Art. 23. 1. Todo ser humano tem direito ao trabalho, à livre escolha de emprego, a condições justas e favoráveis de trabalho e à proteção contra o desemprego. 2. Todo ser humano, sem qualquer distinção, tem direito a igual remuneração por igual trabalho. 3. Todo ser humano que trabalhe tem direito a uma remuneração justa e satisfatória, que lhe assegure, assim como à sua família, uma existência compatível com a dignidade humana, e a que se acrescentarão, se necessário, outros meios de proteção social. 4. Todo ser humano tem direito a organizar sindicatos e neles ingressar para proteção de seus interesses. Art. 24. Todo ser humano tem direito a repouso e lazer, inclusive à limitação razoável das horas de trabalho e férias periódicas remuneradas. (...) Art. 28. Todo ser humano tem direito a uma ordem social e internacional em que os direitos e liberdades estabelecidos na presente Declaração possam ser plenamente realizados. "

(60) **"Art. 6. Proibição da escravidão e da servidão**

1. Ninguém pode ser submetido a escravidão ou a servidão, e tanto estas como o tráfico de escravos e o tráfico de mulheres são proibidos em todas as suas formas.

2. Ninguém deve ser constrangido a executar trabalho forçado ou obrigatório. Nos países em que se prescreve, para certos delitos, pena privativa da liberdade acompanhada de trabalhos forçados, esta disposição não pode ser interpretada no sentido de que proíbe o cumprimento da dita pena, imposta por juiz ou tribunal competente. O trabalho forçado não deve afetar a dignidade nem a capacidade física e intelectual do recluso. (...)

Art. 19. Direitos da criança

Toda criança tem direito às medidas de proteção que a sua condição de menor requer por parte da sua família, da sociedade e do Estado."

Por isso, para a sustentação do Estado Democrático de Direito na forma preconizada pela Constituição da República de 1988 é imprescindível seja dada ampla aplicabilidade ao princípio do não retrocesso social (art. 7º, *caput* da CR), isto é, não apenas no tocante à preservação das normas constitucionais e infraconstitucionais de proteção do trabalhador, mas também na efetividade do seu cumprimento por meio da disponibilização de meios eficazes de atuação da fiscalização trabalhista. Portanto, é imperioso a manutenção não apenas de sua independência com poder de coerção, mas também sua capacidade financeira e funcional, eis que, somente assim, será resguardada a coesão social.

Referências bibliográficas

AMARAL, Deivison. Por que o Ministério do Trabalho foi criado? (Artigo). In: *Café História — história feita com cliques*. Publicado em 13 de maio de 2019. Disponível em: <https://www.cafehistoria.com.br/por-que-ministerio-do-trabalho-foi-criado/>.

BENEVIDES COSTA, Mariana, "A fiscalização do trabalho de 1930 a 1964". In: MACHADO, Gustavo Seferian Scheffer; SOUTO MAIOR, Jorge Luiz; YAMAMOTO, Paulo de Carvalho (Coords.). *O mito – 70 anos da CLT:* um estudo preliminar. São Paulo: LTr, 2015.

BIGNAMI, Renato. *A modernização da Inspeção do Trabalho no Brasil*. Disponível em: <https://www.academia.edu/24862616/A_moderniza%C3%A7%C3%A3o_da_Inspe%C3%A7%C3%A3o_do_Trabalho_no_Brasil>.

DELGADO, Mauricio Godinho. *Curso de direito do trabalho*. 18. ed. São Paulo: LTr, 2019.

DI PIETRO, Maria Sylvia Zanella. *Direito Administrativo*. 22 ed. São Paulo: Atlas, 2009.

RENZO, Roberto. *Fiscalização do Trabalho. Doutrina e Prática*. São Paulo: LTR, 2007.

SAKAMOTO, Leonardo. *Covid:* País tem déficit de 1,5 mil fiscais para vigiar condição de trabalho. Disponível em: <https://noticias.uol.com.br/colunas/leonardo-sakamoto/2020/07/17/brasil-tem-deficit-de-15-mil-fiscais-para-verificar-condicoes-de-trabalho.htm>.

SILVA, Homero Batista Mateus da. *Legislação trabalhista em tempos de pandemia:* comentários às Medidas Provisórias 927 e 936. São Paulo: Revista dos Tribunais, 2020.

SOUTO MAIOR, Jorge Luiz. *História do Direito do Trabalho no Brasil:* curso de direito do trabalho, volume I: parte II. São Paulo: LTr, 2017.

5. Greve Sanitária e a Recusa a Trabalhar

Hantony Cássio Ferreira da Costa(1)
Willian Alessandro Rocha(2)

Introdução

Vivemos num momento histórico ímpar, em que um vírus acabou impactando seguramente a vida de todas as pessoas e, em especial, empregadores e trabalhadores. O mundo do trabalho e, por consequência, o Direito do Trabalho jamais serão os mesmos, podendo-se divisar o direito pré-existente e o direito posterior à pandemia.

Com efeito, a Covid-19 afetou o mundo do trabalho de modo bastante severo, obrigando, num primeiro momento, muitas empresas a suspender as suas atividades presenciais, remanejando seus empregados para o trabalho remoto.

Nesse cenário, o direito do trabalho passou a conviver com situações em que ambos os atores da relação de emprego (empregador e empregado) ficaram vulneráveis diante da séria crise de saúde, que não demorou para se tornar também uma crise financeira, encaminhando-se para uma crise social.

Com o retorno gradual das atividades econômicas, os operadores do direito passaram a enfrentar novas temáticas, dentre elas a proteção ao meio ambiente de trabalho.

De fato, como ainda não há vacina para prevenir do novo coronavírus, o retorno dos trabalhadores às suas atividades profissionais potencializou os riscos de contágio

---

(1) Juiz do Trabalho Substituto no Tribunal Regional do Trabalho da 2ª Região. Especialista em Direito Processual Civil pela Universidade Anhanguera – SP. Graduado em Direito pela Universidade Federal da Paraíba (UFPB). Ex-Chefe de Gabinete do 3º Ofício da Procuradoria Regional do Trabalho da 6ª Região. Ex-Advogado.

(2) Juiz do trabalho Substituto no Tribunal Regional do Trabalho da 2ª Região. Especialista em Direito e Processo do Trabalho (CESUL – Francisco Beltrão/PR). Especialista em Direito Processual Civil (UNINTER Curitiba/PR). Graduado em Direito (UCP – Faculdades do Centro do Paraná); Ex-Diretor de Secretaria de Vara do Trabalho no TRT-9. Ex-Assistente de Juiz do Trabalho no TRT-9.

da Covid-19, o que exigiu dos empregadores a adoção de medidas preventivas e cautelares, visando reduzir os riscos à saúde dos empregados e de clientes.

De outro lado, muitas entidades sindicais, preocupadas com a saúde dos trabalhadores, buscaram o Poder Judiciário Trabalhista por meio de ações civis públicas visando a adoção de medidas preventivas no meio ambiente de trabalho.

Além disso, algumas entidades sindicais visualizaram a necessidade de deflagração de greve sanitária, ante os graves e iminentes riscos à saúde dos trabalhadores. Como exemplo, os servidores do INSS, em plenária da FENASPS (Federação Nacional dos Servidores de Previdência Social) aprovaram a deflagração de greve sanitária em todo o país a partir do dia 08/09/2020, *em defesa da vida*(3). Outras categorias também indicaram o exercício da greve sanitária, tais como petroleiros, professores, trabalhadores do judiciário, previdenciários e docentes universitários.

O tema, como se percebe, se mostra bastante atual e demanda reflexão, sobretudo quando se trata de empresas que exercem atividades essenciais, mormente no setor de saúde. Isso porque em muitas situações pode haver colisão de direitos fundamentais: de um lado, o direito ao meio ambiente de trabalho hígido, à saúde e à segurança dos trabalhadores; de outro, a saúde da população que necessita do tratamento médico emergencial, sobretudo em tempos de pandemia.

Nesse contexto, o presente estudo tem por escopo tratar do tema da greve sanitária e o direito do empregado de se recusar a trabalhar, abordando o direito à saúde e ao meio ambiente de trabalho no âmbito internacional e na esfera nacional.

Para tanto, abordaremos o tratamento dado à saúde e ao meio ambiente do trabalho em âmbito nacional e internacional. Na sequência estudaremos o conceito de greve sanitária, fazendo a distinção com o direito do empregado de se recusar ao trabalho em razão da presença de risco grave e iminente à sua saúde no meio ambiente de trabalho.

Abordaremos a jurisprudência do C. STF a respeito do exercício de greve em atividades essenciais e a possibilidade de utilização de outros instrumentos jurídicos menos lesivos aos direitos fundamentais contrapostos, como a tutela inibitória em ação civil pública promovida pelos sindicatos ou pelo Ministério Público do Trabalho (MPT).

Com base nos estudos, buscaremos responder acerca da possibilidade ou não dos profissionais da saúde, mormente aqueles que trabalham na linha de frente no combate à Covid-19, exercitar o direito de greve sanitária ou de recusa ao trabalho quando o empregador descumpre normas de proteção à saúde dos seus empregados.

---

(3) Servidores do INSS farão greve e não retomam atividades presenciais na terça. Economia IG, 2020. Disponível em: <https://economia.ig.com.br/2020-09-07/servidores-do-inss-farao-greve-e-nao-retomam-atividades-presenciais-na-terca.html>. Acesso: em 29 set. 2020.

1. O direito à saúde e ao meio ambiente do trabalho hígido na Constituição da República

A Constituição Brasileira prevê a saúde como direito social (art. 6º).

Outrossim, a CRFB garante a todos os trabalhadores urbanos e rurais a "*redução dos riscos inerentes ao trabalho, por meio de normas de saúde, higiene e segurança*" (art. 7º, XXII).

Já no seu art. 196, a Constituição disciplina que "*A saúde é direito de todos e dever do Estado, garantido mediante políticas sociais e econômicas que visem à redução do risco de doença e de outros agravos e ao acesso universal e igualitário às ações e serviços para sua promoção, proteção e recuperação*".

Comentando o citado dispositivo constitucional, MENDES e BRANCO (2018, p. 717) apontam ser possível identificar tanto um direito individual quanto um direito coletivo de proteção à saúde.

Por sua vez, o art. 200, VIII, da CRFB atribui ao sistema único de saúde a colaboração na proteção do meio ambiente, nele compreendido o do *trabalho.*

José Afonso da SILVA (2017, p. 24), citando Franco Giampietro, conceitua o meio ambiente do trabalho como sendo "*um complexo de bens imóveis e móveis de uma empresa e de uma sociedade, objeto de direitos subjetivos privados e de direitos invioláveis da saúde e da integridade física dos trabalhadores que o frequentam*".

Celso Antônio Pacheco Fiorillo, citado por MARTINS *et al.* (2020, p. 180), por sua vez, conceitua o meio ambiente do trabalho como "*o local onde as pessoas desempenham suas atividades laborais relacionadas à sua saúde, sejam remuneradas ou não, cujo equilíbrio está baseado na salubridade do meio e na ausência de agentes que comprometam a incolumidade físico-psíquica dos trabalhadores*".

Carlos Henrique BEZERRA LEITE e Laís Durval LEITE (2020, p. 523) afirmam que:

> [...] o meio ambiente do trabalho ecologicamente equilibrado é um direito humano e fundamental dos trabalhadores à sadia qualidade de vida física, psíquica, social e moral no ambiente laboral", impondo-se "ao empregador (e aos tomadores de serviços em geral) o dever fundamental, decorrente da função socioambiental da empresa, de assegurar a sadia qualidade de vida (física, psíquica e moral) dos trabalhadores, pelo que deve cumprir, efetivamente, as normas de proteção à vida, à saúde, à higiene e à segurança do meio ambiente de trabalho. [...]

Tratam-se a saúde e o meio ambiente do trabalho de direitos fundamentais de todos os trabalhadores e da sociedade em geral.

Sendo direitos fundamentais, possuem eficácia vertical e horizontal. Na eficácia vertical, pode o titular do direito (e as entidades coletivas com legitimidade para tanto) exigir do Estado a adoção de medidas positivas (comissivas) ou negativas (omissivas) de proteção da saúde e do meio ambiente do trabalho. Já na eficácia horizontal poderá o titular do direito fundamental exigir que o particular (por exemplo, o empregador) respeite o direito à saúde e ao meio ambiente equilibrado, com medidas omissivas (se abster de exigir trabalho em ambiente que cause elevado risco à saúde e segurança do trabalhador, por exemplo) e comissivas (fornecer equipamentos de proteção individual e coletiva e adotar medidas preventivas no ambiente de trabalho)(4).

Cita-se, a propósito, a ponderação de Georgenor de Sousa FRANCO FILHO e Perlla Barbosa Pereira MAUÉS (2020, p. 514), para quem *"o meio ambiente de trabalho configura-se como um direito transindividual, pelo fato de não haver qualquer restrição, garantido, portanto, a todo trabalhador"*. Acrescentam os autores que a garantia do meio ambiente do trabalho *"emerge da obrigação social do Estado de prover instrumentos que a assegurem, dentre os quais, se pode destacar a greve ambiental trabalhista"*.

A prevenção e a precaução são os princípios motores do meio ambiente do trabalho, exigindo-se do empregador, responsável pela sua manutenção (art. 157 da CLT) medidas que possam *eliminar o risco* de acidentes e de contração de doenças ocupacionais.

Victor Hugo de ALMEIDA *et al*, citado por MARTINS *et al* (2020, p. 180), propõem quatro meios para prevenir os riscos no meio ambiente de trabalho: *"a eliminação do risco; a eliminação* d*a exposição do trabalhador ao risco; o isolamento do risco e a proteção do trabalhador"*.

O risco nem sempre é eliminável, como no caso da contaminação por Covid-19 e outras doenças infectocontagiosas por profissionais da saúde. Nesses casos, também não é possível eliminar a exposição do trabalhador ao risco, pois a própria natureza da atividade exige que o trabalhador se exponha ao risco, com vistas à proteção e ao tratamento da saúde dos pacientes. Do mesmo modo, não há como isolar o risco, já que a possível doença infectocontagiosa pode estar no paciente que está sendo tratado.

Assim, a única forma de se prevenir o risco desses profissionais é a proteção do trabalhador, com a disponibilização de EPI's e EPC's eficazes, além da realização de treinamentos e da higienização constante do ambiente laboral.

Sobre o assunto, é interessante a ponderação de Raimundo Simão de Melo, citado por MARTINS *et al* (2020, p. 182), no sentido de que *"a responsabilidade pela adequação e manutenção dos ambientes de trabalho salubres e seguros é de todos e de cada um ao mesmo tempo"*.

(4) Há autores que se referem à eficácia diagonal dos direitos fundamentais nos casos de incidência dos referidos direitos em relações jurídicas assimétricas, como a relação empregatícia.

A afirmação de MELO está em conformidade com o que dispõem os arts. 157 e 158 da Consolidação das Leis Trabalhistas (CLT), atribuindo ao empregador a obrigação de cumprir e fazer cumprir as normas de segurança do trabalho e ao empregado a obrigação de cumprir as orientações do empregador quanto a este aspecto.

2. Segurança e saúde do trabalhador na esfera internacional

Desde 1944, através da Declaração da Filadélfia — que atualmente aparece como anexo à Constituição da Organização Internacional do Trabalho (OIT) — resplandece como princípio motriz das relações do trabalho a dignidade da pessoa humana, a partir do célebre jargão de que "o trabalho não é uma mercadoria"(5). Ainda no mesmo documento internacional, a OIT já se compromete a auxiliar as Nações do Mundo na execução de políticas que visem a proteção da vida e da saúde dos trabalhadores.

A dignidade da pessoa humana se apresenta no referido diploma internacional não apenas como fundamento, mas também como limite da liberdade econômica, assim como o mesmo princípio aparece nas Constituições brasileiras desde 1934 (SARLET; MARINONI; MITIDIERO, 2018, p. 265).

De igual modo, a Declaração Americana dos Direitos e Deveres do Homem (1948), em seu artigo XI, reconheceu o direito de toda pessoa à proteção da saúde por *"medidas sanitárias e sociais relativas à alimentação, roupas, habitação e cuidados médicos correspondentes ao nível permitido pelos recursos públicos e os da coletividade"*. Reconhecimento semelhante é reproduzido em dezembro do mesmo ano pelo artigo XXV da Declaração Universal dos Direitos Humanos.

Especificamente no contexto das relações de trabalho, o Pacto Internacional sobre os Direitos Econômicos, Sociais e Culturais — PIDESC (1966) trouxe, em seu art. 7º, o direito a condições justas e favoráveis de trabalho que assegurem especialmente a segurança e a higiene do trabalho. Norma esta desenvolvida no próprio art. 12 do PIDESC como sendo o direito de *"toda pessoa desfrutar o mais elevado nível possível de saúde física e mental"*, a *"melhoria de todos os aspectos de higiene do trabalho e do meio ambiente"*, a *"prevenção e tratamento das doenças epidêmicas, endêmicas, profissionais e outras, bem como a luta contra essas doenças"*, e igualmente a assistência médica respectiva.

O Protocolo de San Salvador (1988) que adere à Convenção Americana sobre Direitos Humanos em Matéria de Direitos Econômicos, Sociais e Culturais também apresenta regramento relevante ao nosso estudo na medida em que, em seu art. 10,

---

(5) ORGANIZAÇÃO INTERNACIONAL DO TRABALHO. Declaração de Filadélfia. Disponível em: <https://www.ilo.org/wcmsp5/groups/public/---americas/---ro-lima/---ilo-brasilia/documents/genericdocument/wcms_336957.pdf>. Acesso em: 21 jun. 2020.

reconhece o direito à saúde e, especificamente, à imunização contra as principais doenças infecciosas, prevenção e tratamento das doenças endêmicas e a satisfação das necessidades de saúde dos grupos de mais alto risco e que, por sua situação de pobreza, sejam mais vulneráveis. Além disso, o meio ambiente sadio (art. 11) e a segurança e higiene do trabalho são mencionados (art. 7º)[(6)].

No âmbito da OIT não são poucas as convenções ratificadas pelo Brasil com a temática da saúde, segurança e meio ambiente do trabalho, por exemplo, as Convenções ns. 12, 16, 42, 81, 115, 119, 120, 126, 133, 134, 136, 139, 148, 152, 155, 161, 164, 167, 170, 174, 176 e 178. A Convenção n. 155 notabilizou-se, dentre outros motivos, por se aplicar a todos os ramos da atividade econômica e profissões, incluindo-se as funções públicas. Além disso, sua concepção de saúde, encartada no art. 3º, *"e"*, transpôs o mero conceito de saúde como ausência de enfermidade para açambarcar os conceitos promocional e profilático da saúde, o que reorientou a política de saúde para a redução dos riscos.

Mas há uma norma específica na Convenção n. 155 da OIT que passou a ser reproduzida nas mais diversas leis e estatutos do trabalho dos Estados-Partes e que está umbilicalmente ligada à temática da recusa de trabalhar em virtude de condições ambientais do trabalho. Com efeito, a leitura conjunta do art. 13 com o art. 19, "f" denota a autorização para que um trabalhador possa, diante de um motivo razoável que represente um grave e iminente perigo para sua vida ou saúde, paralisar sua prestação de serviços.

Na Espanha, a *Ley 31/1995, de 8 de noviembre, de prevención de Riesgos Laborales* prevê em seu art. 21 as medidas passíveis de serem tomadas diante de uma situação de risco grave e iminente, apontando, dentre elas, a paralisação da prestação dos serviços. Vejamos o texto:

> **Artículo 21. Riesgo grave e inminente.**
>
> 1. Cuando los trabajadores estén o puedan estar expuestos a un riesgo grave e inminente con ocasión de su trabajo, el empresario estará obligado a: [...] b) **Adoptar las medidas y dar las instrucciones necesarias para que, en caso de peligro grave, inminente e inevitable, los trabajadores puedan interrumpir su actividad y, si fuera necesario, abandonar de inmediato el lugar de trabajo.** En este supuesto **no podrá exigirse a los trabajadores que reanuden su actividad mientras persista el peligro, salvo excepción debidamente justificada por razones de seguridad** y determinada reglamentariamente. c) Disponer lo necesario para que el trabajador que no pudiera ponerse en contacto con su superior jerárquico, ante una situación de peligro grave e inminente para su seguridad, la de otros trabajadores o la de terceros a la empresa, esté en condiciones, **habida cuenta de sus conocimientos y de los medios técnicos puestos a su disposición, de adoptar las medidas necesarias para evitar las consecuencias de dicho peligro.**

(6) De igual modo há o referido reconhecimento na Declaração Sociolaboral do Mercosul.

2. De acuerdo con lo previsto en el apartado 1 del artículo 14 de la presente Ley, **el trabajador tendrá derecho a interrumpir su actividad y abandonar el lugar de trabajo, en caso necesario, cuando considere que dicha actividad entraña un riesgo grave e inminente para su vida o su salud.**

3. Cuando en el caso a que se refiere el apartado 1 de este artículo el empresario no adopte o no permita la adopción de las medidas necesarias para garantizar la seguridad y la salud de los trabajadores, **los representantes legales de éstos podrán acordar, por mayoría de sus miembros, la paralización de la actividad de los trabajadores afectados por dicho riesgo.** Tal acuerdo será comunicado de inmediato a la empresa y a la autoridad laboral, la cual, en el plazo de veinticuatro horas, anulará o ratificará la paralización acordada.

[...]

4. Los trabajadores o sus representantes no podrán sufrir perjuicio alguno derivado de la adopción de las medidas a que se refieren los apartados anteriores, a menos que hubieran obrado de mala fe o cometido negligencia grave.

O artigo da referida lei espanhola reproduz o conceito de risco grave e iminente da Convenção n. 155 da OIT e o desenvolve, em minúcias, possibilitando aos trabalhadores paralisarem o trabalho, até mesmo de imediato. E, caso o empregador não os permita, legitima os representantes legais dos trabalhadores a fazê-lo. Além disso, o item 4 do art. 21 da Lei n. 31/1995 esclarece que os trabalhadores não podem sofrer prejuízo algum em decorrência da adoção da paralisação dos trabalhos em virtude do grave e iminente risco, salvo se agirem de má-fé.

De igual modo, o *TESTO UNICO SULLA SALUTE E SICUREZZA SUL LAVORO* da Itália, que é uma Consolidação das Normas italianas sobre Segurança e Saúde do Trabalho, em seu título I, que dispõe sobre os princípios comuns aplicáveis a todas as atividades econômicas e profissões, reza, em seu art. 44, sobre o direito à paralisação do trabalho em caso de perigo grave e iminente. Vejamos:

Articolo 44 – Diritti dei lavoratori in caso di pericolo grave e immediato

1. Il lavoratore che, in caso di pericolo grave, immediato e che non può essere evitato, si allontana dal posto di lavoro o da una zona pericolosa, non può subire pregiudizio alcuno e deve essere protetto da qualsiasi conseguenza dannosa.

2. Il lavoratore che, in caso di pericolo grave e immediato e nell'impossibilità di contattare il competente superiore gerarchico, prende misure per evitare le conseguenze di tale pericolo, non può subire pregiudizio per tale azione, a meno che non abbia commesso una grave negligenza[(7)].

---

(7) Em tradução livre: Art. 44 – Direitos dos trabalhadores em caso de perigo grave e imediato

1. O trabalhador que, em caso de perigo grave e imediato e que não pode ser evitado, se afasta do local de trabalho ou zona perigosa, não pode sofrer prejuízo e deve ser protegido das consequências nocivas.

2. O trabalhador que, em caso de perigo grave e imediato e impossibilitado de contactar o superior hierárquico competente, tome medidas para evitar as consequências desse perigo, não pode ser prejudicado por tal, salvo se tiver cometido grave negligência.

Também no ordenamento jurídico italiano se verifica a norma no sentido de permitir ao trabalhador paralisar sua prestação de serviços diante de um perigo grave e iminente em seu local de trabalho, o colocando a salvo de qualquer represália ou prejuízo em virtude da sua atitude.

Na França, No *Code du travail* (Código do Trabalho), parte legislativa, quarta parte (saúde e segurança no trabalho), livro primeiro (disposições gerais), título III (direitos de alerta e afastamento do trabalho)[(8)], há expressa menção e regramento muito semelhante à Convenção n. 155 da OIT quanto ao direito de paralisação do empregado em caso de perigo grave e iminente de lesão à sua vida ou saúde. Vejamos:

> Chapitre Ier: Principes.
>
> Article L4131-1. Le travailleur alerte immédiatement l'employeur de toute situation de travail dont il a un motif raisonnable de penser qu'elle présente un danger grave et imminent pour sa vie ou sa santé ainsi que de toute défectuosité qu'il constate dans les systèmes de protection.
>
> Il peut se retirer d'une telle situation.
>
> L'employeur ne peut demander au travailleur qui a fait usage de son droit de retrait de reprendre son activité dans une situation de travail où persiste un danger grave et imminent résultant notamment d'une défectuosité du système de protection[(9)].
>
> Article L4131-3. Aucune sanction, aucune retenue de salaire ne peut être prise à l'encontre d'un travailleur ou d'un groupe de travailleurs qui se sont retirés d'une situation de travail dont ils avaient un motif raisonnable de penser qu'elle présentait un danger grave et imminent pour la vie ou pour la santé de chacun d'eux[(10)].

Além do direito à paralisação do trabalho em razão do perigo grave e iminente, se assegura o direito à indenidade do trabalhador, ou seja, de não sofrer qualquer sanção ou prejuízo salarial em virtude da recusa ao trabalho. De igual modo, o artigo L4131-2 do *Code du travail* legitima os representantes dos trabalhadores a requerer ao empregador a imediata paralisação da atividade que demonstre perigo grave e iminente de lesão à saúde e segurança dos trabalhadores.

---

(8) A bem da verdade, o termo original em francês é *droits d'alerte et de retrait*. Entendemos que o *retrait* neste caso não tem o sentido que assume em outras normas como sendo aposentadoria, mas de ou até de rescisão, em virtude da sua própria significação na norma transcrita.

(9) Em tradução livre: *O trabalhador alerta imediatamente o empregador sobre qualquer situação de trabalho em que haja motivos razoáveis para pensar que ela representa um perigo grave e iminente à sua vida ou saúde, bem como sobre qualquer defeito que constatar nos sistemas de proteção.*
Ele pode se retirar de tal situação.
O empregador não pode pedir ao trabalhador que exerceu o seu direito de afastamento/rescisão o retorno à sua atividade numa situação de trabalho em que persista um perigo grave e iminente, resultante, principalmente, de uma deficiência do sistema de proteção.

(10) Em tradução livre: *Nenhuma sanção ou dedução de salários pode ser aplicada a um trabalhador ou grupo de trabalhadores que se retiraram de uma situação de trabalho que eles tinham motivos razoáveis para acreditar que representava um perigo sério e iminente para a vida ou saúde de cada um deles.*

BOUTIRON e ÉLIE (2016, p. 194-195) remarcam que a primeira obrigação dos empregados, na situação acima, é de avisar ao empregador imediatamente acerca do perigo grave e iminente (por isso se chama *droit d'alerte)* para que o patrão possa tomar as medidas necessárias, mas que tal obrigação não deve ser vista como um pretexto para o empregador impedir a paralisação dos empregados ou os sancionar. Acrescem os autores que, no Direito francês, o descumprimento das regras de saúde e segurança do trabalho é passível de multa que varia de 3750 euros a 9000 euros, além de pena de prisão de um ano, em caso de reincidência, tipificada como o ato de colocar em perigo a vida de outrem.

As legislações das nações europeias são iluminadas pelos princípios do direito ambiental previstos no art. 191.2 do Tratado sobre o funcionamento da União Europeia, principalmente nos princípios da precaução, prevenção e do poluidor-pagador. Na referida diretiva fica expresso como um dos objetivos da referida norma a proteção da saúde humana. Tais normas são utilizadas efusivamente em matéria de meio ambiente do trabalho, assim como também é feito no direito brasileiro.

A análise abrangente de todas ou de uma larga escala das legislações nacionais refoge ao escopo deste trabalho. Os textos acima são trazidos apenas para, através do direito comparado e da norma de abertura prevista no art. 8º da CLT, iluminar a correta interpretação do direito à recusa de trabalho no contexto das greves ambientes, e mais particularmente, das greves sanitárias.

3. Greve sanitária e o direito de recusa a trabalhar diante de risco grave e iminente

Na problemática enfrentada no presente estudo, é preciso e de extrema relevância distinguir a greve, incluindo-se a ambiental e a sanitária, do direito de recusa a trabalhar relacionado a questões ambientais.

No Brasil, a par dos conceitos doutrinários de greve, o art. 2º da Lei n. 7.783 de 28 de junho de 1989 definiu o referido instituto como sendo a *"suspensão coletiva, temporária e pacífica, total ou parcial, de prestação pessoal de serviços a empregador"*. O conceito não resta a salvo de críticas, na medida em que não alberga movimentos coletivos dos trabalhadores em que se tenciona pressionar o empregador por melhores condições de trabalho, a despeito de não implicar em paralisação do trabalho, como na chamada "operação tartaruga" (SILVA, H., 2015, p. 169).

Lembra CARVALHO (2018, p. 522) que *"a greve é um conceito que remete a um fato (a paralisação da atividade), a uma causa (a defesa de um interesse coletivo) e a um fim (o retorno à normalidade com condições mais justas de trabalho)"*. Além disso, a greve é vista, internacionalmente, como um direito individual que se exerce coletivamente.

Significa dizer que a greve como fato social se mostra como adesão coletiva dos trabalhadores, em maior ou menor grau, mas que, no resguardo do direito à liberdade de cada trabalhador de aderir ou não, se identifica como um direito individual relacionado à liberdade de associação. Neste sentido, com maestria a lição de MALLET (2015, p. 35-37):

> [...] A greve é manifestação essencialmente coletiva. (...) Em rigor, a greve apresenta, do ponto de vista ontológico, tanto uma faceta ou dimensão individual como uma coletiva, o que lhe confere estrutura complexa. De um lado, a deflagração de greve supõe manifestação e aprovação dos interessados (...) Eis sua dimensão coletiva ou, como também se pode dizer, seu momento genético. (...) No entanto, a aprovação da paralisação pelo grupo cria para o trabalhador apenas o direito de cessar a prestação de serviço. Não impõe nenhuma obrigação. (...) Aí está a inapagável dimensão individual da greve, ou seja, seu momento funcional, que se segue ao coletivo. E essa dimensão é inalienavelmente de titularidade do trabalhador. [...]

No mesmo sentido e com o complemento de DELGADO (2017, p. 1618), é assente em doutrina que o caráter coletivo da greve se aplica, inclusive, nos protestos trabalhistas por condições ambientais mais favoráveis, o que não impede de o movimento afetar toda a empresa ou apenas algum dos seus setores.

MALLET (2015, p. 39) observa ainda que

> [...] é incorreto dizer, ao menos do ponto de vista teórico, que um único trabalhador não possa fazer greve ou que a greve suponha que 'le refus de travail émane de plusiers salariés, agissant collectivement'. Somente quando o direito positivo exige pluralidade de trabalhadores — como ocorre na Nova Zelândia — é que faz sentido aludir a tal requisito. Ontologicamente não é algo essencial à greve. Afinal, aprovada a greve pelo grupo, se apenas um trabalhador deixa de trabalhar, está ele no exercício do seu direito de greve, ainda que se ache o movimento inviabilizado e fadado ao rápido encerramento [...].

Na jurisprudência trabalhista brasileira já há casos reconhecidos de greve ambiental de pouquíssimos trabalhadores, demonstrando que a pluralidade não é elemento da greve.

João Pires Vieira COSME (2017, p. 14), em dissertação de mestrado, tratando sobre o direito de greve em Portugal e suas limitações imanentes, acresce que a dimensão coletiva se apresenta na decisão de convocar a greve, por parte dos sindicatos ou assembleias de trabalhadores. Já a dimensão individual, como dito acima por nós, consistiria exatamente no momento de adesão individual do trabalhador, seja ele filiado ou não ao sindicato.

Cresce no mundo a concepção de que o direito de greve decorre do direito à liberdade de associação e, considerando-se que tal direito encontra-se encartado em diplomas internacionais como a Declaração de Filadélfia (anexa à Constituição da OIT), o Pacto Internacional dos Direitos Civis e Políticos e no Pacto Internacional dos Direitos Econômicos, Sociais e Culturais (PIDESC), haveria a aceitação por parte dos seus signatários de respeito ao direito de greve. Mais que isso, ao aceitar os princípios da OIT, constantes na Declaração de Filadélfia (e a liberdade de associação é um destes pilares), todos os Estados-Partes teriam o dever de adequar suas legislações e práticas nacionais de modo a contribuir para tornar efetivo o respeito aos princípios fundamentais da OIT, independentemente de terem ratificado ou aderido a uma Convenção específica. A ampla adesão dos Estados-Partes a uma determinada Convenção, a participação na OIT e até a assinatura de tratados bilaterais comerciais específicos tem sido vista por pesquisadores como uma consolidação de que o direito de greve decorreria de um costume internacional. Rememore-se que esta fonte do direito tem dois pressupostos: a prática generalizada do respeito ao direito de greve, independentemente de omissão legislativa (costume *praeter legem*) e sua aceitação como obrigatória. Neste sentido, International Trade Union Confederation — ITUC (2014, p. 90):

> The trajectory of international discourse on the right to strike strongly suggests the existence of a customary international law norm. State practice reflected in most countries' constitutions, laws, and decisions of national courts confirm the right to strike. The limits may vary from country to country, but underlying them is an international consensus that the right exists, and that limits must be reasonable. Further, States respect this right out of a sense of legal obligation, not merely a moral one[11].

Essa concepção é relevante para entender como decisões judiciais nos Estados Unidos e China tem reconhecido o direito de greve diretamente decorrente de um costume internacional mesmo sem reconhecimento pela legislação interna ou a despeito da ausência de ratificação da Convenção n. 87 da OIT. No caso específico dos Estados Unidos, utiliza-se com frequência o fato de os Estados Unidos reconhecerem o direito no tratado de livre comercial do NAFTA (ITUC, 2014, p. 90).

---

(11) Em tradução livre: A trajetória do discurso internacional acerca do direito de greve sugere, fortamente, a existência de uma norma de direito costumeiro internacional. As práticas estatais refletidas nas constituiçõs, leis e decisões das Cortes Nacionais da maioria dos países confirmam o direito de greve. Os limites podem variam de país a país, mas subjacente a ele está o consenso de que o direito existe, e os seus limites devem ser razoáveis. Além disso, os Estados respeitam esse direito como um senso de obrigação legal e não meramente moral.

A concepção é trazida neste estudo exatamente porque a Covid-19 se mostrou um fato social de proporções universais, assim como a necessidade de proteção ao meio ambiente de trabalho em todos os países do mundo.

Dentro do âmbito do conceito de greve, a doutrina teceu o conceito de greve ambiental, que seria a deflagração de greve ocasionada por más condições ambientais de trabalho, que tem a finalidade de *"preservar e defender o meio ambiente do trabalho e a saúde do trabalhador"* (MELO, 2017, p. 123). A greve sanitária seria também uma espécie de greve ambiental relacionada a aspectos de higiene e saúde no meio ambiente de trabalho. O termo "sanitário" diz respeito exatamente à conservação da saúde e da higiene[(12)]. A diferença semântica entre a acepção comum do termo e a jurídica é que o direito à saúde é visto não só como "conservação", mas como direito de prevenção, promoção e preservação da saúde, na forma da Convenção n. 155 da OIT.

Aqui vale realizar importante distinção entre a greve ambiental (albergando a sanitária) e o direito de recusa de trabalhar.

Além das considerações do direito comparado vistas no tópico anterior, no Brasil o direito de recusa de trabalhar em virtude de um perigo grave e iminente — embora não esteja previsto de maneira tão explícita como nos textos legais dos países europeus (pois lá resta claro que se trata de um direito subjetivo) — encontra ressonância no art. 161 da CLT e na Norma Regulamentadora n. 3 da Portaria SEPRT n. 1.068/2019, que tratam do embargo e interdição e dispõem pormenorizadamente do procedimento de caracterização do risco grave e iminente, considerando este como *"toda condição ou situação de trabalho que possa causar acidente ou doença com lesão grave ao trabalhador"* (item 3.2.1 da NR-3). Além disso, algumas Constituições Estaduais tratam do tema, como a do Estado de São Paulo, cujo art. 229, § 2º, prevê: *"Em condições de risco grave ou iminente no local de trabalho, será lícito ao empregado interromper suas atividades, sem prejuízo de quaisquer direitos, até a eliminação do risco"*.

Dizemos que os textos legais brasileiros não são tão explícitos quanto os europeus porque criaram procedimento burocrático que depende da declaração do nível do risco por parte do Auditor Fiscal do Trabalho para poderem paralisar o trabalho sem sofrerem perda salarial, o que é incompatível com a urgência que a autotutela do direito à vida e à saúde requer. Nada obstante tal falha no texto brasileiro, com o reconhecimento da supralegalidade dos tratados internacionais sobre direitos humanos, é possível requerer a eficácia direta dos arts. 13 e 19 da Convenção n. 155 da OIT nas relações de trabalho brasileiras e paralisar o trabalho diante do perigo grave e iminente.

---

(12) DICIONÁRIO PRIBERAM. Disponível em: <https://dicionario.priberam.org/sanitária>. Acesso em: 02 out. 2020.

Embora a existência de um risco grave e iminente possa ensejar a deflagração de uma greve ambiental (ou sanitária), aquele não é pressuposto desta, e tampouco se limita ao contexto dos movimentos paredistas. O direito individual de greve não prescinde da dimensão coletiva em que a categoria ou um conjunto de trabalhadores realizam o indicativo de greve, ainda que poucos resolvam paralisar a prestação de serviços. Na greve sempre há uma dimensão coletiva, uma afetação do meio ambiente de trabalho com perspectiva metaindividual. Já o direito à recusa de trabalhar diante de risco grave e iminente é direito individual puro que prescinde de qualquer repercussão coletiva. Tal concepção permite, por exemplo, que um trabalhador específico pertencente aos grupos de risco da Covid-19 se recuse a trabalhar em caso de ausência de condições sanitárias seguras que o protejam no ambiente de trabalho, ou que determinado operador de uma máquina insegura paralise sozinho sua prestação de serviços em virtude da inadequação da máquina, sem necessidade de que os demais trabalhadores assim também procedam. Nessas situações, o direito de recusa ao trabalho se aproxima mais do exercício do *jus resistentiae* do que da greve propriamente dita.

Tal distinção é fundamental para preservar a vida e a saúde dos trabalhadores integrantes das categorias as quais a jurisprudência brasileira nega o exercício do direito de greve, conforme se verá no tópico seguinte, como é o caso dos profissionais da saúde.

Sobre os conceitos de risco, iminência e gravidade, SOUZA, BARROS e FILGUEIRAS (2017, p. 36-39), em interessante artigo sobre o tema, dizem que o risco "pode ser entendido como a chance ou possibilidade de consequências negativas para a saúde e a integridade física ou moral do trabalhador, relacionadas ao trabalho", que são considerados graves "os riscos passíveis de gerar consequências não reversíveis aos trabalhadores, como fatalidades, danos e incapacidades laborativas", a arrematam que:

> [...] a interpretação restritiva do conceito de iminência como sinônimo de "potencial efeito imediato" não se sustenta sequer no campo da Estatística: é impossível afirmar a proximidade temporal de um evento tendo como base somente o conhecimento da sua chance ou probabilidade de ocorrência, subjetivamente determinada. [...]

A iminência, segundo os autores, estaria mais relacionada à exposição das pessoas ao risco que propriamente à imediatidade do evento.

ALAMBRA (2020, p. 5), estudando as medidas tomadas pela Espanha durante a pandemia da Covid-19, afirma que no referido país se deu preferência ao teletrabalho. Contudo, quando isto não se mostrou possível, deu-se prevalência ao direito à saúde e à segurança do trabalhador. E quando tais condições não pudessem ser asseguradas, se poderia proceder à suspensão do contrato de trabalho.

Nos parece que a opção pela suspensão, e não pela interrupção, se deve muito mais a questões de política econômica que propriamente ao direito do trabalho, pois os governos optaram por tratar a questão como assistencial para fins de recuperar a economia, as empresas e os postos de trabalho. Em não se tratando de pandemia, certamente o caso seria de interrupção por ausência de oferta de condições ambientais seguras de trabalho.

SACHS (2020, p. 3), estudando o contexto da França na pandemia da Covid-19 também noticiou o entendimento daquele país de que o trabalhador poderia paralisar sua prestação de serviços se houvesse uma causa razoável para acreditar que o empregador não estava ofertando medidas apropriadas para garantir condições de trabalhos seguras. A autora reitera o direito subjetivo individual do trabalhador a recusar prestar seus serviços, mas também que o empregador tem o direito de ser notificado sobre as condições ambientais antes da paralisação para que possa corrigir as falhas[13].

Assim, é notório que os instrumentos internacionais e nacionais convergem na direção da prevalência do direito à saúde e à vida mesmo no contexto da pandemia, embora saibamos que a análise das atividades essenciais exija leituras peculiares, diante do atendimento das necessidades sociais impreteríveis (para se apoderar de uma expressão do direito português) ou os serviços cuja paralisação resultem em prejuízo irreparável (expressão do direito brasileiro).

A problemática que passaremos a responder é se os trabalhadores das atividades essenciais, durante a pandemia da Covid-19, estariam absolutamente impossibilitados de realizar greves ambientais ou de exercitar o direito à recusa de trabalhar por ausência de condições mínimas que os protegessem contra o conoravírus ou se haveria algum campo de conformação (concordância prática) entre o direito à vida e à saúde e o direito ao atendimento das necessidades inadiáveis da sociedade.

4. Atividades essenciais e a posição do Supremo Tribunal Federal

O direito de greve, nas diversas constituições nacionais que o preveem, permite, assim como no Brasil, seu regramento e delimitação por normas infraconstitucionais. Assim é que a Lei n. 7.783/89 traz a previsão de atividades essenciais que seriam aquelas destinadas à prestação de serviços inadiáveis à sociedade. E o próprio diploma legal citado dispõe que necessidades inadiáveis são *"aquelas que, não atendidas, coloquem em perigo iminente a sobrevivência, a saúde ou a segurança da população"*.

(13) No original, em inglês: *"Secondly, the employer's obligation to provide security is outweighed by the employee's right to withdraw (L. 4131 -1 et seq. of the Labour Code). An employee may withdraw from a work situation which he/she has reasonable cause to believe it implies a serious and imminent danger for his/her life or health. This situation must be notified to the employer. This is an individual and subjective right. In particular, this right to withdraw may be used if the employer does not put in place appropriate measures taking into account the current health situation".*

As atividades essenciais possuem um regramento específico quanto ao momento de oferta do pré-aviso de greve e de número mínimo de trabalhadores que devam permanecer ativados. Ainda assim, não se impede o exercício do direito de greve nas referidas atividades. A mesma realidade é descrita em Portugal COSME (2017). Já na OIT, além da distinção entre serviços essenciais e não essenciais, ainda há um terceiro gênero chamado de serviços de "importância transcendental", na dicção de URIARTE *et al* (2002, p. 30-31):

> [...] Em alguns países, a noção de serviços essenciais é usada na legislação para designar serviços nos quais não se proíbe a greve, mas pode ser imposto um serviço mínimo de funcionamento; em outros países, a noção de serviços essenciais é utilizada para justificar importantes restrições inclusive a proibição da greve, e este é precisamente o sentido da expressão "serviços essenciais" para os órgãos de supervisão da OIT quando a utilizam na formulação de seus princípios. [...] entre serviços essenciais (em que a greve pode ser proibida) e serviços não essenciais (em que não se pode proibir), os órgãos de supervisão da OIT utilizam um conceito intermediário que é o de serviços de "importância transcendental" (terminologia da Comissão de Peritos), serviços não essenciais em que, no parecer dos órgãos de supervisão da OIT, não se pode proia bir a greve, mas pode-se impor um serviço mínimo de funcionamento na empresa ou instituição de que se trate. [...] Quando a Comissão de Peritos utiliza a expressão "serviços essenciais" refere-se unicamente aos serviços essenciais no sentido estrito do termo, isto é, àqueles cuja ini-terrupção pode ter consequências para a vida, a segurança ou a saúde da pessoa, nos quais se poderia justificar a imposição de restrições e mesmo proibições, que deveriam, entretanto vir acompanhadas de garantias compensatórias. Considera, porém, aceitável, em certos casos, o "serviço mínimo" e, concretamente, "nas situações em que não parece justificar-se uma limitação importante ou a proibição total da greve e em que, sem pôr em dúvida o direito de greve da grande maioria dos trabalhadores, poder-se-ia procurar garantir a satisfação das necessidades básicas dos usuários ou o funcionamento contínuo das instalações e em condições de segurança" [...]

Conforme visto, no Brasil se utiliza a expressão serviços essenciais com o sentido de que sejam aqueles serviços em que não poderá haver paralisação total das atividades, e não no sentido em que a greve esteja absolutamente proibida.

A par disso, o Supremo Tribunal Federal brasileiro, no julgamento da Reclamação n. 6.568/SP — que possuía o objeto apenas de averiguar suposta afronta ao quanto decidido na ADI n. 3.395 (ausência de competência da Justiça do Trabalho para julgar ações de servidores públicos com vínculo estatuário ou jurídico-administrativo com o Poder Público) — teceu comentários, ainda que *obter dictum*, do que considerava ser atividades impossibilitadas de exercer o direito de greve. Apesar de o Estado de São Paulo requerer que a proibição da greve para as atividades policiais fosse declarada também como objeto principal (*principaliter tantum*) da Reclamação, não se formou maioria para se declarar inviabilizado o exercício de greve pelas atividades descritas no acórdão.

De todo modo, a posição de alguns ministros (Eros Grau, Gilmar Mendes e Cezar Pelluso) sinaliza a compreensão de que a greve estaria proibida às atividades policiais, por exercerem atividade armada e por estar ligada à segurança da população, aos militares, em virtude do art. 142, § 3º, IV, da CRFB, aos membros de poder (magistrados, políticos, chefes do Poder Executivo) e ao Ministério Público, em virtude da impossibilidade prática de o Estado se mostrar ausente, e aos profissionais da saúde, em virtude da natureza do serviços e do princípio da continuidade dos serviços de natureza pública. Vejamos trecho representativo desse pensamento, extraído do v. acórdão:

> [...] a relativização do direito de greve não se limita ao policiais civis. A exceção estende-se a outras categorias. Servidores públicos que exercem atividades das quais dependam a manutenção da ordem pública e a segurança pública, a administração da Justiça — onde as carreiras de Estado, cujos membros exercem atividades indelegáveis, inclusive as de exação tributária — e a saúde pública não estão inseridos no elenco dos servidores alcançados por aquele direito. Aqui prevalecerá, a conformar nossa decisão, a doutrina do duplo efeito. [...]
>
> [...] Note-se, quanto às atividades relacionadas à prestação dos serviços de saúde - serviço público que a iniciativa privada pode exercer livremente, nos termos do que define o art. 199 da Constituição (isto é, independentemente de permissão ou concessão) - que a recusa dessa prestação é inadmissível mercê, na dicção de Karl Larenz, de limitação imanente ao próprio instituto contratual. Essa recusa contraria os bons costumes e caracterizará, em certas circunstâncias, o delito de omissão de socorro [...].

O relator da Reclamação, o Min. Eros Grau, também deixou expresso em seu voto que a compreensão dos serviços essenciais impossibilitados ao exercício de greve se aplicaria tanto ao setor público quanto ao privado. O referido ministro chegou a cogitar, inclusive, de uma omissão de socorro, caso as atividades de polícia ou de saúde deflagrassem a greve.

Chama particular atenção a vedação ao exercício de greve aos profissionais da saúde, em virtude do objeto do nosso estudo, qual seja, a possibilidade de deflagração de greve sanitária no contexto da pandemia da Covid-19. Estariam os profissionais da saúde obrigados a trabalhar, na pandemia, mesmo quando não lhe são ofertadas condições mínimas de saúde, higiene e segurança no trabalho, como o fornecimento de equipamentos de proteção individuais?

Raimundo Simão de MELO (2020, p. 615-616) argumenta que aos profissionais da saúde não se poderia exigir o sacrifício das suas próprias vidas quando não se lhes ofertam as condições mínimas de proteção à saúde e à vida. Vejamos:

> [...] Decorre do direito natural e tem agasalho no direito positivo brasileiro, que ninguém é obrigado a trabalhar colocando sua saúde e vida em risco grave e iminente, mesmo que seja para salvar outras vidas! No caso da saúde, o art. 22 do Código de Ética dos Profissionais de Enfermagem estabelece que o profissional pode se recusar a executar atividades que não sejam de sua competência técnica, científica, ética e legal ou que não ofereçam segurança ao profissional, à pessoa, à família e à coletividade.
>
> [...] A resposta, no ponto do trabalho a que chegamos é simples e objetiva: se não forem fornecidos pelos empregadores e tomadores de serviços os Equipamentos de Proteção Individual (EPIs) específicos e adequados para cada situação e não adotadas demais providências preventivas necessárias, os trabalhadores não são obrigados a trabalhar e colocar em risco grave e iminente suas vidas, mesmo que seja para salvar outras vidas. Aqui pode até haver um conflito entre o direito à vida de quem trabalha e o direito à vida das demais pessoas, prevalecendo, como parece ser óbvio e natural, a vida de quem sai de casa, do necessário isolamento, para trabalhar em prol dos outros seres humanos. (p. 616)

A passagem do Código de Ética dos Profissionais de Enfermagem, acima citada por MELO nos faz refletir sobre a necessidade (enquanto elemento do princípio da proporcionalidade, utilizado na técnica de ponderação do conflito entre princípios constitucionais) de sacrificar, de fato, o direito à greve. Isso porque em Portugal já se reconheceu o direito de os profissionais de Enfermagem deflagrarem a greve, mantendo-se um conjunto de serviços mínimos considerados como necessidades impreteríveis e inadiáveis como os cuidados de enfermagem nas Unidades de Atendimento Permanente, nos Cuidados Intensivos (UTIs), no Bloco Operatório de urgência (Centros Cirúrgicos) e programados, na Hemodiálise e nos Tratamentos Oncológicos (COSME, 2017).

Nos parece que a consideração da impossibilidade de exercício de greve e a necessidade de fixação dos serviços mínimos (em quantidade e espécie) só podem ser analisados casuisticamente, e não *a priori*. Assim, é evidente que em tempos de pandemia não se cogitaria em reduzir a força de trabalho dos profissionais de saúde em uma greve por motivos econômicos. E até concordamos, em que pese o brilhantismo corriqueiro de Raimundo Simão de Melo, que seja possível ao Estado brasileiro obstar o exercício do direito de greve, inclusive ambiental, em casos de crise aguda, como a Covid-19 (e tal linha de pensamento tem amparo na interpretação da Comissão de Peritos da OIT, conforme vimos).

Todavia, essa consideração apenas pode ser aplicada em se tratando do fenômeno da greve, em sua dimensão coletiva. Se se pensar no direito subjetivo individual à recusa de trabalhar em virtude de risco grave e iminente, nos parece que outra deve ser a compreensão, com o que concordamos com MELO (2020) quando este defende que não se pode exigir de ninguém que arrisque, desmesuradamente, sua vida e saúde para salvaguardar a vida de terceiros.

Dizemos desmesuradamente porque o risco à saúde e à vida dos profissionais de saúde já existe em suas atividades comezinhas, e estes profissionais tem, de fato, o dever de socorrer mesmo diante desse risco. Todavia, quando o risco se torna extremamente acentuado (na forma da NR-3), grave e iminente, destoando do risco comum — na forma da jurisprudência do C. TST[14] — entendemos que não se poderia obstar o direito à recusa de trabalho que tem envergadura supralegal, apta a paralisar qualquer consideração de tipificação enquanto delito de omissão de socorro na forma do art. 135 do Código Penal, até porque o tipo deste é claro ao mencionar que o delito só existe se alguém se omite em socorrer, "quando não haveria risco pessoal". Ademais, o Código Penal afasta a antijuridicidade da conduta quando realizada em estado de necessidade (arts. 23, I, e 24).

Deve-se ponderar até mesmo a opção jurisprudencial brasileira em sacrificar plenamente o exercício do direito de greve a certas atividades quando não há qualquer mecanismo compensatório da proibição do exercício deste direito, conforme dito por URIARTE (2002, p. 30-31). Dentre os mecanismos compensatórios previstos pela OIT estão a mediação e arbitragem, instrumentos que nas referidas atividades poderiam ser tidos como imprescindíveis para preservar o núcleo mínimo do direito de greve.

No atual estágio do pós-positivismo, os princípios, valores e direitos constitucionais ganham especial realce, força normativa e aplicabilidade imediata aos casos concretos. Contudo, há a compreensão de que, no caso concreto, eventual conflito deve ser solvido com o mínimo sacrifício de um dos direitos em detrimento apenas episódico do outro.

Ante a aparente colisão entre princípios constitucionais, cabe ao intérprete avaliar quais dos princípios preponderam, buscando sempre a harmonização e a concordância prática entre eles.

Para solução de casos envolvendo a colisão de princípios, ALEXY (2015, p. 154) sugere a aplicação da "lei da ponderação", a qual reza que *"quanto maior o grau de descumprimento de ou de interferência em um princípio, maior deve ser a importância do cumprimento do outro princípio"*.

(14) (RO - 1001747-35.2013.5.02.0000, relatora Ministra: Kátia Magalhães Arruda, Data de Julgamento: 15.05.2017, Seção Especializada em Dissídios Coletivos, Data de Publicação: DEJT 19.05.2017).

O filósofo alemão explica a sua teoria nos seguintes termos:

> A lei da ponderação mostra que a ponderação pode ser dividida em três passos ou níveis. No primeiro nível trata-se o grau de descumprimento ou de interferência em um princípio. A ele se segue, no próximo nível, a identificação da importância do cumprimento do princípio oposto. Finalmente, no terceiro nível, identifica-se se a importância do cumprimento do princípio oposto justifica o descumprimento do outro princípio ou a interferência nele.

Além da técnica da ponderação, deve-se buscar a concordância prática entre os princípios, isto é, buscar aplicá-los em conjunto, na medida do possível, preservando--os ao máximo.

BARROSO (2018, p. 344) ensina o seguinte no que toca à concordância prática:

> Portanto, na harmonização de sentido entre normas contrapostas, o intérprete deverá promover a concordância prática entre os bens jurídicos tutelados, preservando o máximo possível de cada um. Em algumas situações, precisará recorrer a categorias como a teoria dos limites imanentes: os direitos de uns têm de ser compatíveis com os direitos de outros. E em muitas situações, inexoravelmente, terá de fazer ponderações, com concessões recíprocas e escolhas.

Além disso, a colisão dos princípios deve ser analisada levando em consideração o postulado da proporcionalidade (na dicção de Humberto Ávila) ou da máxima da proporcionalidade (na dicção de Robert Alexy).

Segundo o filósofo alemão (ALEXY, 2017, p. 116-117),

> [...] afirmar que a natureza dos princípios implica a máxima da proporcionalidade significa que a proporcionalidade, com suas três máximas parciais da adequação, da necessidade (mandamento do meio menos gravoso) e da proporcionalidade em sentido estrito (mandamento do sopesamento propriamente dito), decorre logicamente da natureza dos princípios, ou seja, que a proporcionalidade é deduzível dessa natureza [...].

Nas palavras de ÁVILA (2018, p. 206), o postulado da proporcionalidade

> [...] se aplica apenas a situações em que há uma relação de causalidade entre dois elementos empiricamente discerníveis, um meio e um fim, de tal sorte que se possa proceder aos três exames fundamentais: o da adequação (o meio promove o fim?), o da necessidade (dentre os meios disponíveis e igualmente adequados para promover o fim, não há outro

meio menos restritivo do(s) direito(s) fundamentais afetados?) e o da proporcionalidade em sentido estrito (as vantagens trazidas pela promoção do fim correspondem às desvantagens provocadas pela adoção do meio?) [...]

Nesse passo, tem-se de um lado a saúde e segurança dos trabalhadores e a proteção do meio ambiente do trabalho, direitos fundamentais previstos nos arts. 7º, XXII, e 200, VIII da CRFB, sendo legítima, em princípio, a defesa desses direitos mediante a deflagração de greve sanitária (art. 9º da CRFB) ou do exercício do direito de resistência (art. 13 da Convenção n. 155 da OIT).

De outro lado, tem-se a saúde como direito fundamental de toda a sociedade (art. 196 da CRFB).

Ao se permitir a greve sanitária dos profissionais da saúde, mormente em período de severa crise de saúde, quando enfrentamos a maior pandemia conhecida pela nossa geração, haveria uma interferência muito grande no direito à saúde de todas as pessoas, num quase esvaziamento do direito fundamental previsto no art. 196 da CRFB.

A medida (greve sanitária) se revelaria, em princípio, desproporcional, pois, embora seja adequada à sua finalidade — já que pode compelir o empregador a adequar as condições do meio ambiente laboral — não atenderia à máxima da necessidade (vista como elemento do postulado da proporcionalidade, na acepção dada por Humberto Ávila), tendo em vista que não seria o meio menos restritivo ao direito à saúde da população em geral, dentre os meios disponíveis e igualmente adequados para promover a saúde e segurança dos trabalhadores.

Vale dizer, o meio escolhido pela entidade sindical, ao optar pela greve sanitária, é muito restritivo ao direito à saúde de toda a população, pois poderia ocasionar o colapso do sistema de saúde num momento histórico de que mais se precisa dele.

E há outros meios menos restritivos ao direito fundamental à saúde da sociedade, tais como o ajuizamento de ações civis públicas, pleiteando tutelas inibitórias e coercitivas, visando obrigar o empregador ao cumprimento das normas de saúde e segurança dos seus empregados. A ação judicial, inclusive com pedido de tutela de urgência ou de evidência (arts. 300 e 311 do CPC e 12 da LACP — Lei da Ação Civil Pública), pode se revelar como meio efetivo para garantir aos empregados um meio ambiente de trabalho hígido e, por conseguinte, reduzir os riscos à sua saúde e segurança, sem que, com isso, se vulnere a saúde de toda a população, havendo uma concordância prática entre os princípios.

Outrossim, não se nega que o trabalhador, individualmente considerado, possa recusar a prestação de serviços em caso de risco grave e iminente (art. 13 da Convenção n. 155 da OIT), sem prejuízo dos seus salários e sem suportar qualquer sanção por tal atitude.

As *astreintes* impostas para cumprimento de obrigação de fazer ou não fazer (arts. 11 da LACP e 536, § 1º do CPC) determinada na ação civil pública podem ser o bastante para compelir o empregador a adequar a sua conduta, protegendo a saúde e segurança dos seus trabalhadores. Segundo SANTOS (2018, p. 143), *"as astreintes têm por finalidade coagir o infrator, financeira e psicologicamente, a cumprir a decisão judicial"*.

Não sendo o suficiente a multa fixada, é possível, além de majorá-la (art. 537, § 1º, do CPC), adotar outras medidas indutivas, coercitivas, mandamentais ou sub-rogatórias necessárias para assegurar a tutela do meio ambiente do trabalho e a saúde e a segurança dos trabalhadores (art. 139, IV, do CPC), tais como o bloqueio de repasses de verbas públicas até a adequação da conduta.

Não tendo as medidas adotadas alcançado o desiderato de persuadir o empregador a ajustar a sua conduta, seria possível, então, após demonstrada a ineficácia das medidas anteriores, o exercício do direito de greve sanitária pelos empregados do setor de saúde, como *ultima ratio* para proteção do direito fundamental à saúde e à segurança dos trabalhadores e ao meio ambiente de trabalho sadio, desde que o empregador fosse informado antecipadamente da intenção em deflagrar a greve (direito à informação previsto também na Convenção n. 155 da OIT) e que fossem assegurados os serviços para atendimento das necessidades inadiáveis da população.

Haveria uma limitação do direito de greve, justificada pela importância da continuidade das atividades laborativas no setor de saúde, mormente no período de pandemia. Seria mantido, contudo, o seu núcleo duro, garantindo-se o exercício do movimento paredista quando ele se mostre necessário para garantir a saúde e segurança dos trabalhadores, notadamente, quando não houver, no caso concreto, outro meio menos gravoso para atingimento desta finalidade.

Assim, buscando a concordância prática entre todos os princípios envolvidos, o exercício do direito de greve sanitária pelos profissionais da saúde, notadamente aqueles que estão na linha de frente do combate à Covid-19, ficaria condicionado à prévia adoção de outras medidas, tais como a negociação coletiva e o ajuizamento de ação civil pública, sendo possível a deflagração do movimento paredista apenas após demonstrado que outras medidas menos lesivas ao direito de toda a sociedade à saúde se mostrarem ineficazes.

Sugerimos o crivo judicial por ausência de outros mecanismos compensatórios obrigatórios no direito brasileiro para as categorias que não podem fazer greve, diferentemente da arbitragem e mediação sugeridas pela OIT e da análise em vinte e quatro horas existente no direito espanhol, já comentados em tópico anterior.

Vale dizer, em situações extremas, seria possível a deflagração da greve sanitária até mesmo nas atividades essenciais, como no setor de saúde, a fim de garantir a saúde dos trabalhadores e um meio ambiente de trabalho hígido. A propósito, José Afonso da SILVA (2017, p. 24), ao tratar do meio ambiente do trabalho, pondera que *"a proteção da segurança do ambiente de trabalho significa proteção* do ambiente e da saúde das populações externas aos estabelecimentos industriais, já que um ambiente interno poluído e inseguro expele poluição e insegurança externa".

Parafraseando o doutrinador acima citado, a proteção do meio ambiente de trabalho dos profissionais de saúde significa a proteção da saúde de toda a população que utiliza os serviços de saúde, já que a ausência de equipamentos eficazes de proteção, coletivos e individuais, coloca em risco não somente os profissionais de saúde, mas também os pacientes e demais usuários do serviço.

Logo, ainda que de modo restrito, deve ser assegurado aos profissionais de saúde o exercício do direito de greve sanitária, quando não houver outros meios menos restritivos ao direito à saúde da população em geral e igualmente eficazes à proteção do meio ambiente do trabalho, sugerindo que a deflagração da greve seja precedida de outras medidas administrativas e/ou judiciais, possibilitando-se o exercício do movimento paredista após se mostrarem ineficazes as medidas indutivas, sub-rogatórias, mandamentais e coercitivas tomadas com o objetivo de persuadir o empregador a ajustar a sua conduta.

Observe-se que não se trata propriamente de autorização judicial prévia para o exercício da greve, mas de utilização de meios proporcionais para garantir o direito à saúde dos trabalhadores e a higidez do meio ambiente de trabalho. A propósito, a rigor, o Juiz do Trabalho não teria competência para deliberar sobra a greve sanitária, já que o dissídio de greve é de competência funcional dos Tribunais Regionais do Trabalho ou do Tribunal Superior do Trabalho, a depender do âmbito de atuação da empresa.

De se ver que o art. 11 da LACP permite inclusive a determinação da cessação da atividade pelo juiz, de modo que a deflagração de greve pela categoria obreira se mostra uma medida menos lesiva do que poderia ser adotada no âmbito da ação civil pública, justificada, no caso de proteção do meio ambiente de trabalho dos profissionais de saúde em tempos de pandemia, pela ponderação dos interesses envolvidos no litígio, após constatado que as medidas menos lesivas ao direito à saúde da população não se mostrarem eficazes para a proteção do meio ambiente de trabalho.

Portanto, verifica-se ser plenamente possível a harmonização, no caso concreto, entre os direitos à saúde, ao meio ambiente de trabalho, à greve e à continuidade da prestação dos serviços essenciais.

Considerações finais

Em razão da pandemia da Covid-19 e dos evidentes riscos de contágio da doença pelos trabalhadores no local de trabalho, o tema do meio ambiente de trabalho se mostra atual e de fundamental relevância, pois a saúde e segurança dos trabalhadores são protegidos por diplomas internacionais e pela Constituição Brasileira.

As normas internacionais e nacionais (constitucionais e infraconstitucionais) também garantem o exercício do direito de greve, inclusive para proteção do meio ambiente de trabalho (greve ambiental e, especificamente para proteção de contágio de doenças, a greve sanitária).

As normas internacionais e nacionais asseguram também aos trabalhadores o direito de resistência, garantindo-lhes o direito de se recusar a trabalhar, quando o meio ambiente de trabalho lhes apresentar condições de risco grave ou iminente à sua saúde e segurança.

De outro lado, algumas categorias se veem na contingência de se expor ao risco de contágio em razão da natureza essencial de suas atividades, como no caso dos profissionais de saúde, mormente aqueles empregados que atuam na linha de frente no combate à Covid-19.

Embora não se negue o direito ao exercício de greve pelos referidos profissionais, mormente a sanitária (que visa a proteção da saúde dos trabalhadores), deve-se verificar se, no caso concreto, esta é a medida mais adequada para a proteção dos seus direitos, verificando-se se não há outros meios protetivos, que sejam menos lesivos ao direito à saúde da população em geral.

Em busca da ponderação dos princípios e da concordância prática entre os direitos assegurados aos empregados em geral e a necessidade de se conter o avanço da Covid-19 e se atender a população que necessita de atendimento médico emergencial, devem os sindicatos e as demais entidades legitimadas para o exercício da ação coletiva buscar meios alternativos para persuadir os empregadores a cumprir as normas de segurança, adotando medidas preventivas de contágio da doença.

Dentre as medidas que podem ser tomadas pelas entidades sindicais, destaca-se o ajuizamento de ação civil pública visando a imposição de obrigação de fazer ao empregador, com cominação de medidas indutivas, coercitivas, mandamentais ou sub-rogatórias para assegurar o respeito à proteção do meio ambiente de trabalho e à saúde dos trabalhadores, tais como a adoção de protocolos de prevenção de contágio à Covid-19, a exemplo do fornecimento de EPI's, sanitização do ambiente e medição de temperatura corporal.

Para impor o cumprimento das referidas obrigações, pode a entidade sindical pleitear que o juiz comine multa coercitiva (*astreintes*) para o caso de não cumprimento da obrigação de fazer.

No caso de as obrigações de fazer não ser cumpridas pela empregadora mesmo após a adoção de medidas indutivas, coercitivas, mandamentais ou sub-rogatórias, parece-nos que mesmo nesse setor estariam os empregados autorizados, de modo individual, a se recusar a trabalhar, sem prejuízo dos salários, em razão de haver risco grave e iminente à sua saúde e segurança (arts. 13 da Convenção n. 155 da OIT[15] e 229, § 2º, da Constituição do Estado de São Paulo[16]).

Não se trata propriamente de greve sanitária, mas de direito individual de cada empregado à recusa ao trabalho, no exercício do seu direito de resistência.

Ainda, de modo excepcional, poderá a entidade sindical – frustradas as tentativas de proteção do meio ambiente laboral e da saúde dos trabalhadores com a utilização de meios menos lesivos à saúde da população em geral – deflagrar a greve sanitária, como *ultima ratio* na proteção dos direitos dos trabalhadores. Não se nega que se trata de medida extrema, mas a omissão patronal e a gradação das medidas justifica a sua utilização, até mesmo porque, parafraseando José Afonso da Silva, a proteção do meio ambiente de trabalho dos profissionais de saúde significa a proteção da saúde de toda a população que utiliza os serviços de saúde, já que a ausência de equipamentos eficazes de proteção, coletivos e individuais, e de outras medidas preventivas da saúde destes profissionais, coloca em risco não somente os trabalhadores, mas também os pacientes e demais usuários do serviço.

Referências

ALAMBRA, Manuel Antonio García-Munoz. Covid-19 and labour law in Spain. *European Labour Law Journal*, vol. 11 (3) 319-323. 2020. Disponível em: <https://journals.sagepub.com/doi/full/10.1177/2031952520934576>. Acesso em: 21 jun. 2020.

ALEXY, Robert. *Teoria discursiva do direito*. Organização, tradução e estudo introdutório por Alexandre Travessoni Gomes Trivisonno. 2. ed. Rio de Janeiro: Forense Universitária, 2015.

______. *Teoria dos direitos fundamentais*. Tradução de Virgílio Afonso da Silva. 2. ed. São Paulo: Editora Malheiros, 2017.

AMATO, Gianfranco; DI FIORI, Fernando. *Testo Unico Sulla Salute e Sicurezza Sul Lavoro* (Decreto legislativo 9 aprile 2008, n. 81). Disponível em: <https://www.lavoro.gov.it/documenti-e-norme/studi-e-statistiche/Documents/Testo%20Unico%20sulla%20Salute%20e%20Sicurezza%20sul%20Lavoro/Testo-Unico-81-08-Edizione-Giugno%202016.pdf>. Acesso em: 21 jun. 2020.

---

(15) Art. 13 — Em conformidade com a prática e as condições nacionais deverá ser protegido, de conseqüências injustificadas, todo trabalhador que julgar necessário interromper uma situação de trabalho por considerar, por motivos razoáveis, que ela envolve um perigo iminente e grave para sua vida ou sua saúde.

(16) Art. 229 – Compete à autoridade estadual, de ofício ou mediante denúncia de risco à saúde, proceder à avaliação das fontes de risco no ambiente de trabalho e determinar a adoção das devidas providências para que cessem os motivos que lhe deram causa.

§ 1º Ao sindicato de trabalhadores, ou a representante que designar, é garantido requerer a interdição de máquina, de setor de serviço ou de todo o ambiente de trabalho, quando houver exposição a risco iminente para a vida ou a saúde dos empregados.

§ 2º Em condições de risco grave ou iminente no local de trabalho, será lícito ao empregado interromper suas atividades, sem prejuízo de quaisquer direitos, até a eliminação do risco.

AVILA, Humberto. *Teoria dos princípios:* da definição à aplicação dos princípios jurídicos. 18. ed. rev e atual. São Paulo: Malheiros, 2018. p. 206.

BARROSO, Luís Roberto. *Curso de direito constitucional contemporâneo:* os conceitos fundamentais e a construção do novo modelo. 7. ed. São Paulo: Saraiva Educação, 2018.

BERNARDES, Felipe. *Manual de processo do trabalho*. Salvador: JusPodivm, 2018.

BEZERRA LEITE, Carlos Henrique; LEITE, Laís Durval. 'Legitimidade ativa para a tutela processual do equilíbrio do meio ambiente do trabalho'. In: FELICIANO, Guilherme Guimarães *et al* (Coords.). *Direito Ambiental do Trabalho:* apontamentos para uma teoria geral. Volume 5. São Paulo: LTr, 2020.

BOUTIRON, Julien; ÉLIE, Jean-Philippe. *Le Droit du travail:* pour les nuls. 3. ed. Paris: First Editions, 2016.

CARVALHO, Augusto César Leite de. *Direito do trabalho:* curso e discurso. 2. ed. São Paulo: LTr, 2018.

COSME, João Pires Vieira. *A satisfação das necessidades impreteríveis como critério de limitação do direito à greve*. 2017. 69 f. Dissertação (Mestrado em Ciências Jurídico-Forenses) – Universidade de Coimbra, Coimbra, Portugal, 2017.

DELGADO, Mauricio Godinho. *Curso de direito do trabalho*. 16. ed. rev. e ampl. São Paulo: LTr, 2017.

DICIONÁRIO PRIBERAM. Disponível em: <https://dicionario.priberam.org/sanitária>. Acesso em: 02 out. 2020.

ESPANHA. Agencia Estatal Boletín Oficial del Estado. *Ley 31/1995, de 8 de noviembre, de prevención de Riesgos Laborales*. Disponível em: <https://www.boe.es/buscar/act.php?id=BOE-A-1995-24292#:~:text=La%20presente%20Ley%20tiene%20por%20objeto%20promover%20la%20seguridad%20y,de%20riesgos%20derivados%20del%20trabajo>. Acesso em: 21 jun. 2020.

FRANÇA. *Code du travail*. Disponível em: <https://www.legifrance.gouv.fr/codes/texte_lc/LEGITEXT000006072050/>. Acesso em: 18 jun. 2020.

GAZZETTA UFFICIALE DELL'UNIONE EUROPEA. *Trattato Sul funzionamento dell'unione europea (versione consolidata)*. Disponível em: <https://eur-lex.europa.eu/LexUriServ/LexUriServ.do?uri=CELEX:12012E/TXT:IT:PDF>. Acesso em: 22 jun. 2020.

INTERNATIONAL TRADE UNION CONFEDERATION (ITUC). *The right to strike and the ILO:* the legal foundations. 2014. Disponível em: <https://www.ilo.org/wcmsp5/groups/public/---ed_dialogue/---actrav/documents/genericdocument/wcms_245669.pdf>. Acesso em: 20 jun. 2020.

FRANCO FILHO, Georgenor de Sousa; MAUÉS, Perlla Barbosa Pereira. 'Greve Ambiental Trabalhista: instrumento de efetivação da dignidade humana do trabalhador'. In: FELICIANO, Guilherme Guimarães *et al* (Coords.). *Direito Ambiental do Trabalho:* apontamentos para uma teoria geral. Volume 5. São Paulo: LTr, 2020.

MALLET, Estevão. *Dogmática elementar do direito de greve*. 2. ed. São Paulo: LTr, 2015.

MARTINS, Juliane Caravieri; NUNES, Cicília Araújo; SCODRO, Catharina Lopes. 'O desenvolvimento sustentável e o programa de prevenção de riscos ambientais no meio ambiente do trabalho: em defesa da visão holística do ser humano trabalhador'. In: MARTINS, Juliane Caravieri *et al* (Orgs.). *Direito ambiental e meio ambiente do trabalho:* desafios para as presentes e as futuras gerações. São Paulo: LTr, 2020.

MELO, Raimundo Simão de. *A greve no direito brasileiro*. 4. ed. São Paulo: LTr, 2017.

______. 'Greve ambiental em tempos de coronavírus'. In: BELMONTE, Alexandre Agra; MARTINEZ, Luciano; MARANHÃO, Ney (Coords.). *O direito do trabalho na crise da Covid-19*. Salvador: JusPodivm, 2020.

MENDES, Gilmar Ferreira; BRANCO, Paulo Gustavo Gonet. *Curso de Direito Constitucional.* 13. ed. rev. e atual. São Paulo: Saraiva Educação, 2018.

ORGANIZAÇÃO INTERNACIONAL DO TRABALHO. *Declaração de Filadélfia*. Disponível em: <https://www.ilo.org/wcmsp5/groups/public/---americas/---ro-lima/---ilo-brasilia/documents/genericdocument/wcms_336957.pdf>. Acesso em: 21 jun. 2020.

SACHS, Tatiana. Covid-19 and labour law in France. *European Labour Law Journal*, vol. 11 (3) 286-291. 2020. Disponível em: <https://journals.sagepub.com/doi/full/10.1177/2031952520934565>. Acesso em: 21 jun. 2020.

SARLET, Ingo; MARINONI, Luiz Guilherme; MITIDIERO, Daniel. *Curso de direito constitucional.* 7. ed. São Paulo: Saraiva, 2018.

SANTOS, Enoque Ribeiro dos. *Processo coletivo do trabalho*. 2. ed. rev., atual. e ampl. Rio de Janeiro: Forense, 2018.

SILVA, Homero Batista Mateus da. *Curso de direito do trabalho aplicado* [livro eletrônico]: direito coletivo do trabalho. 1. ed. São Paulo: Revista dos Tribunais, 2015. – (Coleção curso de direito do trabalho aplicado; v. 7).

SILVA, José Afonso da. *Direito Ambiental Constitucional.* 7. ed. São Paulo: Malheiros, 2017.

SOUZA, Ilan Fonseca de; BARROS, Lidiane de Araújo; FILGUEIRAS, Vitor Araújo (Orgs.). *Saúde e segurança do trabalho: curso prático.* Brasília: ESMPU, 2017.

STF. RECLAMAÇÃO CONSTITUCIONAL. Rcl. 6.568 SP. Relator: Ministro Eros Roberto Grau. DJ: 25.09.2009. STF, 2009. Disponível em: <http://redir.stf.jus.br/paginadorpub/paginador.jsp?docTP=AC&docID=603024>. Acesso em: 25 jun. 2020.

URIARTE, Oscar Ermida *et al. A greve:* o direito e a flexibilidade. Brasília: OIT, 2002.

PARTE II

Direito Individual do Trabalho

1. Pandemia: Crise Econômica e Direitos Sociais

Ademar Silva Rosa[1]

Não há como definir, precisamente, em que dia, mês e ano surgiram os direitos sociais. Por tratar-se de processo histórico foi paulatinamente que teve sua evolução no corpo social. Convencionou-se, entretanto, assentar que os primeiros desses direitos vieram em reação à forma absurda de exploração a que estavam submetidos os trabalhadores durante o advento da revolução industrial, cuja intensidade se fez mais presente especialmente na Inglaterra e na França, desde 1789 até 1917, com especial ênfase no que ocorreu em meados do século XIX.

A limitação de jornada de trabalho para crianças (Peel's Act-1802) e mulheres, o estabelecimento de pequenas caixas de aposentadorias e pensões e, principalmente, a organização dos trabalhadores por meio de sindicatos, dão pequeno panorama de uma nova sociedade que surgia.

> As mais dramáticas das súbitas expansões dos movimentos sociais são as grandes revoluções sociais de 1789/1917; mas o padrão de descontinuidade é bastante geral mesmo em épocas menos perturbadas e em campos mais estreitos. O gráfico do número de membros de virtualmente todos os movimentos sindicais, por exemplo, parece uma série de degraus inclinados, ou de lárgos vales interrompidos por picos agudos, ou uma combinação de ambos; muito raramente ele é uma simples inclinação ascendente. Na Inglaterra os "saltos" sobre os quais estamos mais bem informados são aqueles de 1871-3, 1889-91 e 1911-13. Cada um mais ou menos dobrou a força básica do movimento sindical, embora mesmo os picos mais altos fossem temporariamente alcançados durante os períodos de explosivos.[2]

---

(1) Juiz do Trabalho Substituto no TRT2. Especialista em direito do trabalho e direito processual do trabalho pela Universidade Presbiteriana Mackenzie.

(2) Hobsbawn, *Os Trabalhadores*, p. 156.

A força motriz advinda da atuação dos trabalhadores, que não aceitavam as condições de trabalho a que eram submetidos com o beneplácito do aparelho estatal da época, marcadamente de orientação liberal, também promove uma alteração da forma de atuação do Estado. Pressionado, passa a atuar de forma a garantir esses direitos mínimos aos trabalhadores e demais estratos fragilizados da sociedade, tentando regular os conflitos que se acentuavam.

O cenário da mudança, contudo, não permite estabelecer as reais motivações pelos quais o Estado passa a controlar mais de perto os conflitos sociais, saindo de um papel omisso, na esteira de sua natureza liberal, e evoluindo em direção ao que mais tarde foi chamado de Estado do Bem Estar Social. Há, em apressado resumo, entendimentos de que a concepção dessa nova forma de atuação estatal era, em verdade, uma defesa engendrada pela camada dominante da sociedade, representada especialmente pelos detentores do capital, pois mantinha intacto os seus interesses, como donos dos meios de produção. Concedendo parcelas do poder, mantinham o seu controle. Ademais, o capitalismo não se coaduna com o caos desenfreado, sendo verdadeiro o jargão de que os conflitos "não eram bons para os negócios". Em resumo, ainda que a outorga de direitos sociais às camadas dominadas tenha ocorrido, o Estado continuou como um eficiente defensor da propriedade privada, pilar desse sistema, pois dispunha do poder de polícia para protegê-la, ao mesmo tempo em que arrefecia os ânimos dos descontentes com políticas públicas que garantiam a mínima condição de dignidade; há, também, aqueles que advogam que a mudança na atuação estatal decorreu simplesmente da afluência de uma elevação moral da sociedade que, acompanhando o crescente grau de civilização, passou a enxergar necessário o estabelecimento de normas que criavam e garantiam direitos sociais. De toda forma, já se intui que os direitos sociais derivam de luta de classes, e que sua concessão é pautada pelo exercício do Poder, ou seja, quanto mais poder tiver determinada classe, mais ela influirá na existência ou negação desses direitos.

De fato, é inegável que a alteração drástica das formas de produção adjacentes à revolução industrial, que propiciou a produção em massa pela primeira vez na história, e, por seu turno, a consequente concentração máxime de capital, viu-se, paralelamente, o surgimento de um sentimento de classe entre os trabalhadores, guiado, essencialmente, pelas péssimas condições de trabalho a que estavam submetidos. Tal fato, para além de representar mero ajuntamento de vontades entre eles, trouxe-lhes a consciência de que a organização de sua classe poderia transformar-se em força política, capaz de influenciar a atuação do Estado na promoção, defesa e mesmo ampliação dos direitos sociais. Ou seja, os direitos sociais são produto exclusivo do Estado, que é responsável pelo reconhecimento de quais sejam estes direitos em determinado país e momento histórico, além de ser seu dever implementar condições para seu exercício.

Provavelmente, desde então, a manutenção, ampliação, diminuição ou supressão dos direitos sociais são frutos dos embates entre os vários segmentos sociais, em especial entre os detentores dos meios de produção e os detentores da força de trabalho pois, uma vez que sua execução e reconhecimento depende das ações do Estado, seu controle é fundamental para impulsionar a política a ser implementada em uma ou outra direção. Ainda que os conceitos de trabalhadores e capitalistas devam ser atualizados na era moderna — por exemplo, é inegável a força econômica detida por rentistas, que nada produzem e vivem dos rendimentos do capital acumulado — ainda assim a dicotomia entre classes econômicas permanece como o núcleo da busca pelo poder no seio do Estado.

Nesse contexto, verifica-se que a importância da defesa dos direitos sócias é tamanha que seu reconhecimento pelas variadas nações no decorrer do tempo explicitou sua implicação direta com a promoção da dignidade da pessoa humana, notadamente para a grande parte da população que não detinha o poder econômico — pois é disso que se trata quando está-se a falar de direitos sociais. Explicitou, também, sua alçada a garantia fundamental nas várias sociedades em que foram concebidos, proteção que culminou com sua introdução no bojo das cartas constitucionais na maior parte dos países do chamado mundo ocidental.

Mesmo no Brasil imperial, que albergava uma constituição que, dentre outras barbaridades, legitimava o processo de escravização dos negros, não podendo, em absoluto, ser considerada como documento emancipador, notam-se esparsas garantias sociais, citando-se, à guisa de exemplificação, o art. 179 e alguns incisos da Carta de 1824:

> "Art. 179. A inviolabilidade dos Direitos Civis, e Politicos dos Cidadãos Brazileiros, que tem por base a liberdade, a segurança individual, e a propriedade, é garantida pela Constituição do Imperio, pela maneira seguinte.
>
> (...)
>
> XXIV. Nenhum genero de trabalho, de cultura, industria, ou commercio póde ser prohibido, uma vez que não se opponha aos costumes publicos, á segurança, e saude dos Cidadãos
>
> (...)
>
> XXXI. A Constituição tambem garante os soccorros publicos.
>
> XXXII. A Instrucção primaria, e gratuita a todos os Cidadãos."

No cenário mundial, o pioneirismo no estabelecimento do Estado como garantidor de direitos sociais, em nível constitucional, coube à Constituição Mexicana, de 1917, seguida de perto pela Constituição Alemã, de 1919. Reconhecidos como fundamentais para a própria concepção de cidadania, os direitos sociais passaram a constar de várias outras Constituições, sendo exemplo, no Brasil, a Constituição de

1934 (que criou a Justiça do Trabalho, mas sem integrá-la ao Poder Judiciário), além de constarem de inúmeras normas fundamentais internacionais, tal qual ocorreu com a Constituição da OIT, de 1919 (posteriormente integrado com o anexo de 1944), e a Declaração Universal dos Direitos Humanos, de 1948.

No Brasil, após a introdução metodológica de vários deles na carta de 1934, os direitos sociais ganham maior relevo, mas, a despeito de continuarem integrando as constituições posteriores com maior ou menor destaque, é na Constituição Federal de 1988 que seu apogeu se dá.

Com efeito, a Carta Constitucional de 1988 foi formulada sob a insígnia da Democracia, consolidando o conceito de Estado Democrático de Direito. Tal concepção indica que os brasileiros, como sociedade, têm como mote a busca do bem comum, fazendo-o de acordo com os mandamentos descritos na Constituição, ou seja, de forma democrática.

O Estado Democrático de Direito, pressupõe, portanto, a atuação democrática não somente dos indivíduos que integram a nação mas, e principalmente, das instituições que o compõe, competindo a estas implementarem as regras e princípios descritos na Constituição e que estruturam e balizam a nova ordem jurídica estabelecida. E, dentre tais mandamentos, estão descritos, em quantidade e precisão até então não vista nos instrumentos normativos do Brasil, os direitos sociais.

Tais breves considerações iniciais são importantes, na medida em que se vai defender nesse ensaio que os direitos sociais são, efetivamente, interesses protegidos pelo aparato estatal. E que a luta para aumentar o seu rol e alcance, ou diminuir-lhes os efeitos, trava-se desde seu surgimento e, mais que isso, que a classe dominante nunca mostrou-se satisfeita com sua conquista pelos outros segmentos da sociedade, aproveitando qualquer evento para solapá-los ou, ao menos, enfraquece-los. A situação decorrente da Pandemia da Covid-19 mostrou-se como elemento acelerador da diminuição dos direitos sociais.

Quanto aos direitos sociais, são vários e espalhados por toda a Carta, mas, para essa escrita que analisa os efeitos da Pandemia decorrente da Covid-19, daremos ênfase àqueles descritos no art. 7º, além dos postulados preconizados nos arts. 1º ao 4º.

Vejamos:

O trabalho é garantido pela nossa CF. Sua exposição como direito, e não como dever, consta do art. 6º, abaixo:

> O art. 6º São **direitos sociais** a educação, a saúde, a alimentação, **o trabalho**, a moradia, o transporte, o lazer, a segurança, a previdência social, a proteção à maternidade e à infância, a assistência aos desamparados, na forma desta Constituição. (destaquei)

Já encontra-se assente na jurisprudência pátria o entendimento de que a interpretação dos artigos da Constituição que reconhecem direitos aos cidadãos deve propiciar sua máxima eficácia. Isso porque, via de regra, os direitos não são exercitados sozinhos, pois que constituem um verdadeiro feixe, funcionando em conjunto para efetivamente promover o bem estar do cidadão. Assim, ao lado dos direitos sociais há várias garantias para seu implemento.

Veja-se, a exemplo disso, a recente decisão proferida pelo C.STF que, ao tratar do direito da mulher ao afastamento do trabalho insalubre, mantendo-se, contudo, o percebimento da sua remuneração, indica que vários são os direitos sociais envolvidos neste afastamento:

> A Constituição Federal proclama importantes direitos em seu art. 6º, entre eles a proteção à maternidade, que é a *ratio* para inúmeros outros direitos sociais instrumentais, tais como a licença-gestante e o direito à segurança no emprego, a proteção do mercado de trabalho da mulher, mediante incentivos específicos, nos termos da lei, e redução dos riscos inerentes ao trabalho, por meio de normas de saúde, higiene e segurança. A proteção contra a exposição da gestante e lactante a atividades insalubres caracteriza-se como importante direito social instrumental protetivo tanto da mulher quanto da criança, tratando-se de normas de salvaguarda dos direitos sociais da mulher e de efetivação de integral proteção ao recém-nascido, possibilitando seu pleno desenvolvimento, de maneira harmônica, segura e sem riscos decorrentes da exposição a ambiente insalubre (CF, art. 227). A proteção à maternidade e a integral proteção à criança são direitos irrenunciáveis e não podem ser afastados pelo desconhecimento, impossibilidade ou a própria negligência da gestante ou lactante em apresentar um atestado médico, sob pena de prejudicá-la e prejudicar o recém-nascido.[3]

A despeito dessa forma de interpretação e da aplicação das normas constitucionais, não é menos verdade que nossa sociedade ainda está longe de garantir-se como fonte segura para a fruição dos direitos sociais. Sua evolução, como já se disse, é paulatina, e o próprio constituinte assim reconheceu, quando deixou assentado que sua conquista é um dos objetivos a ser alcançado pela República Federativa do Brasil. *In verbis*:

> Art. 3º Constituem objetivos fundamentais da República Federativa do Brasil:
>
> I - construir uma sociedade livre, justa e solidária;
>
> II - garantir o desenvolvimento nacional;
>
> III - erradicar a pobreza e a marginalização e reduzir as desigualdades sociais e regionais;
>
> **IV - promover o bem de todos, sem preconceitos de origem, raça, sexo, cor, idade e quaisquer outras formas de discriminação.**

---

(3) **ADI n. 5.938**, rel. min. Alexandre de Moraes, j. 29-5-2019, P, DJE de 23.9.2019.

A conquista desses objetivos deverá é meta a ser alcançada com observância dos princípios que consagram a propriedade privada e a livre-iniciativa, pois que o Brasil adotou o sistema capitalista como arcabouço político-econômico como fundamento. Ao lado da propriedade privada e da livre-iniciativa, lembremos, a Constituição também adotou, como fundamento da República, o valor social do trabalho (art. 1º, IV).

Assim, para a maior parte da população brasileira que vive, portanto, num país capitalista que ainda busca atingir objetivos de promover o bem estar de todos, é mesmo o trabalho que garante o acesso aos mínimos indicadores do bem estar social, uma vez que nossa incipiente sociedade ainda não dispõe dos meios econômicos e políticos aptos proporcioná-los diretamente pelo Estado. A moradia, a alimentação, o lazer, o transporte e outros, em sua imensa maioria, são adquiridos mediante gasto particular e, sendo a maior parte da população formada por trabalhadores, é da força de trabalho que vem o custeio do exercício desses direitos. Mesmo a previdência social é constituída na forma de contribuição de particulares, com participação estatal em seu financiamento, mas tendo o rendimento do trabalhador como definidor maior dos valores a que terá direito quando do implemento das condições para recebimento dos benefícios correspondentes.

Daí a importância primaz de possibilitar ao cidadão uma fonte de trabalho digno, protegido contra a sanha do lucro que, deixado sem regulamentação, naturalmente concorre para a acumulação desenfreada, transformando o trabalhador em mais um dos insumos de produção. A prestação de serviços indigna não se constitui em fonte de elevação individual, e não mera mercadoria. A atuação do Estado, ainda mais nos dias atuais, em que se verifica a intensificação da busca pelo lucro, é fundamental para que não se volte às condições da era da revolução industrial.

Essa odiosa possibilidade é que justifica a existência de instituições, inclusive internacionais, que tem como seu fundamento o desenvolvimento democrático da sociedade, sendo o mais importante delas, pela força histórica e por constituir-se produtora de normas observadas nos vários países que a integram, a OIT. Com efeito, veja-se o que consta da Carta de Filadélfia, que compõe a sua Constituição:

> **DECLARAÇÃO REFERENTE AOS FINS E OBJETIVOS DA ORGANIZAÇÃO INTERNACIONAL DO TRABALHO**
>
> A Conferência Geral da Organização Internacional do Trabalho, reunida em Filadélfia em sua vigésima sexta sessão, adota, aos dez de maio de mil novecentos e quarenta e quatro, a presente Declaração, quanto aos itens e objetivos da Organização Internacional do Trabalho e aos princípios que devem inspirar a política dos seus Membros.
>
> I
>
> A Conferência reafirma os princípios fundamentais sobre os quais repousa a Organização, principalmente os seguintes:

a) o trabalho não é uma mercadoria;

b) a liberdade de expressão e de associação é uma condição indispensável a um progresso ininterrupto;

c) a penúria, seja onde for, constitui um perigo para a prosperidade geral;

d) a luta contra a carência, em qualquer nação, deve ser conduzida com infatigável energia, e por um esforço internacional contínuo e conjugado, no qual os representantes dos empregadores e dos empregados discutam, em igualdade, com os dos Governos, e tomem com eles decisões de caráter democrático, visando o bem comum.

II

A Conferência, convencida de ter a experiência plenamente demonstrado a verdade da declaração contida na Constituição da Organização Internacional do Trabalho, que a paz, para ser duradoura, deve assentar sobre a justiça social, afirma que:

a) **todos os seres humanos de qualquer raça, crença ou sexo, têm o direito de assegurar o bem-estar material e o desenvolvimento espiritual dentro da liberdade e da dignidade, da tranqüilidade econômica e com as mesmas possibilidades;**

b) a realização de condições que permitam o exercício de tal direito deve constituir o principal objetivo de qualquer política nacional ou internacional;

c) **quaisquer planos ou medidas, no terreno nacional ou internacional, máxime os de caráter econômico e financeiro, devem ser considerados sob esse ponto de vista e somente aceitos, quando favorecerem, e não entravarem, a realização desse objetivo principal**; (...) (grifei)

Pois bem.

Em consonância com essa orientação, a nossa Carta Constitucional explicitou que os direitos sociais decorrentes da prestação do trabalho, delineados com mais precisão no seu art. 7º, operam sob o princípio do não retrocesso. Vale dizer, as normas e princípios que, após a promulgação da CF, forem editados, deverão ter por meta a consecução de mais direitos, ao mesmo tempo em que é vedada a retirada ou diminuição do alcance do que já fora, até então, conquistado. Da mesma forma, aliado ao conceito de máxima eficiência dos direitos sociais, a interpretação dessas normas deve também reconhecer a impossibilidade do retrocesso. Cito o *caput* do art. 7º: "Art. 7º: São direitos dos trabalhadores urbanos e rurais, **além de outros que visem à melhoria de sua condição social**:".

Essa concepção da fundamentalidade dos direitos sociais, que garantiriam a observância de jamais haver retrocesso no seu exercício não tem encontrado amparo nas políticas públicas implementadas desde a promulgação da Constituição de 1988.

O Estado brasileiro, capitalista na sua constituição, possui como protagonistas antagônicos em seu bojo dois grandes grupos, constituídos pelos vários segmentos sociais: de um lado, os defensores do capital e de sua acumulação, que defendem a participação mínima das instituições estatais nas relações jurídico-econômicas e, de outro lado, os defensores dos direitos sociais amplos, que buscam a atuação protetiva do Estado nessas mesmas relações. A Constituição da República, escrita e promulgada após longo período em que o país viveu sob um regime autoritário, buscou compatibilizar os interesses desses dois grandes grupos e, ao mesmo tempo em que louvou a propriedade privada, o fez sob o espectro de sua função social (art. 1º, IV, e art. 170, III).

Contudo, o passar dos anos revelou que a classe dominante não se conformou com a cessão dos direitos sociais encampados na Constituição da República. Sendo o grupo que, indiscutivelmente, mais introduz seus representantes para gerir o Estado, não é surpresa que vários direitos sociais não foram implementados, e outros, que o foram, tiveram seu alcance reduzido. Veja-se, para citar um, dentre dezenas de exemplos de inércia deliberada, que o inciso I, do art. 7º, da CF, que garante proteção especial à relação de emprego, jamais foi regulamentado. Mesmo quando vigeu, por brevíssimo período, a Convenção n. 158 da OIT no país, seu efeito não teve o condão de promover a proteção adequada.

O resultado dessa política é que o Brasil, quase sempre, encontra-se na liderança dentre os países de maior desigualdade social do planeta, com a população de miseráveis flutuando, ora um pouco mais, ora um pouco menos.

Já como exemplo do implemento das políticas que buscam limitar ou mesmo suprimir os direitos sociais, pode-se citar as recentíssimas reformas da previdência social e a reforma trabalhista (Lei n. 13.467/2017).

Portanto, na atualidade, o embate entre a manutenção dos direitos sociais ou sua eliminação, parece que a balança pende para o segundo. E é nesse cenário, de desmonte acelerado dos direitos sociais, que ocorre a Pandemia da Covid-19 no Brasil.

Mas, afinal, do que trata a Pandemia da Covid-19 e porque ela tem impacto tão profundo nos direitos sociais?

Inicialmente, vejamos:

> A Organização Mundial da Saúde (OMS) declarou, em 30 de janeiro de 2020, que o surto da doença causada pelo novo coronavírus (Covid-19) constitui uma Emergência de Saúde Pública de Importância Internacional — o mais alto nível de alerta da Organização, conforme previsto no Regulamento Sanitário Internacional. Em 11 de março de 2020, a Covid-19 foi caracterizada pela OMS como uma pandemia.
>
> Foram confirmados no mundo 30.055.710 casos de Covid-19 (315.919 novos em relação ao dia anterior) e 943.433 mortes (6.037 novas em relação ao dia anterior) até 18 de setembro de 2020.

Na Região das Américas, 9.587.058 pessoas que foram infectadas pelo novo coronavírus se recuperaram, conforme dados de 18 de setembro de 2020.

Os sintomas mais comuns da Covid-19 são febre, cansaço e tosse seca. Alguns pacientes podem apresentar dores, congestão nasal, dor de cabeça, conjuntivite, dor de garganta, diarreia, perda de paladar ou olfato, erupção cutânea na pele ou descoloração dos dedos das mãos ou dos pés. Esses sintomas geralmente são leves e começam gradualmente.[(4)]

Uma das medidas de contenção da pandemia é o isolamento social, que corresponde a uma medida em que o paciente doente é isolado de indivíduos não doentes a fim de se evitar a disseminação da doença. O isolamento pode ser vertical, em que somente pacientes que compõem o grupo de risco para a doença ficam isolados, ou horizontal no qual somente os serviços essenciais são mantidos. O isolamento social horizontal é uma medida em que se isola o maior número de pessoas em suas residências e, por esse motivo, é o mais indicado no cenário atual, uma vez que apresenta maior potencial para conter a epidemia. No entanto, apesar de apresentar essa vantagem do ponto de vista epidemiológico, é o que mais afeta economia, tendo em vista que os setores primário, secundário e terciário têm suas atividades reduzidas. Por outro lado, o isolamento social vertical é uma medida que visa isolar os indivíduos que compõem o grupo de risco e, por esse motivo, apresenta o menor potencial para conter a epidemia e menor impacto econômico.

Dentro desse contexto, é importante conhecer outros dois termos que podem ser tratados como sinônimos de isolamento social, mas que possuem conceitos diferentes: quarentena e distanciamento social.

A quarentena é aplicada quando as pessoas foram presumidamente expostas a alguma doença contagiosa, mas que não estão necessariamente doentes, pois pode se tratar de um período de incubação da doença, podendo a pessoa outras sem estar apresentando sintomas. Ela pode durar, no máximo, 14 dias.

O distanciamento social por sua vez consiste na diminuição de interação entre as pessoas de uma comunidade visando amenizar a velocidade de transmissão de uma doença. Geralmente é aplicada em regiões onde há transmissão comunitária de uma doença. Ele pode ser ampliado ou seletivo. No primeiro, o distanciamento é aplicado para todos, havendo

(4) Disponível em: <https://www.paho.org/pt/covid19>.

> o fechamento de instituições de ensino e qualquer evento que possa gerar aglomeração de pessoas. Nessa modalidade os serviços essenciais são mantidos e o *home office* é estimulado. Já no segundo, o grupo de risco deve permanecer em domicílio. Embora essa medida seja menos danosa a economia, a chance de aumento da infecção é muito mais alta, e a probabilidade de conter a epidemia é mais baixa.
>
> O isolamento social se faz necessário devido a incapacidade de o sistema de saúde acolher todos os potenciais infectáveis. A exposição sem restrições dos indivíduos ao coronavírus pode fazer o sistema de saúde entrar em colapso. Devido a fácil transmissibilidade e a ausência de uma droga específica para esse vírus, medidas que evitem o contato e a circulação de pessoas dificultam a propagação da doença e possibilita que o sistema de saúde consiga tratar de todos os doentes.(5)

De acordo com as prescrições acima, o isolamento social ampliativo foi constatado como a medida mais eficaz para evitar a perda do controle da Pandemia de Covid-19, ao menos enquanto não for apresentada uma forma de curá-la, preveni-la biologicamente ou tratá-la, com a elaboração de uma vacina ou de um remédio eficaz.

No entanto, em que pese a Pandemia ter como causa apenas uma doença, seus efeitos são sentidos de forma absolutamente distintas pela população analisada, dependendo de em qual estamento econômico a amostra populacional está inserida.

É evidente que, após o paulatino desmonte dos direitos sociais, como acima visto, os que possuem renda mais baixa já estão desamparados da maior parte da proteção social prevista na Constituição da República. Veja-se que quando se fala do direito à saúde ou à educação (art. 6º, CF), por exemplo, está a se falar da sua distribuição de forma universal e com qualidade, não se podendo dizer do pleno atendimento desses direitos se o fornecimento desses dois bens for precário. Nada obstante, nenhum estudioso sério das condições de vida de nosso país ousaria afirmar que a maior parte da nossa população possui educação e saúde de qualidade. Da mesma forma, considerando que quase metade da população não possui acesso ao saneamento básico, ou seja, em torno de 100 milhões de brasileiros possuem formas alternativas de lidar com os dejetos e 35 milhões não possuem acesso à água tratada(6), é de se imaginar o que uma crise sanitária da magnitude da Pandemia de Covid-19 pode causar a essa parcela dos cidadãos.

---

(5) Disponível em: <https://www.paho.org/pt/covid19>.

(6) Disponível em: <https://g1.globo.com/economia/noticia/2020/06/24/raio-x-do-saneamento-no-brasil-16percent-nao-tem-agua-tratada-e-47percent-nao-tem-acesso-a-rede-de-esgoto.ghtml>.

Por outro lado, ao verificar a forma de transmissão da doença, percebe-se claramente, dentre as formas de sua prevenção, o isolamento social ampliativo atinge diretamente a geração de riquezas e impossibilita o cumprimento de grande parte dos deveres dos trabalhadores, pois os estabelecimentos tomadores da força de trabalho, ou mantém-se fechados com cessação ou diminuição de sua atividade, ou o transferem para o domicílio do trabalhador. A ausência ou diminuição drástica das atividades econômicas leva, é claro, à crise econômica.

Especificamente em relação ao trabalho em domicílio, o chamado *"home-office"*, sua realização, por óbvio, pressupõe que os serviços prestados sejam de natureza tal que possam ser executados fora das dependências do tomador de serviços, com ênfase na residência do obreiro, já que se busca o isolamento social. Ora, num país em que a mão de obra informal, precária, destinada a atividades de baixa complexidade, compõe grande parte da força de ocupação laboral, já se vê que eventual trabalho em domicílio de forma universal aproxima-se de uma quimera. Ainda que se perquira entre os trabalhadores formalizados, que ostentam a natureza jurídica de empregados (diferente dos informais), a estrutura singela da maior parte das atividades que desempenham, inseridas no contexto de uma país com gravíssimas deficiências no sistema educacional e de moradia, impede que se faça o trabalho na residência de forma regular, pois os equipamentos adequados à prestação desses serviços, raramente fornecidos pelo empregador, são de difícil aquisição, dado o seus elevados preços.

Lado outro, ainda quando possível a prestação remota de serviços ante a natureza da atividade e, ainda que os equipamentos necessários à sua consecução estejam à disposição do trabalhador, não se deve olvidar que o acesso à rede mundial de computadores, ferramenta principal na realização da maior parte das tele tarefas, não é de acesso a todos, devendo-se lembrar que o país ainda possui baixíssimo índice de distribuição de banda larga de internet para a maior parte da população. Dessa forma, a crise econômica atinge em cheio a parcela populacional que não tem as condições adequadas ao trabalho em domicílio.

Entrementes, outros são os problemas para o trabalhador que consegue superar as deficiências e pode executar suas atividades laborais em sua residência. A sobrecarga nesta forma de trabalho tem sido constatada com frequência. Isso porque há o discurso, já disseminado, de que o trabalho realizado à distância, porque longe das vistas do patrão, deve ser cobrado por metas, uma vez que a aferição da efetiva prestação de serviços somente aparece após a divulgação dos resultados da produção. Mas, a bem da verdade realidade, isso não ocorre.

Os meios telemáticos hoje existentes à disposição do tomador da mão de obra desmistificam a alegada ausência de controle do trabalhador. Desde a possibilidade de se verificar o momento do acesso à "página virtual" do empregador até a quantidade de vezes em que o empregado ausenta-se da frente do computador, tudo é passível de controle. Não apenas o resultado é medido nestas circunstâncias, mas a própria disponibilidade do tempo pelo trabalhador é aferida pelo tomador. Não por outro motivo, tem-se falado reiteradamente em direito à desconexão, pois ao trabalhador remoto, tanto quanto qualquer outro, deve ter preservado o momento para seu descanso. Durante a Pandemia, sem surpresas, aumentou-se também essa forma de exploração:

> Com a quarentena e a dificuldade na adaptação ao *home office*, muitos profissionais passaram a fazer mais horas extras de trabalho que faziam nos escritórios.
>
> Segundo o estudo, 68% dos brasileiros que estão trabalhando de casa têm trabalhado pelo menos uma hora a mais por dia. 21% dos entrevistados chegam a trabalhar até quatro horas a mais por dia.
>
> A pesquisa ainda revela que 24% se sentem pressionados a responder mais rapidamente e estar online por mais tempo do que normalmente estariam. 18% acreditam que a preocupação de se mostrar ocupado com o trabalho tem relação com o medo de perder o emprego.
>
> A pressão faz com que os profissionais adotem algumas posturas para mostrar estão trabalhando mesmo em casa: 27% dos entrevistados dizem enviar e-mails fora do horário do expediente.[7]

Nada obstante o enfrentamento, pelo trabalhador, das dificuldades acima relatadas, sua ausência física do local de trabalho tem propiciado enorme economia de insumos pelo tomador de serviços, o que não tem se transformado em retorno financeiro ao obreiro. Nesse sentido:

> Prova disso é que 40,2% das empresas não trabalhavam com a modalidade antes da crise e vão adotá-la de forma definitiva quando esse período passar, de acordo com um estudo enviado da *Cushman&Wakefield* em primeira mão ao *InfoMoney* nesta sexta-feira (8).
>
> O estudo contou com a participação de 122 empresas de vários setores, localizadas em São Paulo e Rio de Janeiro, e entrevistou em sua maioria, presidentes, vice-presidentes e diretores que tomam a decisão sobre a implementação do *home office*.
>
> A Cushman também mostra que 45% dos entrevistados vão reduzir o espaço físico pós-crise, sendo que 30% fará isso devido à experiência de sucesso com o *home office* implementado temporariamente durante a

---

(7) Disponível em: <https://www.infomoney.com.br/carreira/62-dos-brasileiros-ficaram-mais-estressados--com-o-trabalho-no-home-office-diz-estudo-do-linkedin/>.

> crise e outros 15% farão isso por causa dos efeitos econômicos gerados pela pandemia.
>
> Entre as empresas que reduzirão seu espaço, 25,3% afirmam que o corte será de 10% a 30% do espaço e outras 16,2% dizem que podem cortar até 50%.(8)

E continua: além do desgaste físico e mental, da inexistência de participação nos ganhos do tomador pela economia de insumos, o trabalhador fica exposto a acidentes e doenças ocupacionais em razão da ausência de fiscalização da ergonomia, da segurança, do uso correto dos equipamentos existentes no espaço doméstico destinado ao trabalho. Mesmo porque, ainda no esteio do desmonte dos direitos sociais, ocorre a dramática redução dos recursos que seriam destinados à já precária fiscalização do trabalho no país. Dados dos últimos anos nessa esfera são por demais preocupantes e, por isso mesmo, bastante ilustrativos dessa situação:

> De 2013 a 2018, a verba para essas ações foi, em média, de R$ 55,6 milhões por ano. A partir de 2019, essa média recuou para R$ 29,3 milhões.
>
> O valor destinado para supervisão das condições trabalhistas foi corrigido pela inflação no período e considera o montante proposto pelo Executivo no projeto de Orçamento de cada ano, inclusive para 2021.
>
> De um total de R$ 1,5 trilhão de despesas previstas para o próximo ano, foram reservados R$ 24,1 milhões para operações de inspeção de segurança e saúde no trabalho, combate ao trabalho escravo e verificações de obrigações trabalhistas.(9)

Se, como vimos, a principal forma de evitar o agravamento da Pandemia para a classe trabalhadora é a restrição de locomoção do trabalhador, deve-se adotar critérios objetivos para o trabalho em domicílio. Dentre várias medidas, dou ênfase à impossibilidade de gastos do trabalhador na aquisição de equipamentos na prestação de serviços, além de haver análise criteriosa do ambiente que se tornará de trabalho, com adoção das técnicas adequadas na sua prestação e preservação da saúde obreira, sempre a cargo do tomador dos serviços que, em nosso sistema político-econômico, é quem concorre para o risco do lucro e também dos investimentos.

Quanto àqueles que sequer podem dar-se ao luxo de trabalhar em domicílio, pois o tipo de atividade não o permite, as consequências podem ser o desemprego, a redução de seus rendimentos, ou o trabalho "presencial" sem observância das diretrizes para evitar o contágio, inclusive no que concerne ao transporte público utilizado.

---

(8) Disponível em: <https://www.infomoney.com.br/negocios/home-office-permanente-e-escritorio-do-futuro-a-cara-da-volta-ao-trabalho-pos-quarentena/>.

(9) Disponível em: <https://www1.folha.uol.com.br/mercado/2020/09/verba-para-fiscalizacoes-trabalhistas-cai-pela-metade-no-governo-bolsonaro.shtml>.

Diante dessa exposição, verificada a existência de uma Pandemia que atingira tão fortemente a população mundial, e com intensidade abismal a brasileira, seria imprescindível a atuação estatal, por meio das condutas dos três entes federados (municípios, estados e União) fomentando políticas públicas voltadas à proteção da população necessitada, notadamente os trabalhadores, e em especial aqueles que operam na informalidade do sistema de emprego. Mas, na verdade, o que ocorreu?

Num primeiro momento, sequer houve a admissão de que havia uma Pandemia. Tornou-se icônica a fala do Presidente da República aduzindo que os sintomas causados pelo coronavirus *SARS*-CoV-2, gerador da Pandemia de Covid-19, nada mais eram do que uma "gripezinha, um resfriadinho", que não trariam maiores consequências à população.

Surpreendido pela realidade, que demonstrou que a Pandemia não só estava em curso, como possuía capacidade de matar grande parte dos cidadãos, finalmente e às pressas, o Governo Federal promoveu a edição de normas tangentes a regular as relações que ocorriam durante a crise sanitária decorrente do espalhamento da doença. Foi nessa onda que o Governo, por meio do Ministério da Saúde, editou a Portaria n. 188, de 03 de fevereiro de 2020, declarando Emergência em Saúde Pública de Importância Nacional, fazendo referência ao Decreto n. 7.616, de 17 de novembro de 2011.

Três dias depois da edição da portaria, foi promulgada a Lei n. 13.979, de 06 de fevereiro de 2020, posteriormente alterada pelas Leis ns. 14.006/2020, 14. 019/2020, 14.022/2020, 14.023/2020, 14.028/2020, 14.032/2020e a Lei de n. 14.035/2020, que, tratando das medidas para enfrentamento da Pandemia, autorizando as autoridades a adotar os seguintes procedimentos, na medida de suas competências:

I – isolamento;

II – quarentena;

III – determinação de realização compulsória de:

a) exames médicos;

b) testes laboratoriais;

c) coleta de amostras clínicas;

d) vacinação e outras medidas profiláticas; ou

e) tratamentos médicos específicos;

IV – estudo ou investigação epidemiológica;

V – exumação, necropsia, cremação e manejo de cadáver;

VI – restrição excepcional e temporária, conforme recomendação técnica e fundamentada da Agência Nacional de Vigilância Sanitária, por rodovias, portos ou aeroportos de:

a) entrada e saída do País; e

b) locomoção interestadual e intermunicipal;

c) coleta de amostras clínicas;

d) vacinação e outras medidas profiláticas; ou

e) tratamentos médicos específicos;

III-A – uso obrigatório de máscaras de proteção individual;

IV – estudo ou investigação epidemiológica;

V – exumação, necropsia, cremação e manejo de cadáver;

VI – restrição excepcional e temporária, por rodovias, portos ou aeroportos, de:

a) entrada e saída do País; e

b) locomoção interestadual e intermunicipal;

VII – requisição de bens e serviços de pessoas naturais e jurídicas, hipótese em que será garantido o pagamento posterior de indenização justa; e

VIII – autorização excepcional e temporária para a importação e distribuição de quaisquer materiais, medicamentos, equipamentos e insumos da área de saúde sujeitos à vigilância sanitária sem registro na Anvisa considerados essenciais para auxiliar no combate à pandemia do coronavírus ...

Contudo, em razão da Pandemia, a lei que maior impacto nas relações trabalhistas foi a de n. 14.020/2020, que continha disposições das Medidas Provisórias ns. 927/2020 e 936/2020. Essa lei instituiu o Programa Emergencial de Manutenção do Emprego e da Renda; dispôs sobre medidas complementares para enfrentamento do estado de calamidade pública reconhecido pelo Decreto Legislativo n. 6, de 20 de março de 2020, e da emergência de saúde pública de importância internacional decorrente do coronavírus, de que trata a Lei n. 13.979, de 6 de fevereiro de 2020; alterou as Leis ns. 8.213, de 24 de julho de 1991, 10.101, de 19 de dezembro de 2000, 12.546, de 14 de dezembro de 2011, 10.865, de 30 de abril de 2004, e 8.177, de 1º de março de 1991; e deu outras providências.

Dado o escopo desse capítulo, não se fará análise pormenorizada das normas que vieram regrar as relações trabalhistas durante a Pandemia. Importa dizer, apenas, que a citada Lei n. 14.020/2020, **dentre outros ataques** aos direitos do trabalhador, autorizou a redução do seu salário, por mero acordo individual, ferindo o princípio do art. 7º, VI, da CF, que prevê a participação sindical nesse assunto. Ainda que se diga que haverá complementação da remuneração por meio do benefício chamado "auxílio emergencial", o valor deste possui limites, lastreados nos montantes máximos pagos a título de seguro desemprego, ou seja, o trabalhador poderá sofrer redução drástica de seus rendimentos sem, contudo, contar com a participação efetiva de seu Sindicato de Classe. Tal direcionamento, aliás, é contrário a outra afronta ao texto constitucional estabelecida na própria reforma trabalhista, que preconizava o "negociado sobre o legislado". Essa regra atribuía ao Sindicato tanto poder quanto o Estado, já que norma negocial produzida com sua participação suplantaria a própria legislação oficial (611-A), ainda que retirasse direitos. Se tal dispositivo já encerrava a derrubada de uma proteção mínima ao trabalhador (a legal), e contrariava o princípio do não retrocesso dos direitos sociais, agora o trabalhador poderá ver-se compelido a aceitar condições prejudiciais em seu contrato de trabalho, sem nem mesmo o amparo de sua enfraquecida entidade de classe – enfraquecimento este decorrente da alteração da forma de financiamento dos sindicatos, também perpetradas pela reforma trabalhista. Poder-se-ia dizer que a Lei em comento não impõe, necessariamente, que o pactuado entre as partes em razão da Pandemia o seja de forma individual para o trabalhador, já que também autoriza a participação do Sindicato. Contudo a experiência demonstra que, na dinâmica das relações de trabalho, todas as possibilidades que houver para aumentar os lucros do tomador serão por este tomadas, ainda que em face de prejuízo do trabalhador, especialmente se escorada em disposição legal. É bem verdade que, quando em análise o comando contido na MP n. 936 e que tratava da mesma forma o assunto, o E. STF, em liminar deferida na ADI n. 6363, estabeleceu que os acordos individuais de redução de jornada de trabalho e de salário ou de suspensão temporária de contrato de trabalho previstos somente seriam válidos se os sindicatos de trabalhadores fossem notificados em até 10 dias e se manifestassem sobre sua validade. A não manifestação do sindicato, entretanto, na forma e nos prazos estabelecidos na legislação trabalhista, representaria anuência com o acordo individual.

Também não se pode esquecer que, no caso de tornar-se beneficiário do auxílio emergencial, o trabalhador poderá manter a contribuição para a previdência social na condição de segurado facultativo, o que limita a percepção futura de benefícios previdenciários, posto que a melhor condição para usufruto desses benefícios é mesmo a do segurado obrigatório. A verba decorrente do auxílio também não compõe a base para os depósitos do FGTS, diminuindo o valor que poderia sacar nas hipóteses legais, inclusive quando de sua aposentadoria, na situação de desemprego sem ser por justa causa ou por pedido de demissão, ou, ainda, na utilização dos recursos para adquirir um imóvel.

A perfunctória análise das normas supra foi apenas para descrever o panorama de diminuição dos cada vez mais parcos direitos sociais dos empregados, notadamente de sua parcela mais pobre.

Entretanto, por pior que seja a situação dos empregados registrados, há trabalhadores que se encontram inseridos em situação ainda pior. Trata-se, no caso, dos trabalhadores informais.

O trabalho informal no Brasil é chaga que persiste, sendo mais um indicador da deterioração das políticas voltadas ao implemento dos direitos sociais.

Despidos de vários dos direitos e das garantias destinados aos trabalhadores formalizados, que, como vimos, já se constitui em proteção precária, a expressiva parcela de trabalhadores que está inserida na informalidade encontra-se desamparada dos já parcos direitos destinados àqueles:

> De acordo com informações da Pesquisa Nacional por Amostra de Domicílios Contínua (PNAD Contínua), divulgada hoje pelo IBGE, 41,4% da população ocupada se encontra na informalidade, a maior proporção desde 2016, quando esse indicador passou a ser produzido. Dos 684 mil novos ocupados, 87,1% entraram no mercado de trabalho pela via informal.
>
> Nesse grupo estão os trabalhadores sem carteira assinada (empregados do setor privado e domésticos), os sem CNPJ (empregadores e por conta própria) e os sem remuneração (auxiliam em trabalhos para a família).(10)

É verdade que o Governo Federal instituiu o chamado auxílio emergencial, que garantia ao postulante, mesmo que trabalhador informal, o valor de R$ 600,00 mensais, podendo chegar a R$ 1.200,00 em caso de a beneficiária ser mulher provedora em família monoparental (Lei n. 13.982/2020). Contudo, sem uma política que permitisse que o isolamento social dessa enorme parte da população fosse remunerado adequadamente, já que os valores pagos não cobrem as suas necessidades básicas, essa massa viu-se na contingência de continuar nas atividades da mesma forma que até então desenvolvia, excetuando-se, é claro, aquelas paralisadas em razão da Pandemia.

Os trabalhadores informais podem ser encontrados na execução das mais variadas atividades. Nesse breve escrito, contudo, em que se busca demonstrar que a Pandemia de Covid-19 apenas fez transparecer com mais intensidade a deterioração dos direitos e garantias sociais, falemos, ainda que brevemente, de uma categoria cuja efetiva definição de sua natureza pelas ciências jurídicas encontra-se ainda em construção: os entregadores de mercadorias que utilizam aplicativos para conseguir trabalho.

Popularmente conhecidos como "motoristas de aplicativo", inseridos no que se começou a chamar de "economia por compartilhamento" (*sharing economy),* ainda não contam com legislação específica para regrar seu trabalho. Esses profissionais são cadastrados nos chamados "aplicativos de entrega" e, por meio deles, são conectados entre o fornecedor e seu cliente, levando mercadoria de um a outro. E, exatamente porque grande parte da população teve de permanecer em isolamento social e viu sua necessidade de receber encomendas em casa aumentada, a categoria dos entregadores

(10) Disponível em: <https://censo2020.ibge.gov.br/2012-agencia-de-noticias/noticias/25534-desemprego-cai-para-11-8-com-informalidade-atingindo-maior-nivel-da-serie-historica.html>.

de mercadorias intermediados por aplicativos tornou-se, da parcela dos trabalhadores informais, a que maior visibilidade adquiriu durante a Pandemia.

Sem adentrar o conceito do que vem a ser economia compartilhada, ou abordar elementos como meios de produção *versus* instrumentos de trabalho, autonomia *versus* subordinação, onerosidade *versus* lucro, alteridade versus dependência econômica, o fato é que esses trabalhadores não são considerados empregados pela legislação vigente, sendo esparsas as decisões judiciais que reconheceram sua classificação como tais. Portanto, atuam como se autônomos fossem, correndo o risco de sua atividade e expondo-se a todos os perigos que disso advém.

Como mais um exemplo de quem perde com a precarização dos direitos sociais, atuam recebendo baixíssimos valores para cada entrega, o que garante que somente com uma quantidade de trabalho exorbitante é que esses trabalhadores podem tirar o mínimo rendimento para seu sustento. Além do dever de promover a entrega correta dos produtos, possuem tempo máximo para completar os trajetos, são deslocados para vários pontos da praça, independentemente de onde estiverem, e podem sofrer várias penalidades em caso de descumprimento das regras estabelecidas pelos gestores do instrumento eletrônico, desde a suspensão do uso do aplicativo para conseguir entregas, até mesmo sua expulsão da plataforma.

Considerando ser essa a única opção viável de auferir algum rendimento num país em que o desemprego grassa, especialmente no período da Pandemia, a submissão do trabalhador às regras impostas pelos proprietários dessa tecnologia é assustadora. O controle exercido é total, já que o tempo à disposição do dono da tecnologia, se não for por muito tempo, não propicia ganho suficiente para a manutenção da sua subsistência. Matéria recente do jornalismo brasileiro ilustra essa situação:

> Já o entregador que usa bicicleta, por sua vez, vive uma espécie de paradoxo: por mais que a tecnologia faça a roda do *delivery* girar, o trabalho dele depende essencialmente da força física. Quanto mais ele pedalar, quanto mais quilômetros percorrer pela cidade, maior será sua remuneração.
>
> Por isso, os ciclistas ouvidos pela reportagem relataram fazer jornadas de mais de 12 horas diárias, trabalhar muitas vezes sem folgas e até dormir na rua para emendar um horário de pico no outro, sem voltar para casa.
>
> Em média, eles conseguem uma renda mensal de R$ 2 mil, segundo relatos. As empresas não revelam dados sobre o perfil de seus colaboradores, mas, em uma semana de conversas, a reportagem constatou que

grande parte pertence às classes mais baixas, mora em bairros periféricos e tem dificuldade para conseguir empregos no mercado formal.[11]

Michel Foucault, em seu clássico livro Vigiar e Punir, já visualizava que a forma de controle do tempo de um indivíduo é a mais cruel, porém, a mais efetiva das formas de controle do próprio indivíduo. Tanto que, quando assim se entendeu, tornou-se desnecessária a aplicação de penas excruciantes aos condenados, que ocorriam em praça pública, bastando o controle rígido do tempo do detento para que este estivesse absolutamente subjugado pelo sistema.

Ilustrativa dessa situação é a descrição trazida pelo escritor acerca de um dia na vida de um condenado na França do Século XVIII:

> (...) eis o regulamento redigido por Léon Faucher para a "Casa dos jovens detentos em Paris":
>
> Art. 17. O dia dos detentos começará às seis horas da manhã no inverno, às cinco horas no verão. O trabalho há de durar nove horas por dia em qualquer estação. Duas horas por dia serão consagradas ao ensino. O trabalho e o dia terminarão às nove horas no inverno, às oito horas no verão.
>
> Art. 18. **Levantar.** Ao primeiro rufar de tambor, os detentos devem levantar-se e vestir-se em silêncio, enquanto o vigia abre as portas das celas. Ao segundo rufar, devem estar de pé e fazer a cama. Ao terceiro, põem-se em fila por ordem para irem ã capela fazer a oração da manhã. Há cinco minutos de intervalo entre cada rufar
>
> Art. 19. A oração é feita pelo capelão e seguida de uma leitura moral ou religiosa. Esse exercício não deve durar mais de meia hora.
>
> Art. 20. **Trabalho.** Às cinco e quarenta e cinco no verão, às seis e quarenta e cinco no inverno, os detentos descem para o pátio onde devem lavar as mãos e o rosto, e receber uma primeira distribuição de pão. Logo em seguida, formam-se por oficinas e vão ao trabalho, que deve começar às seis horas no verão e às sete horas no inverno.
>
> Art. 21. **Refeições.** Às dez horas os detentos deixam o trabalho para se dirigirem ao refeitório; lavam as mãos nos pátios e formam por divisão. Depois do almoço, recreio até às dez e quarenta.
>
> Art. 22. **Escola.** Às dez e quarenta, ao rufar do tambor, formam-se as filas, e todos entram na escola por divisões. A aula dura duas horas, empregadas alternativamente na leitura, no desenho linear e no cálculo.
>
> Art. 23. Às doze e quarenta, os detentos deixam a escola por divisões e se dirigem aos seus pátios para o recreio. Às doze e cinquenta e cinco, ao rufar do tambor, entram em forma por oficinas.
>
> Art. 24. À uma hora, os detentos devem estar nas oficinas: o trabalho vai até às quatro horas.

---

(11) Disponível em: <https://epocanegocios.globo.com/Empresa/noticia/2019/05/dormir-na-rua-pedalar--30-km-e-trabalhar-12-horas-por-dia-rotina-dos-entregadores-de-aplicativos.html>.

Art. 25. Às quatro horas, todos deixam as oficinas e vão aos pátios onde os detentos lavam as mãos e formam por divisões para o refeitório.

Art. 26. O jantar e o recreio que segue vão até às cinco horas: neste momento os detentos voltam às oficinas.

Art. 27. Às sete horas no verão, às oito horas no inverno, termina o trabalho; faz se uma última distribuição de pão nas oficinas. Uma leitura de um quarto de hora, tendo por objeto algumas noções instrutivas ou algum fato comovente, é feita por um detento ou algum vigia, seguida pela oração da noite.

Art. 28. Às sete e meia no verão, às oito e meia no inverno, devem os detentos estar nas celas depois de lavarem as mãos e feita a inspeção das vestes nos pátios; ao primeiro rufar de tambor, despir-se, e, ao segundo, deitar-se na cama. Fecham-se as portas das celas e os vigias fazem a ronda nos corredores para verificarem a ordem e o silêncio.[12]

Conquanto o cenário seja outro, evidentemente, a comparação entre uma prisão e a vida do motorista de aplicativo justifica a provocação. O que se está a argumentar aqui é que a possibilidade de completo controle desse tipo de trabalhador, em que praticamente todas as suas condutas são inspecionadas enquanto estiver à disposição da plataforma, revela a utilização do mesmo método adotado para controle do detento, qual seja, a privação da disponibilidade de seu tempo. E a conclusão que se extrai é que esse controle exacerbado do tempo de alguém redunda no controle de sua vontade e de seu corpo e que não só possibilita, mas também reforça, a exploração econômica do dono do corpo. Essa forma de disposição de alguém, tendo por instrumento uma máquina – o aplicativo -, é, no meu sentir, a mais bem acabada forma de exploração da mão de obra até aqui criada no sistema capitalista.

Nesse sentido é que prossegue o eminente escritor:

> Mas o corpo também está diretamente mergulhado num campo político; as relações de poder têm alcance imediato sobre ele; elas o investem, o marcam, o dirigem, o supliciam, sujeitam-no a trabalhos, obrigam-no a cerimônias, exigem-lhe sinais. Este investimento político do corpo está ligado, segundo relações complexas e recíprocas, à sua utilização econômica; é, numa boa proporção, como força de produção que o corpo é investido por relações de poder e de dominação; mas em compensação **sua constituição como força de trabalho só é possível se ele está preso num sistema de sujeição (onde a necessidade é também um instrumento político cuidadosamente organizado, calculado e utilizado)**; o corpo só se torna força útil se é ao mesmo tempo corpo produtivo e corpo submisso. (...) Trata-se de alguma maneira de uma microfísica do

(12) Foucault, *Vigiar e punir*, p. 10-11.

poder posta em jogo pelos aparelhos e instituições, mas cujo campo de validade se coloca de algum modo entre esses grandes funcionamentos e os próprios corpos com sua materialidade e suas forças.[13]

Tal grau de controle revela que algo de muito errado está ocorrendo, uma vez que o trabalho ostenta a natureza de direito social e, portanto, sua existência deveria corresponder a uma forma de dignificar e enobrecer a pessoa humana, e não indicar o retorno a tempos em que sua designação era associada ao "tripalium", instrumento feito de três paus aguçados, algumas vezes ainda munidos de pontas de ferro, no qual os agricultores batiam o trigo, as espigas de milho, para rasgá-los, esfiapá-los e que, em períodos de perseguição e intolerância, a essa estrutura prendiam-se pessoas para serem martirizadas.

Em conclusão, o resultado da ocorrência da Pandemia da Covid-19 é que isso acelerou o processo de desgaste dos direitos sociais trazidos a cabo pela parcela dominante da sociedade que comanda o Estado brasileiro e, nessa direção, tornou mais distante atingir os objetivo da República Federativa do Brasil, descritos no seu art. 3º. Tornou, também, mais distante a implementação dos postulados que constituem seu fundamento, descritos no art. 1º, em especial a dignidade da pessoa humana e a valorização social do trabalho. A luta dos descontes com esse estado de coisas é para que os direitos sociais voltem a ter proeminência na implementação de políticas públicas, de modo a propiciar a busca pelo bem estar dos nossos cidadãos. Sendo inegável que a crise atingiu a todos, compete ao Estado zelar pelos menos favorecidos na busca pela justiça social.

Bibliografia

FOUCAULT, Michel. *Vigiar e punir:* nascimento da prisão. tradução de Raquel Ramalhete. Petrópolis: Vozes, 1987.

HOBSBAWN, Eric J. *Os Trabalhadores:* Estudos sobre a História do Operariado. São Paulo: Paz & Terra, 2000.

(13) Foucault, *Vigiar e punir*, p. 29.

2. Princípio da Livre-iniciativa e do Valor Social do Trabalho: Dirigismo Estatal Frente aos Desafios da Pandemia

Laura Benda[1]

1. Os princípios da ordem econômica na Constituição de 1988

Ao se falar em Estado Democrático de Direito, evoca-se, em termos weberianos, um "tipo ideal" de Estado que tem como principal característica a existência de limites legais e rígidos ao exercício do poder. Após a Segunda Guerra Mundial, pretendia-se, com a emergência daquele, que os direitos e a garantia fundamentais funcionassem como óbices ao arbítrio e à opressão no exercício do poder[2].

Nessa toada, a escolha de quais serão os princípios constitucionais fundamentais corresponde a uma decisão do constituinte que, por seu cunho estruturante e informador da ordem estatal, vem a ser constitutiva da própria identidade constitucional[3].

No caso do Brasil, a ordem democrática vigente consubstanciada na Constituição de 1988, é fruto de uma tentativa de composição de interesses divergentes, seja no que se refere a classes sociais, seja em termos ideológicos. Não é demais lembrar que o documento foi firmado após 21 anos de ditadura militar, sendo que acabou por trazer as contradições representativas das forças em disputa naquele determinado momento histórico.

No que se refere à ordem econômica, por exemplo, o Estado Democrático de Direito insculpido na Constituição de 1988 foi estruturado tendo por base a livre-iniciativa (art. 170), havendo previsão do dever de atuação apenas subsidiária do Estado na exploração direta da atividade econômica (art. 173). Mas, igualmente, há a positivação de inúmeros direitos fundamentais de segunda dimensão, o que inclui direitos sociais (art. 6º, 7º, 8º), cuja efetivação pressupõe atividade direta do Estado. O art. 193,

(1) Juíza do trabalho do TRT da 2ª Região e membro da AJD, da qual foi presidenta no biênio 2017/2019.

(2) CASARA, 'Direito do Trabalho e Estado pós-democrático', p. 38.

(3) SARLET, *et alii*. *Curso de Direito Constitucional*, p. 251.

da mesma forma, estabelece que a ordem social tem "como objetivo o bem-estar e a justiça sociais".

De fato, o art. 1º da Constituição prevê expressamente:

> A República Federativa do Brasil, formada pela união indissolúvel dos Estados e Municípios e do Distrito Federal, constitui-se em Estado Democrático de Direito e tem como fundamentos:
>
> (...)
>
> IV – os valores sociais do trabalho e da livre-iniciativa.

Assim, portanto, a ordem constitucional brasileira valida a economia de mercado própria do sistema capitalista, ao mesmo tempo em que prioriza o trabalho humano sobre os demais valores que caracterizam tal modalidade econômica.

De fato, como resume Mária Cláudia Felten:

> Ao eleger o valor social do trabalho e da livre-iniciativa como princípios constitucionais, o legislador constituinte demonstrou que quer uma sociedade que trabalhe e empreenda, e que viva de forma justa, livre e solidária.(4)

Ou seja, a intenção do constituinte é que a atuação do Estado se dê de forma a viabilizar uma composição entre os interesses do capital e do trabalho.

Miguel Reale assim pondera a respeito:

> À luz do que as suas disposições enunciam, estou convencido de que a Carta Magna, ora em vigor, optou por uma posição intermédia entre o liberalismo oitocentista, infenso a toda e qualquer intervenção do Estado, e o dirigismo estatal.
>
> Dir-se-ia que sua posição corresponde à do neoliberalismo ou social — liberalismo, o único, ao meu ver, compatível com os problemas existenciais do nosso tempo.(5)

A questão essencial que emerge disso é, portanto, se essa conciliação é possível e, em caso positivo, de que forma pode ocorrer, em especial em contextos excepcionais, como a epidemia da Covid-19 que assola o mundo desde o início de 2020.

2. O princípio da livre-iniciativa

A ideia de livre-iniciativa sempre significou, ao longo da história, a busca pelo aumento do espaço de atuação privada na economia, o que foi mais ou menos bem-sucedido de acordo com o modelo de Estado vigente e as teorias econômicas que o sustentaram.

---

(4) FELTEN. *Os valores sociais da livre-iniciativa no capitalismo contemporâneo*, p.61-92.

(5) REALE, A ordem econômica na Constituição de 1988. In: *Aplicações da Constituição de 1988*, p. 13 e ss.

Durante a maior parte da história, a economia permaneceu aproximadamente do mesmo tamanho. Se é verdade que a produção global aumentou, tal fato decorreu mais da expansão demográfica e do povoamento de novas terras do que de qualquer outro fator. Na era moderna, no entanto, tudo mudou, a ponto de a produção global de bens e serviços, que em 1500 equivalia a 250 bilhões de dólares, corresponder, hoje, a 60 trilhões(6). O que inicia a era moderna, surgindo no lugar do feudalismo, é um sistema social diferente, baseado na livre troca de mercadorias, com o objetivo principal de obter lucro. A esse sistema chamamos capitalismo(7).

A transição de um para o outro se dá a partir de práticas econômicas denominadas mercantilistas, exercidas pelas nações europeias ao longo dos séculos XV a XVIII, em um contexto de forte intervenção estatal da economia, crescimento das manufaturas e expansão do comércio por conta da exploração colonial.

A partir do século XVIII, o capitalismo propriamente dito emerge paralelamente às críticas formuladas às teorias mercantilistas, em especial no que se refere ao protecionismo estatal.

Os fisiocratas franceses são considerados, por muitos, como componentes da primeira escola de economistas, sendo que seu pensamento surge à época do desenvolvimento agrícola do país. Reunindo-se a partir de 1757 para examinar problemas econômicos, defendiam a eliminação de restrições, o comércio livre e o *laissez-faire*. Esse, numa tradução informal, seria algo como "deixar fazer".

Em "História da Riqueza do Homem", Leo Huberman assim resume:

> Os fisiocratas chegaram à sua fé no comércio livre por um caminho indireto. Acreditavam, acima de tudo, na inviolabilidade da propriedade privada, particularmente na propriedade privada da terra. Por isso, acreditavam na liberdade — o direito do indivíduo fazer de sua propriedade o que melhor lhe agradasse, desde que não prejudicasse a outros(8).

Adam Smith, cuja obra foi aquela que mais influenciou os defensores da liberdade de mercado, considerava que o sistema descrito pelos fisiocratas, que o antecederam, embora tivesse imperfeições, é o que mais se aproximava da verdade, pois "ao representar a liberdade perfeita como o único recurso eficiente para aumentar a produção anual da melhor forma possível, sua doutrina parece ser, sob todos os pontos de vista, tão exata quanto generosa e liberal"(9). Em seu "A Riqueza das Nações", de 1776, Adam Smith preconiza que há aumento de produtividade com a divisão do

---

(6) HARARI, *Sapiens*, p. 315.

(7) HUBERMAN, *História da Riqueza do Homem*, p. 153.

(8) *Ibidem*, p. 138.

(9) SMITH, *A Riqueza das Nações*, p. 176.

trabalho, sendo que essa pode aumentar ou diminuir de acordo com o tamanho do mercado. Como, porém, o mercado se amplia ao máximo com o comércio livre, é esse que, portanto, proporciona a maior produtividade possível. Assim resume ele:

> Todos os sistemas, portanto, sejam de preferência ou contenção, devem ser afastados, estabelecendo-se o simples e óbvio sistema de liberdade natural. Todo homem, desde que não viole as leis da justiça, fica perfeitamente livre de procurar atender aos seus interesses da forma que desejar, e colocar tanto sua indústria como o capital em concorrência com os de outros homens, ou ordens de homens[(10)].

Adam Smith é tido como o fundador da escola clássica de economistas, formada, entre outros, também por Ricardo, Malthus e John Stuart Mill. Esta escola emerge, por sua vez, à época da Revolução Industrial, e bem de acordo com os interesses da burguesia de então, defende que há leis naturais que regem a economia. A principal delas, exposta de forma simplificada, é que a busca desenfreada pelo lucro e pelo sucesso individual, para cada pessoa, é a forma em que mais facilmente se obterá o progresso da sociedade como um todo. Nessa toada, o papel do Estado seria, em suma, preservar a paz, proteger a propriedade e, acima de tudo, não intervir, nem mesmo no que se refere aos salários ou benefícios concedidos aos trabalhadores.

Desde então, esse tem sido o pensamento do capitalista convicto, de que basicamente o capital deveria ter a liberdade de influenciar a política, mas o oposto não poderia ser verdadeiro. Afirmam que, caso os governos possam interferir nos mercados, interesses políticos de ocasião poderiam ensejar investimentos insensatos o que, por sua vez, acarretaria um crescimento mais lento. Um exemplo citado por Yuval Noah Harari é a imposição de uma carga tributária pesada sobre industrialistas, com a consequente utilização do dinheiro para o pagamento de seguro-desemprego em montantes generosos, medida popular entre eleitores. Na visão do capitalista típico, muito mais adequado seria que o dinheiro ficasse com o empresariado, que utilizaria o recurso para abrir novas fábricas e contratar empregados.[(11)] Prossegue ele:

> Nessa visão, a política econômica mais sábia é manter a política fora da economia, reduzir ao mínimo a carga tributária e a regulação do governo e deixar que as forças do mercado tomem seu curso. Os investidores privados, desimpedidos de considerações políticas, investirão seu dinheiro onde puderem obter mais lucros; portanto, a forma de garantir máximo crescimento econômico — que beneficiará a todos, industrialistas e operários — é o governo fazer o mínimo possível. Essa doutrina de livre

(10) SMITH, *A Riqueza das Nações*, p. 184.

(11) HARARI, *Sapiens*, p. 338.

> mercado é hoje a mais comum e mais influente variante do credo capitalista. Os defensores mais entusiastas do livre mercado criticam aventuras militares no exterior com tanto fervor quanto criticam os programas nacionais de bem-estar social. Eles oferecem aos governos o mesmo conselho que os mestres zen oferecem aos iniciantes: simplesmente não faça nada.(12)

No que se refere às relações de trabalho, o dogma liberal partia de dois pressupostos, tanto para a constituição do vínculo laboral como para se regular o conteúdo das obrigações advindas daquele: a igualdade das partes contratantes e a absoluta supremacia da autonomia da vontade. Sob esse ponto de vista, fica excluída a possibilidade de intervenção estatal também nesse tipo de relação.

Arnaldo Süssekind, Délio Maranhão, Segadas Vianna e Lima Teixeira assim chegaram a afirmar, de forma categórica, na clássica obra "Instituições de Direito do Trabalho":

> Vivia-se com o Estado liberal a época de mais alto florescimento de uma ditadura — a do capitalismo — que, em nome da Igualdade e da Liberdade, tornava-se o senhor supremo de toda a sociedade trabalhadora.(13)

Ocorre que, embora o Estado Liberal possa ser associado com o progresso econômico, na medida do próprio desenvolvimento do capitalismo, acabou por criar as condições para a sua própria superação, já que a valorização do indivíduo e proteção da liberdade acabaram por estimular uma situação de privilégio para os que eram economicamente mais fortes. Assim, a burguesia privilegiada, que surgira como força revolucionária, passou a adotar posições conservadoras, de forma a não admitir que o Estado interferisse no domínio econômico para correção das injustiças sociais. Ao final do século XIX isso estimulou os movimentos socialistas e, igualmente, já no século XX, um surto intervencionista do Estado.(14)

O fato de o Estado passar a atuar mais fortemente, de forma positiva, acaba por diminuir o espectro da liberdade do indivíduo. Se o mercado não é capaz de atender às necessidades básicas do corpo social, um Estado interventor, que tem o objetivo anunciado de busca por justiça social, é capaz, inclusive, de evitar ímpetos revolucionários e preservar o sistema econômico. A essa nova forma de Estado chama-se Estado de Bem-Estar Social. Historicamente, o marco surgidor dessa modalidade política é o *New Deal* de Roosevelt, após o *crash* de 1929, mas é a partir do final da Segunda Guerra Mundial que houve uma ampliação efetiva das políticas públicas.

---

(12) HARARI, *Sapiens*, p. 338.

(13) SÜSSEKIND *et alii*. *Instituições de Direito do Trabalho*, p. 36.

(14) DALLARI, *Elementos de teoria geral do Estado*, p. 274.

Nessa época, a obra mais influente é "Teoria Geral do Emprego do Juro e do Dinheiro", do economista inglês John Maynard Keynes. É a partir dela que se forma uma espécie de consenso acerca da necessidade de uma regulação externa ao próprio sistema.(15) Com isso, o Estado, além da função reguladora, passa ainda a atuar diretamente na atividade econômica, inclusive na produção e venda de bens de consumo.

No final do século XX, entretanto, com o aumento da globalização e a complexificação dos mercados, consolida-se o pensamento neoliberal, surgido décadas antes a partir de "O Caminho da Servidão" do austríaco Friedrich Von Hayek, que volta a defender de modo contumaz a liberdade econômica e, por consequência, também a liberdade política. Sob influência desse pensamento, o Estado volta a restringir sua atuação no âmbito econômico, limitando-se a uma função reguladora.

No caso do Brasil, a atuação estatal seguiu uma espécie de movimento pendular, ora se restringindo ao posto de mero espectador, ora ocupando posições ativas na economia. Para Luis Roberto Barroso, em países de industrialização tardia, em que a iniciativa privada era frágil, a atuação econômica e empresarial do Estado tornou-se inevitável ante a necessidade de desenvolvimento, servindo como alternativa à concessão de setores estratégicos à exploração da iniciativa privada estrangeira.(16)

Assim, quando a Constituição Federal de 1988 coloca como fundamento da República a livre-iniciativa, há que se ter em mente que o princípio trará, em si, todos os sentidos históricos que o constituíram e, igualmente, a própria complexidade da ordem constitucional vigente.

Eros Roberto Grau salienta, em uma perspectiva correlata, que o regime jurídico da livre-iniciativa não aflora exclusivamente dos dois dispositivos constitucionais específicos que dela tratam, ou seja, os arts. 1º e 170. De fato, advém da conjugação de inúmeros dispositivos constitucionais que, de algum modo, com eles se relacionam, como, por exemplo, os que protegem a propriedade privada, a função social da propriedade, a defesa do consumidor, o livre exercício da profissão e a proteção do trabalho.

> Não se trata, dessa maneira, de um direito absoluto, sem fronteiras e sem finalidade. Como fundamento da ordem econômica, a livre-iniciativa está jungida a seu fim declarado (art. 170, *caput*, parte final): propiciar dignidade a todos, segundo os ditames da justiça social. Destarte, não pode ser considerada uma liberdade pública como as demais, visto que

(15) L. M. Paulani, 'Economia e retórica: o capítulo brasileiro' *apud* GARCIA *et al*, 'Livre-iniciativa', p. 154.

(16) Luis Roberto Barroso, 'Estado e livre-iniciativa na experiência constitucional brasileira', p. 11-12 *apud* GARCIA *et al*, 'Livre-iniciativa', p. 155.

> sua preocupação básica não é o indivíduo, mas a coletividade. Trata-se, assim, de uma liberdade atribuída ao indivíduo para o exercício de uma relevante função social.(17)

O princípio da livre-iniciativa, portanto, não é absoluto, encontrando restrições nos demais princípios fundantes da ordem econômica, como o primado do valor social do trabalho, e na própria busca da justiça social. Ao aplicá-lo, por isso, sempre há que se ter em mente o critério da ponderação.

3. O princípio do valor social do trabalho

A centralidade do trabalho na vida humana há muito é destacada pela teoria. John Locke afirmou, de modo contundente no seu "*Segundo Tratado sobre o Governo Civil", de 1689, que "é* o trabalho, portanto, que atribui a maior parte do valor à terra, sem o qual ele dificilmente valeria alguma coisa; é a ele que devemos a maior parte de todos os produtos úteis da terra; por tudo isso a palha, farelo e pão desse acre de trigo valem mais do que o produto de um acre de uma terra igualmente boa, mas abandonada, sendo o valor daquele o efeito do trabalho."(18)

O já citado Adam Smith, por sua vez, afirma que "não é com o ouro ou com o dinheiro, é com o trabalho que todas as riquezas do mundo foram originariamente compradas, e o seu valor para os que as possuem e que procuram trocá-las por novos produtos é precisamente igual à quantidade de trabalho que permitem comprar ou encomendar".(19)

Aquele que melhor conceituou o trabalho, Karl Marx, apresentou-o, ao destrinchar os mecanismos do capital, na obra de mesmo nome, como uma atividade orientada a um fim para produzir valores de uso. Ou, ainda, trabalho seria a apropriação do natural para satisfazer a necessidades humanas, de modo que tratar-se-ia de condição natural eterna da vida humana e, portanto, independente de qualquer forma dessa vida, sendo antes igualmente comum a todas as suas formas sociais.

É pelo trabalho, portanto, que o ser humano se diferencia dos animais, pois, ao produzir seus meios de vida com consciência, o ser humano produz indiretamente sua própria vida imaterial. Ou seja, liberta-se da sua condição natural e torna-se um ser social. Assim destrincha Marx:

> Antes de tudo, o trabalho é um processo entre o homem e a Natureza, um processo em que o homem, por sua própria ação, media, regula e controla seu metabolismo com a Natureza. Ele mesmo se defronta com

---

(17) GRAU, *A ordem econômica na Constituição de 1988*, p. 221 e ss.

(18) LOCKE, *Segundo tratado sobre o governo civil*, p. 134.

(19) SMITH, *Investigações sobre a Riqueza das Nações*, p. 201 *apud* OLIVEIRA, *A política de valor e des-valor do trabalho docente nos documentos da OCDE*.

> a matéria natural como uma força natural. Ele põe em movimento as forças naturais pertencentes à sua corporalidade, braços e pernas, cabeça e mão, a fim de apropriar-se da matéria natural numa forma útil para sua própria vida. Ao atuar, por meio desse movimento, sobre a Natureza externa a ele e ao modificá-la, ele modifica, ao mesmo tempo, sua própria natureza. Ele desenvolve as potências nela adormecidas e sujeita o jogo de suas forças a seu próprio domínio. Não se trata aqui das primeiras formas instintivas, animais, de trabalho. O estado em que o trabalhador se apresenta no mercado como vendedor de sua própria força de trabalho deixou para o fundo dos tempos primitivos o estado em que o trabalho humano não se desfez ainda de sua primeira forma instintiva. Pressupomos o trabalho numa forma em que pertence exclusivamente ao homem. Uma aranha executa operações semelhantes às do tecelão, e a abelha envergonha mais de um arquiteto humano com a construção dos favos de suas colmeias. Mas o que distingue, de antemão, o pior arquiteto da melhor abelha é que ele construiu o favo em sua cabeça, antes de construí-lo em cera. No fim do processo de trabalho obtém-se um resultado que já no início deste existiu na imaginação do trabalhador, e portanto idealmente. Ele não apenas efetua uma transformação da forma da matéria natural; realiza, ao mesmo tempo, na matéria natural seu objetivo, que ele sabe que determina, como lei, a espécie e o modo de sua atividade e ao qual tem de subordinar sua vontade. E essa subordinação não é um ato isolado.
>
> Além do esforço dos órgãos que trabalham, é exigida a vontade orientada a um fim, que se manifesta como atenção durante todo o tempo de trabalho, e isso tanto mais quanto menos esse trabalho, pelo próprio conteúdo e pela espécie e modo de sua execução, atrai o trabalhador, portanto, quanto menos ele o aproveita, como jogo de suas próprias forças físicas e espirituais.
>
> Os elementos simples do processo de trabalho são a atividade orientada a um fim ou o trabalho mesmo, seu objeto e seus meios.[(20)]

Para Marx, portanto, a característica definidora do ser humano é a potencialidade para o trabalho. É a partir do trabalho que a pessoa se faz ser humano, construindo a sociedade e transformando-a, para, com isso, fazer história.

Com o advento do capitalismo, entretanto, embora o ser humano prossiga sendo o sujeito concreto do processo produtivo, atuando para transformar o objeto do trabalho em mercadoria, o sujeito formal passa a ser o próprio capital, pois é sua a

---

(20) MARX, *O Capital*, p. 149-150.

vontade que se realiza e, não, a do trabalhador. A esse fenômeno Marx chama subordinação formal do trabalho ao capital, a qual antecede a denominada subordinação real do trabalho ao capital, que se inicia com a divisão manufatureira do trabalho.(21)

Isso implica, ainda, na divisão técnica do trabalho, o que significa que o processo produtivo é simplificado de tal forma que o trabalhador não mais precisa ter habilidades técnicas destacadas, tornando-se capaz de executar múltiplas funções. Ou seja, o trabalhador não é mais proprietário do resultado do seu trabalho e também não se reconhece na mercadoria produzida. A esse fenômeno denomina-se alienação.

No mesmo sentido, Ricardo Antunes assim explicita:

> Ao colocar finalidades e os meios para a sua realização, a consciência se antecipa e traz modificações à própria natureza. Ora, na medida em que o ato teleológico acarretou transformações e inovações da natureza, a consciência, impulsionadora deste processo, não poderá ser vista como mero epifenômeno redutível à base material. O trabalho é, portanto, elemento determinante e gerador da consciência e do pensamento humano; por outro lado, e dialeticamente, o produto do trabalho já existia idealmente na imaginação do trabalhador. Desta reciprocidade decorre que não há trabalho sem consciência e nem consciência sem trabalho. Evidentemente há nuanças fundamentais entre o processo de trabalho operado individualmente e aquele visto, em seu desenvolvimento histórico, através dos sujeitos coletivos — as classes. No primeiro a finalidade sobrepõe e regula os meios. Porém, no segundo, quando se analisa esse problema sob o ponto de vista do desenvolvimento histórico, na sua fase capitalista plena, verifica-se uma inversão das prioridades: os meios passam a sobrepor aos fins.(22)

Em uma economia pautada no consumo, portanto, o trabalhador é o seu suporte essencial, já que, concomitantemente, atua como produtor e como consumidor. Ao mesmo tempo em que é imprescindível como classe, no entanto, é tão descartável como indivíduo quanto permita cada momento histórico, marcado por mais ou menos possibilidade de exploração. Assim, as ordens jurídicas que se sucedem refletem essa relação pendular, de maior ou menor proteção da classe trabalhadora. Paralelamente, se há mais proteção, há necessariamente mais restrições à livre-iniciativa, como já destacado.

No caso específico do Brasil, o Direito do Trabalho acabou, igualmente, por ser um objeto de disputa, o que gerou marcos legais mais ou menos protetivos e, portanto,

---

(21) OLIVEIRA, *A política de valor e des-valor do trabalho docente nos documentos da OCDE.*

(22) ANTUNES, *Classe operária, sindicatos e partido no Brasil*, p. 18-19.

maiores ou menores limites à atuação privada. Ao longo do século XX, o Direito do Trabalho experimentou a consolidação e, desde o final desse, vem sofrendo inúmeros ataques e tentativas de desconstrução.

Ainda em 1905, Evaristo de Moraes, em sua obra, "Apontamentos de Direito Operário", citado por Jorge Luiz Souto Maior, asseverava que:

> Suponhamos dois homens dotados de forças iguais.
>
> Não é necessário promulgar leis para que eles não se batam ou não se prejudiquem; pois, no caso de um investir contra o outro, virá a imediata repulsa equilibrar as situações, sendo de interesse de ambos ficarem quietos. Mas, admitindo que não tenham iguais fôrças, se lhes deixarmos toda a liberdade de ação, o mais robusto não se demorará para agarrar o outro e subjulgá-lo.
>
> Daí resulta êste princípio: — dada a desigualdade de fôrças econômicas, a liberdade sem freio constitui causa fatal de usurpação e de opressão. E deste princípio surge a necessidade de se precisarem certas condições de trabalho assalariado, pondo de parte o respeito fetichístico da liberdade.(23)

Nesse período da Primeira República, outras teses surgiram, em geral no sentido de alterar as bases jurídicas existentes, de Direito Civil, para dar conta da proteção dos mais fracos, sem, com isso, aproximar-se, por meio dessa, de ideários socialistas.

A partir da década de 30, após a instituição, por Getúlio Vargas, da Justiça do Trabalho, já se torna possível identificar um movimento em prol da formulação teórica de um novo Direito, para uns denominado Direito Social e para outros, Direito do Trabalho.(24)

Evidenciando a noção de disputa que envolve os direitos sociais, destaca-se, do período, a obra de Dorval de Lacerda, "Aspectos jurídicos do contrato de trabalho", que, em 1941, afirmava que "a noção de que os direitos trabalhistas são concedidos não apenas como retribuição pelo trabalho prestado e para garantir a integridade do trabalhador, mas como uma compensação, espécie de troca, pela padronização de um comportamento socialmente recomendável e exigível para o desenvolvimento do modelo de produção capitalista."(25)

Da década de 1950, Jorge Luiz Souto Maior destaca a monografia para o concurso à cadeira de Introdução à ciência do Direito, junto à Faculdade de Direito da

(23) Evaristo de Moraes, *Apontamentos de direito operário*, p. 16-17 *apud* MAIOR, História do direito do trabalho no Brasil, p. 529.

(24) SOUTO MAIOR, *História do direito do trabalho no Brasil*, p. 532.

(25) *Ibidem*, p. 535.

USP, apresentada, em 1953, por Alberto Moniz da Rocha Barros, com o título "O poder econômico do Estado contemporâneo e seus reflexos no direito", na qual o autor assim discorre sobre o papel do Estado em limitar a atividade privada:

> É claro que, se a propriedade se limita por operações do Estado a gerir a economia, se a atividade econômica dos indivíduos, cuja liberdade se manifestava na livre contratualidade, tem de se submeter às medidas de planificação ou de quase-planificação ou, pelo menos, de planificação parciais de um Estado que mantém o controle estreito do comércio exterior, quando não o monopoliza, e que fixa, no interior, preços e salários, e dirige a distribuição de excedentes, dos lucros, e é o principal agente financiador, e faz predominar sôbre os contratos medidas de *status*, é claro, então, que o direito de propriedade e a liberdade contratual cada vez mais encontram normas nas leis de Direito Público.

Em 1957, a clássica obra "Instituições de Direito do Trabalho", já citada, afirma que o direito como um todo veio a ser afetado pela concepção de direito social presente na legislação trabalhista:

> Se é inegável que a socialização do Direito teve sua mais positiva manifestação no conjunto de princípio e norma que hoje regulam as relações individuais e coletivas do trabalho, não se pode negar, porém, que êsse espírito socializador penetrou em quase todos setores do hemisfério jurídico. As transformações do Direito Civil, desde as concepções napoleônicas, às que consagram o mundo contemporâneo, aí estão, nas lições magníficas de LÉON DUGUIT, para atestar a socialização do Direito, inclusive no que tange à propriedade.(26)

Os anos 1960, após o Golpe Militar de 1964, trazem consigo uma política econômica de cunho liberal, formulada por Roberto Campos, o que desemboca em inúmeros debates desreguladores, como o de criação do FGTS e extinção da estabilidade decenal. Ao mesmo tempo, houve a retenção pelos militares do inovador anteprojeto de Código do Trabalho, elaborado por Evaristo de Moares Filho, Mozart Victor Russomano e Arnaldo Lopes Süssekind, a pedido do governo de João Goulart.

Nos anos 1970, uma série de obras procura oferecer a justificativa teórica para as retrações que vinham sendo implementadas pela ditadura militar, desde a década anterior. Octavio Bueno Magano, seguido por outros vários autores, chega a afirmar que o papel estruturante do Direito do Trabalho seria, prioritariamente, o desenvolvimento econômico.(27)

---

(26) SÜSSEKIND *et alii*, Instituições de Direito do Trabalho. 19. ed. São Paulo: LTr, 2000. p. 110.

(27) SOUTO MAIOR, *História do direito do trabalho no Brasil*, p. 552.

Quando, enfim, é promulgada a Constituição de 1988, já na redemocratização, o documento consagra, ao mesmo tempo, direitos sociais conquistados pela classe trabalhadora resistente, e, igualmente, o ímpeto reformista das classes dominantes, que já vinha emergindo na doutrina mencionada. Jorge Luiz Souto Maior assim resume a questão:

> É muito importante perceber que, embora a Constituição tenha refletido — não com toda a sua intensidade, em razão da atuação do "Centrão" — a força social e política da classe trabalhadora, em ascensão desde o final da década de 70, de fato, os termos da Constituição, a qual foi de certo modo abandonada do alvo de disputa da classe trabalhadora, vez que avaliada por representantes dos trabalhadores como "reformista", vista, portanto, como uma derrota, foram tomados de assalto pela concepção neoliberal que, desenvolvida mundialmente desde meados da década de 70, como demonstrado no V. I, parte I, desta obra, já repercutia no Brasil por parte da doutrina trabalhista.(28)

A partir de meados dos anos 1990, com a ascensão do neoliberalismo, o delicado equilíbrio entre os princípios da livre-iniciativa e do valor social do trabalho, fundadores do Estado brasileiro, pende, e muito, para a primeira. Embora haja algumas conquistas pontuais, como a promulgação da Emenda Constitucional n. 45, de 2004, que ampliou a competência da Justiça do Trabalho, a onda flexibilizadora sistematicamente abala os direitos trabalhistas, sempre sob o argumento de adaptação à realidade econômica.

O ápice desse processo é a Reforma Trabalhista, vigente desde o final de 2017, a qual, aprovada sem debate público e a toque de caixa, alterou um sem número de dispositivos da CLT. Sobre ela, já escrevemos:

> A Reforma Trabalhista é o maior ataque dirigido aos direitos sociais desde a instituição formal do Estado Democrático de Direito. Reformar, nesse contexto, não significa fazer alguma mudança pontual e necessária, mas sim demolir todo o sistema de direitos sociais preconizado na Constituição Federal de 1988. Apenas um governo que não teve seu programa submetido ao voto popular poderia tomar tal medida com tamanha rapidez.
>
> As justificativas de melhor produtividade e redução de custos apenas são eufemismos para dizer que a classe trabalhadora será submetida a condições piores de trabalho. Da mesma forma, haverá exposição a uma maior probabilidade de ocorrência de acidentes de trabalho, uma vez

(28) SOUTO MAIOR, *História do direito do trabalho no Brasil*, p. 556.

> que haverá prorrogação excessiva de jornada e intensificação do ritmo de trabalho. Os salários menores e os direitos reduzidos gerarão ainda a fragmentação da classe trabalhadora, que passará a estar assistida por sindicatos cada vez mais fracos. De fato, de acordo com a nova sistemática, o sindicato não apenas perde a contribuição sindical como perde também a possibilidade de intervir de modo adequado nas relações de trabalho, ou seja, de ser capaz de pressionar o capital para obter melhores condições do que aquelas previstas em lei.
>
> Como se não bastasse, a Reforma Trabalhista apresenta um componente muito perverso em se tratando de recortes de gênero e classe, já que as mulheres, e em especial as mulheres negras, são as primeiras a perder postos de trabalho e a submeterem-se a situações mais intensas de precarização.
>
> Nos momentos de crise, é sempre a classe trabalhadora a primeira a ser sacrificada. Retiram-se as garantias e flexibilizam-se os direitos, sem que esteja garantido o emprego e a subsistência. A Reforma Trabalhista nada mais é que mais uma faceta dessa moeda.[29]

Passados quase três anos, a realidade não se mostra muito diferente do que foi previsto, infelizmente. Para agravar o quadro, o projeto político em curso no país avança, a cada dia, sobre os parcos escombros de direitos sociais que ainda resistem. Desde meados de 2020, no entanto, um fato inédito tem demonstrado como esse modelo de Estado mínimo que vinha se aprofundando não é sustentável.

4. A atuação estatal em tempos de pandemia

A pandemia da Covid-19 que acometeu o mundo em 2020 tem proporções até então desconhecidas. O vírus Sars-CoV-2, responsável pela doença, foi detectado inicialmente em dezembro de 2019, na província de Wuhan, na China. Em 11 de janeiro de 2020, registrou-se, naquele país, a primeira morte oficial decorrente do vírus. Em um mês, mais de 1000 mortes haviam sido contabilizadas. Após fevereiro de 2020, o vírus rapidamente passou a circular fora da China, tendo sido registrados óbitos nas Filipinas, Hong Kong, Japão e França.

Em 11 de março de 2020, dois meses após o registro da primeira morte, a OMS (Organização Mundial da Saúde) declarou, oficialmente, a situação de pandemia, quando então 30 países e territórios registravam 4.500 mortes. A partir de então, rapidamente, vê-se um aumento vertiginoso das infecções e óbitos em países como Irã, Estados Unidos, Itália e outros países da Europa. De junho de 2020 em diante, o

(29) BENDA, 'Reforma Trabalhista como forma de precarização do direito dos trabalhadores', p. 38.

epicentro da pandemia passa a ser a América Latina e o Caribe, com destaque especial para o Brasil, que segue sendo o segundo país com maior número de mortes no mundo, atrás apenas dos Estados Unidos. Na Ásia, em partes da Europa e no Oriente Médio, há temor por uma segunda onda de infecções, a partir de julho de 2020. A África manteve-se, durante todo esse período, como o continente menos afetado pela doença e com decréscimo do número de casos. A Oceania, por sua vez, teve um número bastante baixo de mortes advindas da doença.

Na data de produção desse texto, oito meses após o registro da primeira fatalidade, aproxima-se de um milhão o número de vítimas da Covid-19, por todo o mundo.(30) Com possíveis vacinas ainda em teste e a previsão da OMS de que não haverá imunização abrangente antes de 2022(31), a expectativa é de que muitas infecções e óbitos serão ainda contabilizados.

As dimensões da tragédia, são, portanto, inegáveis. Uma breve incursão pelos dados referentes à doença, no entanto, demonstram que essa atinge os países e regiões de forma mais ou menos gravosa justamente em razão da atuação de cada governo. O fato é verdadeiro tanto no que se refere ao combate pandêmico como, inclusive, nos reflexos da doença e do isolamento social na economia. A fórmula parece ser simples: a única forma de se tentar combater a crise é por meio da intervenção forte do Estado. Não é exagero dizer que, no momento mais agudo enfrentado pela humanidade no novo milênio, o neoliberalismo fracassou.

Na Espanha, o governo estatizou todos os hospitais privados para expandir o número de leitos e centralizar a capacidade de tratamento da doença. Na Inglaterra e em Portugal, o governo anunciou subsídios de cerca de 80% dos salários dos funcionários de empresas privadas para garantir a demanda econômica.

Até mesmo os Estados Unidos, berço do liberalismo, tem adotado estratégias de guerra para segurar a economia. Donald Trump já divulgou o subsídio a empresas, com a consequente aquisição de parte delas, em uma espécie de estatização moderna, assim como oficializou um subsídio de **500 bilhões de dólares** para as famílias americanas, de modo a garantir atividade econômica no período da quarentena.(32)

Nos tradicionais Encontros Econômicos de Aix-en-Provence, realizados em Paris no início de julho de 2020 e publicados *online*, diversos especialistas apontaram

---

(30) Disponível em: <https://noticias.uol.com.br/ultimas-noticias/afp/2020/09/26/o-percurso-do-coronavirus-ate-o-milhao-de-mortos.htm.> Acesso em: 27 set. 2020.

(31) Disponível em: <https://brasil.elpais.com/ciencia/2020-09-09/oms-reduz-expectativas-e-acredita-que-vacina-contra-a-Covid-19-nao-estara-amplamente-disponivel-antes-de-2022.html>. Acesso em: 27 set. 2020.

(32) Disponível em: <https://www.hypeness.com.br/2020/03/coronavirus-o-modelo-neoliberal-em-xeque-contra-a-pandemia/>. Acesso em: 27 set. 2020.

que a pandemia reforçou a essencialidade do Estado. O economista Yann Algan, professor do Instituto de Estudos Políticos (*Sciences Po*), ressaltou que, ao mesmo tempo em que governos e instituições exercem o papel de protetores durante a pandemia, a desconfiança em relação à globalização nunca foi tão forte, chegando a dizer que "a crise da Covid-19 decreta o fim do capitalismo globalizado como o que conhecemos nas últimas décadas".[(33)]

No caso da Europa, o professor Henrik Enderlein, da *Hertie School of Governance*, de Berlim, afirmou, no mesmo evento, que "podemos ver alguma coisa nova emergindo, que eu qualificaria de federalismo de exceção, ou seja, um momento no qual o Estado se constitui quando há uma crise", referindo-se ao acordo sobre um plano de ajuda econômica para os países mais atingidos pelo coronavírus, que pode chegar a 750 bilhões de euros. Na avaliação dos especialistas presentes na conferência, a reação incisiva e imediata contrapõe-se, inclusive, à reação um pouco lenta à crise financeira de 2008-2009, quando as medidas de apoio foram insuficientes e ocorreram tarde demais[(34)]. Ou seja, novamente se reforça a necessidade de uma atuação forte e consistente do Estado, inclusive em bloco. Em relação à doença propriamente dita, os Estados que mantém um controle mais rígido das medidas de reabertura têm sido um pouco mais bem-sucedidos no que tange ao atingimento pela segunda onda de reinfecção, como é o caso da Itália, até o momento.[(35)]

Essa hipótese se acentua ainda mais ao analisarem-se casos ainda mais bem-sucedidos de controle da doença e de manutenção da economia, a saber, China, Coreia e Singapura. Em todos, há a presença de um Estado com alta capacidade de planejamento, de tomar decisões centralizadas e de mobilizar mais recursos. Só assim é possível que o governo direcione empresas para produção de equipamentos, que faça testagens em massa e, inclusive, chegue a rastrear pessoas e as compras por essas realizadas.

Em entrevista ao *site hypeness*, Ricardo Summa, Professor e Coordenador da Pós-Graduação de Economia da UFRJ, assim resumiu a questão:

> Os EUA reativaram uma lei dos anos 1950 que permite ao Estado definir o que as empresas privadas irão produzir. Isso é uma coisa de bastante intervenção estatal. E digamos que foi uma decisão rápida; do 'isso não é nada', há um mês atrás, e de repente há uma intervenção direta na economia. Mas a Coreia fez mais, a China fez mais.

---

(33) Disponível em: <https://noticias.uol.com.br/ultimas-noticias/rfi/2020/07/04/crise-do-coronavirus-reforca-papel-do-estado-e-pode-reaproximar-europeus-avaliam-especialistas.htm>. Acesso em: 27 set. 2020.

(34) *Idem*.

(35) Disponível em: <https://noticias.uol.com.br/ultimas-noticias/afp/2020/09/26/por-que-a-italia-e-a-excecao-da-segunda-onda-de-Covid-19-na-europa.htm>. Acesso em: 27 set. 2020.

> Trata-se de economia de guerra. O Estado precisa direcionar para onde vai a produção. Por exemplo: não há mais respiradores no mercado para serem alugados. Como você consegue respirador? Empresas automobilísticas, por exemplo, poderiam produzir. O papel do Estado é obrigar, fazer acordos e garantir demanda para essas empresas é essencial. Em um pequeno espaço de tempo você precisa aumentar a quantidade de equipamentos.
>
> Você precisa garantir a produção, a renda, alguma demanda, pra economia não quebrar e garantir, principalmente, tão importante quanto à renda, a produção de tecnologia e insumos para combater a pandemia. E tudo isso exige muita intervenção estatal para dar certo. Quando não tem no grau necessário, você vê o que acontece: você tem que decidir se uma pessoa de 40 anos, uma de 60 ou de 80 vai sobreviver.
>
> Quem em última instância consegue manter o fluxo de produção mínimo para atender as pessoas, para que as pessoas sobrevivam sem realizar atividade econômica, é o Estado. Quem paga o aposentado, o funcionário público? É o governo que vai comprar máscaras e respiradores. Isso vai pagar o setor privado, que vai pagar salário e a população conseguir consumir. Obviamente há uma série de pessoas que vão ficar desassistidas, então aqueles que o próprio Paulo Guedes reconheceu como empreendedores, os que iriam levar o país à frente são quase 38 milhões de brasileiros que não têm nada. Se eu não tô pegando mais Uber, essa pessoa não vai receber. Essas pessoas que não têm um seguro desemprego ou um fundo de garantia, duas coisas dadas pelo Estado, elas vão ficar sem renda. E aí ou as pessoas vão morrer de fome ou vamos fazer como nos outros países, que estão dando o subsídio econômico. Em última instância, é o Estado que tem autonomia para ajudar as pessoas.(36)

O governo brasileiro, em sentido contrário, tomou algumas medidas bastante tímidas, seja no combate pandêmico propriamente dito, seja, inclusive, na tentativa de salvaguardar a economia. Em relação especificamente aos direitos sociais, houve a edição da controversa medida provisória 927, que causou tanta celeuma que acabou por perder a validade, não sendo votada pelo Senado.

Se os direitos não são universais ou imutáveis, e se os princípios extraídos da Constituição Federal estão em disputa, sendo ressignificados a cada momento histórico, não há contexto melhor para se repensar quais são aqueles que deveriam prevalecer dentro do nosso Estado Democrático de Direito. O Estado mínimo, pautado na livre-iniciativa, parece não ter funcionado para ninguém.

---

(36) Disponível em: <https://www.hypeness.com.br/2020/03/coronavirus-o-modelo-neoliberal-em-xeque-contra-a-pandemia/>. Acesso em: 27 set. 2020.

Referências bibliográficas

ANTUNES, Ricardo *Classe operária, sindicatos e partido no Brasil:* um estudo sobre a consciência de classe, da Revolução de 30 até a Aliança nacional Libertadora. São Paulo: Cortez, 1988.

BENDA, L. 'Reforma Trabalhista como forma de precarização do direito dos trabalhadores'. In: BENDA, Laura (Org.). *A Reforma Trabalhista na Visão da AJD.* Belo Horizonte: Editora Letramento, 2018.

CASARA, Rubens. 'Direito do Trabalho e Estado pós-democrático'. In: BENDA, Laura (Org.). *A Reforma Trabalhista na Visão da AJD.* Belo Horizonte: Editora Letramento, 2018.

DALLARI, Dalmo de Abreu. *Elementos de teoria geral do Estado.* 30. ed. São Paulo: Saraiva, 2011.

FELTEN. M. C. 'Os valores sociais da livre-iniciativa no capitalismo contemporâneo'. In: *Revista Eletrônica Thesis,* ano XV, n. 30, São Paulo, jul./dez. 2018. p. 61-92.

GARCIA, R. L.; TAVARES, C. K. 'Livre-iniciativa. Considerações sobre seu sentido e alcance no Direito Brasileiro'. In: *Revista Acadêmica Faculdade de Direito de Recife,* v. 88, n. 1, jan./jun. 2016.

GRAU. Eros. *A ordem econômica na Constituição de 1988 (interpretação e crítica).* São Paulo: RT, 1991.

HARARI, Y. N. *Sapiens – Uma breve história da humanidade.* 36. ed. Porto Alegre: L&PM, 2018.

HUBERMAN, Leo. *História da Riqueza do Homem.* 21. ed. Rio de Janeiro: Editora Guanabara, 1986.

LOCKE, John. *Segundo tratado sobre o governo civil:* ensaio sobre a origem, os limites e os fins verdadeiros do governo civil. Petrópolis: Vozes, 1994.

MARX, Karl. *O Capital.* v. I, tomo 1. São Paulo: Abril Cultural, 1983.

OLIVEIRA, J. R. *A política de valor e des-valor do trabalho docente nos documentos da OCDE.* Dissertação de Mestrado apresentada ao Programa de Pós-Graduação em Educação, da Faculdade de Educação da Universidade de Brasília. Disponível em: <https://repositorio.unb.br/bitstream/10482/32835/1/2018_Jos%C3%A9Rog%C3%A9riodeOliveira.pdf>.

REALE, Miguel. 'A ordem econômica na Constituição de 1988'. In: *Aplicações da Constituição de 1988.* Rio de Janeiro: Forense, 1991.

SARLET, Ingo W.; MARINONI, Luís Guilherme; MITIDIERO, Daniel. *Curso de Direito Constitucional.* 4. ed. São Paulo: Saraiva, 2015.

SMITH, Adam. *A Riqueza das Nações:* investigação sobre sua natureza e suas causas. v. II. São Paulo: Nova Cultural, 1996.

SOUTO MAIOR, Jorge Luiz Souto. *História do direito do trabalho no Brasil:* curso de direito do trabalho, volume I: parte II. São Paulo: LTr, 2017.

SÜSSEKIND, Arnaldo; MARANHÃO, Délio; VIANNA, Segadas; TEIXEIRA, L. *Instituições de Direito do Trabalho.* 19. edição. São Paulo: LTr, 2000.

3. Fato do Príncipe e Força Maior na Extinção Contratual

Marcos Vinicius Coutinho[1]

Introdução

O presente artigo tem por objetivo, num primeiro momento, narrar, ainda que de forma sucinta, a atual crise econômico-sanitária vivenciada não somente no Brasil, mas também em todo o planeta, destacando as repercussões da pandemia decorrente da Covid-19 nas relações de trabalho brasileiras, em especial nas rupturas contratuais.

Num segundo momento, dedicar-se-á ao estudo das figuras jurídicas do "fato do príncipe" e da "força maior", desde as suas concepções doutrinárias e originárias, encontradas, respectivamente, no Direito Administrativo e no Direito Civil, até as suas incursões e aplicações nas relações regidas pelo Direito do Trabalho Brasileiro, para, na sequência, investigar o adequado enquadramento da crise econômico-sanitária decorrente da Covid-19 em alguma dessas figuras jurídicas.

Finalmente, sintetizando o texto, buscar-se-á a proposição de assertivas a título de conclusão acerca da temática objeto da presente reflexão, sem prejuízo da coexistência de outras razoáveis e distintas conclusões porventura existentes no Direito do Trabalho Brasileiro.

1. Breve narrativa da crise econômico-sanitária

Em dezembro de 2019, foram identificados em Wuhan, na China, os primeiros casos da Covid-19, patologia provocada por um dos vírus integrantes da família *Coronaviridae*, o famigerado coronavírus, o qual, segundo o professor Arthur Gruber, do Departamento de Parasitologia do Instituto de Ciências Biomédicas da USP, causa

---

(1) Juiz do Trabalho do Tribunal Regional do Trabalho da 2ª Região (TRT2). Professor na Universidade Nove de Julho (UNINOVE). Membro Titular da Comissão de Disciplina e Prerrogativas da Associação dos Magistrados da Justiça do Trabalho da 2ª Região (AMATRA-2).

"[...] *uma variedade de doenças no homem e nos animais, especialmente no trato respiratório.*"(2)

Após as primeiras pesquisas, observou-se a associação desse novo coronavírus à Insuficiência Respiratória Aguda (SARS), sendo que vários pacientes foram diagnosticados com pneumonia, ainda na época em que se classificava tal patologia como surto(3).

Rapidamente, a Covid-19 disseminou-se por outros países, vindo a Organização Mundial da Saúde (OMS), em 30 de janeiro de 2020, a declarar situação de "Emergência em Saúde Pública de Importância Internacional"(4). O Estado Brasileiro, através da Lei n. 13.979, de 6 de fevereiro de 2020, estabeleceu as primeiras medidas para enfrentamento dessa situação de emergência.

No mês subsequente, todavia, em razão da propagação do novo coronavírus pelos diversos continentes do planeta, a OMS, em 11 de março de 2020, alterou a classificação da situação e declarou a ocorrência de "pandemia global"(5). Inúmeros Estados-Membros da Federação Brasileira, com arrimo na própria Lei Federal n. 13.979/2020, definiram concretamente as medidas de enfrentamento da pandemia provocada pelo novo coronavírus, destacando-se, ilustrativamente, o Decreto n. 64.881 do Estado de São Paulo, datado de 22 de março de 2020, o qual estabeleceu a medida de quarentena nos municípios que o integram.

Objetivando conter a circulação do novo coronavírus no seio da população e, por consequência, evitar os efeitos nocivos da Covid-19 no sistema respiratório humano, como medidas prementes de distanciamento social, inúmeros estabelecimentos tiveram que suspender temporariamente seu funcionamento, a circulação de pessoas nas cidades foi limitada e controlada e o atendimento presencial em repartições e órgãos públicos foi reduzido ao indispensável.

Com exceção das atividades classificadas como essenciais e das atividades que permitem satisfatoriamente a prestação de serviço remoto, pode-se dizer que as demais atividades beiraram à inoperabilidade por meses, fatos esses que, a meu ver, são públicos e notórios.

---

(2) GRUBER, Covid-19: o que se sabe sobre a origem da doença.

(3) Novo coronavírus: origem e evolução baseadas em estudos filogenéticos. *Canal Ciência*, 2020. Disponível em: <https://www.canalciencia.ibict.br/ciencia-em-sintese1/especial-Covid-19/353-novo-coronavirus-origem-e-evolucao-baseadas-em-estudos-filogeneticos>. Acesso em: 04 set. 2020.

(4) OMS declara emergência de saúde pública internacional para novo coronavírus. *Governo do Brasil*, 2020. Disponível em: <https://www.gov.br/pt-br/noticias/saude-e-vigilancia-sanitaria/2020/01/oms-declara-emergencia-de-saude-publica-internacional-para-novo-coronavirus>. Acesso em: 07 set. 2020.

(5) OMS declara que coronavírus é uma pandemia global. *El País*, 2020. Disponível em: <https://brasil.elpais.com/sociedade/2020-03-11/oms-declara-que-coronavirus-e-uma-pandemia-global.html>. Acesso em: 07 set. 2020.

O primeiro drama social que se abateu sobre os brasileiros foi a crise econômica que se instalou a partir da redução imediata e drástica da demanda, sendo que várias atividades empresárias e profissionais foram afetadas, o que implicou, entre outras consequências, o aumento significativo do desemprego e a consequente diminuição da renda da população.

Em que pese esse necessário esforço com vistas ao inevitável distanciamento social, infelizmente, milhares e milhares de vidas foram ceifadas pela Covid-19, sem falar nas milhões de pessoas que foram contaminadas e demandaram (ou ainda demandam) as instituições públicas e privadas de saúde(6).

Como se vê, a Covid-19 espraiou amplamente os seus efeitos por toda a sociedade, demandando o estudo e a atuação de diversas áreas do conhecimento, desde a Medicina, que se dedica não somente ao tratamento das pessoas infectadas, mas também à pesquisa de medidas preventivas e à cura da patologia, até o Direito, que é o mecanismo para a prevenção e/ou solução das mais variadas lides entre sujeitos de Direito e, também, para positivação das medidas de enfrentamento do Poder Público à pandemia e às suas consequências.

E, no seio da própria Ciência Jurídica, há repercussões diversificadas da pandemia decorrente do novo Coronavírus em cada um de seus ramos. Ilustrativamente, o Direito Civil, o Direito do Consumidor, o Direito Administrativo, o Direito Processual e, também, o Direito do Trabalho foram fortemente impactados no curso dessa pandemia, tendo sido necessária a produção de diplomas legislativos específicos com vistas à adaptação do Direito à nova e inusitada realidade social.

Aliás, nunca é demais lembrar que o Direito, em seu funcionamento puramente normativo, nada mais é do que o fenômeno da subsunção da norma ao fato, isto é, de verificação do suporte fático da norma jurídica(7), daí por que, realmente, são necessárias a atualização das regras de regência e a interpretação contextualizada do Direito, a partir dos fatos existentes no seio social. Não é por outra razão que a Lei de Introdução às Normas de Direito Brasileiro (LINDB), em seu art. 5º, prevê que, "*Na aplicação da lei, o juiz atenderá aos fins sociais a que ela se dirige e às exigências do bem comum*".

Especificamente acerca do Direito do Trabalho Brasileiro, tema que frequentemente é ventilado como corolário da pandemia da Covid-19, provocando a atuação dos Poderes constituídos, é a extinção das relações de emprego, sendo que, por meio de judiciosos fundamentos, há quem defenda a existência de "fato do príncipe" como causa dessas rupturas contratuais, bem como há quem defenda a ocorrência de motivo

(6) Brasil registra média móvel diária de 827 mortes pelo novo coronavírus. *Estadão*, 2020. Disponível em: <https://saude.estadao.com.br/noticias/geral,brasil-registra-media-movel-diaria-de-827-mortes-pelo-novo--coronavirus,70003428218>. Acesso em: 07 set. 2020.

(7) REALE, *Lições Preliminares de Direito*.

de "força maior". Em outros termos, parcela dos empregadores brasileiros invoca o fato do príncipe ou o motivo de força maior para amparar a ruptura dos contratos de trabalho de seus empregados, no afã de elidir ou minorar a responsabilidade pelos haveres finais e rescisórios devidos a esses trabalhadores.

Posto isso, é imperioso aclarar a estrutura desses institutos do Direito e verificar as hipóteses de incidência pertinentes ao Direito do Trabalho, tudo com o objetivo de realizar o correto enquadramento jurídico da situação peculiar surgida em razão da pandemia da Covid-19.

Metodologicamente, portanto, são três os objetivos do presente trabalho, quais sejam: (i) o estudo das figuras jurídicas do "fato do príncipe" e da "força maior", (ii) a aplicação dessas figuras no Direito do Trabalho Brasileiro e (iii) o enquadramento jurídico-trabalhista da pandemia da Covid-19 para fins de extinção contratual.

2. Fato do príncipe

2.1. A teoria do fato do príncipe

A Teoria do Fato do Príncipe ou *Factum principis* tem origem no Direito Administrativo Francês, que, grandemente, influenciara os principais administrativistas brasileiros e, por corolário lógico, o próprio Direito Administrativo Nacional. Laubadère, Rivero e Vedel são alguns dos doutrinadores franceses que, comumente, são citados ou invocados na tradição manualesca brasileira para estudo dos mais variados institutos do Direito Administrativo, inclusive do Fato do Príncipe.

E, sob o enfoque administrativista, entende-se por *Factum principis* a prática pela Administração Pública de ato que, apesar de lícito ou legítimo, modifica sobremaneira o contrato administrativo, implicando prejuízo ao particular contratado. Ademais, para que se caracterize o fato do príncipe, a Administração não deve atuar, quando da prática desse ato que implicou prejuízo ao particular contratado, na qualidade de contratante (não como parte do contrato administrativo), mas sim como Ente Público que exerce alguma competência em detrimento do particular contratado.

Destarte, opera-se o denominado fato do príncipe quando, na vigência de contrato administrativo existente entre o particular contratado e determinado Ente da Administração Pública, pratica-se ato lícito que onera ou modifica tal contrato administrativo em prejuízo do particular, sendo irrelevante o fato de o ato em questão ser oriundo do próprio Ente Público contratante ou de outro Ente da Administração Pública Nacional, daí por que o professor José dos Santos Carvalho Filho é enfático ao asseverar que *"O pressuposto do fato do príncipe é a* ***álea administrativa****"*, pois, por "príncipe", ainda de acordo com Carvalho Filho, entende-se "[...] *o Estado ou qualquer de suas manifestações internas, de modo que nos parece aplicável a teoria se, por exemplo,* *um ato oriundo da União Federal atingir particular que tenha contratado com um Estado--membro.*"[8]

No mesmo sentido, são os ensinamentos de Celso Antônio Bandeira de Mello, para quem, numa visão geral e inicial, o Fato do Príncipe corresponde aos

> agravos econômicos resultantes de medidas tomadas sob titulação jurídica diversa da contratual, isto é, no exercício de outra competência, cujo desempenho vem a ter repercussão direta na economia contratual estabelecida na avença. É o chamado "fato do príncipe", tomada a expressão com o âmbito específico a que se reporta Francis-Paul Bénoit, ao dizer: "Convém entender por 'fato do príncipe' os atos jurídicos e operações materiais, tendo repercussão sobre o contrato, e que foram efetuados pela coletividade que celebrou o contrato, mas agindo em qualidade diversa da de contratante".
>
> O fato do príncipe não é um comportamento ilegítimo. Outrossim, não representa o uso de competências extraídas da qualidade jurídica de contratante, mas também não se constitui em inadimplência ou falta contratual. É o meneio de uma competência pública cuja utilização repercute diretamente sobre o contrato, onerando, destarte, o particular.[9]

Assim, inicialmente, podemos conceituar Fato do Príncipe como o exercício de uma competência administrativa ou a prática de ato material pela Administração Pública que prejudique o equilíbrio econômico do contrato administrativo em prejuízo do particular contratado.

E a repercussão ou a consequência jurídica da caracterização do *Factum principis* será, por certo, a recomposição da situação patrimonial em que se encontrava o particular antes da prática do ato pela Administração Pública, de modo que a solução não é taxativa, podendo variar desde a revisão de preços, de tarifas ou de condições contratuais até o pagamento pelo Ente Público de indenizações em favor do particular prejudicado.

Deve-se destacar, todavia, que não é qualquer ato da Administração Pública que, ainda que cause prejuízo ao particular contratado, enquadra-se como Fato do Príncipe e, por conseguinte, torna exigível a reparação integral dos danos sofridos pelo particular, pois, alicerçados na doutrina administrativa francesa, depurando a acepção de *Factum principis* no Direito Administrativo Brasileiro, os ensinamentos de Celso Antônio Bandeira de Mello indicam que não restará configurado o aludido instituto

---

(8) CARVALHO FILHO, *Manual de Direito Administrativo*, p. 179.

(9) MELLO, *Curso de Direito Administrativo*, p. 663-664.

quando o ato prejudicial praticado pela Administração Pública atingir os administrados de uma forma geral, e não atingir o particular contratado de forma direta e específica.

Por ser bastante esclarecedora, é imperiosa a transcrição da consagrada doutrina do renomado professor paulistano, senão vejamos:

> De acordo com a teoria do fato do príncipe, o poder concedente deverá indenizar integralmente o concessionário quando, por ato seu, agravar a equação econômico-financeira da concessão em detrimento do concessionário, salvo se a medida gravosa corresponder a ônus imposto aos administrados em geral cuja repercussão não atinja direta ou especificamente as prestações do concessionário.
>
> [...] o concessionário, de acordo com entendimento pacífico dos mestres franceses, não está garantido pela teoria do fato do príncipe contra as medidas gerais expedidas pelo Poder Público que agravem a coletividade em geral — salvo quando possuem específica repercussão sobre o objeto da concessão.(10)

Em suma, a partir da óptica da doutrina francesa, que influenciara não somente a Teoria do Fato do Príncipe, mas o Direito Administrativo Brasileiro como um todo, é possível asseverar que o *Factum principis*, a rigor, cuida-se de uma competência administrativa exercida ou de um ato material praticado pela Administração Pública que prejudique, de forma específica e direita, o equilíbrio econômico do contrato administrativo em detrimento do particular contratado, e não corresponda a ônus imposto aos administrados em geral.

2.2. Aplicação da teoria do fato do príncipe no direito do trabalho

Fixada a concepção de Fato do Príncipe nas linhas pretéritas, há elementos, agora, para visualizar de forma clara e objetiva a transposição do aludido instituto administrativista para a seara do Direito do Trabalho.

Como visto, ocorre o *Factum principis* quando, na vigência de determinado contrato administrativo existente entre o particular e algum Ente da Administração Pública, o mesmo Ente ou outro Ente da Administração Pública pratica ato lícito que onera ou modifica tal contrato administrativo em prejuízo específico e direto do particular. Já o art. 486 da Consolidação das Leis do Trabalho, valendo-se dessa acepção de Fato do Príncipe, prescreve, em suma, a responsabilidade da Administração Pública pela indenização devida ao empregado quando, por conta da prática de ato material de autoridade pública ou de promulgação de lei ou de outro ato normativo, não for

---

(10) MELLO, *Curso de Direito Administrativo*, p. 763.

mais possível a continuidade da atividade da empregadora e isso resulte na ruptura do contrato de emprego. Vejamos o aludido dispositivo consolidado:

> Art. 486 – No caso de paralisação temporária ou definitiva do trabalho, motivada por ato de autoridade municipal, estadual ou federal, ou pela promulgação de lei ou resolução que impossibilite a continuação da atividade, prevalecerá o pagamento da indenização, que ficará a cargo do governo responsável.

Da leitura desse dispositivo, percebem-se semelhanças e dessemelhanças entre as regências dos Direitos Administrativo e Trabalhista.

Primeiro, tal como ocorre na seara administrativista, também é necessário, na seara laboral, o ato material ou o exercício de alguma competência da Administração Pública que cause prejuízo específico e direto, porém não ao particular contratado no contexto de um contrato administrativo, mas sim ao empregador no contexto e na vigência de um contrato de emprego, sendo que tal prejuízo impossibilita a continuação da atividade por ele executada.

Aliás, nesse particular, é mister destacar a advertência doutrinária de que é requisito indispensável à configuração do instituto a impossibilidade de continuação da atividade do empregador (por todos, o professor e articulista Ricardo Calcini[(11)]), pois, do contrário, mesmo que haja inúmeras dispensas de empregados, se não houver a cessação da atividade do empregador ou do estabelecimento a que o empregado se encontrava vinculado, não há falar em Fato do Príncipe no âmbito justrabalhista e, por conseguinte, em responsabilização do Ente Público de que se originou o ato material ou normativo.

E, segundo, tal como ocorre na seara administrativa, há previsão de consequência jurídica pela ocorrência do *Factum principis*, que é a responsabilização da Administração Pública, porém, diferentemente do que se dá no Direito Administrativo, ao Ente Público não será imputada a recomposição patrimonial do particular, seja pelo reequilíbrio do contrato administrativo, seja pelo pagamento de indenizações integrais, mas sim ficará a cargo da Administração Pública a "indenização" que seria devida ao trabalhador em decorrência da extinção de seu liame empregatício.

Portanto, a Administração Pública, quando da ocorrência do "Fato do Príncipe Trabalhista" (permitam-me assim nominar doravante), não se responsabilizará pela integralidade dos haveres finais e resilitórios devidos ao empregado na ruptura contratual por iniciativa do empregador, mas apenas pela "indenização" que lhe seria devida.

O ministro e doutrinador Maurício Godinho Delgado destaca que tal indenização *"[...] corresponde àquelas antigas da CLT, por tempo de serviço (*caput *dos arts. 477*

---

(11) CALCINI, Indenizações trabalhistas: força maior e fato do príncipe.

e 478) ou por tempo de serviço e estabilidade (arts. 492, 497 e 498, CLT). A este grupo, pode-se acrescentar a indenização pela ruptura antecipada dos contratos a termo (art. 479, CLT)."(12)

Assim, a indenização, nos contratos por prazo determinado que não contiverem cláusula assecuratória do direito recíproco de rescisão antecipada, será aquela prevista no art. 479 da CLT, isto é, a indenização correspondente à metade da remuneração a que teria direito o empregado até o termo final do contrato.

Quando se tratar, todavia, de contrato por prazo indeterminado, o qual, aliás, é a regra geral nas relações de emprego (inteligência da Súmula n. 212 do C. TST), não são mais aplicáveis as indenizações previstas nos art. 477 e 478 da CLT nem as indenizações previstas nos arts. 492, 497 e 498 da CLT, seja porque, no primeiro caso, não são compatíveis com o atual texto constitucional, seja porque, no segundo caso, não existem faticamente os casos de estabilidade decenal, por ter sido esta sepultada na prática pela famigerada "opção" pelo regime do FGTS.

A leitura do art. 486 da CLT, a partir da Constituição, permite-nos concluir que a "indenização" a que se refere o texto consolidado é aquela estabelecida constitucionalmente para os casos de "despedida arbitrária ou sem justa causa" (art. 7º, inciso I, da CRFB/1988) e que, atualmente, encontra-se disciplinada pelo art. 10, inciso I, do Ato das Disposições Constitucionais Transitórias, o qual quantificou a indenização em caso de dispensa sem justa causa do empregado em 40% dos depósitos realizados pelo empregador na conta vinculada do Fundo de Garantia do Tempo de Serviço. Aliás, em igual sentido é o teor do § 1º do art. 18 da Lei n. 8.036/90.

O mesmo entendimento é esboçado por Vólia Bomfim Cassar, segundo a qual "[...] *o art. 486 da CLT transferiu para a autoridade interveniente apenas a responsabilidade pela indenização adicional do FGTS.*"(13)

A Administração Pública, portanto, em havendo o "Fato do Príncipe Trabalhista", responsabiliza-se apenas, no caso de contrato por prazo determinado, pela indenização prevista no art. 479 da CLT e, no caso de contrato por prazo indeterminado, pela indenização corresponde a 40% dos depósitos de FGTS realizados ou que deveriam ter sido realizados pelo empregador no curso do liame empregatício, conclusão essa que também são enunciadas pelos comentaristas Valentin Carrion(14) e Gabriel Saad(15).

---

(12) DELGADO, *Curso de Direito do Trabalho*, p. 1.357-1.358.

(13) CASSAR, *Direito do Trabalho*, p. 1.011.

(14) CARRION, *Comentários à Consolidação das Leis do Trabalho*, p. 1.112.

(15) SAAD, *Consolidação das Leis do Trabalho Comentada*, p. 367.

Observo, contudo, a existência de respeitável doutrina em sentido oposto, da lavra do professor e magistrado Homero Batista, para quem o legislador não teria se valido de boa técnica no particular e, por isso, o mais razoável seria interpretar "indenização" no sentido de verbas rescisórias(16), entendimento esse que, porém, não é prevalecente no Direito do Trabalho Brasileiro. Deste modo, com a ressalva desse posicionamento do notável professor da Faculdade de Direito do Largo São Francisco, pode-se afirmar que a indenização a que faz menção o art. 486 da CLT corresponde, para os contratos com termo final indeterminado, a comumente nominada "multa" de 40% do FGTS e, para os contratos com termo final determinado, a indenização prevista no art. 479 da CLT, correspondente a metade dos salários devidos até o término do liame.

Vencidas essas particularidades e dessemelhanças existentes entre o Fato do Príncipe e o "Fato do Príncipe Trabalhista", enfatiza-se a semelhança estrutural inexorável do instituto tanto na seara administrativista quanto na seara laboral.

Estruturalmente, como visto, o *Factum principis* opera-se no vigência de uma relação jurídica formalizada por meio de contrato (seja o contrato de emprego, seja o contrato administrativo), em detrimento de um dos contratantes (no contrato de emprego, o empregador; e, no contrato administrativo, o particular contratado), imputando-se à Administração Pública de que se originou o ato material ou normativo a reparação patrimonial exigível, conforme o caso. Ademais, com arrimo na origem do instituto, especialmente por conta da doutrina francesa, estabelece-se como pressuposto indispensável que o prejuízo a uma desses contratantes seja direto e específico, e não seja um encargo geral em detrimento de toda a sociedade.

Por conta disso, parece-nos que o doutrinador Luciano Martinez bem exemplificou, em sua obra, alguns casos de incidência do "Fato do Príncipe Trabalhista", a saber: a desapropriação de áreas que foram submersas nos processos de construção de barragens e de hidroelétricas e a desapropriação promovida pelo INCRA para efeito de reforma agrária.(17)

É fácil perceber que, nesses casos, há ato de império da Administração Pública que, de forma direta e específica, impede a continuidade da atividade econômica da empregadora e, portanto, autoriza o adequado enquadramento como "Fato do Príncipe Trabalhista", a teor do art. 486 da CLT e da doutrina administrativista já citada anteriormente no presente trabalho.

De outro lado, num único ponto de divergência em relação à exemplificação do notável autor e magistrado trabalhista, pede-se vênia para discordar do apontamento

(16) SILVA, *Curso de Direito do Trabalho Aplicado – Vol. 6*, p. 323.

(17) MARTINEZ, *Curso de Direito do Trabalho*, p. 850.

da situação ocorrida no início dos anos 2000, quando foram estabelecidas as medidas de racionamento de energia elétrica em grande parte do país, pois, ainda que tal ato da Administração Pública tenha impossibilitado a continuidade da atividade de alguma empregadora brasileira, é certo que se tratou de medida que impôs à sociedade como um todo o encargo do racionamento, tanto de pessoas naturais quanto de pessoas jurídicas, sejam elas empregadoras ou não.

Como se vê, cuidou-se de ônus imposto à sociedade brasileira em sua generalidade, e não de ônus direto e específico aos empregadores brasileiros e, muito menos, a determinados empregadores brasileiros, o que, sob o aspecto estrutural do instituto, inviabiliza o enquadramento dessa situação como Fato do Príncipe Trabalhista. Em idêntico sentido, a doutrina de Otávio Bueno Magano, que não considera o racionamento de energia elétrica como objeção material à responsabilização do empregador pelo pagamento da indenização.(18)

Reforçando a indispensabilidade do prejuízo direto e específico ao empregador para caracterização do instituto, o professor e magistrado Homero Batista exemplifica que

> A alegação de que a política econômica de restrição ao crédito ou mesmo o chamado bloqueio de ativos financeiros, que retirou drasticamente a liquidez do mercado, também não é considerada uma forma de fato do príncipe, por não dizer respeito diretamente a esta ou à aquela empresa, mas a toda economia nacional.(19)

E, aqui, ao refletir especificamente sobre os efeitos da pandemia da Covid-19 sobre a sociedade brasileira, adstrito ao contorno doutrinário originário e à estrutura da incidência do instituto sobre a relação jurídica em prejuízo de um dos contratantes, é possível asseverar que a crise econômico-sanitária decorrente do novo coronavírus não possui substrato teórico e normativo para ser enquadrada como "Fato do Príncipe Trabalhista", primeiro porque a pandemia da Covid-19 espraiou os seus efeitos em toda a sociedade brasileira (e mundial) e, segundo, porque os atos normativos e materiais das diversas autoridades municipais e estaduais de saúde representaram verdadeiros ônus sociais para todos os brasileiros, de forma indiscriminada e difusa, limitando a circulação de pessoas naturais, impondo o distanciamento social e a quarentena, impedindo o funcionamento de certos serviços ou comércios e estabelecendo diversos protocolos sanitários e de saúde pública, independente de as pessoas atingidas por esses atos da Administração Pública serem ou não empregadoras.

A bem da verdade, os atos materiais e normativos realizados pelos diversos Entes da Federação Brasileira não se deram em prejuízo ou em detrimento de um

(18) MAGANO, *Manual de Direito do Trabalho*, p. 325.

(19) SILVA, Curso de Direito do Trabalho Aplicado – Vol. 6, p. 322.

dos contratantes, mas sim em benefício e em proteção de toda a sociedade. E, se prejuízos ou ônus sociais houve, tais ônus foram impostos não somente a um dos contratantes, mas a ambos, o que também não se amolda à estrutura do instituto do Fato do Príncipe, ainda que a atividade do empregador, infelizmente, tenha sido encerrada como consequência das medidas de enfrentamento da pandemia adotadas pelo Poder Público.

Se esses aspectos relacionados à estrutura do instituto e ao alcance de seus efeitos não fossem suficientes à descaracterização do "Fato do Príncipe Trabalhista" no atual cenário de pandemia decorrente da Covid-19, ainda seria possível destacar fundamento amplamente defendido na doutrina trabalhista nacional, a saber: o risco da atividade, por imperativo legal, recai sobre o empregador, e não sobre o empregado. Por todos, o professor e ministro Augusto César Leite de Carvalho explicita que "*São raros, portanto, os casos de intervenção estatal que não derivem da má gestão empresarial ou não possam ser associados ao risco da atividade econômica*"[(20)].

Realmente, é ínsita ao conceito de empregador a assunção dos riscos de sua atividade empresária, pois o art. 2º da Consolidação das Leis do Trabalho prescreve que o empregador, induvidosamente, é aquele que, "[...] *assumindo os riscos da atividade econômica, admite, assalaria e dirige a prestação pessoal de serviço.*"

Firma-se a premissa, portanto, de que o conjunto de medidas de enfrentamento à pandemia da Covid-19 imposto pelas autoridades públicas brasileiras não pode ser enquadrado como Fato do Príncipe, apesar de tais medidas terem direta relação com a crise econômico-sanitária que se abateu sobre a sociedade brasileira.

2.3. Aspectos processuais do fato do príncipe trabalhista

Ainda sobre o Fato do Príncipe Trabalhista, é importante descrever o procedimento legal em caso de arguição pelo empregador, no bojo de um processo judicial, dessa objeção material à sua responsabilização pela nominada "indenização trabalhista".

Os §§ 1º e 2º do art. 486 da Consolidação das Leis do Trabalho preveem, em seu cerne, o exercício necessário e indispensável do contraditório, tanto em relação à parte adversa no feito quanto em relação ao Ente Público a que se almeja imputar a responsabilidade pelo pagamento da indenização trabalhista. E não poderia ser diferente, haja vista os direitos fundamentais ao contraditório e à ampla defesa, assegurados aos litigantes em geral em nossa Carta de 1988 (art. 5º, inciso LV, da CRFB/1988) e também no atual Código de Processo Civil (art. 7º do CPC/2015).

De um lado, o § 2º do aludido dispositivo consolidado prescreve que, em sendo alegada a ocorrência do Fato do Príncipe Trabalhista em defesa pelo empregador, a

(20) CARVALHO, *Direito do Trabalho*, p. 415.

parte adversa será ouvida, no exíguo prazo de 3 dias. E, de outro lado, o § 1º do mesmo dispositivo legal prescreve que, dessa objeção material suscitada pelo empregador, será intimada a se manifestar a Pessoa de Direito Público apontada como responsável, no generoso prazo de 30 dias, num caso atípico ou anômalo de intervenção de terceiros.

Segundo a dicção da Consolidação das Leis do Trabalho na parte final do § 1º do art. 486, a Pessoa Jurídica de Direito Público figurará como "chamada à autoria", tratando-se de nomenclatura que remete ao "chamamento ao processo" previsto no atual Código de Processo Civil e, ao mesmo tempo, à extinta "nomeação à autoria" prevista no Código de Processo Civil de 1973 — atualmente bastante restrita nos arts. 338 e 339 do CPC/2015 —, sem que haja exato suporte fático para alguma dessas espécies ou para as outras espécies típicas de intervenção de terceiros.(21)

Já o § 3º do art. 486 da Consolidação das Leis do Trabalho contém expressa (porém controvertida) disposição acerca da competência material para processar e julgar tal incidente, indicando que, em sendo verificada a Pessoa Jurídica de Direito Público responsável pelo ato material ou normativo, o Juízo laboral dar-se-á por incompetente e remeterá os autos ao Juízo "Privativo da Fazenda", perante o qual tramitará o feito de acordo com o "processo comum". É assente, todavia, a necessidade de releitura do referido dispositivo consolidado à luz da Constituição de 1988. Aliás, não somente desse § 3º, mas também de parte do § 2º do aludido dispositivo, quando menciona a indicação pelo empregador do "juiz competente".

Isso porque tanto a redação do § 2º quanto a redação do § 3º do art. 486 da CLT remontam aos idos da década de 50. Mais precisamente, tais enunciados normativos são oriundos da Lei n. 1.530, de 26/12/1951, época em que vigia a Constituição de 1946, responsável por dignificar a Justiça do Trabalho como integrante do Poder Judiciário Nacional(22), porém que estabelecia restrita competência material para seus

---

(21) Em sentido diverso, o ministro Augusto César Leite de Carvalho defende que "[...] *o chamamento à autoria era o antigo nome da denunciação da lide, antes do CPC de 1973*" e que, portanto, o caso seria de denunciação da lide (In: *Direito do Trabalho*, p. 416). Embora não haja discordância acerca da interpretação histórica, é imperioso observar que a figura do "chamamento à autoria" não encontra, atualmente, na legislação em vigor, subsunção normativa exata e precisa, pelo que, com as devidas vênias ao entendimento em sentido contrário, parece-me que se trata de modalidade atípica ou não nominada de intervenção de terceiros.

(22) Há controvérsia doutrinária sobre o papel da Constituição de 1946 na integração da Justiça do Trabalho ao Poder Judiciário, pois vozes importantes da doutrina nacional apontam que o Supremo Tribunal Federal, mesmo sob a égide da Constituição de 1937, conferia natureza jurisdicional aos tribunais trabalhista e que o Decreto-lei n. 9.797/46, em data anterior à promulgação da Constituição de 1946, já havia estruturado o então novo ramo do Judiciário Nacional, seja em razão de mudanças havidas na Consolidação das Leis do Trabalho, seja por assegurar aos Juízes Togados as prerrogativas próprias da magistratura (por todos, OLIVEIRA, *Manual de Processo do Trabalho*, p. 77). Sem embargo, não se pode olvidar de que, em razão da supremacia da Constituição e do conteúdo material típico da Constituição de estruturar os Poderes e suas respectivas competências, parece-nos que, sob o aspecto constitucional, somente com a Constituição de 1946 houve, a rigor, integração da Justiça do Trabalho ao Poder Judiciário Nacional, pois, no Capítulo V da Carta de 1946 ("Do Poder Judiciário"), há a Seção VI, intitulada "Dos Juízes e dos Tribunais do Trabalho".

órgãos jurisdicionais e consagrava, em primeiro grau de jurisdição, as nominadas Juntas de Conciliação e Julgamento, com composição paritária e presidência do juiz togado, somente este investido das prerrogativas próprias dos magistrados em geral.

Ao longo dos anos, porém, a Justiça do Trabalho passou por profundas transformações, desde as alterações estruturais e/ou organizacionais (por todas, a extinção da representação classista pela Emenda Constitucional 24/1999) até o aumento significativo de sua competência material (em especial, pela Emenda Constitucional n. 45/2004).

Dessa forma, analisando a estrutura e o rol de competências materiais da Justiça do Trabalho encartados na vigente Constituição de 1988, sobreleva a necessidade de interpretação e de aplicação dos já mencionados §§ 2º e 3º do art. 486 da CLT a partir do atual contexto constitucional e institucional da Justiça do Trabalho, e não a partir do contexto da diminuta competência material que detinha essa Justiça Especializada à época, nos idos da década de 1950.

Aliás, é consagrado na hermenêutica o método histórico-evolutivo, de acordo com o qual, no exercício árduo da arte de interpretar, para descortinar o alcance e o sentido dos enunciados normativos, deve o intérprete investigar o "origo legis" e o "occasio legis", isto é, as origens históricas da norma, principalmente os fatos sociais que redundaram na criação do enunciado normativo e o contexto histórico-social em que isso se deu, tudo com o propósito de elucidar o significado da norma jurídica no momento presente, adaptando-a às mudanças fático-sociais havidas ao longo dos anos[(23)]. O professor Tércio Sampaio Ferraz Junior, ao lecionar sobre os métodos interpretativos, assevera que é *"[...] preciso ver as condições específicas do tempo em que a norma incide, mas não podemos desconhecer as condições em que ocorreu sua gênese."*[(24)]

Justamente por isso, valendo-se da interpretação histórico-evolutiva, é possível ao intérprete conferir aos §§ 2º e 3º do art. 486 da CLT o seu real alcance e o seu verdadeiro sentido no tempo presente. Note que, ao tempo da promulgação da Lei n. 1.530/1951, a Justiça do Trabalho detinha competência material restrita, ao passo que, desde a Constituição de 1988 e principalmente a partir da Emenda Constitucional 45/2004, houve substancial acréscimo das temáticas e dos sujeitos jurídicos submetidos ao crivo dessa Justiça Especializada. A simples leitura do art. 114 da CRFB/1988, com seus diversos incisos e parágrafos, deixa indene de dúvidas a diversidade da competência material da Justiça do Trabalho, que, hoje, além das tradicionais relações entre empregado e empregador, envolve pretensões reparatórias de natureza civil, execuções fiscais e disputas sobre representatividade sindical, ainda que figurem como parte os entes da Administração Pública Direta e Indireta.

---

(23) Sobre métodos interpretativos à luz da Constituição, destaco: CANOTILHO, *Direito Constitucional*, p. 212-237.

(24) FERRAZ JUNIOR, *Introdução ao estudo do direito*, p. 283-284.

Não é o caso, porém, de declaração de inconstitucionalidade, dado que os aludidos dispositivos celetistas são pretéritos à Constituição vigente (o nominado "Direito Pré-Constitucional"[(25)]), daí por que, se ao interprete não parecer convincente a aplicação do método histórico-evolutivo no particular, pode-se simplesmente apregoar a manifesta não recepção do § 3º do art. 486 e de parte do § 2º do mesmo dispositivo quando sugere a indicação do "juiz competente".

Destarte, com arrimo no art. 114 da CRFB/1988, em especial por conta da redação do inciso I do aludido dispositivo constitucional, que não afasta necessariamente da competência material da Justiça do Trabalho as ações que abranjam a Administração Pública Direita e Indireta, competirá ao próprio Juízo trabalhista perante o qual se suscitou a ocorrência do Fato do Príncipe a resolução do incidente, sendo desnecessária, assim, a remessa dos autos a outro Juízo. No mesmo sentido, a doutrina de Homero Batista Mateus da Silva[(26)].

Concluindo o presente tópico, portanto, em havendo a arguição do Fato do Príncipe Trabalhista em defesa pela ex-empregadora, oportunizar-se-á o contraditório à parte adversa e também à Pessoa Jurídica de Direito Público a quem se imputa a responsabilidade pela indenização, competindo à Justiça do Trabalho a resolução do incidente juntamente com as pretensões deduzidas pela parte autora, decisão da qual a parte interessada poderá recorrer no momento processual oportuno (inteligência dos arts. 893, § 1º, e 895, inciso I, ambos da CLT).

3. Força maior

3.1. Acepção de "Força Maior"

Tema que suscita imensa divergência doutrinária é a acepção da expressão "força maior" no Direito Brasileiro, em especial no estudo da Responsabilidade Civil, graças à tormentosa diferenciação entre o "motivo de força maior" e o "caso fortuito".

Contextualizando o tema, memoro que a responsabilidade civil é, em regra, subjetiva, dependendo do preenchimento dos seguintes elementos: dano experimentado pela vítima; conduta culposa ou dolosa do agente; e nexo de causalidade entre esta conduta e aquele dano (inteligência dos arts. 186 e 927 do CC/2002). Digo "em regra" porque, naqueles casos em que a atividade normalmente desenvolvida pelo agente implicar, por sua natureza, riscos para outrem, aplicar-se-á a responsabilidade civil objetiva, pela incidência da teoria do risco criado (previsão do art. 927, parágrafo único, do CC/2002), sendo necessário, apenas, o preenchimento dos elementos dano à vítima e nexo de causalidade com a conduta do agente, independente da presença de

(25) MENDES e BRANCO, *Curso de Direito Constitucional*, p. 1.058-1.059.

(26) SILVA, *Curso de Direito do Trabalho Aplicado – Vol. 6*, p. 323-324.

culpa ou de dolo nessa conduta[27], sem prejuízo das demais hipóteses de responsabilidade objetiva previstas no próprio Código Civil de 2002 e em outros diplomas legais.

A responsabilidade civil, todavia, seja subjetiva, seja objetiva, comporta excludentes, como a legítima defesa, o exercício regular de um direito, a culpa exclusiva da vítima, o caso fortuito e a força maior, as quais têm o condão de romper o nexo de causalidade e, com isso, afastar o dever de indenizar. Nesse particular, convém transcrever os ensinamentos dos magistrados e civilistas Pablo Stonze Gagliano e Rodolfo Pamplona Filho, *in verbis*:

> Como causas excludentes de responsabilidade civil devem ser entendidas todas as circunstâncias que, por atacar um dos elementos ou pressupostos gerais da responsabilidade civil, rompendo o nexo causal, terminam por fulminar qualquer pretensão indenizatória.[28]

Como se vê, a Força Maior e o Caso Fortuito são duas das possíveis excludentes de responsabilidade civil em nosso ordenamento jurídico, pois ostentam aptidão para romper o nexo causal entre o dano experimentado pela vítima e a conduta do agente, afastando, dessa forma, o dever de indenizar.

A doutrina civilista, todavia, como dito, não é uníssona na diferenciação entre o "motivo de força maior" e o "caso fortuito".

Para o professor Álvaro Villaça Azevedo, por exemplo, o *"[...] caso fortuito é o acontecimento provindo da natureza, sem qualquer intervenção da vontade humana [...]"*, ao passo que a força maior *"[...] é o fato do terceiro, ou do credor; é a atuação humana, não do devedor, que impossibilita o cumprimento obrigacional."*[29]

Em sentido diametralmente oposto, a professora Maria Helena Diniz enquadra a força maior como *"[...] o motivo ou a causa que dá origem ao acontecimento, pois se trata de um fato da natureza, como, p. ex., um raio que provoca um incêndio [...]"*, enquanto que, no caso fortuito, *"[...] o acidente que acarreta o dano advém de causa desconhecida, como o cabo elétrico aéreo que se rompe e cai sobre fios telefônicos, causando incêndio [...]"*[30].

Já os professores Pablo Stonze Gagliano e Rodolfo Pamplona Filho, buscando traço divisor distinto, ensinam que *"[...] a característica básica da força maior é a sua inevitabilidade, mesmo sendo a sua causa conhecida (um terremoto, por exemplo, que pode ser*

(27) CAVALIERI FILHO, *Programa de Responsabilidade Civil*, p. 46-61 e 181-185.

(28) GAGLIANO e PAMPLONA FILHO, *Novo Curso de Direito Civil – Parte Geral*, p. 164.

(29) AZEVEDO, *Teoria Geral das Obrigações*, p. 270.

(30) DINIZ, *Curso de Direito Civil Brasileiro — Teoria Geral das Obrigações*, p. 346.

previsto pelos cientistas); ao passo que o caso fortuito, por sua vez, tem a sua nota distintiva na sua imprevisibilidade [...]."[31]

Sem prejuízo de outras conceituações doutrinárias, há ainda os autores que tratam as expressões "força maior" e "caso fortuito" como sinônimas (por todos, Arnoldo Wald[32]).

De toda sorte, apesar dessa imensa divergência doutrinária, o Código Civil de 2002 não se dedicou à diferenciação entre o motivo de força maior e o caso fortuito, limitando-se a enunciá-los como causas excludentes de responsabilização e a unificar, em um único tipo, o conceito dessas duas excludentes, sugerindo, com isso, a meu ver, a sinonímia, senão vejamos o teor do parágrafo único de seu art. 393, *in verbis*: *"O caso fortuito ou de força maior verifica-se no fato necessário, cujos efeitos não era possível evitar ou impedir"*.

Em suma, diante da imensa divergência doutrinária acerca da distinção entre o motivo de força maior e o caso fortuito e considerando a conceituação unificada proposta pelo Direito Comum, parece-nos de menor importância traçar alguma visão eventualmente prevalecente na tradição manualesca brasileira, pois, a partir do direito objetivo, pode-se considerar a força maior como o fato necessário, cujos efeitos não era possível evitar ou impedir.

4.2. Aplicação da força maior no direito do trabalho

Com o elastecimento da competência material da Justiça do Trabalho ao longo dos anos, em especial pela Emenda Constitucional n. 45/2004[33], a temática da responsabilidade civil tornou-se presente e corriqueira nos feitos submetidos à jurisdição trabalhista, sendo que, em parte desses feitos, os Juízes do Trabalho são instados a apreciar as excludentes de responsabilização, como o caso fortuito, a força maior e a culpa exclusiva da vítima.

Nesse particular, tanto sob o aspecto prático quanto sob o aspecto teórico, a distinção entre o motivo de força maior e o caso fortuito, realmente, não parece atrair grandes elucubrações, pois, independente do traço divisor entre essas figuras adotado pelo julgador, ambas igualmente são tratadas como excludentes e, por conseguinte, são aptas a romper o nexo causal, afastando o dever de indenizar[34].

---

(31) GAGLIANO e PAMPLONA FILHO, *Novo Curso de Direito Civil – Parte Geral*, p. 175.

(32) WALD, *Curso de Direito Civil Brasileiro – Obrigações e Contratos*, p. 111.

(33) Sobre a evolução da competência material da Justiça do Trabalho, *vide* OLIVEIRA, *Indenizações por Acidente do Trabalho ou Doença Ocupacional*, p. 413-425.

(34) TARTUCE, *Direito Civil: Direito das Obrigações e Responsabilidade Civil – Vol. 2*, p. 878.

Na temática da ruptura contratual, todavia, que é o propósito do presente trabalho, a questão ganha algum relevo porque a Consolidação das Leis do Trabalho, olvidando-se do caso fortuito, somente faz menção à força maior, que é enunciada pelo *caput* do art. 501 desta forma: *"Entende-se como força maior todo acontecimento inevitável, em relação à vontade do empregador, e para a realização do qual este não concorreu, direta ou indiretamente"*.

Note que, no texto consolidado, o cerne da caracterização da força maior é a inevitabilidade (*"acontecimento inevitável"*, para o qual o empregador não correu), o que, de certa forma, aproxima-se da conceituação dada pelo Código Civil de 2002 ao caso fortuito ou de força maior (*"fato necessário, cujos efeitos não era possível evitar ou impedir"*).

Nesse sentido, apesar da já conhecida divergência doutrinária acerca da distinção entre caso fortuito e força maior, parece-me que a Consolidação das Leis do Trabalho, apesar de nominar apenas a expressão "força maior" em seu art. 501, confere-lhe contornos também de caso fortuito, o que permite, em interpretação sistemática e integrativa com o art. 393, parágrafo único, do Código Civil de 2002, afirmar que a legislação trabalhista seguiu opção legislativa semelhante à do direito comum, deixando de diferenciar caso fortuito e motivo de força maior e adotando tipo único que permite o seu enquadramento em uma ou em outra situação.

A mesma conclusão é defendida pelo doutrinador e ministro Mauricio Godinho Delgado, senão vejamos:

> O conceito de força maior está lançado pela própria CLT: será "todo acontecimento inevitável, em relação à vontade do empregador, e para a realização do qual este não concorreu, direta ou indiretamente" (art. 501, *caput*, CLT). Como se percebe, a Consolidação reúne, na mesma figura, a força maior em sentido estrito e o caso fortuito, por produzirem idênticos efeitos jurídicos.(35)

Destarte, em que pese parcela da doutrina trabalhista esmerar-se em delimitar o alcance e o sentido das expressões "força maior" e "caso fortuito", há aparente irrelevância em tal distinção, tanto sob o aspecto prático quanto sob o aspecto teórico, haja vista o tipo único adotado no Código Civil de 2002 e também na Consolidação das Leis do Trabalho, razão pela qual, atento ao enunciado normativo, considerar-se-á a força maior mencionada no texto consolidado como "[...] *todo acontecimento inevitável, em relação à vontade do empregador, e para a realização do qual este não concorreu, direta ou indiretamente.*" (art. 501, *caput*, da CLT).

---

(35) DELGADO, *Curso de Direito do Trabalho*, p. 1.095.

Fixado isso e prosseguindo na análise do dispositivo consolidado em comento, é mister destacar três aspectos: primeiro, o próprio *caput* do art. 501 exclui a sua aplicação em situações em que o empregador tiver concorrido, ainda que indiretamente, para a ocorrência do evento que se almeja classificar como motivo de força maior; segundo, o § 1º do mesmo dispositivo é expresso ao excluir sua aplicação quando o empregador for imprevidente ("*A imprevidência do empregador exclui a razão de força maior.*"); e, terceiro, o § 2º prescreve que o acontecimento qualificado como motivo de força maior deve afetar substancialmente a situação econômica e financeira do empregador (*"À ocorrência do motivo de força maior que não afetar substâncialmente, nem for suscetível de afetar, em tais condições, a situação econômica e financeira da empresa não se aplicam as restrições desta Lei referentes ao disposto neste Capítulo."*).

Em suma, os eventos necessários, cujos efeitos sejam inevitáveis e afetem substancialmente a situação financeira e econômica do empregador, devem ser enquadrados como motivos de força maior no Direito do Trabalho, desde que, é claro, o empregador tenha sido previdente e, de outro lado, não tenha contribuído para a ocorrência desse evento, ainda que indiretamente.

O motivo de força maior, todavia, mesmo nesse contorno jurídico aqui defendido, não é suficiente para excluir a responsabilidade do empregador pelos haveres finais e rescisórios dos empregados, pois os dispositivos subsequentes da Consolidação das Leis do Trabalho estabelecem condicionantes e limitações materiais.

Em primeiro lugar, o *caput* do art. 502 da Consolidação das Leis do Trabalho condiciona, em matéria de ruptura contratual provocada por motivo de força maior, a ocorrência de *"[...] extinção da empresa, ou de um dos estabelecimentos em que trabalhe o empregado [...]*. Assim, por expressa imposição legal, eventual objeção ventilada pelo empregador a título de força maior para justificar a extinção dos contratos de trabalho de seus empregados somente será lídima se o evento inevitável por ele alegado implicar a extinção da atividade do empregador ou, ao menos, do estabelecimento a que os empregados estavam vinculados.(36)

Em segundo lugar, o aludido dispositivo consolidado menciona a exigibilidade de pagamento de "indenização" em caso de extinção da atividade do empregador ou do estabelecimento a que estava vinculado o empregado. E, aqui, é imperioso retomar o que foi dito anteriormente no presente trabalho acerca do alcance e do sentido da palavra "indenização" contida na Consolidação das Leis do Trabalho.

A "indenização" a que se refere o texto consolidado, para os casos de dispensa sem justa causa, é aquela estabelecida pelo art. 10, inciso I, do Ato das Disposições

(36) No mesmo sentido, é a posição do articulista Ricardo Calcini, In: Indenizações trabalhistas: força maior e fato do príncipe.

Constitucionais Transitórias, correspondente a 40% dos depósitos realizados pelo empregador na conta vinculada do FGTS, ao passo que, em se tratando de contratos por prazo determinado que não contiverem cláusula assecuratória do direito recíproco de rescisão antecipada, a "indenização" será aquela prevista no art. 479 da CLT, isto é, a indenização correspondente à metade da remuneração a que teria direito o empregado até o termo final do contrato.[37] E, embora de difícil ocorrência na atualidade, há ainda a "indenização" devida ao empregado portador de estabilidade decenal em caso de resilição contratual por iniciativa do empregador, indenização essa que, de acordo com o art. 497 da Consolidação das Leis do Trabalho, corresponde ao dobro da indenização que seria devida ao empregado dispensado sem justa causa.

Em terceiro lugar, os incisos do art. 502 da Consolidação das Leis do Trabalho, ainda tratando da indenização devida pelo empregador nas rupturas contratuais decorrentes de força maior, não afastam a responsabilidade do empregador pela integralidade dos haveres finais e rescisórios de seus empregados, bem como, diversamente do que se dá no Fato do Príncipe Trabalhista (art. 486 da CLT), não afastam o pagamento da aludida "indenização", mas estabelece a obrigação de o empregador efetuar o pagamento da metade da indenização que seria devida ao empregado, conclusão essa que também é defendida pelo professor José Affonso Dallegrave Neto[38].

Assim, em havendo o motivo de força maior previsto no art. 501, *caput*, da Consolidação das Leis do Trabalho, será devida ao portador de estabilidade decenal a indenização prevista no art. 497 da mesma Consolidação, porém reduzida à metade, sem prejuízo do saldo de salário e das verbas resilitórias propriamente ditas (aviso prévio indenizado e proporcional, férias vencidas e proporcionais acrescidas do terço constitucional e 13º salário proporcional), as quais devem ser quitadas pelo empregador.

Em se tratando, porém, de contrato com termo final indeterminado rompido por motivo de força maior, será devida ao empregado a indenização corresponde a apenas 20% dos depósitos de FGTS, sem prejuízo, por certo, do saldo de salário e das verbas resilitórias propriamente ditas, que devem ser quitadas pelo empregador.

E, cuidando-se de contrato de trabalho com termo final determinado rompido antecipadamente por motivo de força maior, sem que tenha sido pactuada a cláusula assecuratória do direito recíproco de rescisão antecipada, será devida ao empregado a indenização correspondente à metade daquela previsto no art. 479 da CLT, isto é, a indenização correspondente à metade da metade dos salários que seriam devidos até o término do contrato a termo.

---

(37) Nesse sentido, CARRION, *Comentários à Consolidação das Leis do Trabalho*, p. 1.112; SAAD, *Consolidação das Leis do Trabalho comentada*, p. 367; DELGADO, *Curso de Direito do Trabalho*, p. 1.357-1.358; e CASSAR, *Direito do Trabalho*, p. 1.011.

(38) DALLEGRAVE NETO, *Responsabilidade Civil no Direito do Trabalho*, p. 219.

Finalmente, com fulcro nas premissas até o presente estabelecidas sobre a conceituação de Força Maior e sobre os valores por ele devidos na ruptura dos contratos de trabalho de seus empregados disso decorrentes, é mister exemplificar situações que, na tradição manualesca trabalhista, são indicadas como motivos de força maior.

O professor Homero Batista, ilustrativamente, ao que parece adotando critérios mais dificultosos para a caracterização da força maior na seara laboral, ensina que

> [...] a crise financeira nacional, a abertura de obras públicas na região, a greve dos transportes coletivos, a alteração das posturas municipais e a cassação de alvará de funcionamento do comércio não se incluem como exemplos de força maior, assim entendido o fato: a) inevitável; b) imprevisível; c) não ligado ao comportamento do empregador; d) não atribuído a sua imprevidência e; e) com efeitos drásticos na situação da empresa.
>
> Normalmente a jurisprudência associa o art. 501, por conseguinte, a *catástrofes naturais*, porque os atos envolvendo a participação humana acabam sendo enquadrados em alguma das categorias acima. Ainda assim, as catástrofes devem ser realmente inesperadas e o empregador deve ter sido previdente. Empresa habituada com constantes inundações no bairro não pode alegar força maior na terceira enchente [...].[39]

Já o professor Amauri Mascaro Nascimento, ao que parece adotando critérios menos dificultosos para a caracterização do motivo de força maior, problematiza acerca das crises econômicas, senão vejamos:

> O problema jurídico que se põe está em saber se crise econômica é força maior. O conceito legal de força maior (CLT, art. 501) autoriza a resposta afirmativa. É que crise econômica é acontecimento inevitável, em relação à vontade do empregador, e para a realização da qual este não concorreu, direta ou indiretamente, principalmente uma crise gerada em outro país. Mesmo assim, cabe discussão do caso concreto, por exemplo, de empresa brasileira que abusou do uso de contratos de derivativos, caso em que se discutirá se o abuso configura ou não a excludente legal, do conceito de força maior, da imprevidência, porque se a empresa foi imprevidente concorreu para o resultado, com o que a situação não será tipificada como força maior.[40]

Muito embora o professor Homero Batista exclua, *prima facie*, o enquadramento de crises econômicas como motivos de força maior e o professor Amauri Mascaro as

(39) SILVA, *Curso de Direito do Trabalho Aplicado – Vol. 6*, p. 324

(40) NASCIMENTO, *Curso de Direito do Trabalho*, p. 1.200.

inclua nesse enquadramento, é possível perceber tanto numa obra quanto na outra a necessidade da verificação casuística, pois cada situação em concreto pode ter suas nuances determinantes para a caracterização ou não do motivo de força maior.

Assim, a princípio, a crise econômica não poderia ser considerada um evento necessário cujos efeitos são inevitáveis e que não se possam contornar, primeiro porque se trata, infelizmente, de evento cíclico numa economia de mercado, ainda que por conta da ineficiência das políticas públicas anticíclicas[41], e, segundo, porque o risco da atividade econômica no contexto do contrato de emprego recai, unicamente, por imposição legal, sobre o empregador (previsão expressa do art. 2º, *caput*, da CLT), o que, realmente, conduz à conclusão de que, regra geral, as crises econômicas não devem ser vistas como motivos de força maior, de modo que as catástrofes naturais, desde que para elas o empregador não tenha concorrido nem tenha ele sido imprevidente, seriam o exemplo cristalino de força maior.

Por outro lado, não se pode excluir, abstratamente, a possibilidade de determinada crise econômica ser considerada um motivo de força maior, quando, por exemplo, a sua origem for distinta da economia nacional (ilustrativamente, provém de outro continente), sua dimensão for avassaladora (de proporções únicas, sem características cíclicas) e sua duração postergar-se no tempo, desde que, é claro, no caso concreto, verificar-se que não houve imprevidência do empregador.

Por conta disso, é salutar destacar que a exemplificação abstrata, *prima facie*, não conduzirá à justa subsunção ao contorno jurídico extraído do art. 501 da CLT, devendo o exame ser casuístico, conforme as origens, os efeitos, a dimensão e a duração do evento objeto de análise pelo aplicador do Direito do Trabalho.

Em conclusão ao presente tópico, portanto, estabelecem-se algumas premissas acerca do motivo de força maior no âmbito trabalhista, a saber: a) entende-se por motivo de força maior o acontecimento necessário, cujos efeitos não podem ser evitados ou impedidos e que afetam substancialmente a situação econômica e financeira do empregador, de modo a provocar a cessação de sua atividade ou do estabelecimento a que se encontrava vinculado o empregado, desde que o empregador não tenha sido imprevidente nem tenha contribuído para a ocorrência do evento, ainda que indiretamente; b) o empregador responsabiliza-se pelo pagamento da indenização que seria devida ao empregado em casa de resilição ordinária do liame por iniciativa do empregador, porém reduzida à metade, entendida a "indenização" como aquela mencionada nos arts. 477, 478, 479 e 497 da CLT, sem prejuízo da exigibilidade do saldo de salário e das verbas resilitórias, conforme o caso; e c) a justa subsunção da norma extraída do art. 501 da CLT à situação de fato somente será obtida pela análise casuística, com a observância das característica do caso concreto, e não abstratamente, por conta da impossibilidade de exemplificação *prima facie*.

(41) PAULA e PIRES, Crise e perspectivas para a economia brasileira.

Resta-nos saber, então, se a crise econômico-sanitária decorrente da pandemia provocada pela Covid-19 enquadra-se ou não no conceito de motivo de força maior, o que será analisado no tópico subsequente.

3.3. Aspectos relevantes da crise econômico-sanitária decorrente da Covid-19 e seu enquadramento como motivo de força maior

A crise econômico-sanitária decorrente da pandemia do novo cororavírus, tal como descrita inicialmente neste texto, não tem origem em fatores comuns a tantas outras crises pelas quais as comunidades brasileira e mundial passaram ao longo de sua história.

Diversamente do que se deu em anos anteriores no curso da Idade Contemporânea, quando foram vistas crises decorrentes da especulação imobiliária e/ou financeira que redundaram na escassez do crédito[42] e crises decorrentes da alta dos preços e/ou do não fornecimento de petróleo ("crises do petróleo"[43]), a crise econômica que se instalou no Brasil e no Mundo no ano 2020 tem origem em aspectos sanitários e de saúde pública.

Não custa reiterar que a Organização Mundial da Saúde (OMS), em 30 de janeiro de 2020, declarou situação de "Emergência em Saúde Pública de Importância Internacional" e que o Estado Brasileiro, através da Lei n. 13.979, de 6 de fevereiro de 2020, estabeleceu as primeiras medidas para enfrentamento dessa situação de emergência, sendo que, no mês subsequente, em razão da disseminação do novo coronavírus pelos diversos continentes do planeta, a OMS, em 11 de março de 2020, alterou a classificação da situação e declarou a ocorrência de "pandemia global".

Embora cada nação tenha suas especificidades no enfrentamento à pandemia, é possível apontar, como medidas comuns e prementes adotadas em praticamente todos os Estados Nacionais, o distanciamento social, o controle da circulação de pessoas pelas cidades e a paralisação temporárias de inúmeras atividades empresárias e profissionais[44], tudo com o propósito de, ao reduzir o contato entre as pessoas, reduzir o potencial de propagação da Covid-19, patologia que, provocada pelo chamado "novo coronavírus", afeta sensivelmente o aparelho respiratório do ser humano e possui, inclusive, índices consideráveis de letalidade[45].

---

(42) 5 grandes crises econômicas que abalaram o mundo. *Gazeta do Povo*, 2020. Disponível em: <https://www.gazetadopovo.com.br/mundo/5-grandes-crises-economicas-que-abalaram-o-mundo-atheycnpmtjjl1dfe9srhaapl/>. Acesso em: 02 out. 2020.

(43) LIMA, Crise do petróleo e evolução recente da economia brasileira.

(44) Coronavírus: 5 estratégias de países que estão conseguindo conter o contágio. *BBC News*, 2020. Disponível em: <https://www.bbc.com/portuguese/internacional-51937888>. Acesso em: 02 out. 2020.

(45) Painel Coronavírus. *Governo Federal*, 2020. Disponível em: <https://covid.saude.gov.br/>. Acesso em: 02 out. 2020.

Tais medidas de enfrentamento da pandemia, como se percebe, acabaram por limitar o consumo de produtos, a prestação de serviços e a realização de negócios de uma forma em geral, reduzindo drasticamente a demanda no mercado. Note que, distintamente do que se viu em crises anteriores, essa redução drástica da demanda não decorreu, a princípio, da ausência de crédito ou de uma crise de crédito (como se deu, ilustrativamente, nas chamadas "bolhas especulativas", em especial na crise do "subprime" nos Estados Unidos da América em 2008[(46)]), mas sim, inicialmente, da impossibilidade de circulação da grande maioria da população e da interrupção do funcionamento de diversos estabelecimentos, fatores que, salvo engano, não foram vistos em quaisquer das importantes crises vivenciadas pelas sociedades brasileira e estrangeira. Em outros termos, a crise provocada pela pandemia da Covid-19 decorre da ausência de demanda, e não da ausência de crédito, daí por que se torna ainda mais complexo o seu enfrentamento.

Nesse sentido, são as ponderações contidas no artigo coletivo intitulado "Alternativas para uma economia pós-coronavírus", da lavra dos professores do Departamento de Ciências Econômicas da Universidade Federal Rural do Rio de Janeiro, segundo os quais *"Não é trivial lidar com a combinação de crise de demanda com restrições de oferta. A adoção de medidas para combatê-la é extremamente complexa."*[(47)], o que demonstra a especificidade ou talvez o ineditismo da crise econômica decorrente da pandemia provocada pela Covid-19. Justamente por isso, não se pode adjetivar a presente crise apenas como "econômica", mas sim como "econômico-sanitária", por conta de sua origem em aspectos sanitários e de saúde pública e de seus efeitos específicos no mercado, inclusive no de trabalho.

Deve-se recordar, ainda, que o distanciamento social e a consequente redução da demanda perduram por meses e, mesmo naquelas regiões do mundo em que foram encerradas as medidas de enfrentamento em razão do relativo controle da pandemia, houve segundas ondas de disseminação do novo coronavírus, levando as autoridades públicas a, novamente, adotar tais medidas de enfrentamento[(48)].

Portanto, a crise objeto de análise neste trabalho possui repercussões graves, duração prolongada, abrangência mundial e características não triviais e não cíclicas, sem falar no expressivo número de óbitos havidos. Num escorço histórico, talvez se

---

(46) BASTOS e MATTOS, Crise subprime nos Estados Unidos: a reação do setor público e o impacto sobre o emprego.

(47) Alternativas para uma economia pós-coronavírus. *Outras Palavras*, 2020. Disponível em: <https://outras-palavras.net/crise-brasileira/alternativas-para-uma-economia-pos-coronavirus/>. Acesso em: 02 out. 2020.

(48) Coronavírus na Itália: como país conseguiu conter segunda onda de contágios e se tornou exceção na Europa. *BBC News*, 2020. Disponível em: <https://www.bbc.com/portuguese/internacional-54375246>. Acesso em: 02 out. 2020.

trate de situação única na história da humanidade ou, ao menos, assemelhe-se a outra pandemia ocorrida há mais de 100 anos, a gripe espanhola[(49)].

Nessa quadra factual e histórica, percebe-se que, muito embora as medidas de enfrentamento adotadas pelas autoridades públicas de saúde não possam ser qualificadas como "Fato do Príncipe Trabalhista", pois, como visto, não se trata de ônus imposto a um dos contratantes de forma específica e direta, mas sim de ônus imposto a toda sociedade e, em última análise, em defesa da vida de seus integrantes, é perfeitamente possível o enquadramento de tal crise como "Força Maior".

Retomando o contorno normativo extraído dos arts. 501 e 502 da CLT, o motivo de força maior corresponde ao acontecimento necessário, cujos efeitos não podem ser evitados ou impedidos e que afetam substancialmente a situação econômica e financeira do empregador, de modo a provocar a cessação de sua atividade ou do estabelecimento a que se encontrava vinculado o empregado, desde que o empregador não tenha sido imprevidente nem tenha contribuído para a ocorrência do evento, ainda que indiretamente.

E, contrapondo-se tal acepção de "força maior" à descrição da crise econômico-sanitária decorrente da Covid-19, é imperioso concluir que os efeitos deste evento, a depender da atividade explorada pelo empregador, são inevitáveis e alheios à sua vontade ou à sua conduta, possuindo intrinsecamente aptidão para afetar substancialmente a situação econômica do empregador e, também, para provocar o encerramento de suas atividades, em razão do longo período de distanciamento social e da consequente prolongada redução da demanda.

Não se está aqui a defender a caracterização "prima facie" da pandemia decorrente da Covid-19 como motivo de força maior, mas sim a defender que, a depender das características da atividade explorada pelo empregador e dos impactos da crise de demanda sobre tal atividade, é adequado afirmar que a pandemia funciona como evento necessário, cujos efeitos são inevitáveis e para os quais o empregador não concorre, de modo que, em havendo encerramento da atividade do empregador, estar-se-ia diante do tipo previsto no art. 501 da CLT, sendo devida aos empregados dispensados a metade da indenização, nos moldes do art. 502 da mesma Consolidação.

Aliás, nesse particular, é salutar observar diversos estudos que apontaram as atividades mais impactadas e as menos impactadas pela crise econômico-sanitária decorrente da pandemia da Covid-19. Apurou-se, por exemplo, que os setores da cultura, do esporte e da educação foram excessivamente impactados, ao passo que os setores da agropecuária, da saúde e da comunicação foram menos impactados[(50)].

---

(49) SILVA, Gripe espanhola.

(50) Cultura, esporte e educação são setores mais prejudicados pela pandemia, diz estudo. *Estado de Minas*, 2020. Disponível em: <https://www.em.com.br/app/noticia/economia/2020/04/23/internas_economia,1141314/cultura-esporte-e-educacao-sao-setores-mais-prejudicados-pela-covid.shtml>. Acesso em: 02 out. 2020.

Outras apurações indicam que as atividades artísticas, criativas e de espetáculos e o transporte de pessoas foram severamente impactadas(51).

Por essas razões, portando, analisando-se no caso concreto as características da atividade explorada pelo empregador e os impactos que a crise econômico-sanitária decorrente da pandemia da Covid-19 provocou nessa atividade, conclui-se que tal evento ostenta aptidão para comprometer substancialmente a situação financeira e econômica do empregador ao ponto de implicar o encerramento de suas atividades ou de algum de seus estabelecimentos, nos exatos moldes do art. 501 da CLT.

Finalmente, corroborando a conclusão aqui defendida, a Medida Provisória n. 927/2020, no parágrafo único de seu art. 1º, estatuiu que o estado de calamidade reconhecido em razão da pandemia da Covid-19, "*[...] para fins trabalhistas, constitui hipótese de força maior, nos termos do disposto no art. 501 da Consolidação das Leis do Trabalho [...]*".

É bem verdade que, para parcela dos comentaristas da aludida Medida Provisória, o escopo de seu texto seria a preservação do emprego e da renda, e não a regulação das rupturas contratuais trabalhistas(52), porém três assertivas devem ser destacadas.

Primeira, o parágrafo único do art. 1º da Medida Provisória n. 927 é textual ao estatuir que, para fins trabalhistas, trata-se de força maior, inclusive fazendo menção expressa ao art. 501 da Consolidação das Leis do Trabalho.

Segunda, não se defendeu neste texto a caracterização "prima facie" e abstrata da crise econômico-sanitária como motivo de força maior, mas sim que, a depender das particularidades do caso concreto e das características da atividade explorada pelo empregador, a aludida crise poderia, sim, ser enquadrada no tipo do art. 501 da CLT.

E, terceira, ainda que não tivesse sido publicada a aludida Medida Provisória, o contorno jurídico aqui defendido de motivo de força maior poderia se amoldar perfeitamente à situação fática encontrada na crise econômico-sanitária decorrente da pandemia da Covid-19, de modo que o teor da Medida Provisória n. 927/2020 serve, tão somente, como reforço argumentativo na questão que se apresenta neste trabalho, até porque tal ato normativo nem mais se encontra em vigor, conforme Ato Declaratório do Presidente da Mesa do Congresso Nacional n. 92/2020.

Conclui-se o presente tópico, portanto, com a assertiva de que a crise econômico-sanitária decorrente da pandemia da Covid-19 não é, "prima facie" e abstratamente, caracterizada como motivo de força maior para toda e qualquer ruptura contratual,

---

(51) Governo apresenta lista com os setores mais prejudicados. *Estadão*, 2020. Disponível em: <https://economia.estadao.com.br/noticias/geral,governo-apresenta-lista-com-os-setores-mais-prejudicados-pela-pandemia,70003448663>. Acesso em: 02 out. 2020.

(52) Nesse sentido, CALCINI, Indenizações trabalhistas: força maior e fato do príncipe.

mas sim que, a depender da atividade explorada pelo empregador e dos impactos da crise de demanda sobre tal atividade, a pandemia pode ser qualificada como o evento necessário, cujos efeitos são inevitáveis e para os quais o empregador não concorreu, de modo que, em havendo o encerramento da atividade do empregador, estar-se-ia diante do tipo previsto no art. 501 da CLT, sendo devida aos empregados dispensados a metade da indenização, nos moldes do art. 502 da mesma Consolidação.

Conclusões

Após a identificação dos primeiros casos de Covid-19 em Wuhan, na China, em dezembro de 2019, não tardou para a patologia disseminar-se pelos diversos continentes do planeta, levando a Organização Mundial da Saúde a declarar a ocorrência de "pandemia global" e os Estados Nacionais a definirem concretamente as medidas de enfrentamento da pandemia provocada pelo novo coronavírus.

Objetivando conter a circulação do vírus no seio da população e, por consequência, evitar os efeitos nocivos da Covid-19 no aparelho respiratório humano, como medidas prementes de distanciamento social, inúmeros estabelecimentos tiveram que suspender temporariamente seu funcionamento, a circulação de pessoas nas cidades foi limitada e controlada e o atendimento presencial em repartições e órgãos públicos foi reduzido ao indispensável. Com exceção das atividades classificadas como essenciais e das atividades que permitem satisfatoriamente a prestação de serviço remoto, pode-se dizer que as demais atividades beiraram à inoperabilidade por meses.

Além das milhares de vidas ceifadas pela Covid-19 no Brasil, outro drama social que se abateu sobre os brasileiros foi a crise econômica que se instalou a partir da redução imediata e drástica da demanda, sendo que várias atividades empresárias e profissionais foram afetadas, o que implicou, entre outras consequências, o aumento significativo do desemprego e a consequente diminuição da renda da população.

Distintamente do que se viu em crises anteriores, essa redução drástica da demanda não decorreu da ausência de crédito, mas sim, inicialmente, da impossibilidade de circulação da grande maioria da população e da interrupção do funcionamento de diversos estabelecimentos, fatores que, salvo engano, não foram vistos em quaisquer das importantes crises vivenciadas pelas sociedades brasileira e estrangeira, daí por que se torna ainda mais complexo o seu enfrentamento.

As mais variadas áreas do conhecimento foram impactadas pela pandemia decorrente da Covid-19, desde a Medicina até a Ciência Jurídica, inclusive o Direito do Trabalho Brasileiro, no bojo do qual frequentemente é ventilada como corolário da pandemia da Covid-19 a extinção das relações de emprego, sendo que, por meio de judiciosos fundamentos, há quem defenda a existência de "fato do príncipe" como causa dessas rupturas contratuais, bem como há quem defenda a ocorrência de motivo de "força maior". Assim, parcela dos empregadores brasileiros invoca o fato do príncipe ou o motivo de força maior para amparar a ruptura dos contratos de trabalho de seus empregados, no afã de elidir ou minorar a responsabilidade pelos haveres finais e rescisórios devidos a esses trabalhadores.

Nesse contexto, é necessário aclarar a estrutura e o conceito desses institutos do Direito e verificar as hipóteses de incidência pertinentes ao Direito do Trabalho, tudo com o objetivo de realizar o correto enquadramento jurídico da situação peculiar surgida em razão da pandemia da Covid-19.

Começando pelo Fato do Príncipe, a partir de sua origem no Direito Administrativo Francês, trata-se do exercício de uma competência administrativa ou normativa pela Administração Pública que prejudica, de forma específica e direita, o equilíbrio econômico do contrato administrativo em detrimento do particular contratado, e não corresponde a ônus imposto aos administrados em geral. E, transportando tal teoria para os meandros do Direito do Trabalho, o Fato do Príncipe Trabalhista corresponde ao exercício de alguma competência material ou normativa pela Administração Pública que, no curso de uma relação empregatícia, opera-se em prejuízo de um dos contratantes, o empregador, de forma direta e específica, impossibilitando a continuação da atividade empresária ou profissional, desde que não se cuide de encargo geral imposto em detrimento de toda a sociedade.

Ao refletir especificamente sobre os efeitos da pandemia da Covid-19 sobre a sociedade brasileira, adstrito ao contorno doutrinário originário e à estrutura da incidência do instituto sobre a relação jurídica em prejuízo de um dos contratantes, é possível concluir que a crise econômico-sanitária decorrente do novo coronavírus não possui substrato teórico e normativo para ser enquadrada como "Fato do Príncipe Trabalhista", primeiro porque a pandemia da Covid-19 espraiou os seus efeitos em toda a sociedade brasileira (e mundial) e, segundo, porque os atos normativos e materiais das autoridades de saúde representaram verdadeiros ônus sociais para todos os brasileiros, de forma indiscriminada e difusa.

Em verdade, sob o aspecto teleológico, os atos materiais e normativos realizados pelos diversos Entes da Federação Brasileira não se deram em prejuízo ou em detrimento de um dos contratantes, mas sim em benefício e em proteção de toda a sociedade. E, se prejuízos ou ônus sociais houve, tais ônus foram impostos não somente a um dos contratantes, mas a ambos, o que também não se amolda à estrutura do instituto do Fato do Príncipe, ainda que a atividade do empregador, infelizmente, tenha sido encerrada como consequência das medidas de enfrentamento da pandemia.

Se esses aspectos relacionados à estrutura do instituto e ao alcance de seus efeitos não fossem suficientes à descaracterização do "Fato do Príncipe Trabalhista" no atual cenário de pandemia decorrente da Covid-19, ainda seria possível destacar fundamento amplamente defendido na doutrina trabalhista nacional, a saber: o risco da atividade, por imperativo legal, recai sobre o empregador, e não sobre o empregado.

Portanto, o conjunto de medidas das autoridades públicas para enfrentamento da pandemia decorrente da Covid não se enquadra como Fato do Príncipe, de modo que não se aplica nesse contexto o disposto no art. 486 da CLT.

Sobre o Motivo de Força Maior, este deve ser entendido, a teor do art. 501 da CLT, como o acontecimento necessário, cujos efeitos não podem ser evitados ou impedidos e que afetam substancialmente a situação econômica e financeira do empregador, de modo a provocar a cessação de sua atividade ou do estabelecimento a que se encontrava vinculado o empregado, desde que o empregador não tenha sido imprevidente nem tenha contribuído para a ocorrência do evento, ainda que indiretamente.

E, contrapondo-se tal acepção de "força maior" à descrição anteriormente feita da crise econômico-sanitária decorrente da Covid-19, é imperioso concluir que os efeitos deste evento, a depender da atividade explorada pelo empregador, são inevitáveis e alheios à sua vontade ou à sua conduta, possuindo intrinsecamente aptidão para afetar substancialmente a situação econômica do empregador e, também, para provocar o encerramento de suas atividades, em razão do longo período de distanciamento social e da consequente prolongada redução da demanda no mercado.

Não se cuida, contudo, de caracterização "prima facie" da pandemia decorrente da Covid-19 como motivo de força maior, mas sim de análise casuísta, pois, a depender das particularidades do caso concreto e dos impactos da crise de demanda sobre a atividade do empregador, a pandemia ostenta aptidão, sim, para funcionar como evento necessário, cujos efeitos são inevitáveis e para os quais o empregador não concorre, de modo que, em havendo o encerramento da atividade do empregador, estar-se-ia diante do tipo previsto no art. 501 da CLT.

Aliás, nesse particular, é salutar observar diversos estudos que apontaram as atividades mais impactadas e as menos impactadas pela crise econômico-sanitária decorrente da pandemia da Covid-19, o que permite ao aplicador do Direito do Trabalho, no caso concreto, avaliar as característica da atividade explorada pelo empregador, a duração e o impacto dos efeitos da crise sobre tal atividade e a existência ou não de substancial afetação da situação econômica e financeira que implicou o encerramento de seu funcionamento ou de algum de seus estabelecimentos.

E, em sendo verificado no caso concreto o motivo de força maior que redundou no encerramento da atividade do empregador ou do estabelecimento a que se encontravam vinculados os empregados e, consequentemente, na extinção dos contratos de trabalho desses empregados, a estes será devida, além do saldo de salário e das verbas rescisórias propriamente ditas, a indenização que seria exigível em caso de resilição contratual por iniciativa do empregador, porém reduzida à metade, conforme art. 502

do Consolidação das Leis do Trabalho, entendida a palavra "indenização" como aquela nominada nos arts. 477, 478, 479 e 497 da mesma Consolidação.

Em conclusão, portanto, a crise econômico-sanitária decorrente da pandemia provocada pela Covid-19 deve ser qualificada como motivo de força maior para fins de ruptura contratual, desde que impacte substancialmente a situação econômica e financeira do empregador ao ponto de provocar o encerramento de sua atividade e, por conseguinte, implique a extinção do contrato de trabalho de seus empregados, conforme análise casuística do aplicador do Direito, caso em que a indenização trabalhista devida a esses empregados será reduzida à metade, sem prejuízo do pagamento do saldo salarial e das verbas resilitórias.

Bibliografia

AZEVEDO, Álvaro Villaça. *Teoria Geral das Obrigações*. 9. ed. São Paulo: Revista dos Tribunais, 2001. p. 270.

BASTOS, Carlos Pinkusfeld; MATTOS, Fernando Augusto Mansor de. Crise subprime nos Estados Unidos: a reação do setor público e o impacto sobre o emprego. *Repositório do Conhecimento do IPEA*, 2020. Disponível em: <http://repositorio.ipea.gov.br/handle/11058/6213>. Acesso em: 30 set. 2020.

CALCINI, Ricardo. Indenizações trabalhistas: força maior e fato do príncipe. *Consultor Jurídico*, 2020. Disponível em: <https://www.conjur.com.br/2020-mai-28/pratica-trabalhista-indenizacoes-trabalhistas-forca-maior-fato-principe>. Acesso em: 26 ago. 2020.

CANOTILHO, José Joaquim Gomes. *Direito Constitucional*. 6. ed. Coimbra: Almedina, 1993.

CARRION, Valentin. *Comentários à Consolidação das Leis do Trabalho*. 28. ed. São Paulo: Saraiva, 2002

CARVALHO, Augusto Cesar Leite de. *Direito do Trabalho*. Aracaju: Evocati, 2011.

CARVALHO FILHO, José dos Santos. *Manual de Direito Administrativo*. 24. ed. Rio de Janeiro: Lumen Juris, 2011.

CASSAR, Vólia Bomfim. *Direito do Trabalho*. 15. ed. São Paulo: Método, 2018.

CAVALIERI FILHO, Sergio. *Programa de Responsabilidade Civil*. 6. ed. São Paulo: Malheiros, 2005.

DALLEGRAVE NETO, José Affonso. *Responsabilidade Civil no Direito do Trabalho*. 5. ed. São Paulo: LTr, 2014.

DELGADO, Mauricio Godinho. *Curso de Direito do Trabalho*. 18. ed. São Paulo: LTr, 2019.

DINIZ, Maria Helena. *Curso de Direito Civil Brasileiro – Teoria Geral das Obrigações*. 16. ed. São Paulo: Saraiva, 2002.

FERRAZ JUNIOR, Tercio Sampaio. *Introdução ao estudo do direito:* técnica, decisão, dominação. 4. ed. São Paulo: Atlas, 2003.

GAGLIANO, Pablo Stolze; PAMPLONA FILHO, Rodolfo. *Novo Curso de Direito Civil – Parte Geral.* 21. ed. São Paulo: Saraiva, 2019.

LIMA, Luís Antônio de Oliveira. Crise do petróleo e evolução recente da economia brasileira. *Scielo Brasil,* 1977. Disponível em: <https://www.scielo.br/scielo.php?script=sci_arttext&pid=S0034-75901977000200004>. Acesso em: 02 out. 2020.

MAGANO, Otávio Bueno. *Manual de Direito do Trabalho.* 3. ed. São Paulo: LTr, 1992.

MARTINEZ, Luciano. *Curso de Direito do Trabalho.* 3. ed. São Paulo: Saraiva, 2012.

MELLO, Celso Antônio Bandeira de. *Curso de Direito Administrativo.* 32. ed. São Paulo: Malheiros, 2015.

MENDES, Gilmar Ferreira; BRANCO, Paulo Gustavo Gonet. *Curso de Direito Constitucional.* 9. ed. São Paulo: Saraiva, 2014.

NASCIMENTO, Amauri Mascaro. *Curso de Direito do Trabalho.* 26. ed. São Paulo: Saraiva, 2011. p. 1.200.

OLIVEIRA, Francisco Antônio de. *Manual de Processo do Trabalho.* 4. ed. São Paulo: LTr, 2011.

OLIVEIRA, Sebastião Geraldo de. *Indenizações por Acidente do Trabalho ou Doença Ocupacional.* 7. ed. São Paulo: LTr, 2013.

PAULA, Luiz Fernando de; PIRES, Manuel. Crise e perspectivas para a economia brasileira. *Scielo Brasil,* 2017. Disponível em: <https://www.scielo.br/scielo.php?script=sci_arttext&pid=S0103-40142017000100125&lng=pt&tlng=pt>. Acesso em: 30 set. 2020.

REALE, Miguel. *Lições Preliminares de Direito.* 27. ed. São Paulo: Saraiva, 2009.

SAAD, Eduardo Gabriel. *Consolidação das Leis do Trabalho Comentada.* 24. ed. São Paulo: LTr, 1993.

SILVA, Daniel Neves. Gripe espanhola. *História no Mundo,* 2020. Disponível em: <https://www.historiadomundo.com.br/idade-contemporanea/gripe-espanhola.htm>. Acesso em: 02 out. 2020.

SILVA, Homero Batista Mateus da. *Curso de Direito do Trabalho Aplicado* – Vol. 6. 3. ed. São Paulo: Revista dos Tribunais, 2015.

TARTUCE, Flávio. *Direito Civil:* Direito das Obrigações e Responsabilidade Civil – Vol. 2. 14. ed. Rio de Janeiro: Forense, 2019.

WALD, Arnoldo. *Curso de Direito Civil Brasileiro – Obrigações e Contratos.* 9. ed. São Paulo: Revista dos Tribunais, 1990.

4. Teletrabalho e Isolamento Social

André Eduardo Dorster Araújo[1]

Introdução

Tradicionalmente, quando pensamos em trabalho subordinado nos vem à mente a noção enraizada — desde a revolução industrial — de um trabalho realizado nas dependências do empregador, presencial, pautado no modelo taylorista-fordista de produção.

Porém, a evolução tecnológica, as mudanças de gestão e o contexto de economia globalizada têm-nos conduzido para um novo paradigma de trabalho: o teletrabalho.

Com efeito, o desenvolvimento de tecnologias de informação (e a redução dos custos a si associados[2]), modificou em grande medida as possibilidades ao trabalho humano, tornando viável uma migração do local de trabalho das dependências da empresa para um trabalho remoto, por vezes na própria residência do trabalhador[3].

Com efeito, *"é um dado que a tecnologia, sobretudo na área informática e robótica, constitui um dos factores do declínio da empresa como centro jurídico, físico e social de produção que agrega um colectivo de trabalhadores..."*.[4]

Vivemos, verdadeiramente, a era da *sociedade da informação*, em que as distâncias se reduziram, as formas de comunicação ampliaram-se pelo uso da *internet* (ferramentas

---

(1) Juiz do Trabalho Substituto do Tribunal Regional do Trabalho da 2ª Região. Mestrando em Direito pela Universidade Presbiteriana Mackenzie. Pós-graduado em Direito do Trabalho e Processo do Trabalho pela Universidade Presbiteriana Mackenzie. Pós-graduado em Direito do Trabalho pela Universidade de Lisboa. Graduado pela Universidade Presbiteriana Mackenzie. Professor do curso preparatório ProMagis. Professor Unversitário. Professor da Escola Judicial do TRT da 2ª Região (EJUD2).

(2) REDINHA, Maria Regina Gomes. *O Teletrabalho. II Congresso Nacional de Direito do Trabalho.* Coimbra: Almedina, 1999. p. 84.

(3) SOUSA, Sérgio. *Recursos Humanos & Tecnologias de Informação.* Lisboa: FCA Editora de Informática, 1999. p. 111.

(4) REDINHA, Maria Regina Gomes. *Op. cit.*, p. 84

de teleconferência, *chat*, redes sociais, etc.), e as informações quase sempre são obtidas de imediato.

Quando se diz *sociedade da informação*(5), quer-se aludir ao contexto social atual, em que a informação ocupa o centro da vida econômica, não a produção de bens ou serviços. A informação assume o papel de base da produtividade e do crescimento econômico, ancorada nas novas tecnologias de informação e comunicação com o objetivo de promover um aumento da qualidade de vida dos cidadãos(6). A informação, o conhecimento e as ideias assumem-se como componentes fundamentais de valor.

Trata-se do resultado da soma entre a revolução tecnológica sem precedentes na história humana e a necessidade premente por eficiência e especialização das empresas numa economia globalizada(7).

Tal sociedade pode ser sintetizada como aquela em que a informação é a força motriz da economia globalizada, tendente a romper fronteiras temporais, espaciais e geográficas antes intransponíveis, apoiada numa liberdade de informação e que aposta na melhoria da qualidade de vida das pessoas.

Sociedade da informação e teletrabalho, portanto, têm íntima relação, dadas as vantagens que este apresenta sob aspectos de gestão e produtividade.

A tendência de crescimento do teletrabalho é mundial. Vale como exemplo a existência de 26,2 milhões de trabalhadores estadunidenses que adotam o *home office*(8). No âmbito europeu, entre 3 e 6%(9) da mão de obra era de teletrabalhadores no final da década de 1990, num total aproximado de 9 milhões de trabalhadores. Segundo estatísticas, alguns países tiveram crescimento extraordinário entre 1994 e 1999, a exemplo de Holanda (17%) e Dinamarca (11,2%)(10). No Japão, segundo estatísticas de 2001, havia cerca de 2,09 milhões de teletrabalhadores altamente especializados

---

(5) *Sociedade pós-industrial, economia da informação* ou *terceira vaga*.

(6) DRAY, Guilherme. Teletrabalho, sociedade da informação e direito. *Estudos do Instituto de Direito do Trabalho*, Coimbra, Almedina, vol. III, 2002, p. 263.

(7) RAMALHO, Maria do Rosário Palma. "Teletrabalho: reflexões sobre uma projecção da sociedade da informação no mundo do trabalho". *Direito da Sociedade da Informação*, Coimbra, Coimbra Editora, vol. V, 2004, p. 187.

(8) Disponível em: <http://exame.abril.com.br/carreira/noticias/mais-de-26-milhoes-de-americanos-ja-aderiram-ao-teletrabalho>. Acesso em: 23 maio 2016.

(9) As estatísticas possuem inconsistências, talvez em virtude da dificuldade de conceituação do que é teletrabalho. Tais variáveis ficam patentes diante dos números apontados por Guilherme Dray e Maria Regina Gomes Redinha. Para dados mais detalhados: DRAY, Guilherme. *Op. cit.*, p. 262 e REDINHA, Maria Regina Gomes. *Op. cit.*, p. 83-84.

(10) REBELO, Glória. *Trabalho e Igualdade*. Mulheres, Teletrabalho e Trabalho a tempo parcial. Celta: Oeiras, 2002. p. 68.

(*white collar worker*)[11]. Este movimento também se dá no Brasil, onde o Censo de 2010 constatou que, dos 75.267.549 brasileiros economicamente ativos, 19.995.919 exerciam seu trabalho principal na própria residência[12], sendo parcela destes teletrabalhadores, num total estimado pela SOBRATT (Sociedade Brasileira de Teletrabalho e Teleatividades) de 10 milhões de pessoas[13].

Com o contexto de pandemia pela Covid-19, estes números se ampliaram em salto exponencial, sendo certo que pesquisas[14] indicam que em julho de 2020 cerca de 46% das empresas brasileiras adotaram a figura do *home office*[15], e destas cerca de 63% pretende manter o teletrabalho, ao menos em boa para parte de seu quadro de empregados (entre 25 a 50% do total de empregados).

Vê-se, pois, que o teletrabalho ganhou fôlego e veio para ficar, sendo relevantíssimo o estudo do tema em todos os seus matizes.

Escorço histórico

O trabalho em domicílio, embrião do atual teletrabalho, remonta ao período do Renascimento[16], numa organização produtiva gremial que, paulatinamente, foi sendo substituída pela concentração de mão de obra nas fábricas após a revolução industrial.

Obviamente tal transformação no modo de produção foi lenta, de modo que mesmo no furor industrial do início do século XIX continuou possuindo relevância produtiva, a ponto de o sistema capitalista passar a dispor de dois tipos de trabalhadores: os *internos* e os *externos*[17]. Nos dizeres de Karl Marx:

> (...) além dos operários fabris, dos operários de manufactura e dos artesãos, que ele em grandes massas espacialmente concentra e directamente comanda, o capital movimenta, por meio de fios invisíveis, um

(11) DRAY, Guilherme. *Op. cit.*, p. 262.

(12) Fonte: IBGE — Instituto Brasileiro de Geografia e Estatística Censo 2010. Disponível em: <www.ibge.gov.br>. Acesso em: 23 maio 2016.

(13) *Apud* MENDONÇA, Marcelo. A inclusão dos *"home offices"* no setor residencial no município de São Paulo. 2010. Tese (Doutorado em Tecnologia da Arquitetura) - Faculdade de Arquitetura e Urbanismo, Universidade de São Paulo, São Paulo, 2010. Disponível em: <http://www.teses.usp.br/teses/disponiveis/16/16132/tde-25112010-145910/>. Acesso em: 23 maio 2016, p. 66.

(14) Disponível em: <https://agenciabrasil.ebc.com.br/economia/noticia/2020-07/home-office-foi-adotado-por-46-das-empresas-durante-pandemia>.

(15) Espécie de teletrabalho, como veremos adiante.

(16) BARROS, Alice Monteiro de. *Curso de Direito do Trabalho*. 6. ed. São Paulo: LTr, 2010. p. 321.

(17) BATALHA, António Lopes. *A Alienabilidade no Direito Laboral*. Trabalho no Domicílio e Teletrabalho. Lisboa: Edições Universitárias Losófonas, 2008. p. 183.

> outro exército de operários domiciliários dispersos pelas grandes cidades e campos... O local de trabalho faz parte da sua residência privada(18).

No direito brasileiro, até o advento da Lei n. 13.467/17, o vetusto art. 6º da CLT, em sua redação originária, já previa a figura do trabalho em domicílio.

Obviamente, trabalho em domicílio não se confunde com teletrabalho, como abordaremos em momento oportuno, contudo, não deixa de ser relevante mencionar que desde o advento da CLT, o trabalho *deslocalizado*, ou seja, fora das dependentes do empregador, já possuía disciplina legal (mesmo que bastante precária).

O teletrabalho propriamente, por sua vez, ficou à margem de disciplina específica até o advento da Lei n. 13.467/17, sendo certo, até então, contávamos com a incipiente disciplina do art. 6º, parágrafo único, da CLT, com redação dada pela Lei n. 12.551/2011 (que versa sobre subordinação jurídica no trabalho à distância).

Assim, o inédito art. 75-A da CLT passou a nos esclarecer que o regime do Teletrabalho é regulamentado pelo Capítulo II-A da CLT, no qual se destrincham as peculiaridades desta especial forma de prestação de serviços.

Não significa, à toda evidência, que o teletrabalhador não goze da proteção jurídica dos empregados em geral, vez que como empregado os direitos constitucionais do art. 7º, assim como as balizas gerais da CLT lhe são aplicáveis (férias, remuneração, isonomia salarial, etc.). Inclusive normas extravagantes, aplicáveis aos empregados em geral, também são destinadas aos teletrabalhadores, como Repouso Semanal Remunerado (Lei n. 605/49), gratificação natalina (Lei n. 4.090/62), FGTS (Lei n. 8.036/90), e assim por diante.

Deste modo, tal qual o faz com outros trabalhadores especiais (minas de subsolo, professores, etc.), a Lei n. 13.467/17 trouxe à CLT um capítulo destinado a disciplinar as particularidades dos teletrabalhadores, trazendo regras especiais e excetivas quanto a alguns temas.

Conceito de teletrabalho

Consoante o novel art. 75-B da CLT, podemos extrair algumas conclusões sobre o teletrabalho: (i) é um trabalho realizado preponderantemente fora das dependências do empregador, porém, não é um trabalho externo; (ii) o comparecimento episódico, para tarefas específicas, nas dependências do empregador não descaracteriza o regime de teletrabalho; (iii) é um trabalho que faz necessariamente uso de ferramentas telemáticas de comunicação e informação.

As características indicadas pela lei, portanto, se amoldam bastante ao conceito proposto pela OIT em 1990, ao qual nos filiamos: *forma de trabalho efectuada em lugar*

---

(18) *Apud* BATALHA, António Lopes. *Op. cit.*, p. 183.

distante da empresa ou do centro de produção e que implica uma nova tecnologia que permite a separação e facilita a comunicação[19].

Exige-se, pois, a conjugação de um trabalho *deslocalizado* e o uso de meios informáticos/telemáticos de comunicação que ponham em contato empregado e empregador.

É figura muito próxima à do trabalho em domicílio (seu embrião, como visto), mas que deste se diferencia pelo uso da tecnologia da informação e pelo fato de que não há necessidade imperiosa que o labor se dê em domicílio.

O trabalho em domicílio realiza-se na residência do trabalhador e tem por mote tarefas artesanais e essencialmente manuais para a produção de bens de consumo (como os clássicos exemplo das costureiras e lavadeiras), diferentemente do que se verifica com o teletrabalhador, que necessita justamente dos meios telemáticos para executar o seu trabalho de qualquer parte do globo (como por exemplo um engenheiro da computação, um advogado, etc.).

Do conceito legal exsurge um problema: o que é trabalho *preponderante* fora das dependências do empregador?

No direito comparado, parte da doutrina considera[20] como critério distintivo desta preponderância o fato do teletrabalhador desenvolver ao menos 50% da sua atividade deslocalizado.

Considerando que nossa legislação exige *preponderância*, parece-nos que a interpretação plausível deve caminhar neste sentido, vez que nosso legislador optou por um parâmetro de prevalência de atividades remotas, diferentemente do que ocorre, por exemplo, no direito português, que fala em trabalho *habitual* fora da empresa[21].

Sob o enfoque organizacional, podemos divisar algumas modalidades de teletrabalho, comumente apresentadas pela doutrina:

I) Quanto ao local de trabalho:

- Fixo ou *telecommuting*[22]: caracteriza-se pelo envio de dados de ponto fixo. Pode se dar da casa do trabalhador (*home-office*) ou postos de serviço com

(19) BATALHA, António Lopes. *A Alienabilidade no Direito Laboral*. Trabalho no Domicílio e Teletrabalho. Lisboa: Edições Universitárias Losófonas, 2008. p. 260.

(20) *Apud* REDINHA, Maria Regina Gomes. O Teletrabalho. *II Congresso Nacional de Direito do Trabalho*, Lisboa, Almedina, 1999, p. 99.

(21) Art. 165 do Código do Trabalho Português de 2009.

(22) BELMONTE, Alexandre Agra. *Op. cit.*, p. 463.

meios informáticos e de telecomunicação (telecentros[23], centro ou escritório-satélite[24] ou *telecottage*[25]).

- Móvel ou *teleworking*[26]: trabalho realizado de forma premente fora das dependências da empresa com o envio de dados de pontos variáveis, ou seja, sem um ponto fixo de suporte.

II) Quanto ao modo de comunicação:

- *On line*: caracterizado pela transmissão em tempo real, de forma constante, ou seja, com conexão permanente entre trabalhador e empresa;
- *Off line*: em que não há a conexão permanente, mas sim, há momentos específicos de conexão com a empresa para a entrega de dados.

Estas classificações, por óbvio, não são parametrizações estanques, até porque, inexistem diretrizes legais a respeito e a criatividade humana pode revelar novas formas. São meras possibilidades empiricamente aferidas pela doutrina no cotidiano da gestão empresarial.

De todo modo, são classificações que interessam ao direito, na medida em que podem impactar no grau de subordinação jurídica do trabalhador, ponto nevrálgico da relação empregatícia[27], inclusive podem ser relevantes para aferirmos se de fato, no caso concreto, estará o teletrabalhador excluído do capítulo da duração do trabalho[28].

Com efeito, num exemplo prático, o teletrabalho realizado *off line* num *telecentro* possui, obviamente, um grau de subordinação mais rarefeito do que aquele prestado *on line* num *home office* estruturado pelo empregador. Na subordinação, portanto, reside a dificuldade *no apuramento dos exactos contornos do caso concreto, como, aliás, sucede na análise de toda actividade com uma natureza controvertida*[29].

Vantagens e desvantagens do teletrabalho

O recente fortalecimento do teletrabalho, a par da necessidade premente imposta pela pandemia da Covid-19, é lastreado em inúmeras vantagens quer para o trabalhador, quer para a gestão empresarial.

---

(23) Centros em que se colocam à disposição de uma comunidade meios informáticos e de comunicação abertos ao público geral, não necessariamente à prestação de trabalho. Neste sentido REDINHA, Maria Regina Gomes. *Op. cit.*, p. 93.

(24) Segundo REDINHA, Maria Regina Gomes. *Op. cit*,. p. 93: "É uma unidade física, apartada da sede ou localização central da empresa, onde vários trabalhadores partilham o espaço e equipamento

(25) Centros localizados em áreas rurais subdesenvolvidas, com o intuito de fomentar o desenvolvimento destas regiões. Neste sentido DRAY, Guilherme. *Op. cit.*, p. 268.

(26) BELMONTE, Alexandre Agra. *Op. cit.*, p. 463.

(27) Recomendamos ao leitor os comentários ao art. 6º da CLT.

(28) Recomendamos ao leitor recorrer aos comentários ao art. 62 da CLT.

(29) REDINHA, Maria Regina Gomes. Op. *cit.*, p. 93.

Não por outra razão, como visto, há um expressivo número de empregadores que pretendem manter, ao menos parcialmente, esta forma de execução dos contratos de emprego, mesmo passada a pandemia.

Dentre as vantagens à organização empresarial, podemos destacar as seguintes:[(30)(31)] (i) redução dos custos de instalações associados à presença física dos empregados; (ii) redução do absenteísmo motivado por motivos familiares dos empregados; (iii) consequente aumento de produtividade pela redução do absenteísmo e flexibilidade na organização do trabalho; (iv) obtenção de recursos humanos especializados, mesmo que geograficamente distantes da sede da empresa.

Merecem especial menção os exemplos de aumento de produtividade trazidos por Vittorio Di Martino e Linda Wirth em projetos piloto conduzidos pelas empresas *New York Telephone* e *Central Data Corporation*, ambas estadunidenses, os quais indicaram ganho de produtividade de 43% e 20%, respectivamente[(32)].

Para o trabalhador, a doutrina indica benefícios no que tange à maior flexibilidade de horários, melhor equilíbrio/articulação profissional e familiar[(33)], ambiente de trabalho mais confortável[(34)], desempenho profissional com maior autonomia[(35)], desenvolvimento de maior senso de responsabilidade[(36)], redução do tempo despendido no deslocamento em grandes cidades, eliminação de custos com alimentação e deslocamento[(37)] e maiores oportunidades de emprego[(38)] (já que não há limites geográficos).

A par destes, o teletrabalho traz grande fomento à empregabilidade de pessoas com deficiências (especialmente com dificuldades de locomoção)[(39)] e de indivíduos em áreas rurais e mais isoladas, sendo importante ferramenta para maior *racionalização dos recursos territoriais e um funcionamento mais homogêneo e equilibrado do mercado nacional de emprego*[(40)].

---

(30) SOUSA, Sérgio. *Op. cit.*, p. 114.

(31) RAMALHO, Maria do Rosário Palma. *Op. cit.*, p. 189.

(32) DI MARTINO, Vittorio e WIRTH, Linda. Telework: A new Way of Working and living. *International Labour Review*, vol. 129, 1990, n. 5, p. 531. Disponível em: <http://www.ilo.org/public/english/support/itcom/downloads/pdf/distance.pdf>. Acesso em: 16 jul. 2016.

(33) REDINHA, Maria Regina Gomes. *Op. cit.*, p. 89.

(34) DRAY, Guilherme. *Op. cit.*, p. 271.

(35) *ibidem*, p. 271.

(36) REDINHA, Maria Regina Gomes. *Op. cit.*, p. 89.

(37) DRAY, Guilherme. *Op. cit.*, p. 271

(38) *ibidem*, p. 271

(39) REDINHA, Maria Regina Gomes. *Op. cit.*, p. 89.

(40) REDINHA, Maria Regina Gomes. *Op. cit.*, p. 91.

Neste particular, vale mencionar o exemplo do projeto-piloto conduzido pela empresa *American Express*, o qual se mostrou extremamente eficaz para empregar pessoas com deficiências(41).

Acresçam-se benefícios relacionados ao meio ambiente e à sociedade em geral, como: a redução de custos energéticos e de poluição pelo deslocamento diário nas grandes cidades(42); melhor gestão de espaços urbanos e descongestionamento dos centros urbanos(43).

Certo é, porém, que o teletrabalho também revela um lado desvantajoso ao trabalhador sob diversos enfoques, dentre os quais a doutrina indica: (i) o desenraizamento social do trabalhador, *que empobrece a experiência profissional, dificulta a continuidade de uma carreira e enfraquece as probabilidades de promoção*(44)(45); (ii) a dificuldade de organização sindical(46); (iii) a degradação das competências dos trabalhadores em razão da limitação de comunicação com colegas de trabalho e a chefia; (iv) o excesso de fiscalização do trabalho, tendente ao incremento de produção, decorrente do sistema *panóptico*(47) implementado pelas novas tecnologias(48); (v) a dificuldade de divisar os momentos de trabalho e de descanso(49); e (vi) riscos ocupacionais atinentes a ergonomia e isolamento social.

---

(41) DI MARTINO, Vittorio e WIRTH, Linda. *Op. cit.*, p. 532.

(42) BARROS, Alice Monteiro de. *Op. cit.*, p. 330. No mesmo sentido REDINHA, Maria Regina Gomes. *Op. cit.*, p. 89.

(43) DRAY, Guilherme. *Op. cit.*, p. 271.

(44) REDINHA, Maria Regina Gomes. *Op. cit.*, p. 90.

(45) Segundo pesquisa conduzida por Jorge Balsan, 74% dos teletrabalhadores entrevistados sentiam-se isolados. *Apud* MUÇOUÇAH, Renato de A. Oliveira. Considerações Acerca do Poder Diretivo do Empregador no Teletrabalho. *Revista* LTr, São Paulo, LTr, vol. 69, n. 04, abr. 2005, p. 446.

(46) PÉREZ DE LOS COBOS, Francisco; ARANDA, Javier Thibault. *Op. cit.*, p. 88.

(47) O panóptico é idealização de Jeremy Bentham de uma prisão circular, onde um observador central poderia ver todos os locais onde houvesse presos.

(48) MUÇOUÇAH, Renato de A. Oliveira. *Op. cit.*, p. 449. Segundo o autor: Para que o trabalho seja otimizado, na lógica da empresa, o empregado deve produzir o máximo no menor tempo possível. A vigilância mediante o próprio instrumento de trabalho aperfeiçoa-se também em razão do olhar. Há olhos invisíveis, múltiplos, a ver tudo o que faz o trabalhador, sem que este veja quem o analisa à distância. É o panoptismo... O desenvolvimento da informática ressuscitou com mais vigor, desta forma, métodos de controle e punição do século XVII. A empresa, local de muitas trocas e individualidades que se fundem, cede agora à solidão do computador, por meio do qual cada trabalhador pode ser individualizado, separado e controlado. E, desta maneira, o estado consciente e perene de vigilância garante o funcionamento automático do poder, independentemente de o empregador estar ou não fiscalizando seus empregados. Finda-se o binômio ver, ser-visto.

(49) ESTRADA, Manuel Martin Pino. A escravização digital no teletrabalho e nos mundos virtuais e comentários à Lei n. 12551 de 2011. In: *Âmbito Jurídico*, Rio Grande, XV, n. 100, maio 2012. Disponível em: <http://www.ambitojuridico.com.br/site/?n_link=revista_artigos_leitura&artigo_id=11525>. Acesso em 16 jul. 2016.

No âmbito das desvantagens empresariais, a doutrina costuma indicar: (i) custos de implementação e manutenção de equipamentos remotos(50); (ii) dificuldades para efetivo controle da prestação de serviços e confidencialidade das informações(51); e (iii) dificuldades de articulação e transmissão das ordens aos diversos trabalhadores deslocalizados(52).

Além destas, podemos citar a limitação lógica que o teletrabalho acaba possuindo para atividades que envolvam informação. Por questões operacionais, é muito mais dificultoso ao teletrabalho invadir áreas industriais que envolvem a criação corpórea de bens, sua montagem, embalagem, etc., afinal, estas atividades pressupõe a manipulação direta ou presença física do trabalhador nas dependências da empresa(53).

Por fim, num enfoque coletivo, o teletrabalho pode se revelar como uma ferramenta perversa de *dumping*(54), na medida em que grandes corporações podem se valer da deslocalização do trabalho para países com menor proteção social de modo a reduzir custos trabalhistas(55).

No presente trabalho, nos focaremos mais especificamente ao aspecto da saúde ocupacional, em específico, o problema do isolamento social.

Riscos ocupacionais no teletrabalho

Como qualquer ocupação profissional, o teletrabalho apresenta riscos ocupacionais.

Dentre os principais, podemos citar aspectos atinentes a: (i) ergonomia do local de trabalho, que pode desaguar em doenças como Lesão por Esforço Repetitivo — LER e Distúrbio Osteomuscular Relacionado ao Trabalho — DORT(56) (57);

---

(50) REDINHA, Maria Regina Gomes. *Op. cit.*, p. 90.

(51) *ibidem*, p. 90.

(52) DRAY, Guilherme. *Op. cit.*, p. 273.

(53) REDINHA, Maria Regina Gomes. *Op. cit.*, p. 88.

(54) Prática de comércio internacional em que se faz a venda de produtos em praças estrangeiras por preços sistematicamente inferiores ao do mercado interno. *Apud* PINTO, José Augusto Rodrigues. *Dumping* Social ou Delinquência Patronal na Relação de Emprego? *Revista do TST*, Brasília, vol. 77, n. 3, jul./set. 2011, p. 137-138.

(55) Maria Regina Gomes Redinha nos dá como exemplos as empresas do Vale do Silício que contratam técnicos de software na Índia e o caso da Siemens que contrata trabalhadores filipinos para telemanutenção. Apud REDINHA, Maria Regina Gomes. *Op. cit.*, p. 91.

(56) FINCATO, Denise Pires. Saúde, Higiene e Segurança no Teletrabalho: reflexões e dilemas no contexto da dignidade da pessoa humana trabalhadora. *Revista Direitos Fundamentais & Justiça*, Porto Alegre, ano 3, n. 9, out./dez. 2009. Disponível em: <Porto Alegre. Disponível em <http://www.dfj.inf.br/Arquivos/PDF_Livre/09_artigo_05.pdf>. Acesso em: 18 jul. 2016. p. 119.

(57) MONTREUIL, Sylvie; LIPPEL, Katherine. Telework and occupational health: a Quebec empirical study and regulatory implications. *Revista Safety Science*, Elsevier, n. 41, out. 2002, p. 345.

(ii) deficiência de iluminação e exposição excessiva ao ecrã dos computadores[58]; (iii) excesso de ruído ambiental ou no uso de fones (*head phones*) para comunicação, como se dá nos trabalhos de teleatendimento/*telemarketing*[59]; (iv) conforto término do ambiente laboral[60]; e (v) aspectos psicológicos relacionados ao estresse para adaptação, excesso de jornadas e o isolamento social do teletrabalhador[61].

Especificamente quanto ao isolamento social, tema de nosso estudo, bem propugna Fincato[62]:

> Já no que diz respeito à saúde mental e ao bem estar social do teletrabalhador, um dos principais pontos a serem discutidos e enfrentados relacionam-se ao isolamento social do mesmo, que via de regra deixa de conviver com colegas de trabalho e muitas vezes se sente excluído da própria sociedade na medida em que, com o tempo, pode deixar de enxergar o resultado efetivo de seu trabalho, a importância do trabalho por ele desempenhado para a coletividade e a quebra de vínculo e identidade com os que o cercam. Circunstâncias como estas geram um profundo sentimento de angústia e sensação de desamparo no teletrabalhador, podendo, até mesmo, originar transtornos mentais diversos como a depressão, dependência de substâncias psicoativas, síndrome do pânico, dentre outras.

A questão ganha especial relevo no contexto atual de pandemia, em que há uma majoração dos efeitos do isolamento para além das relações laborais.

Com efeito, vivenciamos momentos de total distanciamento de familiares, amigos e colegas de trabalho por força do estado de calamidade pública[63], inclusive com muitas cidades pelo país em *lockdown*[64] e as diversas medidas restritivas à locomoção permitidas pela Lei n. 13.979/20. Logo, os efeitos do isolamento social são potencializados para os teletrabalhadores.

Da proteção à saúde e segurança do teletrabalhador

A saúde e a segurança no trabalho são direitos fundamentais inerentes à condição humana, verdadeiros corolários dos direitos fundamentais à vida, saúde e segurança

---

(58) PÉREZ DE LOS COBOS, Francisco e ARANDA, Javier Thibault. *Op. cit.*, p. 77.

(59) *ibidem*, p. 77

(60) *Idem*.

(61) *Ibidem*. p. 347.

(62) Fincato, D. (2009). Saúde, higiene e segurança no teletrabalho. *Revista Brasileira De Direitos Fundamentais & Justiça*, 3(9), 101-123. Disponível em: <https://doi.org/10.30899/dfj.v3i9.467>, p. 121.

(63) *Vide* o Decreto Legislativo n. 06 de 2020. Disponível em: <http://www.planalto.gov.br/ccivil_03/portaria/DLG6-2020.htm>. Acesso em: 20 nov. 2020.

(64) Confinamento.

(arts. 3º[65] e 25º, I[66], da Declaração Universal dos Direitos Humanos), como deixam certos diversos normativos internacionais, a exemplo de: PIDESC (art. 12), Protocolo de San Salvador (art. 7º) e Declaração Sociolaboral do Mercosul (art. 25).

Não por outra razão, a OIT, desde os idos de sua constituição[67], preocupa-se com a saúde dos trabalhadores, preocupação esta que reverbera em diversas Convenções, dentre elas, vale citar algumas das principais: 148, 155 e 161.

Especificamente a Convenção n. 155, uma das mais relevantes, traz o dever de proteção à saúde e segurança no trabalho, impondo em todos os setores da atividade econômica o dever patronal de garantir locais de trabalho, maquinários, equipamentos, operações e processos seguros para os trabalhadores[68].

Em igual vetor axiológico, a Constituição Federal de 1988, já em seu preâmbulo, revela que a República Federativa do Brasil se assenta, dentre outros princípios, na garantia de exercício dos direitos sociais, na segurança e no bem-estar de seus cidadãos, sendo fundada na dignidade da pessoa humana (art. 1º, III) e na valorização do trabalho (art. 1º, IV). Não por outra razão, dentre os direitos sociais fundamentais do art. 7º da Carta Republicana encontra-se a redução dos riscos inerentes ao trabalho, por meio de normas de saúde, higiene e segurança (inciso XXII), a consagrar o princípio do risco mínimo regressivo[69].

No âmbito infraconstitucional, temos o art. 157 da CLT, que fixa a obrigação patronal de cumprir e fazer cumprir as normas de segurança e medicina do trabalho, assim como as Normas Regulamentadoras, que disciplinam regras sobre redução de riscos ocupacionais.

---

(65) Art. 3º Todo ser humano tem direito à vida, à liberdade e à segurança pessoal.

(66) Art. 25º

1. Toda a pessoa tem direito a um nível de vida suficiente para lhe assegurar e à sua família a saúde e o bem-estar, principalmente quanto à alimentação, ao vestuário, ao alojamento, à assistência médica e ainda quanto aos serviços sociais necessários, e tem direito à segurança no desemprego, na doença, na invalidez, na viuvez, na velhice ou noutros casos de perda de meios de subsistência por circunstâncias independentes da sua vontade.

(67) No Anexo a **, consta a declaração dos fins e objetivos da OIT, dentre eles, no item III, *"g"*, *in verbis*: assegurar uma proteção adequada da vida e da saúde dos trabalhadores em todas as ocupações;

(68) Art. 16 – 1. Deverá ser exigido dos empregadores que, na medida que for razoável e possível, garantam que os locais de trabalho, o maquinário, os equipamentos e as operações e processos que estiverem sob seu controle são seguros e não envolvem risco algum para a segurança e a saúde dos trabalhadores. 2. Deverá ser exigido dos empregadores que, na medida que for razoável e possível, garantam que os agentes e as substâncias químicas, físicas e biológicas que estiverem sob seu controle, não envolvam riscos para a saúde quando são tomadas medidas de proteção adequadas. 3. Quando for necessário, os empregadores deveriam fornecer roupas e equipamentos de proteção adequados a fim de prevenir, na medida que for razoável e possível, os riscos de acidentes ou de efeitos prejudiciais para a saúde.

(69) FELICIANO. Guilherme Guimarães. Nanotecnologia e o Meio Ambiente do Trabalho: sobre a tutela jusfundamental do trabalhador em horizontes de incerteza. *Revista LTr*, São Paulo, v. 81, n. 11, nov. 2017, p. 1311.

Quanto ao teletrabalhador, o art. 75-E da CLT (inserido pela Lei n. 13.467/17) traz a obrigação do empregador em instruir *de maneira expressa e ostensiva* os teletrabalhadores quanto às precauções a fim de evitar doenças e acidentes de trabalho.

Importante registrar que, o art. 75-E deve ser interpretado à luz das diretrizes constitucionais, regras gerais da CLT e Normas Regulamentadoras, de molde que, não só deve o empregador orientar os teletrabalhadores de forma expressa e ostensiva quanto às cautelas, como também deve adotar medidas efetivas para efetivar a saúde ocupacional de seus empregados, inclusive fiscalizando a observância destas cautelas, estruturando o posto de trabalho adequadamente e implementando rotinas de trabalho que afastem os riscos ocupacionais conhecidos.

Saúde e isolamento social

Como visto, o isolamento social e seus impactos à saúde mental são fonte de preocupação na realidade do teletrabalho.

A problemática, contudo, reside na ausência de disciplina normativa específica para mitigar este risco ocupacional.

Com efeito, a ordem jurídica brasileira carece de normativos específicos a respeito, quer na CLT ou leis esparsas, quer em Normas Regulamentadoras.

Isto não significa dizer, no nosso sentir, que medidas não devam ser adotadas pelos empregadores, inclusive por força de todo o lastro Constitucional e Internacional de proteção à saúde no trabalho, supra aludido.

Até porque, como é cediço, em matéria de saúde e segurança no meio ambiente laboral, vigoram os princípios da precaução e da prevenção, a impor ao empregador cautelas para eliminar riscos ocupacionais prováveis.

Especificamente quanto a precaução, este foi firmado na Declaração do Rio de Janeiro sobre Meio Ambiente e Desenvolvimento (Rio 92), nos seguintes termos: *quando houver perigo de dano grave ou irreversível, a falta de certeza científica absoluta <u>não</u> deverá ser utilizada como razão para que seja adiada a adoção de medidas eficazes em função dos custos para impedir a degradação ambiental.*

Trata-se de princípio ambiental, que opera efeitos em todos os tipos de meio ambiente, dentre eles, o laboral, forte nos arts. 200, VIII, da CF, c/c art. 225 da CF.

Logo, à mingua de disciplina legal específica, e diante de todo arcabouço normativo que impõe a proteção à saúde dos trabalhadores e princípios correlatos, parece-nos que a matéria exige integração pelas formas indicadas no art. 8º da CLT, com especial atenção ao Direito Comparado.

Para nos auxiliar nessa tarefa, recorremos aqui ao Código do Trabalho português, que se preocupa especificamente com a questão, especificamente em seu art. 169:

Art. 169º Igualdade de tratamento de trabalhador em regime de teletrabalho

1 – O trabalhador em regime de teletrabalho tem os mesmos direitos e deveres dos demais trabalhadores, nomeadamente no que se refere a formação e promoção ou carreira profissionais, limites do período normal de trabalho e outras condições de trabalho, segurança e saúde no trabalho e reparação de danos emergentes de acidente de trabalho ou doença profissional.

2 – No âmbito da formação profissional, o empregador deve proporcionar ao trabalhador, em caso de necessidade, formação adequada sobre a utilização de tecnologias de informação e de comunicação inerentes ao exercício da respetiva atividade.

3 – O empregador deve evitar o isolamento do trabalhador, nomeadamente através de contactos regulares com a empresa e os demais trabalhadores.

A solução portuguesa se amolda muito bem à realidade brasileira, inclusive, é o caminho comumente indicado pela doutrina brasileira, a exemplo de Fincato(70).

Exemplo de sucesso neste sentido é o plano de implementação do teletrabalho conduzido pela Shell no Brasil, onde se definiu como dever dos superiores hierárquicos promover a integração da equipe de trabalho, recomendando, ainda, encontros presenciais entre supervisor e subordinados, de modo a garantir esta integração(71).

Assim, temos que, à luz da proteção normativa destinada a saúde dos teletrabalhores, é dever patronal fomentar a integração e convivência dos empregados, seja por meio de encontros presenciais regulares (reuniões, treinamentos, confraternizações, etc.), seja por meio de ferramentas informáticas de comunicação que permitam o convívio, mesmo que telemático (teleconferências, chats, redes sociais, etc.).

Obviamente, não existe regramento específico sobre a periodicidade e forma dessas medidas tendentes a integração social, de modo que nos parece que o norte é a razoabilidade e as peculiaridades de cada situação concreta.

A par destas medidas, parece-nos que também é dever patronal a facilitação de acesso a serviços de acompanhamento psicológico, com o fito de mitigar os efeitos de tal isolamento(72).

Note-se que a preocupação com aspectos psicossociais dos trabalhadores não é nova, sendo certo em algumas profissões o executivo se preocupou em regulamentar o

(70) Fincato, D. (2009). *Op. cit.*, p. 121.

(71) BARROS, Alexandre Moço e SILVA, José Roberto Gomes da. Percepções dos indivíduos sobre as consequências do teletrabalho na configuração *home-office*: estudo de caso na Shell Brasil. *Cadernos EBAPE.BR* [1679-3951]. Ano: 2010, vol.:8 iss:1. Disponível em: <http://www.scielo.br/scielo.php?script=sci_arttext&pid=S1679-39512010000100006>. Acesso em: 19 jul. 2016.

(72) Fincato, D. (2009). *Op. cit.*, p. 121.

atendimento/avaliação psicológica dos trabalhadores. Neste sentido: (i) NR-35 (trabalho em altura) no seu item 35.4.1.2, alínea "c", *in fine*; (ii) NR-33 (trabalho em espaços confinados), no seu item 33.3.4.1; (iii) NR-36 (Segurança e saúde no trabalho em empresas de abate e processamento de carnes e derivados) item 36.14.8.1.

Logo, apesar de ausente regulamentação específica, mesma preocupação com aspectos psicossociais tem cabimento aos teletrabalhadores e justificam a adoção de acompanhamento psicológico regular.

Conclusão

À luz do exposto, conclui-se que a ordem jurídica brasileira impõe cuidados com a saúde ocupacional de todos os trabalhadores, dentre eles, os teletrabalhadores.

É, pois, premente a adoção de medidas protetivas aos teletrabalhadores com o fito de assegurar-lhes plena saúde, não só física, mas especialmente mental, preocupação que ganha relevo diante do momento de calamidade que enfrentamos.

O tema é novo, não conta com regulamentação específica, contudo, tal fato não pode ser razão para se relegar ao olvívio estes trabalhadores, mormente à luz do princípio da precaução em matéria de meio ambiente do trabalho e o direito fundamental à saúde.

O momento que enfrentamos é grave (demasiado grave) e as novas formas de trabalho, dentre elas o teletrabalho, são essenciais ao enfrentamento da pandemia da Covid-19, não se pode negar.

Contudo, não podemos descurar de outros aspectos de saúde igualmente importantes, como os relacionados a saúde mental dos trabalhadores.

5. Compensação de Jornada e Férias na Legislação Emergencial à Luz da Constituição Federal

Itatiara Meurilly Silva Lourenço[1]

Introdução

Diante do estado de calamidade pública em saúde reconhecido pelo Decreto Legislativo n. 6, de 20 de março de 2020, vários diplomas normativos surgiram com o escopo de regular as relações durante o período de pandemia causada pelo Covid-19, mormente no que tange às relações entre empregadores e empregados e a necessidade de isolamento social, como medida de contenção da pandemia, assim como do aumento do número de infectados e de óbitos, decorrentes da infecção pelo vírus Sars-CoV-2.

Nesse contexto algumas medidas legislativas foram pensadas, a fim de possibilitar uma adequação do cenário social, coma a flexibilização dos institutos das férias e compensação de jornada.

Este artigo visa justamente fazer uma análise da legislação emergencial quanto aos temas compensação de jornada e férias, sob viés constitucional. Inicialmente será feita uma análise da legislação excepcional quanto aos temas, para seguir com seu comparativo com os diplomas legais vigentes, finalizando com análise crítica da interpretação constitucional sobre o assunto.

Não se pretende com breve estudo extinguir os temas em apreço, mas sim gerar reflexão sobre a efetividade e validade das medidas legislativas adotadas, tendo em conta as normas constitucionais e os princípios sociais, especialmente a vedação ao retrocesso social e o princípio da dignidade da pessoa humana (art. 7º, *caput*, e art. 1º,

(1) Juíza do Trabalho Substituta do Tribunal Regional do Trabalho da 2ª Região. Formada em Direito pela Universidade Federal de Sergipe (UFS/SE). Pós-graduada em Direito do Trabalho e Processo do Trabalho pela Universidade Tiradantes (UNIT/SE).

inciso III, ambos da Constituição Federal), visando conciliar os valores sociais do trabalho e da livre iniciativa (art. 7º, IV, da Constituição Federal), como fundamento da República Brasileira.

1. Compensação de jornada — Conceitos gerias e legislação emergencial — Análise constitucional.

A compensação de jornada consiste na possibilidade de o acréscimo de serviço em um dia, ser compensado pela diminuição em outro, sem o necessário acréscimo de serviço, desde que respeitado o limite máximo diário de 10 horas de trabalho, bem como a soma das jornadas semanais previstas no período máximo de um ano. A norma celetista estabelece quanto ao tema, no art. 59, § 2º o seguinte:

> § 2º Poderá ser dispensado o acréscimo de salário se, por força de acordo ou convenção coletiva de trabalho, o excesso de horas em um dia for compensado pela correspondente diminuição em outro dia, de maneira que não exceda, no período máximo de um ano, à soma das jornadas semanais de trabalho previstas, nem seja ultrapassado o limite máximo de dez horas diárias. (Redação dada pela Medida Provisória n. 2.164-41, de 2001).

A compensação de jornada encontra previsão, ainda, no art. 7º, inciso XIII da Constituição Federal que autoriza a compensação de jornada, desde que precedida de acordo ou convenção coletiva de trabalho. Grande celeuma se formou na doutrina e na jurisprudência a partir da dicção do mencionado dispositivo constitucional, a qual importante fazer referência, inclusive para fins de verificação de constitucionalidade da MP n. 927/2020 ao tratar do tema compensação de jornada e as formas de sua fixação.

Isso porque, ao dispor sobre acordo e convenção coletiva, e a concordância do adjetivo coletiva ocorrer com a palavra convenção apenas, levava a interpretação de que a compensação de jornada poderia ser estipulada por acordo individual, em que pese a redação do art. 59, § 2º, da Consolidação das Leis do Trabalho, anterior à Reforma Trabalhista, referir-se também a acordo e convenção coletiva de trabalho.

Sobre o tema a doutrina e jurisprudência já conferiam validade, majoritariamente, à jornada de 12 horas de labor, seguidas do descanso de 36 horas, a chamada escala 12 *x* 36, inicialmente, apenas para o setor de segurança e saúde. Mais tarde, por intermédio da Lei n. 11.901/2009, estendeu-se a possibilidade dessa escala de labor ao bombeiro civil.

Posteriormente a jurisprudência, passou a declarar a validade do estabelecimento da escala 12 x 36, desde que feito mediante acordo e convenção coletiva, consoante entendimento expresso por meio da Súmula n. 444 do Tribunal Superior do Trabalho.

Com o escopo de tentar dirimir as controvérsias sobre o tema o Tribunal Superior do Trabalho editou, ainda, a Súmula n. 85, cuja redação atual, dispõe:

> **Súmula n. 85 do TST**
>
> **COMPENSAÇÃO DE JORNADA (inserido o item VI) - Res. n. 209/2016, DEJT divulgado em 1º, 02 e 03.06.2016**
>
> I. A compensação de jornada de trabalho deve ser ajustada por acordo individual escrito, acordo coletivo ou convenção coletiva. (ex-Súmula **n. 85 - primeira parte - alterada pela Res. n. 121/2003, DJ 21.11.2003).**
>
> II. O acordo individual para compensação de horas é válido, salvo se houver norma coletiva em sentido contrário. (ex-OJ **n. 182 da SBDI-1 - inserida em 08.11.2000)**
>
> III. O mero não atendimento das exigências legais para a compensação de jornada, inclusive quando encetada mediante acordo tácito, não implica a repetição do pagamento das horas excedentes à jornada normal diária, se não dilatada a jornada máxima semanal, sendo devido apenas o respectivo adicional. (ex-Súmula **n. 85 - segunda parte - alterada pela Res. n. 121/2003, DJ 21.11.2003)**
>
> IV. A prestação de horas extras habituais descaracteriza o acordo de compensação de jornada. Nesta hipótese, as horas que ultrapassarem a jornada semanal normal deverão ser pagas como horas extraordinárias e, quanto àquelas destinadas à compensação, deverá ser pago a mais apenas o adicional por trabalho extraordinário. (ex-OJ **n. 220 da SBDI-1 - inserida em 20.06.2001)**
>
> V. As disposições contidas nesta súmula não se aplicam ao regime compensatório na modalidade "banco de horas", que somente pode ser instituído por negociação coletiva.
>
> VI - Não é válido acordo de compensação de jornada em atividade insalubre, ainda que estipulado em norma coletiva, sem a necessária inspeção prévia e permissão da autoridade competente, na forma do art. 60 da CLT.

Com a nova redação dada ao art. 59 da Consolidação das Leis do Trabalho, pela Lei n. 13.467/2017, Reforma Trabalhista, passou-se a admitir o acréscimo de horas extras também mediante acordo individual, além do acordo coletivo e da convenção coletiva, resolvendo celeuma que havia na doutrina e na jurisprudência pela redação do texto constitucional mencionada acima.

O § 2º do art. 59 da Consolidação das Leis do Trabalho **é claro** ao dispensar o acréscimo salarial, quando houver compensação de jornada, quando o excesso de horas em um dia for compensado pela redução em outro, desde que isso seja feito mediante acordo ou convenção coletiva, bem como não exceda, no período máximo de um ano, a somas das jornadas semanais de trabalho previstas, observando, ainda, o limite máximo de 10 horas de labor diária. **O § 5º do mesmo dispositivo mencionado, por sua vez, estabelece o limite máximo de seis meses para os casos em que o acordo de compensação for estipulado por acordo escrito. Por fim, nos casos em que o acordo individual for firmado de forma tácita, o regime será válido se a compensação ocorrer dentro do mesmo mês.**

Com a eclosão da infecção pelo Sars-CoV-2 (Covid-19) e as determinações da Organização Mundial de Saúde (OMS) e do Ministério da Saúde, no sentido de que fosse determinado o isolamento social, como mecanismo de contensão da expansão da pandemia no território nacional, as partes da relação de emprego se viram num cenário diverso, que exigiu do legislador um posicionamento normativo emergencial.

Nesse cenário, foi editada a Medida Provisória n. 927 de 22 de março de 2020, que dispôs sobre compensação de jornada, no Capítulo VI, sobre o banco de horas, *in verbis*:

> Art. 14. Durante o estado de calamidade pública a que se refere o art. 1º, **ficam autorizadas a interrupção das atividades pelo empregador** e a constituição de **regime especial de compensação de jornada**, por meio de banco de horas, **em favor do empregador ou do empregado**, estabelecido por meio de **acordo coletivo ou individual formal**, para a compensação no **prazo de até dezoito meses**, contado da data de encerramento do estado de calamidade pública.
>
> **§ 1º** A compensação de tempo para recuperação do período interrompido poderá ser feita mediante **prorrogação de jornada em até duas horas**, que **não poderá exceder dez horas diárias.**
>
> **§ 2º** A compensação do saldo de horas **poderá ser determinada pelo empregador independentemente de convenção coletiva ou acordo individual ou coletivo**. (destaque nosso)

Nesse ponto, faz-se mister tecer comentários acerca das autorizações que o dispositivo retro transcrito trouxe.

Imperioso fixar inicialmente, que o regime de compensação de jornada excepcional, introduzido pela MP n. 927/2020, somente é passível de implementação durante o estado de calamidade pública a que alude o art. 1º da referida Medida Provisória e nos casos em que tenha havido interrupção das atividades pelo empregador. Dito de outro modo, as disposições do mencionado artigo apenas se aplicam para compensar o tempo que o empregado permaneceu afastado de suas atividades laborais, por determinação do empregador, em virtude de paralisação da atividade empresarial, como decorrência do estado de calamidade pública, oriundo da epidemia do Coronavírus. Portanto, trata-se de um banco de horas negativas, que acumula as horas de crédito, durante o **período de paralisação da atividade**, para serem compensadas futuramente, porém dentro do prazo fixado na referida MP, sobre o qual falaremos a frente.

De plano se observa, ainda, a possibilidade do estabelecimento de regime especial de compensação de jornada, que pode ser estipulado tanto em proveito do empregado, como do empregador. A essa altura, observo que, ao assim dispor, a norma quis estabelecer polarização entre as partes da relação de emprego, de modo que a compensação de jornada, poderia, a princípio, ser estipulada em prejuízo do empregado, já que o uso a conjunção "ou" traz em si alternativa e, portanto, a possibilidade de ser desfavorável ao empregado, desde que o proveito da outra parte, o empregador, ocorra. Tal interpretação, todavia, entra em conflito direto com o art. 468 da Consolidação das Leis do Trabalho e o princípio da proteção, basilar do Direito Laboral. Ademais, numa perspectiva constitucional e de eficácia horizontal dos direitos fundamentais, colide com a vedação do retrocesso social e com o princípio da dignidade da pessoa humana (art. 7º, *caput*, e art. 1º, III, ambos da Constituição Federal).

Diante do exposto, à luz da norma constitucional e da legislação infraconstitucional pertinente, bem como dos princípios do Direito Laboral, mormente o princípio da proteção, não resta outra conclusão que não seja admitir que a compensação de jornada, autorizada pela MP n. 927/2020, pode ser estipulada em proveito do empregador, mas desde que não cause prejuízo ao empregado, por ser essa a interpretação que mais se adequa à Constituição Federal de 1988.

Um segundo aspecto que chama a atenção no art. 14 da MP n. 927/2020 concerne a possibilidade de o regime especial de compensação de jornada ser fixado por acordo coletivo ou individual formal. Ressalte-se o fato de a norma não mencionar a convenção coletiva, deixando de fora a possibilidade de participação sindical patronal, provavelmente numa tentativa de simplificar o processo de edição das disposições de compensação. Da mesma forma, o acordo coletivo, por ser firmado entre empresa e sindicato dos empregadores, permite melhor adaptabilidade da norma à realidade da empresa, em muitos aspectos, o que representaria vantagem para ambos os lados da relação empregatícia.

Noutro viés, cabe observar uma possível precarização das relações de trabalho com a disposição, agora explícita, da realização de acordo individual, ou seja, de empregado e empregador poderem, diretamente, estabelecerem compensação de jornada, bastando para isso que o haja formalização de tal acordo.

Ao falar em formalização, entende-se que a norma pretende que referido acordo seja firmado por escrito, não podendo ocorrer de forma verbal e muito menos tácita. Isso porque, a própria Consolidação das Leis do Trabalho, no assaz citado art. 59, que trata da compensação de jornada, confunde o que seria expresso, tácito e escrito, visto que o acordo individual pode ser expresso de forma oral ou verbal, diferindo do tácito. Dessa forma, entende-se que ao falar em "formal", a norma excepcional está querendo dizer que o ajuste individual deve ser feito de forma escrita.

A parte final do *caput* do art. 14 da MP n. 927/2020 traz o prazo de 18 meses como limite para compensação do saldo de horas negativas, decorrentes da interrupção da atividade empresarial, sendo o termo inicial desse prazo o encerramento do estado de calamidade pública.

Consoante referido alhures, o estado de calamidade pública foi reconhecido pelo Decreto Legislativo n. 06, de 20 de março de 2020, que reconhece para os fins do art. 65 da Lei Complementar n. 101, de 4 de maio de 2000, a ocorrência do estado de calamidade pública, nos termos da solicitação do Presidente da República, encaminhada por meio da mensagem n. 93 de 18 de março de 2020, com efeitos até 31 de dezembro de 2020.

Ocorre que referida MP caducou em 19.07.2020, ou seja, decorreu o prazo de sua vigência (art. 62 da Constituição Federal) sem que fosse convertida em lei, sendo assim, seus efeitos cessaram. Diante desse cenário, no período em que a Medida Provisória n. 927/2020 vigeu, qual seja, entre 23.03.2020 a 19.07.2020 válido o banco de horas instituído, conforme art. 14 da MP aludida, sendo as horas negativas, advindas desse período de paralisação da atividade empresarial passíveis de compensação.

Importante ressaltar que é possível a coexistência de mais de um banco de horas na empresa, conforme restou cristalino da dicção do § 2º do art. 14 da MP n. 027/2020, sendo relevante fazer a distinção entre ambos, para fins de prazo de compensação, especialmente, visto que, no caso das horas negativas oriundas de caráter excepcional, sua compensação pode ocorrer no prazo de 18 meses após o encerramento de calamidade pública estipulado pelo Decreto Legislativo n. 6 de 2020, ou seja, até 31 de dezembro de 2020, a princípio. Ao passo que as demais horas do banco de horas, sejam positivas ou negativas irão observar os prazos da convenção ou do acordo individual ou coletivo, seguindo o disposto no art. 59 da Consolidação das Leis do Trabalho, que estabelece as regras gerais para a compensação da jornada no âmbito trabalhista.

Cabe notar, ainda, que apesar de emergencial e excepcional a norma procurou fixar limites para a compensação, para tanto o § 1º do art. 14 da MP em comento, estabelece o limite de duas horas de prorrogação de jornada, devendo ser respeitado o limite diário de 10 horas. Tal norma, como se verifica está em consonância com os limites da legislação trabalhista, o que se coaduna com as normas de segurança e medicina do trabalho e os estudos acerca da necessidade de repouso para efetividade do labor e redução dos acidentes de trabalho, que se apresenta razoável dentro da **lógica da preservação da dignidade do trabalhador**.

Algumas questões merecem, ainda, ponderação e interpretação, observando a força normativa da constituição, uma delas diz respeito à possibilidade de dedução das horas extras não compensadas pelo trabalhador, em virtude do decurso do prazo máximo estabelecido para tanto.

Em regra, as horas extras prestadas e não compensadas, serão pagas na rescisão contratual ou, caso atingido o prazo de um ano ou de seis meses, a depender do meio utilizado para estabelecer a compensação de jornada, quando advém o termo final do banco de horas. No entanto, surge dúvida se poderia ocorrer a dedução das horas no salário do trabalhador, para os casos das horas negativas decorrentes do banco de horas excepcional da MP n. 927/2020. Para responder a essa pergunta, necessário adotar uma interpretação lógico sistêmica acerca do tema, visto que, se a legislação emergencial surgiu para minimizar as perdas econômicas do empregador, buscando viabilizar os princípios da atividade econômica em comunhão com os direitos sociais, não autorizando que o empregador possa deixar de pagar salário ao deixar de exigir serviço, faz menos sentido, ainda, que possa fazê-lo, meses após o estado de calamidade pública ter se encerrado.

Ademais, os riscos do negócio correm por conta do empregador (art. 2º, *caput*, da Consolidação das Leis do Trabalho), não podendo o empregado, que permaneceu em casa por ordem daquele, ainda que por conta da interrupção da atividade econômica por determinação governamental, pagar pelo tempo que aguardou ordens do empregador, em sua residência. Nesse espeque, estar-se-ia falando em verdadeiro desconto salarial ilícito ou retenção salarial dolosa, em afronta ao art. 462 da Consolidação das Leis do Trabalho e ao art. 7º, inciso X, da Constituição Federal.

Se o legislador emergencial efetivamente tivesse a intenção de autorizar o desconto no salário do trabalhador, correspondente às horas em que o empregado ficou em casa, em virtude da interrupção da atividade empresarial, por conta da pandemia do Covid-19, teria autorizado a suspensão contratual, o que não ocorreu. Ao contrário, permeia toda a legislação emergencial a nítida intenção de manter postos de trabalho, ainda que com restrição a direitos trabalhistas.

Outro ponto que não pode passar despercebido diz respeito às profissões ou empregados que se encontram submetidos ao regime de trabalho em escala 12 por 36 ou àqueles que laboram no regime 4 por 2, a chamada semana espanhola, cujas jornadas **já se encontram** próximas aos limites máximo de labor, ainda que autorizada a compensação. Nesses casos, o empregador deve observar os limites de compensação impostos pela norma emergencial, podendo, inclusive, fazer uso de outros instrumentos disciplinados pela Medida Provisória e que mais se adequem ao tipo de escala de trabalho implementado no negócio empresarial.

Prosseguindo, é de suma importância se notar que, o fato de a legislação excepcional ter autorizado uma série de medias para fazer frente à recessão econômica, decorrente da pandemia do Sars-CoV-2, isso não significa necessariamente que o empregador tenha que fazer uso de todos os institutos previstos. Na verdade, cabe ao empregador estudar os institutos disponíveis e aplicar aqueles que se mostrarem mais adequados ao seu negócio, a sua atividade econômica e a sua gestão empresarial e de pessoal, já que as lesões a direitos não estarão excluídas da apreciação do Poder Judiciário (art. 5º, inciso XXXV, da Constituição Federal).

No que tange ao tema de compensação da jornada, por fim, impõe o dever de analisar a possibilidade disciplinada pelos arts. 26 e 27 da MP n. 927/2020[(2)], que autoriza os estabelecimentos de saúde, mesmo para atividades insalubres e para escala 12 por 36, mediante acordo individual escrito a: I – prorrogar jornada de trabalho, conforme art. 61 da Consolidação das Leis do Trabalho; e II – adotar escala de horas suplementares entre a décima terceira e a vigésima quarta do intervalo interjornada, sem penalidade administrativa e garantido o repouso semanal, nos termos do art. 67 da Consolidação das Leis do Trabalho.

A essa altura imperioso analisar o art. 27 da Medida Provisória n. 927/2020, cujo teor autoriza a compensação das horas prestadas, nos termos do art. 26 da MP n. 927/2020, observado o prazo de 18 meses, a contar do término do estado de calamidade pública, que a princípio ocorrerá até 31 de dezembro de 2020, conforme Decreto Legislativo n. 06/2020. Verifica-se que o dispositivo faz menção a compensação ou pagamento, deixando claro que, nesse caso, cuida-se, de banco de horas positivo, já que em virtude do estado de calamidade em saúde, o normal é que haja convocação dos profissionais que laboram em estabelecimentos de saúde para o serviço além do tempo previsto e mais além dos limites de prorrogação autorizados pela legislação.

Sendo assim, essa modalidade de compensação mostra-se ainda mais excepcional e, por essa razão, difere quanto à compensação do art. 14 em alguns aspectos, mormente quanto à natureza da atividade empresarial específica, bem como ao caráter positivo do banco de horas. Além disso, os limites legais e gerais são diversos, já que admitida a compensação de jornada em atividades insalubres e além dos limites de dez horas diárias ou ultrapassando os limites semanais.

Em que pese a autorização mostrar-se excepcional, a compensação disciplinada pelo art. 27 da MP n. 927/2020 veio amenizar as disposições do art. 26, que se afiguram extremamente prejudiciais à higidez física e mental dos profissionais da saúde que, além de estarem expostos ao risco constante do labor em meio a uma pandemia mundial, com toda carga de *stress* daí decorrente, ainda se veem expostos à possibilidade de serem levados ao limite de seu esgotamento físico no trabalho.

---

(2) Art. 26. Durante o de estado de calamidade pública a que se refere o art. 1º, é permitido aos estabelecimentos de saúde, mediante acordo individual escrito, mesmo para as atividades insalubres e para a jornada de doze horas de trabalho por trinta e seis horas de descanso:

I – prorrogar a jornada de trabalho, nos termos do disposto no art. 61 da Consolidação das Leis do Trabalho, aprovada pelo Decreto-lei n. 5.452, de 1943; e

II – adotar escalas de horas suplementares entre a décima terceira e a vigésima quarta hora do intervalo interjornada, sem que haja penalidade administrativa, garantido o repouso semanal remunerado nos termos do disposto no art. 67 da Consolidação das Leis do Trabalho, aprovada pelo Decreto-lei n. 5.452, de 1943.

Art. 27. As horas suplementares computadas em decorrência da adoção das medidas previstas nos incisos I e II do *caput* do art. 26 poderão ser compensadas, no prazo de dezoito meses, contado da data de encerramento do estado de calamidade pública, por meio de banco de horas ou remuneradas como hora extra.

2. Férias — Legislação emergencial à luz da Constituição Federal

A Medida Provisória n. 927/2020 trouxe nova disciplina sobre férias, flexibilizando alguns dispositivos previstos na norma celetista. A exposição de motivos da medida provisória referida, justifica a flexibilização promovida, que teria como escopo:

> "facilitar o cumprimento do período necessário à contenção da transmissão e remissão da doença causada pelo coronavírus. Além de reduzir a circulação e a aglomeração de pessoas nos ambientes de trabalho, configura-se como uma alternativa aos setores ou atividades nos quais não se aplicam o teletrabalho."

Diante desse cenário, imperioso fazer algumas considerações acerca da referida legislação, sopesando princípios constitucionais e trabalhistas.

O art. 6º, dispôs:

> Art. 6º Durante o estado de calamidade pública a que se refere o art. 1º, o empregador informará ao empregado sobre a antecipação de suas férias com antecedência de, no **mínimo, quarenta e oito horas, por escrito ou por meio eletrônico**, com a indicação do período a ser gozado pelo empregado.
>
> **§ 1º** As férias:
>
> I - não poderão ser gozadas em períodos inferiores a cinco dias corridos; e
>
> II - poderão ser concedidas por ato do empregador, ainda que o período aquisitivo a elas relativo não tenha transcorrido.
>
> **§ 2º** Adicionalmente, empregado e empregador poderão negociar a antecipação de períodos futuros de férias, mediante acordo individual escrito.
>
> **§ 3º** Os trabalhadores que pertençam ao grupo de risco do coronavírus (**Covid-19**) serão priorizados para o gozo de férias, individuais ou coletivas, nos termos do disposto neste Capítulo e no Capítulo IV. (destaque nosso)

Ao referir o marco temporal sobre o qual poderá incidir a disposição que traz, o artigo menciona que sua aplicação ocorrerá durante o período de calamidade pública a que alude o art. 1º da MP n. 927/2020, ou seja, desde a publicação do Decreto Legislativo n. 6, de 2020, em 20 de março de 2020 até 31 de dezembro de 2020. Ocorre que, conforme já aludido, a MP n. 927/2020 caducou, sem que fosse convertida em lei, o que conduz necessariamente a que seus efeitos jurídicos fiquem limitados até o período de sua vigência, qual seja, até 19 de julho de 2020.

Dessa forma, nesse período, poderá o empregador comunicar o empregado a concessão de férias com antecedência de 48 horas, excepcionando a regra do art. 135 da Consolidação das Leis do Trabalho, que determinava que a comunicação fosse feita com 30 dias de antecedência e mediante recibo. De igual modo, a comunicação poderá ser feita por escrito, seguindo a regra geral (art. 135 da Consolidação das Leis do Trabalho) ou por meio eletrônico.

Questionar-se-ia o que abrangeria a expressão **"por meio eletrônico"**, **entendemos** que seriam as diversas formas de comunicação atuais, tais como e-mails, mensagens através de aplicativos como *whatsapp* e *telegram*, ou qualquer outro meio, feito através de dispositivo eletrônico, dispensando a presença física das partes. Tal ressalva mostrou-se relevante, visto que em muitos casos, o isolamento social foi determinado pelas autoridades competentes de forma inesperada e abrupta, de uma jornada para outra, por assim dizer, o que pode ter levado o empregador a também optar pela concessão das férias ao empregado de modo rápido e imprevisto, utilizando-se da tecnologia e dos meios de comunicação para notificar o trabalhador de tal decisão. Outrossim, a dispensa de recibo da comunicação afasta, no nosso entender, qualquer aplicação de penalidade administrativa pela não observância do prazo previsto no dispositivo legal mencionado.

O dispositivo impõe, todavia, como limite à concessão das férias, o tempo mínimo de seu gozo, que fica limitado a 05 (cinco) dias **(§ 1º, inciso I do art. 6º** da MP n. 927), o que se coaduna com o limite imposto pela legislação laboral no art. 134, § 1º, da Consolidação das Leis do Trabalho. Em seguida, abre exceção ao tempo mínimo exigido para a aquisição do direito a férias, pois autoriza a concessão de férias, ainda que não tenha transcorrido seu período aquisitivo.

Algumas implicações decorrem desta concessão, pois o art. 130, *caput*, da Consolidação das Leis do Trabalho estabelece que a cada período de 12 (doze) meses de vigência do contrato de trabalho, o empregado adquire o direito a férias remuneradas. Logo, em regra, exige-se o decurso de todo o período aquisitivo para que o empregado ingresse no período concessivo das férias que adquiriu (art. 134 da Consolidação das Leis do Trabalho). Portanto, nota-se que a legislação emergencial flexibilizou o prazo de aquisição, sendo possível a concessão das férias antes do decurso do período aquisitivo completo (inciso II do § 1º do art. 6º).

Admite, ainda, a possibilidade de que o empregador antecipe períodos de férias futuros, desde que mediante acordo individual escrito (§ 2º do art. 6). Evidente que a capacidade de negociação do empregado nessa hipótese é bastante limitada, não havendo grande poder de barganha por parte deste, diante do poder empregatício e da hipossuficiência do trabalhador, que nesse caso, não estaria sob o manto do órgão sindical.

Considerando a natureza do contrato laboral, de trato sucessivo, várias consequências e pluralidade de questões podem despontar com a antecipação de férias, ainda, não adquiridas, entre elas chama especial atenção a hipótese de encerramento contratual antes mesmo do término do período necessário para aquisição das férias, antecipadas nos termos da MP n. 927. A norma nada dispôs sobre o tema, relegando totalmente à suposta negociação individual entre empregado e empregador, a resolução da questão.

Nesse passo, entende-se que qualquer desconto de férias já usufruídas, nos termos da MP n. 927, não podem ser objeto de desconto por parte do empregador, caso a rescisão ocorra antes que o empregado tenha adquirido integralmente o direito a elas. Isso porque a primeira ideia que deve permear a mente do jurista e que serve de premissa para a conclusão acima exposta, é a de que o escopo da norma **é minimizar impactos econômicos, sendo do empregador a iniciativa de aplicação de quaisquer das normas que compõe essa legislação emergencial, já que as normas regularmente** aplicáveis continuam válidas e vigentes. Nesse sentir, ao pensar em antecipar as férias, que ainda serão adquiridas, o empregador deve estar ciente da impossibilidade de desconto, que não se encontra legalmente autorizado, conforme art. 462 da Consolidação das Leis do Trabalho, não correspondendo a adiantamento salarial, muito menos a enriquecimento sem causa, já que a conduta que deu origem ao ato foi oriunda do empregador.

Veja-se que toda a norma tem como base a flexibilização de direitos trabalhistas, considerando os danos às economias empresariais, mas é crucial recordar que também os trabalhadores sofreram danos econômicos decorrentes da pandemia, ainda que indiretos, mesmo assim, seus direitos foram flexibilizados.

A norma no § 3º, art. 6º da MP n. 927/2020 coloca os empregados enquadrados em grupo de risco[(3)] (idosos e pessoas com doenças não transmissíveis, como doenças cardiovasculares (por exemplo, hipertensão, doença cardíaca e derrame), doenças respiratórias crônicas, diabetes e câncer têm um risco mais alto de desenvolver quadros graves da Covid-19) para infecção por coronavírus, como prioritários para o gozo de férias individuais ou coletiva, conforme disposições contidas na MP n. 927/2020. Essa priorização, sem dúvidas, está em consonância com as descobertas que têm sido feitas no estudo do vírus e de suas consequências nos seres humanos, tendo em vista a maior urgência de isolamento de trabalhadores enquadrados em grupo de risco, a fim de evitar óbitos, minimizando os efeitos da pandemia.

Já para os profissionais da área da saúde ou àqueles que desempenham funções essenciais, o art. 7º da MP n. 927/2020 autoriza que o empregador suspenda as férias ou licenças não remuneradas destes profissionais, por meio de comunicação formal por escrito ou meio eletrônico, com 48 horas de antecedência, preferencialmente. Nota-se que a flexibilização do prazo de comunicação, nessa hipótese, foi muito maior, pois cuida-se de prazo preferencial, não havendo tempo mínimo entre a suspensão e o início do labor do empregado, o que leva a conclusão de que, inclusive, a suspensão pode ser comunicada com poucas horas do início do labor. Nesse caso, deve ser observado

---

(3) Brasil. Organização Pan-Americana de Saúde. Folha informativa Covid-19: Escritório da OPAS e da OMS no Brasil. Atualizado em 25 de agosto 2020. Disponível em: <https://www.paho.org/bra/index.php?option=com_content&view=article&id=6101:covid19&Itemid=875#risco>.

o tempo razoável de deslocamento e apresentação do empegado, que, poderá ser surpreendido com uma convocação ao trabalho, em meio as férias, por exemplo.

Oportuno destacar que a norma não faz qualquer distinção ou adjetivação quanto ao empregador, que pode ser de qualquer esfera. Dito de outro modo, não importa o objeto social da empresa, o empregador poderá suspender as férias ou a licença não remunerada de seu empregado, desde que este seja profissional da área da saúde ou desempenhe função essencial.

São consideradas atividades ou funções essenciais, durante a emergência de saúde pública decorrente do coronavírus, responsável pelo surto de 2019, aquelas atividades enumeradas no § 1º do art. 3º-J da Lei n. 13.919/2020, rol exemplificativo, como deixa clara a própria dicção do seu inciso XXX.

Verifique-se que apenas as licenças não remuneradas são passíveis de suspensão, com fulcro no art. 7º da MP n. 927/2020. Isso porque tais licenças, em grande parte decorrem de faculdade empresarial, como na suspensão contratual para participação do empregado em programa ou curso de qualificação profissional (art. 476-A da Consolidação das Leis do Trabalho), por exemplo, ou do juízo de conveniência e oportunidade do administrador público, para os empregados públicos celetistas. Interpretação a contrário senso resultaria teratológica, como na hipótese de se determinar o retorno ao labor de um empregado em gozo de licença médica, afastado do trabalho por motivo de saúde, apenas para exemplificar.

Concedidas as férias, a fim de minimizar os efeitos econômicos da pandemia do Covid-19 e do isolamento social decorrente, outro aspecto merece ser comentado e diz respeito ao pagamento das férias antecipadamente concedidas, já que deve ser considerado que a concessão de férias não previstas dentro do planejamento empresarial altera os custos com pessoal, onerando a folha de pagamento. Nesse espeque, a MP n. 927/2020 permitiu que o terço de férias (art. 7º, inciso XVII, da Constituição Federal) seja adimplido posteriormente, observando-se o prazo para pagamento do décimo terceiro salário (art. 8º da MP n. 927/2020). Da mesma forma, admitiu o art. 9º da MP em comento que seja a remuneração das férias paga até o quinto dia útil do **mês subsequente à sua concessão, quando ocorrida** nos termos do art. 1º da MP, afastando-se a aplicação do art. 145 da Consolidação das Leis do Trabalho.

Frise-se que a legislação emergencial fez clara distinção entre os prazos de pagamento da remuneração das férias e do terço constitucional de férias, podendo este último ocorrer até o dia 20 de dezembro de 2020 e o primeiro até o quinto dia útil do mês subsequente ao da concessão das férias. Desse modo, o empregador que concedeu férias a seu funcionário, tendo como fundamento a disciplina da Medida Provisória n. 927, de 2020, terá até 20 de dezembro para realizar o pagamento do terço destas férias concedida, de acordo com o art. 1º da Lei n. 4.749/1965.

Afasta-se, assim, o conceito de férias anuais remuneradas, já que a Medida Provisória priorizou o usufruto de férias, postergando os efeitos financeiros de sua concessão. Nesse ponto, a previsão da MP n. 927/2020 tornou-se passível de questionamento de afronta constitucional. Isso porque a Constituição Federal/88 enumerou como direito social dos trabalhadores o direito ao lazer, tendo o art. 7º, inciso XVII, da Constituição Federal estipulado como direitos dos trabalhadores, além de outros que visem à melhoria de sua condição social, o gozo de férias anuais remuneradas com, pelo menos, um terço a mais do que o salário normal. Logo, ao dissociar as férias de sua remuneração a MP restringiu direito social.

O instituto das férias foi concebido para proporcionar ao trabalhador a recuperação orgânica anual necessária à manutenção de sua saúde física, mental, intelectual e social, podendo ser analisada em diversas dimensões, visto que sua natureza de repouso mais prolongado reflete em diversas esferas da vida em sociedade.

A própria Declaração Universal dos Direitos Humanos de 1948 traz de forma expressa o direito a férias remuneradas ao dispor em seu Artigo XXIV que: *"Todo ser humano tem direito a repouso e lazer, inclusive a limitação razoável das horas de trabalho e a férias remuneradas periódicas"*.

Relevante frisar que o Brasil é signatário da Convenção n. 132 da Organização Internacional do Trabalho, promulgada pelo Decreto n. 3.197/1999, que trata de férias remuneradas, não havendo previsão do instituto sem a respectiva remuneração. Nesse cenário, admitir a concessão de férias, sem a respectiva remuneração poderia representar descumprimento da convenção internacional, ensejando consequência para o Brasil junto à comunidade internacional e à Organização Internacional do Trabalho, bem como eventual controle de convencionalidade da norma interna com a referida convenção.

Nesse sentir, não se pode conceber férias na legislação brasileira sem a correspondente remuneração, acrescida do terço constitucional (princípio da sobrerremuneração[(4)]), sob pena de completa descaracterização do instituto.

Contudo, o que o legislador extraordinário pretendeu com a separação entre férias e sua remuneração foi exatamente permitir a recuperação econômica do empregador, durante o estado de calamidade pública, causada pela pandemia do Covid-19, para isso não só permitiu que o empregador pudesse conceder férias a seus empregados, durante o período de isolamento social determinado pelas autoridade pública, de saúde e sanitária, como também que esse empregador pudesse remunerar posteriormente o período de férias de seus empregados, visto que extraordinariamente fora de qualquer previsão orçamentária, para o período de duração de validade da Medida.

---

(4) Adriana Calvo, *Manual de Direito do Trabalho*, p. 512.

Diante desse cenário, entende-se pela constitucionalidade da disciplina legislativa, visto que excepcional e, num primeiro momento temporária, cabendo observar que, em regra, toda medida provisória nasce com a característica da temporariedade, tendo em vista o requisito da urgência (art. 62 da Constituição Federal), sendo que sua conversão em lei não se mostra destino inexorável, conforme se constatou com a MP n. 927/2020.

No mesmo sentido, o pagamento do abono de férias, correspondente à conversão de um terço das férias do empregado em abono pecuniário, ou seja, a conhecida "venda das férias", ficará sujeita ao mesmo prazo fixado pelo art. 8º da MP n. 927/2020. Contudo, merece destaque que a legislação emergencial sujeitou a conversão das férias em abono pecuniário à concordância do empregador, ao contrário da legislação sobre férias, que, no art. 143 da Consolidação das Leis do Trabalho, faculta ao empregado a conversão, sem margem para recusa do empregador, desde que ocorra a comunicação dentro do prazo estabelecido em lei. Há, portanto, completa subversão da natureza do instituto, no parágrafo único do art. 8º da MP n. 927/2020.

No que tange às **férias individuais, foi determinado, ainda, que**, em caso de dispensa do empregado, o empregador pagará os valores das férias que não foram adimplidos juntamente com o pagamento das verbas rescisórias (art. 10 da MP n. 927). Dito de outro modo, o termo final para pagamento da remuneração das férias e do terço de férias, quando estas foram concedidas nos termos do art. 1 da MP n. 927/2020 se altera quando ocorrer a dispensa do empregado, passando a ser o termo final a data de pagamento da rescisão.

Por fim, consigne-se que a norma **não fez distinção quanto à modalidade de dispensa**, porém há que se ressaltar que as hipóteses de rescisão por justa causa do empregado não estão inseridas nesse contexto, já que nessa modalidade o empregado somente recebe pelas férias vencidas e saldo de salário.

Passa-se neste momento a analisar a disposição relativa a férias coletivas. Inicialmente, se faz necessário observar peculiaridades quanto a essa modalidade de férias, visto que sua disciplina legal é escassa, tendo sido relegado à jurisprudência e à doutrina a consolidação dos conceitos que orbitam ao redor desse tema.

As férias coletivas são aquelas concedidas a todos os empregados de uma empresa ou de determinados estabelecimentos ou setores da empresa (art. 139, *caput*, da Consolidação das Leis do Trabalho), devendo ser comunicada pelo empregador, com antecedência de 15 dias, ao órgão local do Ministério do Trabalho, as datas de início e fim das férias, com indicação precisa dos estabelecimentos ou setores inseridos (art. 139, § 2º, Consolidação das Leis do Trabalho), bem como o empregador enviará cópia da comunicação aos sindicatos das categorias profissionais, providenciando a colocação de aviso nos locais de trabalho, em igual prazo (**§ 3º, art. 139, Consolidação das Leis do Trabalho**).

Já o art. 11 da MP n. 927/2020 autoriza que durante o estado de calamidade pública poderá o empregador conceder férias coletivas, bastando notificar os empregados por ela afetados com antecedência de 48 (quarenta e oito) horas, não se aplicando os limites temporais previsto na Consolidação das Leis do Trabalho.

Da mesma forma, o art. 139, § 1º, da Consolidação das Leis do Trabalho autoriza que as férias coletivas possam ser gozadas em dois períodos anuais, desde que nenhum deles seja inferior a 10 (dez) dias corridos. Pela dicção da parte final do art. 11 da MP n. 927/2020[5] é possível verificar que houve ao afastamento da aplicação do § 1º do art. 139 da Consolidação das Leis do Trabalho.

Outrossim, restaram dispensadas as comunicações prévias ao órgão local do Ministério da Economia e aos sindicatos da categoria profissional (art. 12 da MP n. 927/2020), que podem e devem ocorrer posteriormente, porque a norma não afasta a comunicação, mas apenas dispensa que esta seja feita previamente para que haja validade da concessão.

Por fim, quanto ao pagamento das férias coletivas, a MP n. 927 não trouxe qualquer menção aos prazos e termos de pagamento da remuneração das férias, do terço constitucional ou do abono pecuniário, diferentemente do que fez com as férias individuais, o que pode levar a dúvidas sobre a aplicação do prazo de pagamento da remuneração das férias até o quinto dia útil do mês subsequente ao início de sua concessão (art. 9º da MP n. 927/2020), bem como do terço de férias e do abono pecuniário até o dia 20 de dezembro de 2020 (art. 8º, *caput* e parágrafo único da MP n. 927/2020) ou se seria aplicado o prazo geral de pagamento, disciplinado pelo art. 145 da Consolidação das Leis do Trabalho. Adotando uma interpretação restritiva, já que se trata de redução de direitos, entende-se pela aplicação do prazo geral de pagamento do art. 145 da Consolidação das Leis do Trabalho, já que a norma poderia ter feito menção expressa ao prazo e assim não o fez, pelo que não caberia ao interprete fazê-lo.

Conclusão

Conforme referido, o presente estudo esteve longe de esgotar os temas que envolvem a legislação emergencial quanto à compensação da jornada e às **férias, apenas buscou-se suscitar discussões sobre o tema, a fim de ampliar a percepção dos aspectos jurídicos**, sem perder de vista os princípios constitucionais e sua força normativa.

---

(5) Art. 11. Durante o estado de calamidade pública a que se refere o art. 1º, o empregador poderá, a seu critério, conceder férias coletivas e deverá notificar o conjunto de empregados afetados com antecedência de, no mínimo, quarenta e oito horas, não aplicáveis o limite máximo de períodos anuais e o limite mínimo de dias corridos previstos na Consolidação das Leis do Trabalho, aprovada pelo Decreto-lei n. 5.452, de 1943.

A Medida Provisória n. 927, de 22 de março de 2020, veio ao encontro dos anseios da ordem econômica e social, em que pese tenha caducado, visto que não convertida em lei dentro do prazo da que alude o art. 62 da Constituição Federal, tendo estado vigente até 19 de julho de 2020.

Desse modo, iniciou-se o presente artigo com explanação acerca da compensação de jornada e a disciplina legal e jurisprudencial, para em seguida partir-se para uma análise da Medida Provisória n. 927/2020 e seus dispositivos que flexibilizaram e disciplinaram o banco de horas. Após, os dispositivos da Medida Provisória n. 927 de 2020 que flexibilizaram o instituto das férias foram debatidos, observando a disciplina constitucional e as normas internacionais quanto ao tema.

Cumpre mencionar a disposição do art. 19 da Lei n. 14.020, de 06 de julho de 2020, que instituiu o *Programa Emergencial de Manutenção do Emprego e da Renda, e dispõe de maneira cristalina que o descumprimento das normas regulamentadoras de segurança e saúde no trabalho pelo empregador não está autorizado, exceto as ressalvas previstas no Capítulo VII da Medida Provisória n. 927/2020. Nesse sentido, a aplicação das disposições emergenciais deve sempre ter como norte os fundamentos da República, dignidade da pessoa humana e os valores sociais do trabalho e da livre iniciativa (art. 1º, III e IV da Constituição Federal).*

A legislação emergencial elaborada com o objetivo de fazer frente aos problemas econômicos advindos da pandemia causada pelo coronavírus no Brasil, evidenciou ainda mais os dois polos da relação de emprego, desde sempre contrapostos.

Conceber que a proteção do trabalhador lhe garante dignidade é a reposta imediata do direito, o que se deve atentar e compreender é que somente numa sociedade em que os trabalhadores têm sua dignidade respeitada, é possível viver a verdadeira pacificação social, gerando cidadãos aptos a realizar consumo saudável e consciente, o que move a engrenagem da economia, da indústria e, em última análise, da empresa de que aquele trabalhador faz parte.

Bibliografia

BARROSO, Luís Roberto. *Curso de direito constitucional contemporâneo: os conceitos fundamentais e a construção do novo modelo.* 3. ed. São Paulo: Saraiva, 2011.

BRASIL. Organização Pan-Americana de Saúde. *Folha informativa Covid-19:* Escritório da OPAS e da OMS no Brasil. Atualizado em 25 de agosto 2020. Disponível em: <https://www.paho.org/bra/index.php?option=com_content&view=article&id=6101:covid19&Itemid=875#risco>.

CALVO, Adriana. *Manual de direito do trabalho.* 5. ed. São Paulo: Saraiva Educação, 2020.

GARCIA, Gustavo Felipe Barbosa. *Curso de direito do trabalho.* 8. ed., rev., atual. e ampl. Rio de Janeiro: Forense, 2014.

PEREIRA, Emmanoel. *Direitos sociais trabalhistas:* responsabilidade, flexibilização, sindicalidade judicial e as relações negociadas. São Paulo: Saraiva educação, 2018.

SILVA, Homero Batista Mateus da. *Legislação trabalhista em tempos de pandemia:* comentários às Medidas Provisórias 927 e 936. São Paulo: Thomson Reuters Brasil, 2020.

SÜSSEKIND, Arnaldo. *Direito internacional do trabalho.* 3. ed. São Paulo: LTr, 2000.

6. Redução de Jornada e de Salário na Legislação Emergencial à Luz da Constituição Federal

Paola Barbosa de Melo[1]

Introdução

A Constituição da República de 1988 é a norma fundante e suprema do ordenamento jurídico brasileiro, é, o escudo e a espada do Estado Democrático de Direito. Se por um lado abriga o feixe de princípios e direitos que alicerçam as relações sociais, por outro lado impõe limites às arbitrariedades nas relações verticais — Estado e indivíduos, e horizontais, isto é, entre indivíduos.

É na Constituição que está alinhavado o conjunto de valores que escolhemos para iluminar os momentos sombrios. Os direitos e garantias gravados na Carta Cidadã estão ali escritos, visto que adotamos uma constituição formal, para assegurar que, enquanto sociedade, não aceitamos menos do que o que foi conquistado em 1988.

Em tempos de crise, como a que se abate sobre o país (e o mundo) em decorrência da Pandemia de Covid-19, o reconhecimento da força normativa da Constituição é salutar e um ponto de apoio para a construção de soluções centradas na dignidade da pessoa humana.

A análise das medidas legislativas adotadas pelo Brasil durante a crise econômico-sanitária não poderia passar ao largo da teleologia constitucional. Assim, e sem a pretensão de esgotar o tema, passa-se a examinar, à luz da Carta Magna, as alterações normativas atinentes à redução de salário e jornada previstas nas Medidas Provisórias 927 e 936 de 2020, esta última convertida na Lei n. 14.020/2020.

Para tanto, primeiramente cuidaremos de apresentar de forma expositiva as medidas provisórias e lei de conversão, seguindo-se à apreciação das questões

---

(1) Juíza do Trabalho Substituta do Tribunal Regional do Trabalho da 2ª Região. Pós-graduada em Direito Material e Processual do Trabalho.

constitucionais envolvidas na temática, para, por fim, tratar da decisão do Supremo Tribunal Federal na ADI n. 6.363 e apresentar breve conclusão.

Medidas Provisórias ns. 927 e 936/2020

A Medida Provisória n. 927 foi publicada em edição extra do Diário Oficial da União em 22 de março de 2020, e dispunha sobre "*medidas trabalhistas para enfrentamento do estado de calamidade pública reconhecido pelo Decreto Legislativo n. 6, de 20 de março de 2020, e da emergência de saúde pública de importância internacional decorrente do coronavírus (Covid-19)*". A referida MP não foi convertida em lei, tendo perdido sua vigência em 19 de julho de 2020.(2)

Pela conjugação dos §§ 3º e 11º do art. 62 da Constituição tem-se que a MP n. 927/2020 perdeu a eficácia desde sua edição, entretanto, os atos praticados durante sua vigência continuam, em princípio, por ela regidos.

A redução da jornada e salário foi regulamentada especificamente pela Medida Provisória n. 936/2020, contudo, o art. 2º da MP n. 927/2020 antecipou, ainda que indiretamente, tal possibilidade, ao autorizar a preponderância de acordos individuais escritos sobre normas autônomas e heterônomas, senão vejamos:

> Art. 2º Durante o estado de calamidade pública a que se refere o art. 1º, o empregado e o empregador poderão celebrar acordo individual escrito, a fim de garantir a permanência do vínculo empregatício, que terá preponderância sobre os demais instrumentos normativos, legais e negociais, respeitados os limites estabelecidos na Constituição.

Além do acima exposto possibilitou-se a prorrogação de normas coletivas a critério exclusivo do empregador e a convalidação de medidas trabalhistas adotadas pelos empregadores nos trinta dias anteriores da vigência da mesma MP, *in verbis*:

> Art. 30. Os acordos e as convenções coletivos vencidos ou vincendos, no prazo de cento e oitenta dias, contado da data de entrada em vigor desta Medida Provisória, poderão ser prorrogados, a critério do empregador, pelo prazo de noventa dias, após o termo final deste prazo
>
> (...)
>
> Art. 36. Consideram-se convalidadas as medidas trabalhistas adotadas por empregadores que não contrariem o disposto nesta Medida Provisória, tomadas no período dos trinta dias anteriores à data de entrada em vigor desta Medida Provisória.

Como se vê acima, embora não trate diretamente da redução de jornada e salário, a MP n. 927/2020 iniciou a abertura necessária para tanto ao permitir alterações contratuais por simples ajuste escrito entre empregado e empregador, sem a participação do sindicato da categoria, e ainda, com prevalência sobre a legislação infraconstitucional e as normas coletivas.

---

(2) Conforme Ato declaratório do Presidente da Mesa do Congresso Nacional n. 92/2020, publicado no DOU de 31.07.2002.

Nada obstante, o art. 2º da MP n. 927/2020 continha ao menos um obstáculo à redução de jornada e salário por meio de acordos individuais, pois determinou o respeito aos "*limites estabelecidos na Constituição*", que por sua vez, impõe a participação dos sindicatos nas reduções de salário e jornada (art. 7º, VI e XIII, CF).

Ocorre que em 1º de abril de 2020 foi publicada a Medida Provisória n. 936/2020 que instituiu o Programa Emergencial de Manutenção do Emprego e da Renda e possibilitou a redução de jornada e salário, em algumas hipóteses, apenas por acordo individual escrito.

A MP em questão foi convertida na Lei n. 14.020, de 6 de Julho de 2020, pelo, que, abaixo serão abordadas algumas questões introduzidas pela MP para cotejo com o texto final aprovado, suas diferenças e implicações.

Uma das medidas do Programa Emergencial de Manutenção do Emprego e da Renda, consoante art. 3º, II, da MP n. 936/2020 é a "*redução proporcional de jornada de trabalho e de salários*", regulamentada em seu art. 7º[(3)], acompanhada, para reduções de jornada e salário iguais ou superiores a 25%, da percepção de Benefício Emergencial de Preservação do Emprego e da Renda, pago pelo governo, como tratado no art. 11 da mesma MP.

Os requisitos fixados na MP n. 936/2020 para a redução de jornada e salário são a preservação do salário-hora, pactuação de acordo individual escrito entre empregador e empregado com antecedência de dois dias corridos e a redução da jornada de trabalho e salário exclusivamente em 25%, 50% ou 70% (*vide* art. 7º).

Todavia, embora o art. 7º da MP n. 936/2020 tenha previsto a redução da jornada e salário por simples acordo individual, o art. 12 da mesma MP trouxe importantes

---

(3) Art. 7º Durante o estado de calamidade pública a que se refere o art. 1º, o empregador poderá acordar a redução proporcional da jornada de trabalho e de salário de seus empregados, por até noventa dias, observados os seguintes requisitos:

I – preservação do valor do salário-hora de trabalho;

II – pactuação por acordo individual escrito entre empregador e empregado, que será encaminhado ao empregado com antecedência de, no mínimo, dois dias corridos; e

III – redução da jornada de trabalho e de salário, exclusivamente, nos seguintes percentuais:

a) vinte e cinco por cento;

b) cinquenta por cento; ou

c) setenta por cento.

Parágrafo único. A jornada de trabalho e o salário pago anteriormente serão restabelecidos no prazo de dois dias corridos, contado:

I – da cessação do estado de calamidade pública;

II – da data estabelecida no acordo individual como termo de encerramento do período e redução pactuado; ou

III – da data de comunicação do empregador que informe ao empregado sobre a sua decisão de antecipar o fim do período de redução pactuado.

limitações. De acordo com esse artigo, o acordo individual escrito somente poderia ser utilizado de forma ampla, isto é, independente do salário e grau de escolarização do empregado, para a redução de jornada e salário limitada a 25%.

Por outro lado, para a redução de jornada e salário superior a 25% o acordo individual somente poderia ser utilizado em duas hipóteses: a) empregados com salário inferior a R$3.135,00 (três mil cento e trinta e cinco reais); ou b) com diploma de nível superior e salário superior a duas vezes o limite máximo dos benefícios do Regime Geral de Previdência Social[(4)], em clara referência, nesse último caso, ao parágrafo único do art. 444 da CLT, incluído pela Reforma Trabalhista.

O parágrafo único do art. 7º da MP n. 936/20 determinava ainda o restabelecimento da jornada e salário no prazo de dois dias corridos após a cessação do estado de calamidade pública, do termo estabelecido no acordo individual ou da data de comunicação do empregador ao empregado de sua decisão de antecipar o fim do período pactuado.

Durante o processo legislativo de conversão em lei, o art. 7º da MP n. 936 sofreu alterações, sendo esta a redação final constante da Lei n. 14.020 de 2020:

> Art. 7º Durante o estado de calamidade pública a que se refere o art. 1º desta Lei, o empregador poderá acordar a redução proporcional de jornada de trabalho e de salário de seus empregados, de forma setorial, departamental, parcial ou na totalidade dos postos de trabalho, por até 90 (noventa) dias[(5)], prorrogáveis por prazo determinado em ato do Poder Executivo, observados os seguintes requisitos:
>
> I – preservação do valor do salário-hora de trabalho;
>
> II – pactuação, conforme o disposto nos arts. 11 e 12 desta Lei, por convenção coletiva de trabalho, acordo coletivo de trabalho ou acordo individual escrito entre empregador e empregado; e
>
> III – na hipótese de pactuação por acordo individual escrito, encaminhamento da proposta de acordo ao empregado com antecedência de, no mínimo, 2 (dois) dias corridos, e redução da jornada de trabalho e do salário exclusivamente nos seguintes percentuais:
>
> *a)* 25% (vinte e cinco por cento);
>
> *b)* 50% (cinquenta por cento);
>
> *c)* 70% (setenta por cento).
>
> § 1º A jornada de trabalho e o salário pago anteriormente serão restabelecidos no prazo de 2 (dois) dias corridos, contado da:
>
> I – cessação do estado de calamidade pública;

---

(4) R$ 12.202,12

(5) Prazo prorrogado até 240 dias, limitados à duração do estado de calamidade pública, conforme Decreto n. 10.517 de 13 de outubro de 2020

II – data estabelecida como termo de encerramento do período de redução pactuado; ou

III – data de comunicação do empregador que informe ao empregado sua decisão de antecipar o fim do período de redução pactuado.

§ 2º Durante o período de redução proporcional de jornada de trabalho e de salário, a contribuição de que tratam o art. 20 da Lei n. 8.212, de 24 de julho de 1991, e o art. 28 da Emenda Constitucional n. 103, de 12 de novembro de 2019, poderá ser complementada na forma do art. 20 desta Lei.

§ 3º Respeitado o limite temporal do estado de calamidade pública a que se refere o art. 1º desta Lei, o Poder Executivo poderá prorrogar o prazo máximo de redução proporcional de jornada de trabalho e de salário previsto no *caput* deste artigo, na forma do regulamento.

Dentre as diferenças existentes entre o texto da medida provisória e da Lei n. 14.020 de 2020 tem-se a possibilidade de prorrogação do prazo máximo de redução de jornada e salário, que antes era de 90 dias, por ato do Poder Executivo. Atualmente o Decreto n. 10.517/20 autoriza a redução do salário e jornada por até 240 dias, respeitado o limite temporal do estado de calamidade pública.

Além disso, o *caput* do art. 7º passou explicitar que a redução poderá ocorrer de forma *"setorial, departamental, parcial ou na totalidade dos postos de trabalho"*, um exagero do ponto de vista hermenêutico, tendo em vista a máxima jurídica de *"quem pode o mais, pode o menos"*(6).

O inciso II do art. 7º da Lei passou a prever expressamente a redução de jornada e salário por convenção e acordo coletivos, mantida a possibilidade de estipulação por acordo individual escrito. É bem verdade que, como ressaltado em linhas pretéritas, a própria MP, em seu art. 12, cuidou de restringir a utilização de simples acordo individual, contudo, a redação anterior do inciso II do art. 7º da MP dava a entender pela autorização ampla e irrestrita dessa modalidade de ajuste entre empregador e empregado quanto ao tema de jornada e salário.

Como já ocorria na MP n. 936/20, quando firmada por acordo individual, a redução da jornada e salário deve observar os percentuais fixos de 25%, 50% e 70%, e em tais casos o valor do Benefício Emergencial corresponderá ao percentual de redução aplicado sobre o valor do seguro desemprego a que teria direito o empregado, como prevê o art. 6º da Lei. Contudo, o art. 11º, § 1º, da Lei n. 14.020/20 autoriza o estabelecimento de percentuais diferentes por meio de negociação coletiva. Nessa última hipótese, o Benefício Emergencial de Preservação do Emprego e da Renda observará os seguintes percentuais, elencados no § 2º do mesmo dispositivo:

I – sem percepção do Benefício Emergencial de Preservação do Emprego e da Renda para a redução de jornada e de salário inferior a 25% (vinte e cinco por cento);

---

(6) *in eo quod plus est semper inest et minus.*

II - no valor de 25% (vinte e cinco por cento) sobre a base de cálculo prevista no art. 6º desta Lei para a redução de jornada e de salário igual ou superior a 25% (vinte e cinco por cento) e inferior a 50% (cinquenta por cento);

III - no valor de 50% (cinquenta por cento) sobre a base de cálculo prevista no art. 6º desta Lei para a redução de jornada e de salário igual ou superior a 50% (cinquenta por cento) e inferior a 70% (setenta por cento); e

IV - no valor de 70% (setenta por cento) sobre a base de cálculo prevista no art. 6º desta Lei para a redução de jornada e de salário igual ou superior a 70% (setenta por cento).

De igual forma, permanece a faculdade de pagamento, pelo empregador, de compensação mensal ao empregado atingido, de natureza indenizatória, e, portanto, sem incidência de recolhimentos previdenciários, fiscais e fundiários. Nesse sentido é a redação do art. 9º da Lei n. 14.020/20.

Maior contraste se verifica, no entanto, quanto à redação do art. 12 da Lei n. 14.020/2020[(7)] e o mesmo artigo da MP n. 936/20. As hipóteses de autorização do ajuste por simples acordo individual aumentaram em número e complexidade.

---

(7) Art. 12. As medidas de que trata o art. 3º desta Lei serão implementadas por meio de acordo individual escrito ou de negociação coletiva aos empregados:

I - com salário igual ou inferior a R$ 2.090,00 (dois mil e noventa reais), na hipótese de o empregador ter auferido, no ano-calendário de 2019, receita bruta superior a R$ 4.800.000,00 (quatro milhões e oitocentos mil reais);

II - com salário igual ou inferior a R$ 3.135,00 (três mil, cento e trinta e cinco reais), na hipótese de o empregador ter auferido, no ano-calendário de 2019, receita bruta igual ou inferior a R$ 4.800.000,00 (quatro milhões e oitocentos mil reais); ou

III - portadores de diploma de nível superior e que percebam salário mensal igual ou superior a 2 (duas) vezes o limite máximo dos benefícios do Regime Geral de Previdência Social.

§ 1º Para os empregados não enquadrados no *caput* deste artigo, as medidas de que trata o art. 3º desta Lei somente poderão ser estabelecidas por convenção coletiva ou acordo coletivo de trabalho, salvo nas seguintes hipóteses, nas quais se admite a pactuação por acordo individual escrito:

I - redução proporcional de jornada de trabalho e de salário de 25% (vinte e cinco por cento), prevista na alínea *"a"* do inciso III do *caput* do art. 7º desta Lei;

II - redução proporcional de jornada de trabalho e de salário ou suspensão temporária do contrato de trabalho quando do acordo não resultar diminuição do valor total recebido mensalmente pelo empregado, incluídos neste valor o Benefício Emergencial de Preservação do Emprego e da Renda, a ajuda compensatória mensal e, em caso de redução da jornada, o salário pago pelo empregador em razão das horas de trabalho.

§ 2º Para os empregados que se encontrem em gozo do benefício de aposentadoria, a implementação das medidas de redução proporcional de jornada de trabalho e de salário ou suspensão temporária do contrato de trabalho por acordo individual escrito somente será admitida quando, além do enquadramento em alguma das hipóteses de autorização do acordo individual de trabalho previstas no *caput* ou no § 1º deste artigo, houver o pagamento, pelo empregador, de ajuda compensatória mensal, observado o disposto no art. 9º desta Lei e as seguintes condições:

I - o valor da ajuda compensatória mensal a que se refere este parágrafo deverá ser, no mínimo, equivalente ao do benefício que o empregado receberia se não houvesse a vedação prevista na alínea "a" do inciso II do § 2º do art. 6º desta Lei;

II - na hipótese de empresa que se enquadre no § 5º do art. 8º desta Lei, o total pago a título de ajuda compensatória mensal deverá ser, no mínimo, igual à soma do valor previsto naquele dispositivo com o valor mínimo previsto no inciso I deste parágrafo.

A redução de jornada e salário passou a ser admitida mediante acordo individual, independente do salário e grau de escolaridade do empregado, se não resultar diminuição do valor total recebido mensalmente pelo trabalhador, considerada a soma de seu salário proporcional, do Benefício Emergencial e da ajuda compensatória mensal, esta última, se quitada pelo empregador.

Manteve-se a previsão de acordo individual escrito, independente de formação universitária e da faixa salarial do empregado, para reduções de 25% na jornada e salário. Contudo, para reduções superiores a 25%, se não atendido o requisito tratado no parágrafo anterior, a pactuação por acordo individual passou a exigir o enquadramento em uma das seguintes hipóteses: I) empregado com salário igual ou inferior a R$2.090,00 (dos mil e noventa reais), caso o empregador tenha auferido, no ano calendário-2019, receita bruta superior a R$ 4.800.000,00 (quarto milhões e oitocentos mil reais); II) empregado com salário igual ou inferior a R$ 3.135,00 (três mil cento e trinta e cinco reais), caso o empregador tenha auferido, no ano calendário-2019, receita bruta igual ou inferior a R$ 4.800.000,00 (quarto milhões e oitocentos mil reais); ou III) empregado com educação superior completa e que perceba salário igual ou superior a duas vezes o limite máximo dos benefícios do Regime Geral de Previdência Social[(8)] (parágrafo único do art. 444 da CLT).

Para os empregados em gozo de aposentadoria a redução da jornada e salário somente poderá ser concretizada por acordo individual escrito se, além de preencher uma das hipóteses acima tratadas, houver o pagamento de ajuda compensatória mensal pelo empregador, nos termos do art. 9º e 12, § 2º, da Lei n. 14.020/20.

No tocante ao papel das entidades sindicais, a Lei de conversão manteve a obrigação do empregador comunicar ao sindicato da categoria profissional a celebração de acordo individual de redução de jornada de trabalho e salário, no prazo de 10 (dez) dias corridos. Contudo, diferente do disciplinado pelo Poder Executivo na caduca MP n. 927/20, bem como, na MP n. 936, o Poder Legislativo optou por incluir regra para dirimir possíveis conflitos entre acordos individuais e coletivos, como se vê no art. 12, §§ 5º e 6º, da Lei n. 14.020/20, senão vejamos:

> § 5º Se, após a pactuação de acordo individual na forma deste artigo, houver a celebração de convenção coletiva ou acordo coletivo de trabalho com cláusulas conflitantes com as do acordo individual, deverão ser observadas as seguintes regras:

---

§ 3º Os atos necessários à pactuação dos acordos individuais escritos de que trata este artigo poderão ser realizados por quaisquer meios físicos ou eletrônicos eficazes.

§ 4º Os acordos individuais de redução de jornada de trabalho e de salário ou de suspensão temporária do contrato de trabalho, pactuados nos termos desta Lei, deverão ser comunicados pelos empregadores ao respectivo sindicato da categoria profissional, no prazo de até 10 (dez) dias corridos, contado da data de sua celebração.

(...)

(8) R$ 12.202,12

I – a aplicação das condições estabelecidas no acordo individual em relação ao período anterior ao da negociação coletiva;

II – a partir da entrada em vigor da convenção coletiva ou do acordo coletivo de trabalho, a prevalência das condições estipuladas na negociação coletiva, naquilo em que conflitarem com as condições estipuladas no acordo individual.

§ 6º Quando as condições do acordo individual forem mais favoráveis ao trabalhador, prevalecerão sobre a negociação coletiva.

Por fim, tanto a MP, como a lei de conversão, excluem a aplicação das medidas aqui tratadas do âmbito da União, Estados, Distrito Federal e dos Municípios, dos órgãos da administração pública direta e indireta, das empresas públicas e sociedades de economia mista, inclusive suas subsidiárias, bem como, dos organismos internacionais, como destacado no parágrafo único do art. 3º.

Pois bem. Analisadas a MP n. 936/20 e a Lei n. 14.020/20 no tocante à redução da jornada e salário não há como negar que, ao operador do Direito do Trabalho, algumas das questões tratadas são, no mínimo, espinhosas. Temas caros ao ramo trabalhista, como o princípio da irredutibilidade salarial e da negociação coletiva foram mitigados pela normatização de crise.

Assim, como proposto no tópico introdutório, cumpre analisar as normas acima mencionadas sob a ótica constitucional.

A questão constitucional da irredutibilidade salarial e inalterabilidade contratual lesiva

O já citado art. 7º da Constituição prevê:

Art. 7º São direitos dos trabalhadores urbanos e rurais, além de outros que visem à melhoria de sua condição social:

IV – salário mínimo, fixado em lei, nacionalmente unificado, capaz de atender a suas necessidades vitais básicas e às de sua família com moradia, alimentação, educação, saúde, lazer, vestuário, higiene, transporte e previdência social, com reajustes periódicos que lhe preservem o poder aquisitivo, sendo vedada sua vinculação para qualquer fim;

V – piso salarial proporcional à extensão e à complexidade do trabalho;

VI – **irredutibilidade do salário, salvo o disposto em convenção ou acordo coletivo**;

VII – garantia de salário, nunca inferior ao mínimo, para os que percebem remuneração variável;

(...)

XIII – **duração do trabalho normal não superior a oito horas diárias e quarenta e quatro semanais, facultada a compensação de horários e a redução da jornada, mediante acordo ou convenção coletiva de trabalho**

(...)

XXVI – **reconhecimento das convenções e acordos coletivos de trabalho**; (Grifou-se)

O inciso VI do art. 7º da Constituição atribuiu patamar constitucional ao princípio da irredutibilidade salarial, antes calcado em norma infraconstitucional, qual seja, o art. 468 da CLT. De acordo com o referido dispositivo, é vedado ao empregador promover reduções salariais, salvo se previstas em norma coletiva.

A irredutibilidade salarial está alinhada ao princípio da estabilidade financeira e busca conferir segurança ao trabalhador quanto à manutenção de sua subsistência e padrão de vida. Nada obstante, sensível às nuances dinâmicas que são próprias às relações de trabalho, o Constituinte previu no próprio inciso VI a viabilidade de flexibilização de tão elevada proteção salarial, mediante disposição em convenção ou acordo coletivo de trabalho.

Os incisos IV, V, VI e VII (dentre outros) evidenciam verdadeiro sistema de proteção ao salário, mesma tutela que se estende à jornada de trabalho, consoante se vê, exemplificativamente, pelos incisos XIII a XVI do mesmo artigo.

Se por um lado o art. 7º contempla extenso catálogo de direitos, seu *caput* deixa claro que o rol constitucionalizado não é taxativo, podendo o trabalhador ser beneficiado por "outros que visem à **melhoria** de sua condição social" (grifou-se). Somente se admite, portanto, o acréscimo de direitos e não sua subtração, como já tratado neste texto na parte que toca ao princípio da vedação ao retrocesso.

Ao transpor a aplicação dos dispositivos constitucionais acima mencionados ao plano concreto do contrato de emprego é possível concluir que o art. 468, *caput*, da CLT, que dá concretude ao princípio da inalterabilidade contratual lesiva, foi recepcionado e fortalecido pela Constituição Federal. Tal princípio veda, no âmbito da relação de emprego, alterações contratuais sem mútuo consentimento ou consideradas prejudiciais ao empregado.

O princípio mencionado se justifica, pois a relação de emprego é, por natureza, assimétrica. A história do Direito do Trabalho demonstra, desde a Revolução Industrial e até a atual Revolução 4.0, que o empregado individualmente considerado não possui condições de negociar com o empregador de modo livre e igualitário, diante da necessidade de obter e manter o emprego, meio de subsistência próprio e de sua família. Tal situação se agrava em nosso país, pois, a promessa constitucional contida no art. 7º, I, aguarda desde 1988 regulamentação. Assim, não há ainda, proteção eficaz contra a "*despedida arbitrária ou sem justa causa*". Por esse motivo, não raras vezes a negociação entre empregado e empregador é calcada em uma pseudo escolha entre permanecer ou não empregado.

Como assevera o Ministro do Tribunal Superior do Trabalho Mauricio Godinho Delgado(9), o princípio da inalterabilidade contratual lesiva possui origem no Direito

(9) DELGADO, 2018, p. 236

Civil, no princípio geral da inalterabilidade dos contratos ou *pacta sunt servanda*. De acordo com o mesmo autor a seara trabalhista tende a rejeitar a fórmula civilista *rebus sic standibus,* haja vista que, conforme art. 2º da CLT, os riscos do empreendimento são do empregador, que experimenta os ônus e os bônus de sua atividade empresarial.

Reconhece o Ministro Delgado, no entanto, momentos históricos em que a fórmula *rebus sic standibus* foi, de certa medida, aplicada ao Direito do Trabalho, como no art. 503 da CLT[(10)], no art. 2º[(11)] da Lei n. 4.923/65 e na MP n. 680/15, convertida na Lei n. 13.189/15 e MP n. 761/16, convertida na Lei n. 13.456/17.

Ocorre, que os dois primeiros exemplos contemplam normas anteriores à Constituição Federal. O art. 503 da CLT não pode ser considerado recepcionado, na medida em que autoriza redução salarial sem observar o art. 7º, VI, da Carta Magna no tocante à participação sindical. O art. 2º da Lei n. 4.923/65, por sua vez, ao menos exige a participação sindical, como se vê por seu parágrafo 1º.

No que tange às MPs ns. 680/15 e 761/16 e suas conversões em lei, ambas previram a possibilidade de redução da jornada e salário de forma proporcional em até 30%, contudo, condicionaram tal ajuste, entre outros requisitos, à prévia autorização de norma coletiva.

Como se vê pelos exemplos normativos posteriores à Carta Magna de 1988, o arcabouço jus-laboral já admitiu em mais de uma oportunidade a modulação do princípio da inalterabilidade contratual lesiva por meio da aplicação de verdadeiro

---

(10) Art. 503 – É lícita, em caso de força maior ou prejuízos devidamente comprovados, a redução geral dos salários dos empregados da empresa, proporcionalmente aos salários de cada um, não podendo, entretanto, ser superior a 25% (vinte e cinco por cento), respeitado, em qualquer caso, o salário mínimo da região.

Parágrafo único – Cessados os efeitos decorrentes do motivo de força maior, é garantido o restabelecimento dos salários reduzidos.

(11) Art. 2º A empresa que, em face de conjuntura econômica, devidamente comprovada, se encontrar em condições que recomendem, transitoriamente, a redução da jornada normal ou do número de dias do trabalho, poderá fazê-lo, mediante prévio acordo com a entidade sindical representativa dos seus empregados, homologado pela Delegacia Regional do Trabalho, por prazo certo, não excedente de 3 (três) meses, prorrogável, nas mesmas condições, se ainda indispensável, e sempre de modo que a redução do salário mensal resultante não seja superior a 25% (vinte e cinco por cento) do salário contratual, respeitado o salário-mínimo regional e reduzidas proporcionalmente a remuneração e as gratificações de gerentes e diretores.

§ 1º Para o fim de deliberar sobre o acordo, a entidade sindical profissional convocará assembleia geral dos empregados diretamente interessados, sindicalizados ou não, que decidirão por maioria de votos, obedecidas as normas estatutárias.

§ 2º Não havendo acordo, poderá a empresa submeter o caso à Justiça do Trabalho, por intermédio da Junta de Conciliação e Julgamento ou, em sua falta, do Juiz de Direito, com jurisdição na localidade. Da decisão de primeira instância caberá recurso ordinário, no prazo de 10 (dez) dias, para o Tribunal Regional do Trabalho da correspondente Região, sem efeito suspensivo.

§ 3º A redução de que trata o artigo não é considerada alteração unilateral do contrato individual de trabalho para os efeitos do disposto no art. 468 da Consolidação das Leis do Trabalho.

direito de crise e utilização da fórmula *rebus sic standibus*. Frise-se, no entanto, que não houve, em tais oportunidades, ofensa à Constituição, pois em ambos os casos a redução de jornada e salário estava condicionada à autorização por norma coletiva, meio de negociação entabulada por atores juridicamente equiparados.

Ocorre, no entanto, que a MP n. 936/20 e a Lei n. 14.020/20, autorizaram em diversas hipóteses a redução de jornada e salário por simples acordo individual escrito, sem a participação das entidades coletivas das categorias econômica e profissional. Nesse ponto reside a principal incongruência entre o normativo trabalhista emergencial destinado à reduzir o impacto da pandemia de Covid-19 sobre as relações de trabalho e o texto constitucional, como se passa a examinar adiante.

A questão constitucional da negociação coletiva

O movimento sindical iniciou-se na Revolução Industrial, juntamente com os primeiros movimentos de resistência operária. O histórico do sindicalismo remonta a períodos de proibição, tolerância, e posterior reconhecimento estatal. No Brasil não foi diferente. Alternamos momentos de maior reconhecimento ou intervenção estatal conforme atravessamos regimes democráticos ou autoritários.

A Constituição de 1891 previa o direito de associação pacífica, verificando-se a presença do anarcossindicalismo. Em 1930 iniciou-se forte fase intervencionista, com adoção de modelo corporativista. Com a Constituição de 1934 experimentou-se curto período de pluralismo sindical, substituído pela unicidade já na Constituição de 1937, que, inclusive, proibiu o exercício da greve.

A Constituição de 1946 novamente trouxe maior liberdade sindical, alijada, no entanto, pela Constituição de 1967. Por fim, a Carta Cidadã de 1988 trouxe inegáveis avanços com a proibição de ingerência estatal na criação e organização sindical. O papel representativo dos sindicatos foi reconhecido no art. 8º, III e VI da Constituição Federal, ao dispor que *"ao sindicato cabe a defesa dos direitos e interesses coletivos ou individuais da categoria, inclusive em questões judiciais ou administrativas"*, e ainda que *"é obrigatória a participação dos sindicatos nas negociações coletivas de trabalho"*.

O art. 7º da Constituição reconhece as convenções e acordos coletivos de trabalho de modo expresso em seu inciso XXVI, sendo atribuído de modo exclusivo ao sindicato a possibilidade de negociar a redução de salário e jornada, como se vê pela dicção dos incisos VI e XIII.

No plano internacional o direito à negociação coletiva é amplamente reconhecido como um dos pilares do direito à liberdade sindical, direito humano prescrito no art. XXIII.4 da Declaração Universal dos Direitos Humanos[(12)], art. 22 do Pacto

(12) Artigo XXIII - 1. Todo ser humano tem direito ao trabalho, à livre escolha de emprego, a condições justas e favoráveis de trabalho e à proteção contra o desemprego.

Internacional sobre Direitos Civis e Políticos de 1966[(13)], art. 8, 1.a, do Pacto Internacional sobre Direitos Econômicos, Sociais e Culturais de 1966[(14)] e art. 8, 1.a, do Protocolo de São Salvador de 1983.

Além disso, a Declaração da OIT sobre os Princípios e Direitos Fundamentais do Trabalho de 1998 estabelece a obrigação a todos os países membros, dentre os quais se inclui o Brasil, de respeitar, promover e realizar o "***reconhecimento do direito de negociação coletiva***" (2, "a") (grifou-se).

O Brasil se obrigou internacionalmente ao fomento e reconhecimento das negociações coletivas, como se verifica pelo artigo 4 da Convenção n. 98 da OIT sobre o Direito de Sindicalização e de Negociação Coletiva, aprovada pelo Decreto Legislativo n. 49/52 e promulgada pelo Decreto n. 33.196/53, *in verbis*:

> Artigo 4 — Deverão ser tomadas, se necessário for, medidas apropriadas às condições nacionais, para fomentar e promover o pleno desenvolvimento e utilização dos meios de negociação voluntária entre empregadores ou organizações de empregadores e organizações de trabalhadores com o objetivo de regular, por meio de convenções, os termos e condições de emprego.

No mesmo sentido é a Convenção n. 154 da OIT sobre o Fomento à Negociação Coletiva, aprovada pelo Decreto Legislativo n. 22/92 e promulgada pelo Decreto n. 1.256/94 e cujo artigo 5 é bastante esclarecedor, senão vejamos:

> Art. 5 — 1. Deverão ser adotadas medidas adequadas às condições nacionais no estímulo à negociação coletiva.

---

2. Todo ser humano, sem qualquer distinção, tem direito a igual remuneração por igual trabalho.

3. Todo ser humano que trabalha tem direito a uma remuneração justa e satisfatória que lhe assegure, assim como à sua família, uma existência compatível com a dignidade humana e a que se acrescentarão, se necessário, outros meios de proteção social.

4. Todo ser humano tem direito a organizar sindicatos e a neles ingressar para proteção de seus interesses.

(13) Art. 22 - 1. Toda pessoa terá o direito de associar-se livremente a outras, inclusive o direito de construir sindicatos e de a eles filiar-se, para a proteção de seus interesses.

2. O exercício desse direito estará sujeito apenas ás restrições previstas em lei e que se façam necessárias, em uma sociedade democrática, no interesse da segurança nacional, da segurança e da ordem públicas, ou para proteger a saúde ou a moral públicas ou os direitos e liberdades das demais pessoas. O presente artigo não impedirá que se submeta a restrições legais o exercício desse direito por membros das forças armadas e da polícia.

3. Nenhuma das disposições do presente artigo permitirá que Estados Partes da Convenção de 1948 da Organização Internacional do Trabalho, relativa à liberdade sindical e à proteção do direito sindical, venham a adotar medidas legislativas que restrinjam ou aplicar a lei de maneira a restringir as garantias previstas na referida Convenção.

(14) Art. 8º - 1. Os Estados Partes do presente Pacto comprometem-se a garantir:

a) O direito de toda pessoa de fundar com outras, sindicatos e de filiar-se ao sindicato de escolha, sujeitando-se unicamente aos estatutos da organização interessada, com o objetivo de promover e de proteger seus interesses econômicos e sociais. O exercício desse direito só poderá ser objeto das restrições previstas em lei e que sejam necessárias, em uma sociedade democrática, no interesse da segurança nacional ou da ordem pública, ou para proteger os direitos e as liberdades alheias;

2. As medidas a que se refere o parágrafo 1 deste artigo devem prover que:

a) a negociação coletiva seja possibilitada a todos os empregadores e a todas as categorias de trabalhadores dos ramos de atividade a que aplique a presente Convenção;

b) a negociação coletiva seja progressivamente estendida a todas as matérias a que se referem os anexos a, b e c do art. 2 da presente Convenção;

c) seja estimulado o estabelecimento de normas de procedimentos acordadas entre as organizações de empregadores e as organizações de trabalhadores;

d) a negociação coletiva não seja impedida devido à inexistência ou ao caráter impróprio de tais normas;

e) os órgãos e procedimentos de resolução dos conflitos trabalhistas sejam concedidos de tal maneira que possam contribuir para o estímulo à negociação coletiva. (Grifou-se)

Dessa forma, além do direito à negociação coletiva ser albergado constitucionalmente pelos arts. 7º, VI, XIII, XXVI e 8º, também recebe status constitucional pela via do art. 5º, parágrafo 2º da Carta Magna, segundo o qual *"Os direitos e garantias expressos nesta Constituição não excluem outros decorrentes do regime e dos princípios por ela adotados, ou dos tratados internacionais em que a República Federativa do Brasil seja parte"*.

A opção legislativa de deixar os principais atores sociais coletivos à margem das negociações de salário e jornada em meio à crise sanitária da Covid-19 provoca o enfraquecimento das entidades sindicais e impede o pleno desenvolvimento de relações coletiva sadias e maduras, bem como, o encontro de soluções democráticas para problemas que afetam a todos, empregados, empregadores e o próprio Estado.

Reduzir a possibilidade de atuação sindical é desconsiderar a complexidade das relações de trabalho, os diversos setores, categorias, nichos e necessidades decorrentes de cada atividade econômica e laboral. O caminho para a plena liberdade sindical, com vistas a livrar o país das amarras da unicidade sindical e da contribuição obrigatória, passa necessariamente pelo fomento ao diálogo e empoderamento das partes coletivas.

Um dos principais entraves apresentados à exclusão do protagonismo sindical quanto à redução de jornada e salário foi a necessidade de oferecer resposta rápida e segura em meio à pandemia. A agilidade mencionada foi obtida, no entanto, eliminando-se o diálogo. De fato a redução de jornada e salário calcada exclusivamente em decisão unilateral do empregador é mais rápida, porém, é necessário indagar se é a que melhor conforma as necessidades do capital e do trabalho e se observa as diretrizes constitucionais do Estado Democrático de Direito.

Não obstante, caso se parta do pressuposto de que a redução de jornada e salário será precedida de efetiva negociação entre empregador e empregado, maior razão ainda há para o prestígio da negociação coletiva, pois o empregador somente teria que empreender diálogos com o ente sindical, e não com cada trabalhador individualmente considerado.

De outro quadro, cumpre destacar que a MP n. 936, publicada em 1º de abril de 2020, buscava resolver questão pontual e urgente. Assim, inicialmente autorizou a redução de salário e jornada mediante simples acordo individual pelo prazo de 90 (noventa) dias. Ocorre que já no mês de dezembro de 2020 não é possível precisar o tempo em que as medidas de distanciamento social serão necessárias, sendo autorizada a prorrogação das medidas aqui tratadas pelo prazo total de 240 (duzentos e quarenta) dias, conforme Decreto n. 10.517/20.

A gravidade e extensão dos impactos sofridos pelos trabalhadores reclama, sem sombra de dúvidas, a atuação das entidades coletivas, capazes de dialogar em condição mais próxima da pretendida simetria.

Não se olvida que a MP n. 936/20 determinou a obrigatoriedade de negociação coletiva para alguns percentuais de redução proporcional de jornada e salário, bem como, para empregados de algumas faixas salariais. Ocorre que o conceito de categoria profissional(15) não comporta fragmentações de acordo com a remuneração do empregado ou seu grau de escolaridade.

O tipo de segregação adotado contribui para o descolamento de interesses entre trabalhadores da mesma categoria, que tem como consequência a falta de união, redução do sentimento de pertencimento e de classe. Além disso, constitui tratamento diferenciado injustamente discriminatório em clara ofensa ao princípio da igualdade, tutelado no *caput* do art. 5º, e em tantos outros dispositivos da Constituição.

Há ainda situação mais grave, pois o art. 12, § 1º, II, da Lei n. 14.020/20, dispensa a negociação coletiva, independentemente da faixa salarial do empregado e do percentual de redução de jornada e salário, quanto do acordo não resultar diminuição do valor total recebido pelo empregado, já incluso o valor do Benefício Emergencial e de eventual ajuda compensatória.

Rasa análise pode fazer crer que a previsão supracitada corresponde à hipótese em que não há prejuízo ao empregado. Contudo, além da ilação ser incorreta, haja vista os reflexos previdenciários e fundiários da redução de jornada e salário, constitui reducionismo não compatível com a complexidade das relações trabalhistas, como se o interesse dos trabalhadores pudesse ser reduzido somente a questões remuneratórias.

Por fim, ressalte-se que a previsão do art. 12, § 1º, II da Lei n. 14.020/20 afasta o empregado de sua entidade coletiva representativa, deixando de lhe transmitir

---

(15) Art. 511, § 2º, CLT – A similitude de condições de vida oriunda da profissão ou trabalho em comum, em situação de emprego na mesma atividade econômica ou em atividades econômicas similares ou conexas, compõe a expressão social elementar compreendida como categoria profissional.

necessidades, anseios e dificuldades, aumentando assim, o abismo de representatividade que os sindicatos amargam em nosso país. De igual forma, a falta de estímulo à negociação coletiva afasta o empregador e o sindicato profissional, desfavorecendo a promoção constante do diálogo necessário à estabilização das relações sociais trabalhistas.

Breves considerações à decisão do Supremo Tribunal Federal na ADI n. 6.363

O Supremo Tribunal Federal enfrentou a constitucionalidade da Medida Provisória n. 936/20, na ADI n. 6.363. Inicialmente o Ministro Ricardo Lewandowski havia deferido a liminar para dar *"interpretação conforme à Constituição"* *"ao § 4º do art. 11 da Medida Provisória n. 936/2020, de maneira a assentar que "[os] acordos individuais de redução de jornada de trabalho e de salário ou de suspensão temporária de contrato de trabalho [...] deverão ser comunicados pelos empregadores ao respectivo sindicato laboral, no prazo de até dez dias corridos, contado da data de sua celebração", para que este, querendo, deflagre a negociação coletiva, importando sua inércia em anuência com o acordado pelas partes"*. A decisão acima foi complementada após a interposição de embargos declaratórios, acrescendo-se que *"são válidos e legítimos os acordos individuais celebrados na forma da MP n. 936/2020, os quais produzem efeitos imediatos, valendo não só no prazo de 10 dias previsto para a comunicação ao sindicato, como também nos prazos estabelecidos no Título VI da Consolidação das Leis do Trabalho, agora reduzidos pela metade pelo art. 17, III, daquele ato presidencial"*.

Ocorre no entanto, que o Ministro relator foi vencido e em plenário o Supremo Tribunal Federal negou referendo à medida cautelar, prevalecendo o entendimento exposto no voto condutor do Ministro Alexandre de Moraes, que ressaltou, entre outros fundamentos:

> (...) Não se pretende aqui, nos termos do art. 7º, VI, reduzir, permanentemente, a partir de um conflito entre empregado e empregador, os salários. E essa é a ratio da norma prevista no art. 7º, VI. Quando o art. 7º, VI, estabelece que a redutibilidade salarial só é possível com acordo ou convenção coletiva, prevê a normalidade, a regra onde há uma divergência entre os interesses do empregado e dos empregadores, ou seja — e toda doutrina trabalhista e a jurisprudência trabalhista assim apontam —, a norma se aplica quando prevê a real existência de conflito coletivo de trabalho, ou seja, um conflito entre empregados e empregadores, e aí há necessidade e obrigatoriedade da participação dos sindicatos.
>
> **Aqui não existe conflito. Aqui existe a necessidade de uma convergência, a convergência pela sobrevivência, a convergência pela sobrevivência da empresa, do empregador e do empregado, com o auxílio do governo.** (grifou-se)

Como visto acima, o voto condutor considera que o art. 7º, VI da Constituição destina-se a situações de normalidade, em que há conflito de interesses entre empregados e empregadores. O Exmo. Ministro Alexandre de Moraes considera, no entanto, que no contexto da pandemia de Covid-19 não há conflito, mas convergência de interesses de ambos os lados da relação, na manutenção dos vínculos de emprego.

Quanto ao afastamento excepcional de regra constitucional com fundamento na inegável crise sanitária ora enfrentada, abre-se perigoso precedente. Ora, enquanto houver humanidade haverá crises e é exatamente nesses momentos que o respeito à Constituição revela-se essencial à manutenção do Estado Democrático de Direito e à consecução dos objetivos fundamentais da República (art. 3º, CF).

Doutro lado, o argumento de inexistência de conflito entre empregados e empregadores já foi utilizado na história do Direito do Trabalho com a mesma finalidade, isto é, afastar ou reduzir a possibilidade de negociação coletiva.

Ao tratar dos principais modelos de ordens jurídicas trabalhistas o Ministro do Tribunal Superior do Trabalho Mauricio Godinho Delgado diferencia os modelos justrabalhistas democráticos e autoritários. Como esclarece o autor, o modelo autoritário "*repele a gestão democratizante das relações de trabalho*" e nega o conflito, cumprindo destacar que:

> Essa última vertente jurídico-política repudia, frontalmente, a noção dinâmica de conflito, que considera incompatível com a gestão sociopolítica da comunidade. A rejeição do conflito faz-se em duas dimensões: quer de modo direto, mediante uma legislação proibitiva expressa, quer de modo indireto, ao absorvê-lo, sob controle, no aparelho de Estado, que tece, minuciosamente, as práticas para a sua resolução[(16)].

Em contraponto, o modelo democrático admite a normatização autônoma e privatística, isto é, derivada prioritariamente da autonomia da vontade dos entes coletivos; e a normatização privatística subordinada, em que a negociação coletiva privada é admitida, porém, observados processos regulados heteronomamente pelo Estado.

Sobre o modelo de normatização privatística subordinado, claramente adotado pela Constituição de 1988, o Ministro Delgado destaca[(17)]:

> Em síntese, a Constituição da República, conforme já dito neste livro, resgatou a negociação coletiva de seu limbo jurídico e de sua inércia factual, que eram uma das marcas criticáveis, nesse campo, relativamente ao período precedente a 1988. Mas não a transformou, contraditória e perversamente, em um mecanismo adicional de solapamento de direitos individuais e sociais humanísticos trabalhistas — os quais, afinal, a própria Constituição alçou a patamar magno e superior.

---

(16) DELGADO, p. 114

(17) DELGADO, p. 120

Diante dos avanços democráticos da Constituição de 1988 não deveria haver espaço, portanto, para posturas normativas que esvaziam o poder de negociação dos entes coletivos, sobretudo em matérias cujo texto expresso da Carta Magna exige a negociação coletiva de trabalho.

Conclusão

Em tempos de crise as dificuldades econômicas são frequentemente apresentadas como obstáculo à concretização das promessas constitucionais. Todavia, o Poder Constituinte não desprezou o embate histórico entre capital e trabalho, antes, ofereceu solução reconciliatória que não é meramente retórica. O art. 1º, IV, da Carta Magna elegeu "*os valores sociais do trabalho e da livre iniciativa*" como um dos fundamentos da República.

Ao tratar da Ordem Econômica e Financeira, o art. 170 da Constituição dispôs que *"A ordem econômica, fundada na valorização do trabalho humano e na livre iniciativa, tem por fim assegurar a todos existência digna, conforme os ditames da justiça social (...)"*. De igual forma, o capítulo "Da Ordem Social" inicia suas disposições pelo art. 193, segundo o qual *"A ordem social tem como base o primado do trabalho, e como objetivo o bem-estar e a justiça sociais"*.

Não é demais ressaltar, no entanto, que a valorização do trabalho prevista pelo Constituinte relaciona-se com o trabalho decente, prioritariamente tutelado por um contrato de emprego, como se vê pelo inciso VIII do art. 170, ao especificar como princípio da ordem econômica *"a busca do pleno emprego"*. Não por outro motivo a Constituição cuidou de apresentar logo em seu 7º artigo nada menos do que trinta e quatro incisos voltados à proteção do emprego e da dignidade do trabalhador.

O art. 7º da Constituição não contém, todavia, rol hermeticamente fechado de direitos, comunicando-se plenamente com o art. 5º, pois o trabalhador é, antes de tudo, uma pessoa humana, e como tal, titular de direitos fundamentais. Aqui encontramos um ponto de comunicação entre os artigos retro mencionados. O § 2º do art. 5º estabelece que *"Os direitos e garantias expressos nesta Constituição não excluem outros decorrentes do regime e dos princípios por ela adotados, ou dos tratados internacionais em que a República Federativa do Brasil seja parte"*. Da mesma forma, o *caput* do art. 7º antecipa que os direitos ali enumerados não excluem *"outros que visem à melhoria de sua condição social"*.

Ambos os artigos citados possuem, portanto, cláusula de abertura, característica marcante das normas de direitos fundamentais *stricto sensu* e que também deita raízes sobre os direitos trabalhistas, igualmente fundamentais. Da conjugação dos dispositivos constitucionais se depreende a existência de dois deveres, o primeiro de proteção do patamar mínimo de direitos expressamente gravados na Constituição Federal, e o segundo direcionado à implementação progressiva de outros direitos.

Resta vedado, portanto, o retrocesso. Os direitos e garantias individuais receberam status de cláusula pétrea, consoante art. 60, § 4º, IV, da Carta Magna, e o Constituinte somente previu a possibilidade de implementação de novos direitos fundamentais, em via de mão única. Não há, assim, caminho de volta.

É possível dizer que a disciplina constitucional seguiu a tendência de espelhamento entre o conjunto normativo internacional e interno ao consagrar os princípios da progressividade de implementação dos direitos sociais e o princípio da vedação ao retrocesso. Nesse sentido podemos citar o disposto no art. 26 da Convenção Americana sobre Direitos Humanos (Pacto de São José da Costa Rica), promulgada no Brasil pelo Decreto n. 678/1992 e o art. 2º do Pacto Internacional sobre Direitos Econômicos, Sociais e Culturais — PIDESC, promulgado pelo Decreto n. 591/1992:

> **Art. 26 - Convenção Americana sobre Direitos Humanos**
>
> Desenvolvimento Progressivo
>
> Os Estados-Partes comprometem-se a adotar providência, tanto no âmbito interno como mediante cooperação internacional, especialmente econômica e técnica, a fim de **conseguir progressivamente a plena efetividade dos direitos que decorrem das normas econômicas, sociais e sobre educação, ciência e cultura**, constantes da Carta da Organização dos Estados Americanos, reformada pelo Protocolo de Buenos Aires, na medida dos recursos disponíveis, por via legislativa ou por outros meios apropriados
>
> **Art. 2º Pacto Internacional sobre Direitos Econômicos, Sociais e Culturais**
>
> 1. **Cada Estado Parte do presente Pacto compromete-se a adotar medidas, tanto por esforço próprio como pela assistência e cooperação internacionais, principalmente nos planos econômico e técnico, até o máximo de seus recursos disponíveis, que visem a assegurar, progressivamente, por todos os meios apropriados, o pleno exercício dos direitos reconhecidos no presente Pacto, incluindo, em particular, a adoção de medidas legislativas.**
>
> 2. Os Estados Partes do presente Pacto comprometem-se a garantir que os direitos nele enunciados e exercerão em discriminação alguma por motivo de raça, cor, sexo, língua, religião, opinião política ou de outra natureza, origem nacional ou social, situação econômica, nascimento ou qualquer outra situação.
>
> 3. Os países em desenvolvimento, levando devidamente em consideração os direitos humanos e a situação econômica nacional, poderão determinar em que garantirão os direitos econômicos reconhecidos no presente Pacto àqueles que não sejam seus nacionais. (Grifou-se)

Sabe-se que em tempos de crise como a ora vivenciada, com inegável impacto sanitário, econômico e social mundial, dificilmente há espaço para a implementação de novos direitos, expectativa que, aliás, fugiria à realidade. Antes, no mundo do trabalho, os esforços concentram-se na manutenção dos empregos e na busca de soluções que proporcionem a otimização dos custos de produção.

Nesse cenário, se não é possível atingir o desejável progresso em termos de direitos fundamentais e trabalhistas, deve-se assegurar, ao menos, o standard de direitos já conquistados, capazes de garantir o que se entende por mínimo existencial ou patamar mínimo civilizatório. Trata-se de direitos que, se de um lado conferem dignidade e renda ao trabalhador assalariado, noutro quadro asseguram a movimentação da economia e a manutenção do nível de consumo necessário à sustentar a viabilidade da atividade empresarial.

Dessa forma, o processo legislativo deve ser pautado por recursos que congreguem interesses das duas partes da relação de trabalho. Para tanto, é imprescindível valorizar o papel dos sindicatos, entidades constitucionalmente incumbidas da defesa dos interesses das categorias econômicas e profissionais, consoante arts. 8º e 10º da Constituição, além das normas internacionais subscritas pelo Brasil e abordadas nesse texto.

Não é possível enxergar o sindicato como algoz e a negociação coletiva como obstáculo, antes, faz-se necessário reconhecer as entidades coletivas juslaborais como agentes de transformação e pacificação social, sobretudo em momentos de crise, haja vista a aptidão que as normas coletivas de trabalho possuem para o fomento de soluções criativas e flexíveis.

Ademais, o reconhecimento das negociações coletivas do trabalho e a obrigatoriedade de sua utilização para redução de jornadas e salários, tal qual se vê no art. 7º, VI, XIII e XXVI da Carta Magna, representam escolhas conscientes do Poder Constituinte e estão alinhadas ao ideal democrático que perpassa todo o projeto de Estado Democrático de Direito de nosso país. Ora, se a Constituição está no vértice do ordenamento jurídico, ponto mais alto da hierarquia das normas, se o seu teor foi construído de forma democrática com vista a ordenar a vida em sociedade e organizar as estruturas de poder, é mister interpretar as normas infraconstitucionais à luz da Constituição e não o contrário.

Referências

CARVALHO, Augusto César Leite de. *Direito do trabalho:* curso e discurso. 2. ed. São Paulo: LTr, 2018.

______. *Princípios de direito do trabalho sob a perspectiva dos direitos humanos.* São Paulo: LTr, 2018.

DELGADO, Mauricio Godinho. *Curso de direito do trabalho.* 17 ed. rev. atual. e ampl. São Paulo: LTr, 2018.

FERNANDES, Bernardo Gonçalves. *Curso de Direito Constitucional.* 12. ed. rev. atual. e ampl. Salvador: JusPodivm, 2020.

GARCIA, Gustavo Filipe Barbosa. *CLT comentada*. 7. ed. rev. atual. e ampl. Salvador: JusPodivm, 2020.

GARCIA, Gabriel Rodrigues; QUIRELLI, Carolina Lazarini. *Análise crítica do princípio da unicidade sindical no ordenamento juridico brasileiro*. Disponível em: <https://jus.com.br/artigos/30461/analise-critica-do-principio-da-unicidade-sindical-no-ordenamento-juridico-brasileiro>. Acesso em: 02 dez. 2020.

MARMELSTEIN, George. *Curso de direitos fundamentais*. 8. ed. São Paulo: Atlas, 2019.

SILVA, Homero Batista Mateus da. *CLT comentada*. 2. ed. rev. atual. e ampl. São Paulo: Thomson Reuters Brasil, 2018.

______. *Legislação trabalhista em tempos de pandemia: comentários às Medidas Provisórias 927 e 936*. São Paulo: Thomson Reuters Brasil, 2020.

7. O Trabalhador Avulso na Legislação Emergencial

Juliana Ferreira de Morais[(1)]

Em face do estado de calamidade pública reconhecido pelo Decreto Legislativo n. 6, de 20 de março de 2020, e da emergência de saúde pública de importância internacional decorrente do coronavírus (Covid-19), o governo editou atos normativos versando sobre medidas trabalhistas nesse período emergencial.

No âmbito do setor portuário, foi editada a MP n. 945/2020 — posteriormente convertida na Lei n. 14.047/2020 —, dispondo sobre medidas temporárias em resposta à pandemia decorrente da Covid-19 e sobre a cessão de pátios sob administração militar.

A MP n. 945 implementou medidas especiais a fim de garantir a preservação das atividades portuárias, dentre as quais a proibição de escalação pelo OGMO de trabalhadores portuários avulsos em determinadas situações; o pagamento de indenização compensatória mensal, para os avulsos com impedimento de escalação; bem como a possibilidade de os operadores portuários contratarem livremente trabalhadores com vínculo empregatício por tempo determinado, na hipótese de indisponibilidade de trabalhadores portuários avulsos para atender às requisições.

Além disso, o art. 6º da MP n. 945/2020 enquadrou as atividades portuárias como essenciais para os fins da lei de greve, acrescentando o inciso XV ao art. 10 da Lei n. 7.783/89.

Acerca da escalação dos trabalhadores portuários avulsos em tempos de pandemia, dispunha o art. 2º da MP n. 945/2020, *in verbis*:

> Art. 2º Para fins do disposto nesta Medida Provisória, o Órgão Gestor de Mão de Obra não poderá escalar trabalhador portuário avulso nas seguintes hipóteses:

---

(1) Juíza do Trabalho do Tribunal Regional do Trabalho da 2ª Região. Mestre e especialista em Direito pela PUC/SP. Graduada pela Universidade Federal do Ceará. Professora da graduação e pós graduação em Direito do Trabalho e Processo do Trabalho.

I - quando o trabalhador apresentar os seguintes sintomas, acompanhados ou não de febre, ou outros estabelecidos em ato do Poder Executivo federal, compatíveis com a Covid-19:

a) tosse seca;

b) dor de garganta; ou

c) dificuldade respiratória;

II - quando o trabalhador for diagnosticado com a Covid-19 ou submetido a medidas de isolamento domiciliar por coabitação com pessoa diagnosticada com a Covid-19;

III - quando a trabalhadora estiver gestante ou lactante;

IV - quando o trabalhador tiver idade igual ou superior a sessenta anos; ou

V - quando o trabalhador tiver sido diagnosticado com:

a) imunodeficiência;

b) doença respiratória; ou

c) doença preexistente crônica ou grave, como doença cardiovascular, respiratória ou metabólica.

§ 1º O Órgão Gestor de Mão de Obra deverá encaminhar à autoridade portuária semanalmente lista atualizada de trabalhadores portuários avulsos que estejam impedidos de ser escalados, acompanhada de documentação que comprove o enquadramento dos trabalhadores em alguma das hipóteses previstas no *caput*.

§ 2º A comprovação dos sintomas de que trata o inciso I do *caput* poderá ser realizada por meio de atestado médico ou outra forma estabelecida em ato do Poder Executivo federal.

§ 3º Os trabalhadores que se enquadrem em alguma das hipóteses previstas no *caput* poderão enviar a documentação comprobatória de sua situação ao Órgão Gestor de Mão de Obra por meio eletrônico.

§ 4º Nas hipóteses previstas nos incisos I, II e III do *caput*, os trabalhadores ficarão obrigados a informar imediatamente ao Órgão Gestor de Mão de Obra qualquer alteração em sua situação.

Dessa forma, segundo o art. 2º da MP n. 945, o Órgão Gestor de Mão de obra estava impedido de escalar trabalhadores avulsos portuários com sintomas compatíveis com a Covid-19, comprovados por meio de atestado médico ou outra forma estabelecida pelo Poder Executivo federal (art. 2º, I, § 2º); diagnosticados com Covid-19 ou submetidos a medidas de isolamento domiciliar por coabitação com pessoa diagnosticada com a Covid-19 (art. 2º, II); trabalhadoras portuárias gestantes ou lactantes (art. 2º, III); avulsos com idade igual ou superior a 60 anos (art. 2º, IV); ou, ainda, diagnosticados com imunodeficiência, doença respiratória ou qualquer outra doença preexistente crônica ou grave (art. 2º, V), facultando-se aos trabalhadores enquadrados em alguma dessas hipóteses o envio da documentação comprobatória de sua situação ao OGMO por meio eletrônico (art. 2º, § 3º).

De acordo com o parágrafo terceiro do art. 2º da MP n. 945, cabia aos trabalhadores enquadrados nas situações dos incisos I a III do referido dispositivo legal (avulsos com sintomas ou diagnóstico de Covid-19, submetidos a isolamento domiciliar por coabitação com pessoa diagnosticada com Covid-19 ou gestantes ou lactantes) informar qualquer alteração em sua situação.

Em qualquer hipótese, dispunha o art. 2º, § 1º, da MP n. 945/2020 que o OGMO deveria encaminhar à autoridade portuária semanalmente lista atualizada de trabalhadores portuários avulsos que estivessem impedidos de ser escalados, acompanhada de documentação comprobatória de sua situação.

De forma a compensar a perda de ganhos dos trabalhadores enquadrados nas hipóteses do art. 2º da MP n. 945, o art. 3º previa o pagamento de uma ajuda compensatória mensal no valor correspondente a 50% sobre a média mensal recebida pelo avulso portuário por intermédio do OGMO, entre 1º de outubro de 2019 e 31 de março de 2020, de caráter indenizatório, a ser paga enquanto persistisse o impedimento de escalação.

O pagamento da indenização seria custeado pelo operador portuário ou tomador de serviço que requisitasse trabalhador portuário avulso junto ao OGMO (art. 3º, § 1º, da MP n. 945), de forma proporcional à quantidade de serviço demandada (art. 3º, § 2º), sendo que cabia ao OGMO fazer o cálculo, a arrecadação e o repasse do valor da ajuda mensal compensatória aos beneficiários (art. 3º, § 3º).

Todavia, o parágrafo sétimo do art. 3º da MP n. 945 vedava o recebimento da indenização compensatória mensal pelos trabalhadores portuários impedidos de concorrer à escala que estivessem em gozo de benefício do Regime Geral de Previdência Social ou de regime próprio de previdência social ou, ainda, que percebessem o benefício assistencial de que trata o art. 10-A da Lei n. 9719/98 (benefício assistencial mensal, de até 1 (um) salário mínimo, aos trabalhadores portuários avulsos, com mais de 60 anos, que não cumprirem os requisitos para a aposentadoria e que não possuam meios para prover a sua subsistência).

De outro lado, o art. 4º da MP n. 945 previa a possibilidade de os operadores portuários contratarem livremente trabalhadores com vínculo empregatício por tempo determinado, na hipótese de indisponibilidade de trabalhadores portuários avulsos para atender às requisições, ao consignar:

> Art. 4º Na hipótese de indisponibilidade de trabalhadores portuários avulsos para atendimento às requisições, os operadores portuários que não forem atendidos poderão contratar livremente trabalhadores com vínculo empregatício por tempo determinado para a realização de serviços de capatazia, bloco, estiva, conferência de carga, conserto de carga e vigilância de embarcações.

§ 1º Para fins do disposto neste artigo, considera-se indisponibilidade de trabalhadores portuários qualquer causa que resulte no não atendimento imediato às requisições apresentadas pelos operadores portuários ao Órgão Gestor de Mao de Obra, tais como greves, movimentos de paralisação e operação-padrão.

§ 2º A contratação de trabalhadores portuários com vínculo empregatício com fundamento no disposto no *caput* não poderá exceder o prazo de doze meses.

A MP n. 945/2020 causou polêmicas no meio jurídico, especialmente no tocante ao impedimento de escalação de trabalhadores portuários avulsos com mais de 60 anos; à possibilidade de livre contratação pelos operadores portuários de trabalhadores com vínculo empregatício por tempo determinado, no caso de indisponibilidade de trabalhadores portuários avulsos para atender às requisições; bem como ao enquadramento das atividades portuárias como essenciais para os fins da lei de greve.

Acerca do primeiro aspecto, parte da doutrina e da jurisprudência entendeu que a MP n. 945/2020, ao impedir a escalação de trabalhadores portuários avulsos com idade superior a 60 anos, criou injustificável discriminação por critério etário, ofendendo o direito social do trabalho e os princípios da isonomia, da liberdade e da dignidade humana.

Nesse sentido, cita-se Lúcia Zimmermann[(2)], para quem:

> Outra questão nevrálgica a ser enfrentada com a análise da MP n. 945/2020 refere-se ao trabalhador portuário avulso que tenha idade igual ou superior a sessenta anos e que, por critério absolutamente objetivo, passa a deixar de ser escalado pelo Ogmo, recebendo, em contrapartida, indenização correspondente apenas a 50% da média do montante que recebeu no período de outubro/2019 a março/2020.
>
> A Convenção n. 111 da OIT, com vigência nacional a partir de 26 de novembro de 1966, veda qualquer distinção, cuja finalidade seja "destruir ou alterar a igualdade de oportunidades ou tratamento em matéria de emprego ou profissão", e, ao que parece, a seu despeito, a hipótese da vedação etária imposta pela MP n. 945/2020 representa evidente discriminação no que tange ao livre acesso à profissão.
>
> Ademais, não bastasse a norma constitucional prevista no art. 7º, inciso VI prevendo a "irredutibilidade do salário, salvo o disposto em convenção ou acordo coletivo", há o inciso XXXIV do mesmo artigo prevendo a "igualdade de direitos entre o trabalhador com vínculo empregatício permanente e o trabalhador avulso", bem como o teor do art. 7º, inciso

(2) ZIMMERMANN, *Os reflexos da Covid no trabalho portuário avulso.*

XXX prevendo a "proibição de diferença de salários, de exercício de funções e de critério de admissão por motivo de sexo, idade, cor ou estado civil".

No mesmo diapasão, cabe transcrever o seguinte aresto, oriundo da Seção Especializada em Dissídios Individuais – 8 do Tribunal Regional do Trabalho da 2ª Região, *in verbis*:

> A Constituição Federal de 1988, em regra, não permite discriminação do cidadão em razão da idade e todas as ressalvas e exceções aplicáveis em situações excepcionais estão contidas em seu próprio texto. É inconstitucional, de forma incidental, o inciso IV do art. 2º da MP n. 945/2020, diante da clara afronta ao direito social do trabalho, ao princípio da isonomia, ao princípio da liberdade, ao princípio da dignidade humana e ao princípio da proibição do retrocesso social, já que referido ato normativo permite, de forma expressa, distinção de trabalhador em razão de sua idade, em desacordo com os direitos fundamentais previstos na Lei Maior. O argumento do 'direito à vida', na presente hipótese, não passa de paralogismo e equívoco hermenêutico, que não sobrevive a uma análise aprofundada da questão à luz das garantias constitucionais. (MS 1001147-67.2020.5.02.0000, Seção Especializada em Dissídios Individuais – 8, rel. Marcelo Freire Gonçalves, DEJT: 25.08.2020)

Entretanto, ainda na vigência da MP n. 945/2020, prevaleceu o entendimento de que a restrição de escalação dos trabalhadores avulsos portuários acima de 60 anos não se tratava de medida discriminatória, mas sim protetiva, destinada à tutela do trabalhador idoso, em consonância com o disposto nos arts. 23, inciso II, e 230 da Constituição Federal, que impõem aos entes federados o dever de cuidar da saúde de todos, especialmente do idoso. Nessa perspectiva, cita-se a seguinte ementa, proveniente da Seção Especializada em Dissídios Individuais – 3 do Tribunal Regional do Trabalho da 2ª Região:

> MEDIDA PROVISÓRIA N. 945/2020. Art. 2º, INCISO IV. TRABALHADOR IDOSO ACIMA DE 60 ANOS DE IDADE. A medida se compatibiliza com o disposto no art. 23, inciso II, da Constituição Federal, que impõe aos entes federados o dever de cuidar da saúde de todos e, em especial, do idoso, tal como disciplina o art. 230 também da Constituição Federal, reforçados pelos preceitos previstos nos arts. 2º e 3º da Lei n. 10.741/2003 (Estatuto do Idoso), de sorte que se trata de medida razoável e adequada à proteção do trabalhador idoso, com a qual não viola os arts. 5º e 7º, inciso XXX, da Constituição Federal. Segurança denegada. (MS 1002123-74.2020.5.02.0000, Seção Especializada em Dissídios Individuais – 3, relª. Mércia Tomazinho, DEJT: 25.08.2020)

No mesmo sentido, destaque-se o seguinte trecho da fundamentação do Mandado de Segurança n. 1001570-27.2020.5.02.0000, oriundo da Seção Especializada em Dissídios Individuais – 6 do TRT 2ª Região:

> Conforme destacado na r. decisão que indeferiu o pedido liminar, estipula o art. 2º, IV, da MP n. 945/2020, ora questionado pelo impetrante, que o Órgão Gestor de Mão de Obra não poderá escalar trabalhador portuário avulso quando ele tiver idade superior a sessenta anos. Ainda, estabelece a norma que aqueles que se enquadrarem nas situações

de dispensa, receberão indenização compensatória mensal no valor correspondente a 50% (cinquenta por cento) sobre a média mensal recebida, calculada sobre os pagamentos de 1º de outubro de 2019 a 31 de março de 2020.

Em um exame perfunctório acerca do mencionado regramento, única análise possível em sede de pedido liminar, constato que a Medida Provisória 945/2020 teve como principal escopo salvaguardar a vida, a saúde e integridade dos trabalhadores portuários, mitigando os riscos atinentes à exposição à Covid-19, especialmente para os integrantes do grupo de risco, o que inclui o impetrante, por se tratar de idoso.

Ademais, como bem evocado pelo litisconsorte em sua manifestação de ID. de38087, infere-se da exposição de motivos da MP n. 945/2020, a preocupação com os trabalhadores avulsos do grupo de risco, cuja ameaça é agravada diante das condições específicas do seu labor. Com efeito, assim constou dentre os motivos para a edição da norma:

"(...) 5. Esse tipo de transmissão implica no aumento do risco para grupos de trabalhadores que laboram em regime de confinamento, e como no setor portuário, parte dos trabalhadores compartilham instalações físicas no local de trabalho, entende-se essencial tomar precauções emergenciais para sua proteção.

8. Sugere-se também que se evite a escalação de trabalhadores portuários avulsos que estejam no grupo de risco como: que apresentem sintomas semelhantes a gripe ou resfriado, sejam diagnosticados com Covid-19, que estejam gestantes ou lactantes, com idade igual ou superior a sessenta anosou que tenham imunodeficiência, doenças respiratórias ou doenças preexistentes crônicas ou graves".(grifei).

Consoante pontuado na r. decisão de ID. a693b29, <u>de acordo com as orientações e relatórios da Organização Mundial de Saúde e do Ministério da Saúde, amplamente divulgados nos meios de comunicação e em portais oficiais, pessoas acima de 60 anos se enquadram no grupo de risco, mesmo que não tenham nenhum problema de saúde associado, o que justifica, em princípio, o critério de discriminação imposto pela norma impugnada</u>.

<u>Importante destacar que o fator de discriminação, ou critério de discrímen, para ser reputado válido, deve ser razoável e lógico, sob pena de acarretar ilegal e abusiva diferenciação, com o que não se pode coadunar.</u>

<u>Contudo, no caso em exame, o critério adotado pela MP n. 945/2020 encontra respaldo em dados eminentemente técnicos e científicos, priorizando o direito à vida e à saúde do trabalhador, diante do perigo de sua exposição ao coronavírus, causador da doença Covid-19. De outro giro, a norma prevê o pagamento de indenização compensatória mensal no valor correspondente a 50% (cinquenta por cento) sobre a média mensal percebida pelo avulso, o que corresponde a inequívoco auxílio à sua subsistência e de sua família, em observância ao princípio da dignidade da pessoa humana, fundador da República Federativa do Brasil, nos termos do art. 1º, III, da CF.</u>

Ademais, não de pode perder de vista que referida MP dispõe sobre medidas temporárias em resposta à pandemia decorrenteda Covid-19 no setor portuário, não estabelecendo distinção injustificada e definitiva ao labor de trabalhadores portuário avulsos com idade superior a 60 anos.

> Diante de tal quadro, não se verifica qualquer ilegalidade ou abuso de poder a violar direito líquido e certo do impetrante na r. decisão impugnada.
>
> Saliente-se que o mandado de segurança, como remédio constitucional (art. 5º, LXIX, da CF) tem fim específico e visa proteger direito líquido e certo atingido ou ameaçado por ilegalidade ou abuso de poder de autoridade pública, o que não se verifica na hipótese vertente.
>
> Por tais fundamentos, ratifico a r. decisão que indeferiu a liminar requerida pelo impetrante. (MS 1001570-27.2020.5.02.0000, Seção Especializada em Dissídios Individuais – 6, rel. Ricardo Verta Luduvice, DEJT: 25.08.2020 – destaques nossos)

Na mesma linha de raciocínio, citam-se os precedentes: MS 1002102-98.2020.5.02.0000, Seção Especializada em Dissídios Individuais – 4, rel. Armando Augusto Pinheiro Pires, DEJT: 03.09.2020; MS 1002345-42.2020.5.02.0000, Seção Especializada em Dissídios Individuais – 5, rel. Daniel de Paula Guimarães, DEJT: 10.09.2020; MS 1001702-84.2020.5.02.0000, Seção Especializada em Dissídios Individuais – 5, relª. Ivete Ribeiro, DEJT: 12.08.2020; MS 1001585-93.2020.5.02.0000, Seção Especializada em Dissídios Individuais – 6, rel. Adalberto Martins, DEJT: 24.08.2020; MS 1002125-44.2020.5.02.0000, Seção Especializada em Dissídios Individuais – 7, relª. Maria Inês Ré Soriano, DEJT: 12.08.2020; MS 1002119-37.2020.5.02.000, Seção Especializada em Dissídios Individuais – 4, relª. Maria Cristina Xavier Ramos Di Lascio, DEJT: 03.09.2020.

A MP n. 945/2020, no tocante à vedação transitória de escalação dos avulsos portuários idosos, tinha por escopo tutelar a vida e a saúde de tais trabalhadores, inegavelmente mais vulneráveis, por integrarem grupo de risco, no contexto de surto causado por um vírus novo e desconhecido, classificado pela Organização Mundial de Saúde como emergência de Saúde Pública de Importância Internacional — o mais alto nível de alerta da Organização. Por relevante, cabe transcrever o seguinte trecho da exposição de motivos da MP n. 945/2020:

> 2. Diante da declaração pela Organização Mundial da Saúde (OMS), em 11 de março de 2020, de Pandemia causada pelo novo coronavírus (Covid-19); que o surto deste vírus constitui uma emergência de Saúde Pública de Importância Internacional, o mais alto nível de alerta da Organização, conforme previsto no regulamento sanitário internacional; em função seu aumento exponencial dos casos confirmados no Brasil nos últimos dias e em decorrência da possibilidade deque o aumento do número de pessoas infectadas pressionará o sistema de saúde do país, tendo em vista sua limitada capacidade hospitalar, entende-se que é necessário esforço conjunto de toda a sociedade para conter a disseminação da doença.
>
> 3. A comunidade científica caracteriza o Covid-19 como vírus cujas propriedades ainda não são conhecidas, com impacto substancial na efetividade das políticas implementadas, com a necessidade de "adoção de uma abordagem de precaução em relação a surtos pandêmicos correntes e potenciais que necessitam incluir padrões de restrição de mobilidade em estágios precoces de umsurto".

4. Tem se verificado que a transmissão ocorre de pessoa a pessoa a partir de gotículas respiratórias ou contato próximo (dentro de 1 metro) e que pessoas em contato com alguém que possua sintomas respiratórios (espirros, tosse, etc.) estão em risco de exposição a gotículas respiratórias potencialmente infecciosas.

5. Esse tipo de transmissão implica no aumento do risco para grupos de trabalhadores que laboram em regime de confinamento, e como no setor portuário, parte dos trabalhadores compartilham instalações físicas no local de trabalho, entende-se essencial tomar precauções emergenciais para sua proteção.

6.Ademais, o setor portuário é essencial para a economia nacional. Ele representa cerca de 95% da corrente de comercio exterior que passa pelo país e movimenta, em media, 293 bilhões anualmente, o que representa 14,2% do PIB brasileiro. Hoje, 100% das cargas do agronegócio são escoadas pelos portos e diversos artigos de primeira necessidade também são importadas neste meio. Assim, é essencial para se evitar o desabastecimento de cadeias produtivas, impactando toda a população, a continuidade desta atividade mesmo diante da declaração da pandemia e das orientações governamentais e sanitárias que estimulam o fechamento de empresas, quarentena e outras medidas para evitar a rápida disseminação.

7.Sugere-se assim, para auxiliar na escalação de trabalhadores portuários avulsos, o uso de novas tecnologias, por meios eletrônicos de forma remota, que permita ao trabalhador se habilitar e ser escalado sem comparecimento em posto de escalação.

8.Sugere-se também que se evite a escalação de trabalhadores portuários avulsos que estejam no grupo de risco como: que apresentem sintomas semelhantes a gripe ou resfriado, sejam diagnosticados com Covid-19, que estejam gestantes ou lactantes, com idade igual ou superior a sessenta anos ou que tenham imunodeficiência, doenças respiratórias ou doenças preexistentes crônicas ou graves.

Para a saudosa doutrinadora Alice Monteiro de Barros[(3)]:

> A palavra '**discriminação** é de origem anglo-americana. Do ponto de vista etimológico, significa o **caráter infundado de uma distinção**.
>
> No plano internacional, a discriminação compreende qualquer
>
> '... distinção, exclusão ou preferência fundada em raça, cor, sexo, religião, opinião política, ascendência nacional, origem social ou outra distinção, exclusão ou preferência especificada pelo Estado-membro interessado, qualquer que seja sua origem jurídica ou prática e que tenha por fim anular ou alterar a igualdade de oportunidades ou de tratametno no emprego ou profissão' (artigo 1 da Convenção n. 111 da OIT, de 1958, sobre discriminação no emprego ou ocupação).
>
> Ocorre, todavia, que **nem toda distinção, exclusão ou preferência poderá ser admitida como conduta discriminatória**, no sentido da referida

(3) BARROS, *Curso de direito do trabalho*, p. 869-870.

Convenção, pois ela própria exclui de sua esfera normativa as qualificações exigidas para um emprego determinado (artigo 1, inciso 2). (destaques nossos)

Na esteira da lição supratrancrita, não há cogitar no caráter discriminatório do critério etário eleito pela MP n. 945, já que a norma, além de ter sido pautada nas estatísticas que indicam que a maior parte das mortes causadas pela doença é de pessoas acima de 60 anos, restringia igualmente o trabalho de outros TPAs, que também se encontravam no grupo de risco, como gestantes, ou trabalhadores diagnosticados com imunodeficiência, doença respiratórias ou doença preexistente crônica ou grave, como doença cardiovascular, respiratória ou metabólica.

Ademais, tratava-se de medida de proteção não apenas individual, mas coletiva, já que os idosos são mais suscetíveis ao Covid-19, o que, além de importar um risco maior de agravo à saúde das pessoas nessa faixa etária, também cria uma pressão no serviço de saúde, colocando em risco a vida de toda a comunidade.

Em que pese fossem inegáveis as dificuldades econômico-financeiras enfrentadas pela sociedade brasileira como um todo e, no caso específico, pelos trabalhadores portuários avulsos com idade igual ou superior a 60 anos, não se pode perder de vista que a MP n. 945/2020 foi editada na tentativa de preservar e priorizar o bem maior, que é a vida.

A situação exigia, pois, a ponderação de princípios, já que estavam em jogo, de um lado, o direito à saúde, e, de outro, o direito à liberdade de trabalho, como bem apontado na fundamentação do MS 1002123-74.2020.5.02.0000:

> Conforme já destacado, a medida provisória em análise visou à proteção da saúde e da vida dos trabalhadores portuários, sendo certo que, a um primeiro momento, conflita com seus interesses, na medida em que, quando enquadrados nas hipóteses ali dispostas, veem-se privados de seu mister.
>
> A solução para o caso impõe a atenção à técnica da ponderação de princípios, pautada pela proporcionalidade, razoabilidade e pela concordância prática, com vistas a se evitar o sacrifício total de um direito em detrimento de outro. (MS 1002123-74.2020.5.02.0000, Seção Especializada em Dissídios Individuais – 3, relª. Mércia Tomazinho, DEJT: 25.08.2020)

Nada obstante, releva observar que a MP n. 945/2020 previa no art. 3º o direito ao recebimento de uma indenização compensatória mensal no valor correspondente a cinquenta por cento sobre a média salarial percebida entre outubro de 2019 e março de 2020, enquanto persistisse o impedimento de escalação por quaisquer das hipóteses arroladas no art. 2º.

O fato de a indenização compensatória prevista na MP não ter contemplado àqueles que já estiveressem em gozo de qualquer benefício do Regime Geral da Previdência Social ou de regime próprio de previdência social, ou, ainda, que percebessem o benefício assistencial de que trata o art. 10-A da Lei n. 9719/98, tampouco configurava ilicitude, pois estes já podiam contar com uma renda mensal básica, proporcionada por prestações de cunho social, seja de natureza previdenciária (art. 3º, § 7º, inciso I) ou assistencial (art. 3º, § 7º, inciso II).

Todavia, no dia 25.08.2020, a MP n. 945/2020 foi convertida na Lei n. 14.047/2020, que, dentre outras alterações, flexibilizou a escalação dos trabalhadores avulsos portuários do grupos de risco, especialmente idosos. Cabe transcrever o art. 2º da Lei n. 14.047/2020:

> Art. 2º Para fins do disposto nesta Lei, o órgão gestor de mão de obra não poderá escalar trabalhador portuário avulso nas seguintes hipóteses:
>
> I – quando o trabalhador apresentar os seguintes sintomas, acompanhados ou não de febre, ou outros estabelecidos em ato do Poder Executivo federal, compatíveis com a Covid-19:
>
> *a)* tosse seca;
>
> *b)* perda do olfato;
>
> *c)* dor de garganta; ou
>
> *d)* dificuldade respiratória;
>
> II – quando o trabalhador for diagnosticado com a Covid-19 ou submetido a medidas de isolamento domiciliar por coabitação com pessoa diagnosticada com a Covid-19;
>
> III – quando a trabalhadora estiver gestante ou lactante;
>
> IV – quando o trabalhador tiver idade igual ou superior a 65 (sessenta e cinco) anos e não comprovar estar apto ao exercício de suas atividades; ou
>
> V – quando o trabalhador tiver sido diagnosticado com:
>
> *a)* imunodeficiência;
>
> *b)* doença respiratória; ou
>
> *c)* doença preexistente crônica ou grave, como doença cardiovascular, respiratória ou metabólica.
>
> § 1º O órgão gestor de mão de obra deverá encaminhar à autoridade portuária semanalmente lista atualizada de trabalhadores portuários avulsos que estejam impedidos de ser escalados, acompanhada de documentação que comprove o enquadramento dos trabalhadores em alguma das hipóteses previstas neste artigo.
>
> § 2º A comprovação dos sintomas de que trata o inciso I do *caput* deste artigo poderá ser realizada por meio de atestado médico ou por outra forma estabelecida em ato do Poder Executivo federal.
>
> § 3º Os trabalhadores que se enquadrarem em alguma das hipóteses previstas nos incisos I, II, III, IV e V do *caput* deste artigo poderão enviar a documentação comprobatória de sua situação ao órgão gestor de mão de obra por meio eletrônico.

§ 4º Nas hipóteses previstas nos incisos I, II e III do *caput* deste artigo, os trabalhadores ficarão obrigados a informar imediatamente ao órgão gestor de mão de obra qualquer alteração em sua situação.

§ 5º O trabalhador com idade igual ou superior a 65 (sessenta e cinco) anos que não esteja enquadrado em qualquer das situações previstas nos incisos I, II, III e V do *caput* deste artigo poderá ser escalado pelo órgão gestor de mão de obra, condicionada a escalação à livre iniciativa do trabalhador e à comprovação médica de que possui condições de saúde para exercer suas atividades laborais.

Da mesma forma que previa a MP n. 945/2020, o art. 2º da Lei n. 14.047/2020 veda a escalação de trabalhadores avulsos portuários com sintomas compatíveis com a Covid-19, comprovados por meio de atestado médico ou outra forma estabelecida pelo Poder Executivo federal (art. 2º, § 2º). Todavia, a Lei n. 14.047/2020, além dos sintomas já enumerados na MP n. 945 (tosse seca, dor de garganta ou dificulade respiratória — acompanhados ou não de febre), acrescenta outro impeditivo da escalação: perda do olfato.

A Lei n. 14.047/2020 manteve, nos mesmos moldes da MP n. 945/2020, a proibição de escalação dos avulsos submetidos a medidas de isolamento domiciliar por coabitação com pessoa diagnosticada com a Covid-19 (art. 2º, II); das trabalhadoras portuárias gestantes ou lactantes (art. 2º, III); e dos trabalhadores diagnosticados com imunodeficiência, doença respiratória ou qualquer outra doença preexistente crônica ou greve (art. 2º, V).

Quanto aos idosos, a lei de conversão elevou o critério etário para 65 anos (em substituição à idade de 60 anos prevista na MP n. 945). Ainda assim, permitiu a escalação de trabalhadores com idade igual ou superior a 65 anos, desde que atendidos os seguintes requisitos cumulativamente: manifestação de interesse na escalação pelo trabalhador; ausência de enquadramento em quaisquer das demais situações previstas nos incisos I, II, III e V; e comprovação médica de boas condições de saúde (art. 2º, IV, e § 5º).

A Lei n. 14.047/2020 conservou, a fim de mitigar a perda de ganhos dos trabalhadores avulsos impedidos de concorrer à escala, o pagamento de indenização compensatória mensal, custeada pelo operador portuário ou tomador de serviço que requisitar trabalhador portuário avulso junto ao OGMO (art. 3º, § 1º), de forma proporcional à quantidade de serviço demandada (art. 3º, § 2º), e repassada aos beneficiários pelo OGMO, a quem cabe fazer o cálculo, a arrecadação e o repasse do valor da ajuda mensal compensatória (art. 3º, § 3º).

O caráter indenizatório da ajuda mensal compensatória foi conservado pela Lei de conversão, que repetiu os termos da MP n. 945/2020, confirmando que o benefício não integrará a base de cálculo do imposto sobre a renda; da contribuição previdenciária e dos demais tributos incidentes sobre a folha de salários; e do valor devido ao Fundo de Garantia do Tempo de Serviço (art. 3º, § 6º).

Do mesmo modo, foi mantida a vedação de recebimento da indenização compensatória mensal pelos trabalhadores portuários em gozo de benefício do Regime Geral de Previdência Social ou de regime próprio de previdência social ou, ainda, que percebam o benefício assistencial de que trata o art. 10-A da Lei n. 9.719/98 (benefício assistencial mensal, de até 1 (um) salário mínimo, aos trabalhadores portuários avulsos, com mais de 60 anos, que não cumprirem os requisitos para a aposentadoria e que não possuam meios para prover a sua subsistência).

Todavia, a Lei de conversão inovou em alguns aspectos relacionados à indenização mensal compensatória. O valor do benefício foi elevado, passando a ser calculado com base no percentual de 70% da média mensal de ganhos do trabalhador, em substituição ao percentual de 50% previsto na MP n. 945/2020, ficando assegurando, ainda, um salário-mínimo para aqueles que possuem vínculo apenas com o OGMO. Além disso, o período de apuração da média de ganhos do trabalhador avulso portuário, para fins de cálculo da ajuda compensatória mensal, também foi ampliado, passando de 6 meses (1º de outubro de 2019 e 31 de março de 2020), para um ano (1º de abril de 2019 e 31 de março de 2020), nele incluído o período em que os trabalhadores portuários avulsos estiveram afastados e em gozo de benefício pelo INSS, hipótese em que o valor do benefício previdenciário será computado para fins de apuração da média (art. 3º, § 8º).

A respeito, portanto, da polêmica envolvendo os trabalhadores avulsos impedidos de concorrer à parede, a Lei n. 14.047/2020 arrefeceu os ânimos, porque flexibilizou os critérios de escalação dos trabalhadores avulsos integrantes do grupo de risco, especialmente no que respeita aos idosos, elevando o critério etário para 65 anos, em substituição aos 60 anos previstos na MP n. 945/2020. Ainda assim, permitiu a escalação de trabalhadores idosos, desde que atendidos os seguintes requisitos cumulativamente: manifestação de interesse pelo trabalhador; ausência de enquadramento em quaisquer das demais situações previstas nos incisos I, II, III e V do art. 2º; e comprovação médica de boas condições de saúde (art. 2º, IV, e § 5º). Além disso, elevou o valor da ajuda compensatória, que passou a ser calculado com base no percentual de 70% da média mensal de ganhos do trabalhador, calculada no periodo de 1º de abril de 2019 e 31 de março de 2020, assegurado, ainda, um salário-mínimo para aqueles que possuem vínculo apenas com o OGMO.

Todavia, remanesceram na Lei de conversão aspectos controvertidos relativos à possibilidade de livre contratação pelos operadores portuários de trabalhadores com vínculo empregatício por tempo determinado, no caso de indisponibilidade de trabalhadores portuários avulsos para atender às requisições; bem como ao enquadramento das atividades portuárias como essenciais para os fins da lei de greve, tal como previstos na MP n. 945/2020.

No que concerne ao enquadramento das atividades portuárias como serviços ou atividades essenciais, o art. 6º da Lei n. 14.047/2020, alterando definitivamente — e não apenas de forma transitória durante o estado de calamidade pública decorrente do Covid-19 —, a Lei de Greve, acrescentou o inciso XV ao art. 10 da Lei n. 7.783/89, que passou a vigorar com a seguinte redação:

> Art. 10. São considerados serviços ou atividades essenciais:
>
> I - tratamento e abastecimento de água; produção e distribuição de energia elétrica, gás e combustíveis;
>
> II - assistência médica e hospitalar;
>
> III - distribuição e comercialização de medicamentos e alimentos;
>
> IV - funerários;
>
> V - transporte coletivo;
>
> VI - captação e tratamento de esgoto e lixo;
>
> VII - telecomunicações;
>
> VIII - guarda, uso e controle de substâncias radioativas, equipamentos e materiais nucleares;
>
> IX - processamento de dados ligados a serviços essenciais;
>
> X - controle de tráfego aéreo e navegação aérea; (Redação dada pela Lei n. 13.903, de 2019)
>
> XI compensação bancária.
>
> XII - atividades médico-periciais relacionadas com o regime geral de previdência social e a assistência social;
>
> XIII - atividades médico-periciais relacionadas com a caracterização do impedimento físico, mental, intelectual ou sensorial da pessoa com deficiência, por meio da integração de equipes multiprofissionais e interdisciplinares, para fins de reconhecimento de direitos previstos em lei, em especial na Lei n. 13.146, de 6 de julho de 2015; e
>
> XIV - outras prestações médico-periciais da carreira de Perito Médico Federal indispensáveis ao atendimento das necessidades inadiáveis da comunidade.
>
> **XV - atividades portuárias**. (destaques nossos)

Ao enquadrar a atividade portuária como serviço ou atividade essencial, na forma do art. 10 da Lei n. 7.783/89, a Lei n. 14.047/2020 acabou por dificultar o exercício do Direito de Greve pelos trabalhadores avulsos portuários, eis que, dentre outros aspectos, a Lei n. 7.783/89, em relação às atividades essenciais, impõe a prestação dos serviços indispensáveis ao atendimento das necessidades inadiáveis da comunidade, assim consideradas aquelas que, não atendidas, coloquem em perigo iminente a sobrevivência, a saúde ou a segurança da população (Art. 11 da Lei n. 7.783/1989).

Outro ponto polêmico na MP n. 945/2020, mantido na Lei n. 14.047/2020, também está relacionado ao exercício do Direito de Greve e diz respeito à possibilidade de livre contratação pelos operadores portuários de trabalhadores com vínculo empregatício por tempo determinado, no caso de indisponibilidade de trabalhadores portuários avulsos para atender às requisições, inclusive causada por movimentos grevistas. Cabe transcrever o art. 4º da Lei n. 14.047/2017:

> Art. 4º Na hipótese de indisponibilidade de trabalhadores portuários avulsos para atendimento das requisições ao órgão gestor de mão de obra, os operadores portuários que não forem atendidos poderão contratar livremente trabalhadores com vínculo empregatício por tempo determinado para a realização de serviços de capatazia, de bloco, de estiva, de conferência de carga, de conserto de carga e de vigilância de embarcações.
>
> § 1º Para fins do disposto neste artigo, considera-se indisponibilidade de trabalhadores portuários qualquer causa que resulte no não atendimento imediato às requisições apresentadas pelos operadores portuários ao órgão gestor de mão de obra, <u>tal como greve, movimento de paralisação e operação-padrão</u>.
>
> § 2º A contratação de trabalhadores portuários com vínculo empregatício com fundamento no disposto no *caput* deste artigo não poderá exceder o prazo de 12 (doze) meses. (destaques nossos)

Ora, ao permitir a livre contratação pelos operadores portuários de trabalhadores com vínculo empregatício por tempo determinado no caso de indisponibilidade de trabalhadores portuários avulsos por motivo de greve, paralisação e operação-padrão, a norma acabou por impor mais uma restrição ao exercício do Direito Constitucional de Greve, previsto no art. 9º da Constituição Federal, cujo teor ora se transcreve:

> Art. 9º É assegurado o direito de greve, competindo aos trabalhadores decidir sobre a oportunidade de exercê-lo e sobre os interesses que devam por meio dele defender.
>
> § 1º A lei definirá os serviços ou atividades essenciais e disporá sobre o atendimento das necessidades inadiáveis da comunidade.
>
> § 2º Os abusos cometidos sujeitam os responsáveis às penas da lei.

A Lei n. 7.783/89 assegura, no art. 1º, *"o direito de greve, competindo aos trabalhadores decidir sobre a oportunidade de exercê-lo e sobre os interesses que devam por meio dele defender"*, dispondo os arts. 6º e 7º sobre os direitos dos grevistas, nos seguintes termos:

> Art. 6º São assegurados aos grevistas, dentre outros direitos:
>
> I – o emprego de meios pacíficos tendentes a persuadir ou aliciar os trabalhadores a aderirem à greve;
>
> II – a arrecadação de fundos e a livre divulgação do movimento.

§ 1º Em nenhuma hipótese, os meios adotados por empregados e empregadores poderão violar ou constranger os direitos e garantias fundamentais de outrem.

§ 2º É vedado às empresas adotar meios para constranger o empregado ao comparecimento ao trabalho, bem como capazes de frustrar a divulgação do movimento.

§ 3º As manifestações e atos de persuasão utilizados pelos grevistas não poderão impedir o acesso ao trabalho nem causar ameaça ou dano à propriedade ou pessoa.

Art. 7º Observadas as condições previstas nesta Lei, a participação em greve suspende o contrato de trabalho, devendo as relações obrigacionais, durante o período, ser regidas pelo acordo, convenção, laudo arbitral ou decisão da Justiça do Trabalho.

Parágrafo único. **É vedada a rescisão de contrato de trabalho durante a greve, bem como a contratação de trabalhadores substitutos**, exceto na ocorrência das hipóteses previstas nos arts. 9º e 14. (destaques nossos)

Desse modo, não configuradas nenhuma das hipóteses previstas nos arts. 9º e 14 da Lei n. 7.783/89, que tratam, respectivamente, da inobservância, pelos grevistas, da obrigação de manter equipes de empregados com a finalidade de garantir os serviços cuja paralisação possa acarretar prejuízo irreparável ou necessárias à retomada das atividades (art. 9º) e do abuso do direito de greve (art. 14), é vedada a rescisão dos contratos de trabalho durante a greve, bem como a contratação de trabalhadores substitutos.

Cabe ressaltar que o art. 7º, XXXIV, da Constituição Federal reconhece a igualdade de direitos entre o trabalhador com vínculo empregatício permanente e o trabalhador avulso, ao preconizar:

Art. 7º São direitos dos trabalhadores urbanos e rurais, além de outros que visem à melhoria de sua condição social:

[...]

XXXIV – igualdade de direitos entre o trabalhador com vínculo empregatício permanente e o trabalhador avulso.

Assim, o art. 4º, § 1º, da MP n. 945/2020, mantido na Lei n. 14.047/2020, ao permitir a contratação de trabalhadores com vínculo empregatício por tempo determinado, em caso de indisponibilidade de avulsos portuários causada por *"greve, movimento de paralisação e operação-padrão"*, restringiu o exercício do direito de greve dos avulsos portuários, discriminando-os em relação aos trabalhadores com vínculo empregatício permanente, já que estes não podem ter seus contratos rescindidos, nem sofrer substituição durante os movimentos paredistas (art. 7º, parágrafo único). Tal situação viola a isonomia de direitos entre trabalhadores com vínculo empregatício permanente e trabalhadores avulsos, assegurada no art. 7º, XXXIV, da Constituição Federal.

Defendendo o caráter antissindical do art. 4º, § 1º, da MP n. 945 (convertido no art. 4º, § 1º, da Lei n. 14.047/2020), Marco Aurélio Serau Júnior assim se manifesta(4):

> Por fim, há uma última medida traabalhista contida na Medida Provisória n. 945 que parece ter extrapolado o cunho emergencial que propiciou sua edição.
>
> O art. 4º da medida provisória estabelece que, na hipótese de indisponibilidade de trabalhadores portuários avulsos para atendimento às requisições, os operadores portuários que não forem atendidos poderão contratar livremente trabalhadores com vínculo empregatício por tempo determinado (pelo prazo máximo de 12 meses) para a realização de serviços de capatazia, bloco, estiva, conferência de carga, conserto de carga e vigilância de embarcações.
>
> Esse dispositivo, ao fugir da modalidade de trabalho historicamente utilzada para os serviços portuários, só seria justificável na hipótese de indisponibilidade de trabalhadores portuários impedidos para o atendimento às requisições por motivos sanitários decorrentes da situação de enfrentamento à pandemia do Covid-19 — o que consta da Exposição de Motivos da medida provisória.
>
> Porém, constata-se que o § 1º do art. 4º da MP n. 945 insere no quadro de hipóteses de impossibilidade do atendimento às requisiçõe do operador portuário situações como greves, paralisações e demais atuações coletivas dos trabalhadores do porto.
>
> [...]
>
> Com este teor, o art. 4º, § 1º, da MP n. 945 parece configurar uma conduta antissindical, ofendendo o direito de liberdade sindical assegurado no art. 8º da Constituição Federal.
>
> [...]
>
> A redação do artigo parece querer ignorar a função exercida pelas greves, paralisações e operações-padrão dentro do contexto social, atendo-se tão somente à preocupação de evitar prejuízos econômicos sob a perspectiva do tomador de serviços (neste caso, o empregador).
>
> Outrossim, o dispositivo contido no art. 4º da Medida Próvisória n. 945 parece soar como forma de represália aos movimentos paredistas, pois,

(4) SERAU JÚNIOR *et al*, 'Medida Provisória n. 945', p. 50-60.

a partir de eventuais atuações do ator coletivo (greves, operações-padrão etc.), poderá haver a contratação de empregados substitutos, pelo formato de contrato temporário, conforme já explicitado acima, pelo prazo de até 12 meses, período que certamente extrapola a duração de qualquer movimento paredista – ao menos se tomarmos por exemplo as manifestações das últimas décadas.

Nesse sentido, o Partido Demócratico Trabalhista — PDT propôs a Ação Direta de Inconstitucionalidade, com pedido cautelar de urgência, em face do art. 4º, *caput*, e §§ 1º e 2º da Medida Próvisória n. 945, de 04/04/2020.

O partido-autor sustentou que o dispositivo legal é inconstitucional por violar o princípio da isonomia e da igualdade de direitos dos trabalhadores portuários (art. 5º, *caput* e no art. 7º da CF), na medida em que possibilita não só a redução, mas também a supressão total da exigência de convocação de trabalhadores avulsos, permitindo a livre contratação de empregados com vínculo empregatício com base em expressão de conceito aberto (indisponibilidade de trabalhadores avulsos), vulnerando sobremaneira a paridade que deve existir entre ambas as categorias.

Alegou, ainda, que o § 2º do art. 4º ofende o art. 9º da Carta Constitucional, pois retirou dos trabalhadores avulsos o direito ao exercício de greve. Ressaltou que a situação de calamidade pública decorrente da pandemia não pode ser adotada como subterfúgio para a extinção absoluta de direitos trabalhistas, mormente quando a reinvindicação pela observância de princípios constitucionais — como a exigência de tratamento isonômico no critério de contratação no porto, caso dos autos — não surte efeitos através do diálogo e de reclamações formais.

A ADI n. 6.404 foi distribuída em 29.04.2020, para o Ministro Luiz Fux, que proferiu a seguinte decisão em relação à medida cautelar:

> O estado de emergência em saúde pública não configura estado de exceção, de sorte a não se observar a normatividade constitucional, ainda em tempos críticos. Nada obstante, nessa situação de emergência e de calamidade pública — sem precedentes no Brasil e no mundo — é absolutamente exigível dos intérpretes da Constituição que levemos em consideração que o momento reclama uma interpretação teleológica das dos dispositivos constitucionais.
>
> A notória gravidade do contexto fático atual inspira a adoção de medidas ágeis e eficazes, voltadas à minimização dos custos e riscos envolvidos. Inspira, um passo além, a conjugação de todos os esforços, individuais e institucionais, possíveis para o combate ao atual estado de emergência em saúde pública de proporções internacionais.
>
> São implacáveis os efeitos da pandemia nas relações econômicas, cuja bivalência abrange direitos trabalhistas e agentes econômicos, mas, no caso dos setor portuário, pode estender-se, ainda, ao escoamento da produção de diversos setores e ao abastecimento de gêneros essenciais. A interpretação da Constituição não pode malbaratar sua ratio e,

ainda que fossem impensáveis as dimensões alcançadas pelo cenário pandêmico atual, é manifesta a índole protetiva da Constituição, que visa a conciliar o valor máximo da dignidade humana, por meio da proteção da vida e da saúde, e a ordem econômica, fundada na valorização do trabalho humano e na livre iniciativa.

Diante desse panorama premente, o âmbito de proteção constitucional na análise perfunctória de medidas ainda provisórias é restrito — ressalvadas as teratologias. Cabe a nós, juízes constitucionais, afastar tão somente aquilo que for urgente e flagrantemente inconstitucional e ao Congresso, ao converter ou não a medida provisória em lei, analisar a conveniência e legalidade da ponderação de interesses.

A jurisprudência da crise, que se caracteriza e legitima pela temporariedade das medidas excepcionais e a correlação direta com o contexto particular, adota esses critérios para aferir a proporcionalidade das previsões instituídas. *In casu*, é o preâmbulo da Medida Provisória n. 945/2020 que delimita seu alcance, por dispor sobre medidas temporárias em resposta à pandemia decorrente da Covid-19 no âmbito do setor portuário.

A presente ação questiona a constitucionalidade da previsão legal de contratação, pelos operadores portuários, de trabalhadores com vínculo empregatício por tempo determinado, na hipótese de trabalhadores portuários avulsos estarem indisponíveis por qualquer causa que resulte no não atendimento imediato às requisições, dentre as quais greves, movimentos de paralisação e operação-padrão.

A matéria se reveste de grande relevância e apresenta especial significado para a ordem social e a segurança jurídica. Nesse particular, enfatizo a conveniência de que decisão venha a ser tomada em caráter definitivo, mediante a adoção do rito abreviado previsto no art. 12 da Lei Federal n. 9.868/1999.

Dada a relevância da matéria e em face de seu especial significado para a ordem social e a segurança jurídica, o Ministro Luiz Fux entendeu ser conveniente tomar a decisão em caráter definitivo, mediante adoção do rito abreviado previsto no art. 12 da Lei n. 9.868/1999, estando, atualmente, a matéria pendente de julgamento.

Assim, caberá ao STF a última palavra acerca da constitucionalidade art. 4º, *caput*, §§ 1º e 2º, da MP n. 945, especialmente no ponto em que permite a contratação de trabalhadores com vínculo empregatício por tempo determinado pelos operadores portuários, em caso de indisponibilidade dos avulsos geradas por movimentos paredistas.

De nossa parte, em que pese a MP n. 945/2020, convertida na Lei n. 14.047/2020, tenha trazido importantes e necessárias medidas temporárias de combate à pandemia do Covid — notadamente quanto à restrição de escalação dos trabalhadores em grupo de risco e à previsão de indenização mensal compensatória para assegurar uma renda mínima aos trabalhadores impedidos de concorrer à parede —; inseriu alteração definitiva à lei de greve, ao enquadrar a atividade portuária como essencial para os fins do art. 10 da Lei n. 7.783/89, extrapolando a necessidade de adoção de medidas temporárias em resposta à pandemia decorrente da Covid-19 de que a justificou.

Ademais, ao permitir a contratação de trabalhadores com vínculo empregatício por tempo determinado pelos operadores portuários, em caso de indisponibilidade de trabalhadores avulsos gerada por "*greve, movimento de paralisação e operação-padrão*" — e não apenas por afastamentos decorrentes de questões sanitárias – a norma criou uma discriminação em relação aos demais trabalhadores urbanos, para quem a greve não acarreta substituição de seus postos de trabalho (art. 7º, parágrafo único, da Lei n. 7.783/89); ofendendo o direito constitucional de greve, assegurado no art. 9º da Constituição Federal.

Bibliografia

BARROS, Alice Monteiro de. *Curso de direito do trabalho*. 7. ed. São Paulo: LTr, 2011.

SERAU JÚNIOR, Marco Aurélio; PETRY, Julia Drumont. 'Medida Provisória n. 945: alterações no trabalho portuário brasileiro durante a pandemia de Covid-19'. In: *Revista Síntese Trabalhista e Previdenciária*, Porto Alegre, ano 30, n. 372, p. 50-60, jun. 2020.

ZIMMERMANN, Lúcia. *Os reflexos da Covid no trabalho portuário avulso*. Disponível em <https://www.conjur.com.br/2020-ago-10/lucia-zimmermann-reflexos-covid-trabalho-portuario-avulso>. Acesso em: 12 set. 2020.

8. Doença Ocupacional: Nexo de Causalidade e Obrigações do Empregador no Contexto da Crise Sanitária

Katiussia Maria Paiva Machado[(1)]

Introdução

Em 11 de março de 2020, a Organização Mundial da Saúde (OMS) classificou a Covid-19, doença causada pelo coronavírus SARS-CoV-2, como pandemia. E em curto espaço de tempo, o Brasil passou a adotar medidas de contenção para a disseminação da doença, tais como distanciamento e isolamento sociais e fechamento dos espaços públicos e privados, mantendo em funcionamento apenas as atividades essenciais.

Muitos trabalhadores de atividades essenciais ou não essenciais não puderam cessar os seus afazeres, caso contrário perderiam o seu posto de trabalho e a sua única fonte de renda. Enquanto isso, os casos de transmissão comunitária do coronavírus SARS-CoV-2 passaram a ser recorrentes e surgiu o questionamento sobre a caracterização da Covid-19 como doença ocupacional, equiparada a acidente de trabalho.

Como resposta, foi editada a Medida Provisória n. 927 de 22 de março de 2020, a qual disciplinou, em seu art. 29, que os casos de contaminação pela Covid-19 não são considerados ocupacionais, exceto mediante comprovação do nexo causal.

Em seguida, foram ajuizadas diversas Ações Diretas de Inconstitucionalidade[(2)] para suspender a eficácia do art. 29 da MP n. 927/2020, o que foi atendido pela maioria do plenário do Supremo Tribunal Federal (STF). Em suma, o STF entendeu que a distribuição do ônus da prova ao empregado não se revelaria como medida adequada à redução dos riscos dos trabalhadores quanto à doença causada pela Covid-19, cabendo ao empregador se desvencilhar do ônus de comprovar que adotou todas as medidas

(1) Juíza do Trabalho do Tribunal Regional do Trabalho da 2ª Região.

(2) ADIs ns. 6.342, 6.344, 6.346, 6.348, 6.349, 6.352 e 6.354.

de segurança do trabalho capazes de afastar o contágio do coronavírus SARS-CoV-2 no local de trabalho.

A definição da Covid-19 como doença ocupacional importa em responsabilidade civil do empregador no caso de ações ajuizadas pelas vítimas do coronavírus SARS-CoV-2 ou por seus dependentes ou sucessores.

Nesse contexto, busca-se trazer elementos a fim de classificar a Covid-19 como doença ocupacional, analisando as normas editadas para enfrentamento da emergência de saúde pública decorrente da Covid-19 em conjunto com os demais regramentos já existentes no nosso ordenamento jurídico sobre saúde e segurança do trabalho.

Também se objetiva examinar as repercussões jurídicas do enquadramento da Covid-19 como doença ocupacional, em especial, o nexo de causalidade para a configuração da responsabilidade civil do empregador e do tomador de serviços.

1. Obrigações do empregador no contexto da crise sanitária

Em matéria de segurança e saúde do trabalho, o art. 7º, inciso XII, da Constituição Federal define como direito dos trabalhadores urbanos e rurais a redução dos riscos inerentes ao trabalho, por meio de normas de saúde, higiene e segurança. O citado dispositivo constitucional deve orientar todas as outras normas do ordenamento jurídico a respeito de saúde e segurança do trabalho.

Em âmbito supralegal, foi editada a Convenção n. 155 da OIT[(3)], ratificada pelo Brasil em maio de 1992 e promulgada por meio do Decreto n. 1.254 de 29 de setembro de 1994, a qual visa regulamentar a questão da saúde e segurança do trabalho. A referida Convenção, em seu artigo 16[(4)], obriga os empregadores a garantir máquinas, equipamentos, operações e processos a fim de que o trabalho se desenvolva de forma segura e sem envolvimento de riscos para segurança e saúde dos trabalhadores, cabendo ao empregador fornecer equipamentos de proteção adequados para prevenir os riscos de acidentes ou de efeitos prejudiciais para a saúde.

---

(3) Convenção OIT n. 155. Disponível em: <https://www.ilo.org/brasilia/convencoes/WCMS_236163/lang--pt/index.htm>. Acesso em: 03 set. 2020.

(4) "Artigo 16 – 1. Deverá ser exigido dos empregadores que, na medida que for razoável e possível, garantam que os locais de trabalho, o maquinário, os equipamentos e as operações e processos que estiverem sob seu controle são seguros e não envolvem risco algum para a segurança e a saúde dos trabalhadores.

2. Deverá ser exigido dos empregadores que, na medida que for razoável e possível, garantam que os agentes e as substâncias químicas, físicas e biológicas que estiverem sob seu controle, não envolvam riscos para a saúde quando são tomadas medidas de proteção adequadas.

3. Quando for necessário, os empregadores deveriam fornecer roupas e equipamentos de proteção adequados a fim de prevenir, na medida que for razoável e possível, os riscos de acidentes ou de efeitos prejudiciais para a saúde."

Ainda o artigo 17 da Convenção n. 155 da OIT prevê que sempre que duas ou mais empresas desenvolverem simultaneamente atividades num mesmo local de trabalho, todas elas terão o dever de colaborar na aplicação das medidas de segurança e saúde do trabalhador. Verifica-se que a Convenção n. 155 da OIT assegura que os empregadores e tomadores de serviços devem adotar medidas a fim de manter um ambiente de trabalho saudável e prevenir os acidentes e os danos à saúde que tenham relação com a atividade desenvolvida no trabalho.

Em âmbito infraconstitucional, o art. 157, I e II, da CLT disciplina que cabe à empresa cumprir e fazer cumprir as normas de segurança e medicina do trabalho e instruir os empregados quanto às precauções a tomar no sentido de evitar acidentes do trabalho ou doenças ocupacionais. Em complemento, § 1º do art. 19 da Lei n. 8.213 de 24 de julho de 1991 dispõe que cabe à empresa a adoção e uso das medidas coletivas e individuais de proteção e segurança da saúde do trabalhador. Ou seja, compete ao empregador e ao tomador de serviços a observância das medidas de saúde e segurança no local de trabalho e, por conseguinte, são responsáveis por reparar os prejuízos decorrentes de acidentes de trabalho.

Por último, o art. 154 da CLT preceitua que a observância, em todos os locais de trabalho, das disposições sobre medicina e segurança do trabalho previstas na CLT, não desobriga as empresas do cumprimento de outras disposições relativas à matéria. A abrangência da norma é ampla e atinge qualquer tipo de norma cujo conteúdo verse sobre segurança e saúde, cabendo ao empregador obedecer as normas previstas em qualquer instrumento, seja lei, tratados internacionais, instrumento normativo da categoria ou portarias ministeriais[(5)].

Nesse sentido, é necessário analisar os instrumentos normativos específicos editados no contexto da crise sanitária para avaliar quais as obrigações específicas dos empregadores nesse período de pandemia da Covid-19.

1.1. Quadro normativo relacionado à Covid-19

Com o surgimento da Covid-19, o ordenamento jurídico foi inundado por leis, medidas provisórias, decretos e portarias federais, estaduais e municipais, visando regulamentar as medidas para enfrentamento da emergência de saúde pública decorrente do coronavírus SARS-CoV-2.

Em plano internacional, foi editada a Resolução n. 01/2020 da CIDH — Comissão Interamericana de Direitos Humanos[(6)] — para tratar da pandemia e direitos

(5) DALLEGRAVE NETO, 'Normas Regulamentadoras e saúde do Trabalhador em Tempos de Coronavírus', p. 246.

(6) Disponível em: <http://www.oas.org/es/cidh/decisiones/pdf/Resolucion-1-20-es.pdf>. Acesso em: 14 set. 2020.

humanos nas Américas, estabelecendo padrões e recomendações direcionadas aos países membros na atenção e contenção da pandemia da Covid-19, tendo por base normativa o conjunto de competências estabelecidas pelo art. 106 do Protocolo de Buenos Aires(7). A mencionada Resolução estabelece que os Estados devem adotar medidas que protejam dos riscos de contágio do vírus as pessoas que tenham que seguir realizando suas atividades profissionais.

Em âmbito nacional, a Secretaria Especial de Previdência e Trabalho do Ministério da Economia e o Ministério da Saúde publicaram a Portaria Conjunta n. 20, de 18 de junho de 2020(8) e o Ministério da Economia editou o Ofício Circular SEI n. 1.088/2020/ME de 27 de março de 2020(9), fixando orientações gerais para prevenção, controle e mitigação dos riscos de transmissão da Covid-19 nos ambientes de trabalho. Embora a Portaria Conjunta n. 20/2020 tenha caráter obrigatório apenas para órgãos da administração pública, é certo que ela repete diversas medidas já estabelecidas no Ofício Circular SEI n. 1.088/2020/ME, auxiliando na orientação também das atividades do setor privado. De acordo com os referidos documentos, são medidas gerais de prevenção no trabalho as seguintes:

1) orientação de todos os trabalhadores sobre a higienização correta e frequente das mãos com utilização de água e sabonete ou, caso não seja possível a lavagem das mãos, com sanitizante adequado para as mãos, como álcool a 70%;

2) adoção de procedimentos para que, na medida do possível, os trabalhadores evitem tocar superfícies com alta frequência de contato, como botões de elevador, maçaneta e corrimão;

3) disponibilização de recursos para a higienização das mãos próximos aos locais de trabalho, incluindo água, sabonete líquido, toalha de papel descartável e lixeira, cuja abertura não demande contato manual, ou sanitizante adequado para as mãos, como álcool a 70%;

4) orientação sobre o não compartilhamento de toalhas e produtos de uso pessoal;

5) orientação de todos os trabalhadores sobre evitar tocar boca, nariz, olhos e rosto com as mãos e sobre praticar etiqueta respiratória, incluindo utilizar lenço descartável para higiene nasal, cobrir nariz e boca ao espirrar ou tossir e higienizar as mãos após espirrar ou tossir;

6) dispensa da obrigatoriedade de assinatura individual dos trabalhadores em planilhas, formulários e controles, tais como listas de presença em reunião e diálogos de segurança;

---

(7) VEIGA, '*Dejà-vu*, normatividade e sociedade em mutação: o direito em quarentena nas medidas de prevenção contra o Covid-19', p. 63.

(8) Portaria Conjunta n. 20, de 18 de junho 2020. Estabelece as medidas a serem observadas visando à prevenção, controle e mitigação dos riscos de transmissão da Covid-19 nos ambientes de trabalho (orientações gerais). (Processo n. 19966.100581/2020-51). Disponível em: <https://www.in.gov.br/en/web/dou/-/portaria-conjunta-n-20-de-18-de-junho-de-2020-262408085>. Acesso em: 1º set. 2020.

(9) Disponível em: <https://renastonline.ensp.fiocruz.br/recursos/orientacoes-gerais-aos-trabalhadores-empregadores-razao-pandemia-Covid-19>. Acesso em: 03 set. 2020.

7) adoção de medidas para aumentar o distanciamento e diminuir o contato pessoal entre trabalhadores e entre esses e o público externo, orientando para que se evitem abraços, beijos, apertos de mão e conversações desnecessárias;

8) manutenção de distância mínima de um metro entre os trabalhadores e entre os trabalhadores e o público;

9) uso de máscara cirúrgica ou de tecido, utilização de divisórias impermeáveis ou fornecimento de proteção facial do tipo viseira plástica (*face shield*) ou óculos de proteção, nas atividades onde não for possível o distanciamento físico de ao menos um metro;

10) adoção de medidas para limitação de ocupação de elevadores, escadas e ambientes restritos, incluindo instalações sanitárias e vestiários;

11) demarcação e reorganização dos locais e espaços para filas e esperas com, no mínimo, um metro de distância entre as pessoas;

12) agendamentos de horários de atendimento para evitar aglomerações e para distribuir o fluxo de pessoas;

13) distribuição da força de trabalho ao longo do dia, evitando concentrações nos ambientes de trabalho;

14) promoção de teletrabalho ou trabalho remoto e não realização de reuniões presenciais, quando possível;

15) limpeza e desinfecção dos locais de trabalho e áreas comuns no intervalo entre turnos ou sempre que houver a designação de um trabalhador para ocupar o posto de trabalho de outro;

16) aumento da frequência dos procedimentos de limpeza e desinfecção de instalações sanitárias e vestiários, além de pontos de grande contato como teclados, corrimãos, maçanetas, terminais de pagamento, botoeiras de elevadores, mesas, cadeiras etc;

17) utilização da ventilação natural nos locais de trabalho ou adoção de medidas para aumentar ao máximo o número de trocas de ar dos recintos, trazendo ar limpo do exterior;

18) evitar a recirculação de ar e verificar a adequação das manutenções preventivas e corretivas quando o ambiente for climatizado;

19) adaptação dos bebedouros do tipo jato inclinado, quando existentes, para que somente seja possível o consumo de água com o uso de copo descartável;

20) priorizar a permanência dos trabalhadores com 60 anos ou mais ou que apresentem condições clínicas de risco para desenvolvimento de complicações da Covid-19 na residência em teletrabalho ou trabalho remoto ou, ainda, em atividade ou local que reduza o contato com outros trabalhadores e o público, quando possível;

21) orientação dos trabalhadores sobre o uso, higienização, descarte e substituição das máscaras, higienização das mãos antes e após o seu uso, seguindo as orientações do fabricante, quando houver, e as recomendações pertinentes dos Ministérios da Economia e da Saúde.

Verifica-se que diversas orientações contidas na Portaria Conjunta n. 20/2020 e no Ofício Circular SEI n. 1.088/2020/ME são destinadas diretamente ao empregado, que deve obedecer os protocolos mínimos de higiene, cabendo ao empregador instruir os trabalhadores e oferecer meios para que o ambiente de trabalho se mantenha hígido. Essas determinações observam o disposto no arts. 75-E e parágrafo único(10), 157, II(11), e 158, I(12), todos da CLT. Também observam o art. 20 da Convenção n. 155 da OIT, o qual prevê que os trabalhadores têm a responsabilidade de cooperar com o cumprimento das obrigações de segurança e saúde do trabalho, devendo obedecer as medidas de segurança prescritas, observando a segurança de outras pessoas, inclusive evitando expor outras pessoas a riscos de segurança e saúde, e usando os dispositivos de segurança e equipamentos de proteção corretamente.

O Ofício Circular SEI n. 1.088/2020/ME salienta também que as orientações gerais são aplicáveis na inexistência de orientações setoriais específicas, deixando claro que as medidas adotadas não significam qualquer supressão ou autorização para o descumprimento das Normas Regulamentadoras de Segurança e Saúde no Trabalho (NRs). Ou seja, as medidas gerais de prevenção e diminuição de contágio da Covid-19 se somam a outras existentes para certo ramo de atividade.

Nesse sentido, o Ministério da Economia publicou também orientações específicas destinadas ao setor de telesserviços (Ofício Circular SEI n. 1.091/2020/ME de 31 de março de 2020), aos frigoríficos (Ofício Circular SEI n. 1.162/2020/ME de 31 de março de 2020 e Orientação Conjunta n. 1/STRAB/SEPRT-ME/SPA-MAPA/SVS-MS de 07 de maio de 2020), ao setor de postos revendedores de combustíveis (Ofício Circular SEI n. 1.327/2020/ME de 09 de abril de 2020), ao setor da construção civil (Ofício Circular SEI n. 1.247/2020/ME de 14 de abril de 2020), ao setor de supermercados (Ofício Circular SEI n. 1.329/2020/ME de 20 de abril de 2020), aos serviços de saúde (Ofício Circular SEI n. 1.458/2020/ME de 30 de abril de 2020) e ao setor rural (Ofício Circular SEI n. 1.502/2020/ME de 05 de maio de 2020).

Em complemento, o Ministério Público do Trabalho divulgou notas técnicas a fim de orientar a atuação do órgão na defesa da saúde dos trabalhadores dos mais diversos ramos de atividade, trazendo mais elementos a serem observados pelo julgador quando da análise da correta adoção pelo empregador e tomador de serviços de medidas de prevenção e diminuição do contágio da Covid-19 no ambiente de

---

(10) "Art. 75-E. O empregador deverá instruir os empregados, de maneira expressa e ostensiva, quanto às precauções a tomar a fim de evitar doenças e acidentes de trabalho. Parágrafo único. O empregado deverá assinar termo de responsabilidade comprometendo-se a seguir as instruções fornecidas pelo empregador".

(11) "Art. 157 – Cabe às empresas: II – instruir os empregados, através de ordens de serviço, quanto às precauções a tomar no sentido de evitar acidentes do trabalho ou doenças ocupacionais".

(12) "Art. 158 – Cabe aos empregados: I – observar as normas de segurança e medicina do trabalho, inclusive as instruções de que trata o item II do artigo anterior".

trabalho. Citem-se como exemplos:[13] Nota Técnica n. 15/2020, apresenta diretrizes para a proteção de profissionais de saúde durante a pandemia, como orientações sobre afastamento e uso de EPI; Nota Técnica CONAFRET n. 01/2020, orienta a atuação do MPT em face das medidas governamentais de contenção da pandemia da doença infecciosa Covid-19, voltada às empresas de transporte de mercadorias e de transporte de passageiros, por plataformas digitais; Nota Técnica n. 04/2020 do Coordigualdade, Conafret, Conaete e Conap, apresenta diretrizes para a proteção de trabalhadoras e trabalhadores domésticos; Recomendação Conjunta do MPT – Coordenadoria Nacional do Trabalho Portuário e Aquaviário (Conapta) e o Ministério da Infraestrutura – Secretaria Nacional de Portos e Transportes Aquaviários (SNPTA), recomenda às empresas do setor portuário, aos órgãos gestores de mão de obra do trabalho portuário e às autoridades portuárias a adoção de medidas de segurança para enfrentamento da pandemia (Covid-19).

Em âmbito nacional, foi publicada ainda a Lei n. 13.979 de 06 de fevereiro de 2020, a qual estabeleceu uma série de ações com o propósito de enfrentamento da emergência de saúde pública decorrente da Covid-19, dentre elas está a adoção de medidas a fim de resguardar o abastecimento de produtos, o exercício e o funcionamento de serviços públicos e de atividades essenciais, assim definidos em decreto da respectiva autoridade federativa (art. 3º, § 9º, da Lei n. 13.979/2020, incluído pela Lei n. 14.035 de 11 de agosto de 2020).

E com a finalidade de regulamentar o citado dispositivo legal, o governo federal editou o Decreto n. 10.282 de 20 de março de 2020 para definir os serviços públicos e as atividades essenciais. O referido Decreto elencou no § 1º do seu art. 3º inúmeras atividades consideradas essenciais e ao longo dos meses o Poder Executivo Federal acrescentou outras atividades por meio dos Decretos ns. 10.292, de 25 de março de 2020, 10.329, de 28 de abril de 2020, e 10.344, de 08 de maio de 2020.

Embora o governo federal tenha editado os referidos decretos para definir quais são as atividades essenciais, o plenário do STF, ao julgar a ADI 6341, referendou a medida cautelar deferida pelo relator, Ministro Marco Aurélio, para dar interpretação conforme a Constituição Federal ao § 9º do art. 3º da Lei n. 13.979/2020 a fim de explicitar que a União pode legislar sobre o tema, mas deve ser preservada a autonomia dos demais entes para dispor sobre medidas de isolamento social relativamente aos serviços públicos e atividades essenciais.

É importante destacar que o art. 9º, § 1º, da Constituição Federal dispõe que a lei definirá os serviços e atividades essenciais e disporá sobre o atendimento das necessidades inadiáveis da comunidade em caso de greve. Assim, deve ser observado

(13) Disponível em: <https://mpt.mp.br/pgt/noticias/coronavirus-veja-aqui-as-notas-tecnicas-do-mpt>. Acesso em: 31 ago. 2020.

também como parâmetro para definição de serviços públicos e atividades essenciais aquele estabelecido na Lei n. 7.783 de 28 de junho de 1989 (Lei de Greve).

Diante da decisão do STF na ADI 6341, na prática, diversas atividades elencadas como essenciais nos Decretos ns. 10.282/2020, 10.292/2020, 10.329/2020 e 10.344/2020 não foram incluídas no rol de atividades essenciais dos demais entes da federação. Por esse motivo, ao se analisar quais setores estavam autorizados a funcionar imediatamente, é necessário observar não apenas o regramento federal, mas especialmente os atos normativos editados por Estados e Municípios.

Nesse contexto, Estados e Municípios editaram vários decretos definindo quais são as atividades essenciais, determinando restrição de atividades e de circulação de pessoas e, mais recentemente, em movimento inverso, planos de retomada para o retorno das atividades.

A definição de atividade essencial tem especial relevância, pois a decisão judicial que define eventual nexo de causalidade entre a Covid-19 e a atividade laboral deve ser baseada nas peculiaridades de cada atividade, levando em consideração se atividade exercida por aquele trabalhador era tida como essencial por decreto estadual ou municipal da sua localidade e os atos normativos que tratam das medidas de retomada daquela atividade econômica, cuja reabertura foi autorizada desde que observados certos protocolos de segurança.

Quanto aos planos de reabertura, verifica-se que os diversos entes federativos têm adotado um parâmetro comum para a decisão de flexibilização, baseando-se em dois requisitos. O primeiro seria a evolução da doença e o segundo a existência de leitos hospitalares suficientes para atender a população daquela localidade. A diferenciação dos planos de reabertura divulgados por Estados e Municípios baseia-se na porcentagem a ser considerada para a reabertura de um ou outro ramo de atividade.

Especificamente, o Governo de São Paulo elaborou o Plano São Paulo[(14)] para autorizar a reabertura dos ramos de atividade e, paralelamente, a Prefeitura de São Paulo tem editado Portarias definindo protocolos sanitários para a retomada dos mais diversos setores, que devem ser observados por empregadores e tomadores de serviços. Citem-se como exemplos:[(15)] Portaria n. 605, de 04 de junho de 2020, autoriza concessionárias e revendedoras de veículos e escritórios de prestação de serviços; Portaria n. 625, de 09 de junho de 2020, autoriza comércio de rua e setor imobiliário; Portaria n. 33, de 09 de junho de 2020, autoriza eventos temporários do tipo *Drive-in*; Portaria n. 629, de 10 de junho de 2020, autoriza *shopping center*; Portaria n. 648, de 17 de junho de 2020, autoriza o início

(14) Disponível em: <https://www.saopaulo.sp.gov.br/planosp/>.

(15) Disponível em: <https://www.prefeitura.sp.gov.br/cidade/secretarias/desenvolvimento/desenvolvimento_economico/index.php?p=297913>.

dos treinamentos dos clubes de futebol integrante da Série A1 do campeonato paulista; Portaria n. 683 de 27 de junho de 2020, autoriza o atendimento ao público de Clubes Sociais e Esportivos Municipais e do Centro de Treinamento Paraolímpico; Portaria n. 696, de 04 de julho de 2020, autoriza o atendimento ao público de bares, restaurantes e afins, salões de beleza, serviços de beleza, estéticos e afins e proíbe o serviço de bares e restaurantes nas calçadas e nos demais espaços públicos; Portaria n. 724, de 10 de julho de 2020, autoriza o atendimento ao público do setor econômico de academias de esporte e similares; Protocolo complementar n. 91.507, de 14 de julho de 2020, complementa protocolos de escritórios para o setor específico de tecnologia da informação, comunicação, telecomunicações e *call center*; Portaria n. 747, de 17 de julho de 2020, autoriza a retomada de atividades presenciais práticas e laboratoriais em instituições de ensino superior e de educação profissional; Portaria n. 91.807, de 17 de julho de 2020, autoriza o termo de compromisso entre a Prefeitura de São Paulo e entidades representativas do setor de comércio ambulante e artesanato; e Publicação CC n. 90.509, de 03 de setembro de 2020, protocolo de reabertura do setor de cinemas.

Verifica-se como denominador comum das medidas de prevenção nos locais de trabalho dos diferentes ramos de atividade, as seguintes: a limitação da quantidade de pessoas, a exigência do uso de máscaras por todos que adentram o local, a disponibilização de álcool em gel a 70%, a limpeza frequente dos ambientes, a medição de temperatura ao se adentrar o local e a orientação de distanciamento de, no mínimo, um metro entre as pessoas.

Em suma, para a manutenção ou para o retorno das atividades de determinado setor ou do próprio estabelecimento, caberá ao empregador e ao tomador de serviços adotar as medidas de prevenção ao contágio da Covid-19 elencadas na Portaria Conjunta n. 20/2020 da Secretaria Especial de Previdência e Trabalho do Ministério da Economia e do Ministério da Saúde, no Ofício Circular SEI n. 1.088/2020 do Ministério da Economia e nos protocolos específicos de funcionamento daquela atividade econômica, segundo decretos, ofícios e portarias federais, estaduais e municipais acima expostas, sem se descuidar de regras específicas fixadas nas NRs.

1.2. Dever geral de cautela no contexto da crise sanitária

Do dever geral de cautela decorrem os princípios da precaução e da prevenção, os quais são específicos do ramo do direito ambiental e servem para orientar as ações a serem implementadas pelo Poder Público a fim de se evitar o dano e para que não seja necessária a sua reparação.

Os referidos princípios tem estreita conexão com o direito ao meio ambiente ecologicamente equilibrado, incluso o do trabalho (arts. 200, VIII e 225, ambos da Constituição Federal), e o direito à saúde (art. 196 da Constituição Federal).

Ambos visam garantir um ambiente de trabalho sadio e tem especial relevância diante das incertezas trazidas pelas consequências da Covid-19, pois, como ressalta Marcelo Rodrigues Prata, "a pandemia da Covid-19 inverte a lógica político-econômica imediatista. Vale dizer, é a preservação de vidas humanas que deve ser priorizada agora, pois não há valor mais importante do que este último para a humanidade."(16)

1.2.1. Princípio da precaução

O princípio da precaução, definido no art. 15 da Declaração do Rio de Janeiro, ECO-RIO 1992, Conferência das Nações Unidas sobre o Meio Ambiente e Desenvolvimento, significa que a ausência de absoluta certeza científica não deve ser utilizada como razão para postergar medidas eficazes e economicamente viáveis para prevenir danos ambientais.

O princípio da precaução, de acordo com Fábio Ribeiro da Rocha, pode ser definido como:(17)

> Dito em outros termos, o postulado em apreço assevera que mesmo diante de indícios inconclusivos a respeito da lesividade potencial de algum fator produtivo, a Administração Pública e os particulares devem agir, no máximo, no sentido de evitar a perpetração de lesões à integridade física e à vida dos obreiros.

De acordo com tal princípio, devem ser adotadas medidas preventivas ainda que não se saiba com certeza científica as consequências maléficas de um fato ou ato.

Pode ser considerada expressão do princípio da precaução, a inserção de pessoas com asma no grupo de risco para o desenvolvimento de complicações da Covid-19, conforme informações obtidas no Ministério da Saúde(18). Embora não haja comprovação científica de que a asma seja efetivamente fator de risco para o desenvolvimento de complicações da Covid-19, diante do princípio da precaução, trata-se tal condição como fator de risco e constitui justificativa para priorizar o regime de teletrabalho ou em local afastado de contato com outros trabalhadores e o público, conforme Portaria Conjunta da Secretaria Especial de Previdência e Trabalho do Ministério da Economia e do Ministério da Saúde n. 20/2020 e Ofício Circular SEI n. 1.088/2020/ME.

Também é expressão do princípio da precaução, a recomendação, nos primeiros meses da pandemia, de utilização de máscaras caseiras pela população em geral, em razão da escassez de máscaras cirúrgicas, N95 ou PFF2 para profissionais da saúde.

---

(16) PRATA, 'Direito fundamental à precaução em tempos de coronavírus', p. 154-155.

(17) ROCHA, *Efetividade do direito fundamental ao meio ambiente de trabalho seguro e adequado*, p. 51.

(18) Disponível em: <https://www.gov.br/saude/pt-br/assuntos/noticias/mais-de-100-mil-brasileiros-ja-estao-recuperados-da-Covid-19>. Acesso em: 29 set. 2020.

Embora, no início da pandemia, não houvessem estudos randomizados específicos para medição da eficácia da proteção de máscaras caseiras contra a Covid-19, as autoridades de saúde recomendaram o seu uso a fim de auxiliar na redução da possibilidade de contágio.

1.2.2. Princípio da prevenção

O princípio da prevenção, diferentemente do princípio da precaução, pressupõe a certeza científica quanto aos riscos laborais, devendo ser adotadas medidas com base nos conhecimentos científicos dos quais se tem ciência. Segundo Fábio Ribeiro da Rocha, a aplicação do princípio da prevenção está relacionada à obrigação do Estado, "mas também do empregador e/ou tomador de serviços em orientar os trabalhadores quanto aos riscos ambientais e fornecer equipamentos adequados de proteção"[(19)]

Decorre do princípio da prevenção, o disposto no § 1º do art. 3º da Lei n. 13.979/2020, segundo o qual as medidas de enfrentamento da emergência de saúde pública decorrente do coronavírus SARS-CoV-2 somente poderão ser determinadas com base em evidências científicas e em análises sobre as informações estratégicas em saúde.

Em âmbito internacional, decorre do princípio da prevenção a disposição contida no art. 16 da Convenção n. 155 da OIT, segundo o qual os empregadores têm a responsabilidade de adotar medidas de prevenção e proteção a fim de reduzir os riscos ocupacionais e têm a responsabilidade de fornecer roupas e equipamentos de proteção adequados, sem custo para o trabalhador.

Em âmbito nacional, o princípio da prevenção está estabelecido na CLT, a qual prevê em seu art. 166, a obrigatoriedade de a empresa fornecer, de forma gratuita, equipamento de proteção individual (EPI) para a proteção dos empregados no exercício de sua profissão. E em complementação, a NR-6, em seu item 6.3[(20)], obriga a empresa a fornecer aos empregados, gratuitamente, EPI adequado ao risco, em perfeito estado de conservação e funcionamento, nas seguintes circunstâncias: a) sempre que as medidas de ordem geral não ofereçam completa proteção contra os riscos de acidentes do trabalho ou de doenças profissionais e do trabalho; b) enquanto as medidas de proteção coletiva estiverem sendo implantadas; e c) para atender a situações de emergência. Tratando-se a pandemia da Covid-19 de emergência de saúde pública, definida pela Lei n. 13.979/2020, compete ao empregador fornecer os EPIs indicados pelo governo federal para prevenção da doença, já elencados anteriormente no quadro normativo relacionado à Covid-19.

---

(19) ROCHA, *Idem*, p. 52.

(20) Disponível em: <http://www.trtsp.jus.br/geral/tribunal2/LEGIS/CLT/NRs/NR_6.html>. Acesso em: 03 set. 2020.

É considerado expressão do princípio da prevenção, o afastamento imediato do trabalho presencial, pelo período de quatorze dias, das pessoas que tiveram contato com infectado da Covid-19. Segundo a Portaria Conjunta da Secretaria Especial de Previdência e Trabalho do Ministério da Economia e do Ministério da Saúde n. 20/2020, considera-se contatante de caso confirmado ou suspeito da Covid-19 o trabalhador assintomático que teve contato com o caso confirmado da Covid-19, entre dois dias antes e quatorze dias após o início dos sinais ou sintomas ou da confirmação laboratorial, em uma das seguintes situações: ter contato durante mais de quinze minutos a menos de um metro de distância; permanecer a menos de um metro de distância durante transporte; compartilhar o mesmo ambiente domiciliar; ou ser profissional de saúde ou outra pessoa que cuide diretamente de um caso da Covid-19, ou trabalhador de laboratório que manipule amostras de um caso da Covid-19 sem a proteção recomendada.

Também constituem expressão do princípio da prevenção, as medidas gerais previstas na Portaria Conjunta da Secretaria Especial de Previdência e Trabalho do Ministério da Economia e do Ministério da Saúde n. 20/2020 e no Ofício Circular SEI n. 1.088/2020/ME elencadas anteriormente, bem como regras específicas relativas ao uso de refeitórios, vestiários e transporte de trabalhadores. Destaca-se como regra específica no caso dos refeitórios, a distribuição dos trabalhadores em diferentes horários nos locais de refeição (item 9.2 da Portaria n. 20/2020 e item 21 do Ofício Circular SEI n. 1.088/2020/ME); no caso dos vestiários, a orientação dos trabalhadores sobre a ordem de desparamentação de vestimentas e equipamentos, de modo que o último equipamento de proteção a ser retirado seja a máscara (item 8.5 da Portaria n. 20/2020); no caso do transporte de trabalhadores, manter preferencialmente a ventilação natural dentro dos veículos através da abertura das janelas e, quando for necessária a utilização do sistema de ar condicionado, deve-se evitar a recirculação do ar (item 10.5 da Portaria n. 20/2020 e item 26 do Ofício Circular SEI n. 1.088/2020/ME).

2. Doença ocupacional e correlação com a Covid-19

O acidente de trabalho é definido, no art. 19 da Lei n. 8.213/1991, como aquele que ocorre pelo exercício do trabalho e provoca lesão corporal ou perturbação funcional que causa morte, perda ou redução da capacidade permanente ou temporária.

Por sua vez, constitui espécie de acidente de trabalho a doença ocupacional disciplinada no art. 20 da Lei n. 8.213/1991. A doença ocupacional compreende a doença profissional (inciso I) e a doença do trabalho (inciso II).

Para a caracterização da Covid-19 como doença ocupacional, é necessário estudar os conceitos de doença profissional, doença do trabalho e doença por contaminação acidental, estabelecendo o nexo de causalidade entre as condições de trabalho e a doença adquirida. E também é preciso compreender o conceito de doença endêmica a fim de se verificar a hipótese de exclusão de enquadramento da Covid-19 como doença ocupacional.

2.1. Doença profissional

A doença profissional, definida no inciso I do art. 20 da Lei n. 8.213/1991, é aquela produzida ou desencadeada pelo exercício peculiar de determinada atividade. Não se trata de doença encontrada na população em geral, decorrendo do exercício da atividade desempenhada em determinado ambiente de trabalho. São exemplos de doença profissional a silicose contraída por trabalhador exposto a pó de sílica e a asbestose contraída por trabalhador exposto a pó de amianto.

O nexo de causalidade entre a doença profissional e a atividade laboral é presumido, independendo de prova. Ou seja, para o enquadramento da doença profissional, o trabalhador somente necessita comprovar que é portador daquela doença característica, desenvolvida a partir daquela atividade específica.

Considerando que a Covid-19 se trata de doença contraída a partir do contato com o coronavírus SARS-CoV-2 no ar ou em superfície, não haveria como se caracterizar a Covid-19 como doença profissional, pois não há atividade que se desenvolva de maneira peculiar capaz de gerar tal doença. Mesmo para os trabalhadores da "linha de frente" de combate a Covid-19, tais como os profissionais da saúde que atuam no diagnóstico, socorro e tratamento de pacientes contaminados com o coronavírus SARS-CoV-2, não há como enquadrar como doença profissional, pois o desenvolvimento da doença não se deve ao exercício peculiar da atividade e sim à maior exposição ao risco de contágio.

2.2. Doença do trabalho

A doença do trabalho, definida no inciso II do art. 20 da Lei n. 8.213/1991, é aquela adquirida ou desencadeada em função de condições especiais em que o trabalho é realizado e com ele se relacionam diretamente. Não se trata de doença que depende diretamente da atividade exercida pelo trabalhador e sim da forma como o trabalho é executado ou das condições específicas do ambiente de trabalho. É exemplo de doença do trabalho a lombalgia desenvolvida por auxiliar de limpeza.

O nexo de causalidade entre a doença do trabalho e a atividade laboral não é presumido, devendo ser comprovado que a doença surgiu em virtude das condições de trabalho desenvolvidas naquele empregador. E via de regra, tal comprovação é feita mediante perícia médica[(21)] e vistoria no ambiente de trabalho.

---

(21) Resolução do Conselho Federal de Medicina n. 1.488, de 11 de fevereiro de 1998. "Art. 2º Para o estabelecimento do nexo causal entre os transtornos de saúde e as atividades do trabalhador, além do exame clínico (físico e mental) e os exames complementares, quando necessários, deve o médico considerar: I – a história clínica e ocupacional, decisiva em qualquer diagnóstico e/ou investigação de nexo causal; II – o estudo do

A Covid-19 pode ser caracterizada como doença do trabalho desde que seja comprovado que, no ambiente de trabalho, o trabalhador estava exposto a risco de contágio em razão da não observância das medidas de prevenção, controle e mitigação dos riscos de transmissão do coronavírus SARS-CoV-2 expostas anteriormente no quadro normativo relacionado à Covid-19.

Merece destaque ainda a Lista "A" das doenças relacionadas ao trabalho, publicada no Anexo II do Regulamento da Previdência Social (Decreto n. 3.048/1999). O Ministério da Saúde atualizou a Lista "A" das doenças relacionadas ao trabalho, mediante a Portaria n. 2.309 de 28 de agosto de 2020, publicada em 1º de setembro de 2020, a qual relacionava o coronavírus SARS-CoV-2 em atividades de trabalho como doença relacionada ao trabalho. Todavia, a referida Portaria foi tornada sem efeito por meio da Portaria n. 2.345, de 02 de setembro de 2020, publicada na mesma data.

Não obstante a revogação da Portaria n. 2.309/2020, ainda é possível relacionar a Covid-19 como doença do trabalho, pois o item 25 da Lista "A" das doenças relacionadas ao trabalho (anexo LXXX da Portaria de Consolidação n. 5, de 28 de setembro de 2017) considera como agentes etiológicos ou fatores de risco de natureza ocupacional os "Microorganismos e parasitas infecciosos vivos e seus produtos tóxicos (Exposição ocupacional ao agente e/ou transmissor da doença, em profissões e/ou condições de trabalho especificadas)" (22). Embora a Covid-19 não esteja elencada dentre as doenças casualmente relacionadas com os respectivos agentes ou fatores de risco, o próprio Regulamento da Previdência Social indica que a lista não é exaustiva, mas apenas exemplificativa(23).

Tratando-se o coronavírus SARS-CoV-2 de microrganismo vivo e exercendo o trabalhador atividade em ambiente de trabalho no qual não se observa as medidas de prevenção, controle e mitigação dos riscos de transmissão da Covid-19 ou que o exponha a maior risco de contágio, a Covid-19 pode ser enquadrada como doença do trabalho.

2.3. Doença por contaminação acidental

A doença por contaminação acidental, equiparada a acidente de trabalho pelo inciso III do art. 21 da Lei n. 8.213/1991, é aquela adquirida pelo trabalhador de forma imprevista, "durante a execução de suas tarefas, no local e em horário de trabalho

local de trabalho; III – o estudo da organização do trabalho; IV – os dados epidemiológicos; V – a literatura atualizada; VI – a ocorrência de quadro clínico ou subclínico em trabalhador exposto a condições agressivas; VII – a identificação de riscos físicos, químicos, biológicos, mecânicos, estressantes e outros; VIII – o depoimento e a experiência dos trabalhadores; IX – os conhecimentos e as práticas de outras disciplinas e de seus profissionais, sejam ou não da área da saúde".

(22) Disponível em: <http://bvsms.saude.gov.br/bvs/saudelegis/gm/2017/prc0005_03_10_2017.html>.

(23) OLIVEIRA, 'Repercussões do enquadramento da Covid-19 como doença ocupacional', p. 82.

ou outra circunstância amparada pelo legislador, que amplia o conceito de infortúnio (trajeto, durante as refeições, nos intervalos, dentre outros)"[24]

Considerando que a Covid-19 tem elevado grau de contágio e se transmite a partir do contato com o coronavírus SARS-CoV-2 no ar ou em superfície, a contaminação acidental tem especial relevância na caracterização da Covid-19 como acidente de trabalho. E como aponta Sebastião Geraldo de Oliveira, "essa hipótese ocorre com frequência para o pessoal que atua na área de saúde ou que tenha contato com pacientes, materiais ou objetos utilizados por pacientes infectados."[25]

Embora a contaminação acidental da Covid-19 seja equiparada a acidente de trabalho, não se confunde com a doença ocupacional. A contaminação acidental se diferencia desta última, pois não é necessário observar o risco inerente a certa profissão ou as condições do ambiente de trabalho, bastando o contato ocasional com o agente etiológico.

2.4. Doença endêmica e a pandemia da Covid-19

O legislador excluiu, no § 1º do art. 20 da Lei n. 8.213/1991, a doença degenerativa, a inerente a grupo etário, a que não produza incapacidade laborativa e a doença endêmica daquelas consideradas como doença do trabalho. Todavia, a parte final da alínea "d" do citado dispositivo legal prevê como exceção a comprovação de que a doença endêmica é resultante de exposição ou contato direto determinado pela natureza do trabalho.

A doença endêmica é aquela existente em determinada região do país, persistindo naquele local. É considerado exemplo de doença endêmica a malária na região Norte do Brasil.

Por sua vez, a pandemia ocorre quando há disseminação mundial de uma doença, ou seja, quando uma endemia, antes circunscrita a uma região, se espalha pelos diferentes continentes com transmissão sustentada de pessoa para pessoa. Em 11 de março de 2020, a OMS classificou a Covid-19 como pandemia e, em 20 de março de 2020, o Ministério da Saúde reconheceu a transmissão comunitária da Covid-19 em território nacional.[26]

Verifica-se que a classificação como endemia ou pandemia não se deve à gravidade da doença e sim à proliferação geográfica. Assim, é certo que a pandemia da Covid-19 se enquadra no conceito de doença endêmica, o que atrai a aplicação do art. 20, § 1º,

---

(24) BRANDÃO, 'A Covid-19 e o adoecimento ocupacional', p. 286.

(25) OLIVEIRA, *Ibidem*, p. 85.

(26) Disponível em: <https://www.gov.br/saude/pt-br/assuntos/noticias/ministerio-da-saude-declara-transmissao-comunitaria-nacional>. Acesso em: 29 set. 2020.

"d", da Lei n. 8.213/1991. Ou seja, a Covid-19 não seria enquadrada como doença do trabalho em razão do caráter comunitário da transmissão.

Todavia, o enquadramento da Covid-19 no art. 20, § 1º, *"d"*, da Lei n. 8.213/1991 não se trata de exclusão absoluta de nexo de causalidade, pois a parte final do mencionado dispositivo legal é claro ao excepcionar a situação daqueles trabalhadores expostos ou que tem contato direto com o coronavírus SARS-CoV-2.

Nesse sentido, é a lição de Cláudio Brandão:[(27)]

> Assim, a doença, mesmo endêmica — ou pandêmica, no caso da Covid-19 — pode ser considerada de natureza ocupacional quando resulte das condições de trabalho, como no caso de o empregado transferido de região onde não ainda não existia venha a contrair a doença por trabalhar em local em que esteja disseminada ou quando, mesmo habitando-a, não seja portador da doença e a adquira pelo fato de haver sido exposto ao contágio, como no caso específico dos profissionais de saúde ou dos trabalhadores que executam as atividades de limpeza e higienização dos estabelecimentos de saúde; motoristas de ambulância e carros funerários; trabalhadores em cemitérios, entre outros.

Logo, se as condições de trabalho em nada acrescentarem o risco de contágio da Covid-19, como é o caso do trabalhador em regime de teletrabalho, a doença pandêmica não será considerada doença do trabalho. Por sua vez, no caso dos trabalhadores expostos ou que tem contato direto com o coronavírus SARS-CoV-2, seja em razão de ser trabalhador da "linha de frente" de combate à Covid-19, seja em razão de estar em contato com pessoas contaminadas em razão das condições de trabalho, a Covid-19 poderá ser classificada como doença do trabalho.

3. MP n. 927/2020 e a decisão do STF nas Ações Diretas de Inconstitucionalidade ns. 6.342, 6.344, 6.346, 6.348, 6.349, 6.352 e 6.354

A Medida Provisória n. 927/2020 disciplinou, em seu art. 29, que os casos de contaminação pela Covid-19 não são considerados ocupacionais, exceto mediante comprovação do nexo causal. O artigo estabelecia que, na falta ou na impossibilidade de prova, deveria prevalecer que a Covid-19 não se trata de doença ocupacional, ou seja, a presunção era negativa.

Em 29 de abril de 2020, o plenário do STF, ao examinar o referendo da medida liminar indeferida pelo Ministro Marco Aurélio, nas Ações Diretas de Inconstitucionalidade ns. 6.342, 6.344, 6.346, 6.348, 6.349, 6.352 e 6.354, decidiu suspender a eficácia do referido artigo.

---

(27) BRANDÃO, *Ibidem*, p. 290.

Prevaleceu a divergência aberta pelo Ministro Alexandre de Moraes, no sentido de que o art. 29 da MP n. 927/2020 foge da finalidade da MP de compatibilizar os valores sociais do trabalho, "perpetuando o vínculo trabalhista, com a livre iniciativa, mantendo, mesmo que abalada, a saúde financeira de milhares de empresas"(28), além de ofender trabalhadores de atividades essenciais que continuam expostos ao risco. Acompanharam a divergência os Ministros Edson Fachin, Rosa Weber, Carmen Lucia, Ricardo Lewandowski e Luiz Fux.

Merece também destaque o voto do Ministro Edson Fachin, o qual sintetiza a divergência acolhida, nos seguintes termos(29):

> Nas **ADIs ns. 6.342, 6.344, 6.346, 6.352 e 6.354**, aponta-se a inconstitucionalidade do disposto no art. 29 da Medida Provisória n. 927/2020 vem fundada na dificuldade de os empregados comprovarem o nexo causal da doença causada pelo novo coronavírus, considerando o fato notório e consabido de que a transmissão da doença é comunitária e exponencial.
>
> Afirma-se que o regime de responsabilidade estabelecido na norma impugnada exime o empregador de tomar todas as medidas de saúde, higiene e segurança necessárias à proteção dos trabalhadores, afrontando, assim, direito fundamental à redução de riscos inerentes ao trabalho, constantes do art. 7º, XXII, da CRFB.
>
> Assim está posta a norma impugnada:
>
> Art. 29. Os casos de contaminação pelo coronavírus (Covid-19) não serão considerados ocupacionais, exceto mediante comprovação do nexo causal.
>
> Exigir-se que o ônus probatório seja do empregado, diante da infecção e adoecimento pelo novo coronavírus, não se revela como medida adequada e necessária à redução dos riscos dos trabalhadores quanto à doença deflagrada pelo novo coronavírus. Se o constituinte de 1988 reconheceu a redução de riscos inerentes ao trabalho como um direito fundamental social do trabalhador brasileiro, obrigando que os empregadores cumpram normas de saúde, higiene e segurança no trabalho, certamente ele previu que o empregador deveria responsabilizar-se por doenças adquiridas no ambiente e/ou em virtude da atividade laboral.
>
> A previsão de responsabilidade subjetiva parece uma via adequada a justificar a responsabilização no caso das enfermidades decorrentes de infecção pelo novo coronavírus, de forma que se o empregador não cumprir as orientações, recomendações e medidas obrigatórias das autoridades brasileiras para enfrentar a pandemia pelo novo coronavírus, deverá ser responsabilizado.
>
> Assim, o ônus de comprovar que a doença não foi adquirida no ambiente de trabalho e/ou por causa do trabalho deve ser do empregador, e, não, do empregado, como estabelece a norma impugnada. O art. 29 da Medida Provisória n. 927/2020 afronta o que

---

(28) Disponível em: <http://stf.jus.br/portal/cms/verNoticiaDetalhe.asp?idConteudo=442355>. Acesso em: 14 set. 2020.

(29) Disponível em: <https://www.conjur.com.br/dl/stf-fachin-adis-referendo-mp-927.pdf>. Acesso em: 14 set. 2020.

dispõe o art. 7º, XXII, da CRFB: "*redução dos riscos inerentes ao trabalho, por meio de normas de saúde, higiene e segurança*", invertendo o ônus probatório no caso específico da infecção por coronavírus.

Diante do que exposto, divirjo do e. Ministro Relator e **julgo procedente** o pedido de suspensão, por inconstitucionalidade, do art. 29 da Medida Provisória n. 927/2020. (destaques no original)

A decisão do STF afastou a presunção contrária ao enquadramento da Covid-19 como doença ocupacional, entendendo que a distribuição do ônus da prova ao empregado não se trata de medida adequada à redução dos riscos dos trabalhadores (art. 7º, XXII, da Constituição Federal). Ou seja, cabe ao empregador comprovar que adotou todas as medidas de segurança do trabalho capazes de afastar o contágio da Covid-19 no local de trabalho.

A previsão contida no art. 29 da MP n. 927/2020 colocava o trabalhador em situação desfavorável, pois caberia a este comprovar o nexo causal entre as atividades executadas no trabalho e a Covid-19, tratando-se de prova de difícil realização em razão do alto grau de transmissibilidade da doença.

Também é importante destacar que o referido artigo não sopesava o valor social do trabalho e o valor da livre iniciativa, como aponta José Antônio Ribeiro de Oliveira Silva(30):

> Quando se está a ponderar sobre normas que têm um viés econômico – verbas trabalhistas típicas x possibilidades econômicas da empresa — é bem possível fazer um juízo de proporcionalidade e considerar as dificuldades financeiras das empresas. Contudo, quando em jogo a saúde do trabalhador, seu bem mais essencial, imprescindível à promoção e preservação de sua dignidade humana, o ápice da pirâmide valorativa do sistema constitucional, não há como se estabelecer juízo de ponderação. A saúde deve prevalecer, sempre. Por isso mesmo o empregador não pode alegar dificuldade financeiras para deixar de fornecer EPIs obrigatórios, tampouco para deixar de cumprir normas de segurança no trabalho. Por extensão, não se pode estabelecer regras que tornem impossível ou quase impossível ao trabalhador ter acesso às indenizações reparatórias de danos, caso contraia doenças, ainda que pandêmicas, no desempenho de seu labor.

Embora o Ministro Alexandre de Moraes faça referência às atividades definidas como essenciais como sendo de maior risco para contrair a Covid-19, é certo que a presunção de contaminação por Covid-19 durante o exercício da atividade laboral se aplica a atividades essenciais e não essenciais, pois, em quaisquer dos casos, haveria dificuldade de produção de prova pelo trabalhador.

(30) SILVA, 'A Covid-19 como doença ocupacional: nexo causal e concausal', p. 129.

É importante destacar que a previsão do art. 29 da MP n. 927/2020 não se confunde com aquela contida no art. 20, § 1º, "*d*", da Lei n. 8.213/1991, pois o primeiro excluía, de modo apriorístico, qualquer nexo de causalidade entre a Covid-19 e as atividades laborais, enquanto o segundo faz distinção quanto à natureza do trabalho, pois há presunção do nexo de causalidade quando o trabalhador estiver exposto com elevado grau ou tiver contato direto com o coronavírus SARS-CoV-2.

A MP n. 927/2020 perdeu a sua eficácia no dia 19 de julho de 2020 e o STF não analisará o mérito da questão. Todavia, é possível aferir, a partir da decisão liminar, que é inconstitucional norma que transfere ao trabalhador o ônus de provar o nexo de causalidade entre a doença e as atividades laborais, em especial no que se refere às atividades essenciais(31).

4. Nexo de causalidade no contexto da crise sanitária

Sob o enfoque dos arts. 186 e 927 do Código Civil, a responsabilidade civil--trabalhista está baseada em três requisitos essenciais, quais sejam, conduta, dano e nexo de causalidade entre a conduta do empregador e o dano sofrido pelo trabalhador; além de um requisito acidental, qual seja, a culpa. O sistema jurídico pátrio adotou a teoria da responsabilidade subjetiva, exigindo a comprovação do dolo ou culpa do empregador e excepcionou a aplicação da teoria da responsabilidade objetiva aos casos previstos em lei ou quando a atividade normalmente desenvolvida pelo empregador implicar, por sua natureza, risco para os direitos de outrem (parágrafo único do art. 927 do Código Civil).

No contexto da crise sanitária, para que haja a responsabilização do empregador e do tomador de serviços é necessária a comprovação do nexo de causalidade entre a ação ou omissão praticada por aqueles e o dano causado ao trabalhador contaminado pela Covid-19.

Diante da decisão do plenário do STF nas Ações Diretas de Inconstitucionalidade ns. 6.342, 6.344, 6.346, 6.348, 6.349, 6.352 e 6.354, que suspendeu a eficácia do art. 29 da MP n. 927/2020, bem como do princípio da aptidão para a prova e da distribuição dinâmica do ônus da prova, de que trata o § 1º do art. 373 do CPC, de aplicação subsidiária ao processo do trabalho, cabe ao empregador e ao tomador de serviços comprovar que adotaram todas as medidas gerais e específicas daquela atividade para prevenção ao contágio do coronavírus SARS-CoV-2 já expostas anteriormente no quadro normativo relacionado à Covid-19, tais como, fornecimento de máscaras cirúrgicas ou de tecido, observância do distanciamento mínimo de um metro entre os trabalhadores ou entre esses e o público externo e limitação de ocupação de elevadores.

(31) SILVA, *Ibidem*, p. 131.

Essa comprovação tem especial relevância nos casos de trabalhadores que prestam serviços em favor de mais de um empregador ou tomador de serviços, pois caberá a cada empregador e tomador de serviços comprovar que adotavam as medidas de prevenção ao contágio do coronavírus SARS-CoV-2, devendo ser observado pelo julgador se algum empregador ou tomador de serviços adotou alguma medida adicional em relação ao outro capaz de reforçar a proteção do empregado ou prestador de serviços.

Também é necessário observar se, à época na qual o trabalhador contraiu a Covid-19, a atividade exercida por aquele trabalhador estava autorizada a funcionar de forma presencial. Em diversas localidades do país, foi decretado *lockdown* e somente atividades essenciais foram autorizadas a funcionar por certo período de tempo e, em outras localidades, foi adotada apenas a quarentena com a restrição de circulação de pessoas e de funcionamento de certos setores da economia. A adoção do *lockdown* ou da quarentena visava a diminuição do risco de contágio da Covid-19, que estava em ritmo descontrolado no país. Assim, se o trabalhador estava trabalhando presencialmente em período no qual a atividade por ele desenvolvida não estava autorizada a funcionar dessa forma em razão do *lockdown* ou da quarentena, é certo que não foram respeitadas as medidas editadas pelo Poder Público para prevenção ao contágio da Covid-19 e é possível estabelecer o nexo de causalidade. Nesse sentido, tem especial relevância as portarias municipais que autorizaram gradativamente o retorno das atividades presenciais, tais como aquelas exemplificadas anteriormente no quadro normativo relacionado à Covid-19.

Naqueles casos em que o empregador e o tomador de serviços tiverem ciência de que um empregado ou prestador de serviços está com sintomas da Covid-19 ou possui teste confirmado, tem a obrigação de afastar os casos suspeitos, confirmados ou contatantes de casos confirmados da Covid-19. Assim, se um trabalhador foi contaminado em período no qual teve contato, no ambiente laboral, com outro trabalhador com teste confirmado da Covid-19, também é possível estabelecer o nexo de causalidade.

Nem sempre é possível ter certeza absoluta sobre o nexo causal, mas o julgador deverá levar em conta o elevado grau de probabilidade sobre a configuração do nexo causal(32). E nos casos da Covid-19, esse alto grau de probabilidade pode ser verificado a partir, por exemplo, de elementos fáticos como a quantidade de pessoas que trabalhavam em um mesmo ambiente no mesmo turno; de elementos que dependem de vistoria no local de trabalho como local fechado sem abertura para circulação de ar ou com ar condicionado com recirculação de ar; ou de elementos que dependem de prova documental como o fornecimento de EPI e sua troca.

(32) ROCHA, *Ibidem*, p. 127.

Acrescente-se, ainda, a hipótese de presunção do nexo de causalidade quando configurado o Nexo Técnico Epidemiológico Previdenciário — NTEP, previsto no art. 21-A da Lei n. 8.213/1991[(33)]. A referida disposição legal impõe o reconhecimento da doença como de natureza ocupacional a partir da constatação da predominância de determinadas doenças em certas atividades econômicas, de acordo com a relação estatística aferida mediante a associação entre os códigos da Classificação Internacional de Doenças — CID e da Classificação Nacional de Atividade Econômica — CNAE.

Em razão de o coronavírus SARS-CoV-2 ser uma patologia recente e não ter sido atualizada a CNAE, ainda não é possível estabelecer o nexo de causalidade presumido a partir do NTEP para o enquadramento da Covid-19 como doença ocupacional. Todavia, a partir das elevadas taxas de incidência da doença em certos ramos de atividade, em especial naquelas relacionadas à "linha de frente" de combate à Covid-19, poderá ser estabelecida a presunção do nexo de causalidade em favor do trabalhador a partir do NTEP.

Para a comprovação da doença, o trabalhador deve apresentar exame PCR com resultado positivo para o coronavírus SARS-CoV-2 ou sorológico com a presença de anticorpos para a Covid-19. O exame PCR tem especial relevância, pois ele é realizado por quem apresenta sintomas até o 12º dia, atestando que o paciente está contaminado com coronavírus SARS-CoV-2 naquela data. E o exame sorológico apenas é capaz de atestar que o paciente foi contaminado com a Covid-19, mas não é capaz de afirmar quando aquela pessoa esteve contaminada. Para os casos de exame sorológico, o julgador deve observar, a partir dos elementos fáticos existentes nos autos, quando o trabalhador apresentou sintomas e/ou foi afastado do trabalho por esse motivo.

É desnecessária a designação de perícia médica para a comprovação da doença, bastando a apresentação dos exames acima referidos. A perícia se revelaria necessária caso a Covid-19 tenha deixado sequelas que geraram a redução da capacidade do trabalhador, sendo preciso uma avaliação médica para a apuração dessas sequelas, nexo de causalidade entre as sequelas e a Covid-19, além de fixação de eventual grau de redução da capacidade. Ou seja, a perícia não serviria para apurar o nexo de causalidade entre as condições de trabalho e a doença e sim entre as sequelas e a doença.

Configurado o nexo de causalidade entre a omissão do empregador e/ou tomador de serviços relativa à adoção das medidas de prevenção à Covid-19 no ambiente de trabalho e o dano causado ao trabalhador pela contaminação da Covid-19, pelas

(33) "Art. 21-A. A perícia médica do Instituto Nacional do Seguro Social (INSS) considerará caracterizada a natureza acidentária da incapacidade quando constatar ocorrência de nexo técnico epidemiológico entre o trabalho e o agravo, decorrente da relação entre a atividade da empresa ou do empregado doméstico e a entidade mórbida motivadora da incapacidade elencada na Classificação Internacional de Doenças (CID), em conformidade com o que dispuser o regulamento".

sequelas advindas da doença e/ou pelo falecimento do trabalhador, as seguintes consequências podem ser geradas: a) configuração da responsabilidade em ação de indenização por danos morais e/ou materiais ajuizada pelo empregado ou seus dependentes ou herdeiros; b) estabilidade provisória do empregado pelo período de 12 meses após a alta médica (art. 118 da Lei n. 8.213/1991[(34)]); c) recolhimento do FGTS referente a todo o período de afastamento (art. 15, § 5º, da Lei n. 8.036/1990[(35)]); d) recebimento de auxílio-doença acidentário (código B-91); e) emissão de CAT pelo empregador; f) elevação da alíquota do seguro de acidente de trabalho (SAT); e g) ação regressiva da União (INSS). Ou seja, a configuração do nexo de causalidade tem projeções além do dever de pagamento de indenização pelo dano causado.

4.1. Nexo de concausalidade

A concausalidade está prevista no art. 21, inciso I, da Lei n. 8.213/1991, segundo o qual também é equiparado ao acidente do trabalho o acidente ligado ao trabalho que, embora não tenha sido a causa única, haja contribuído diretamente para a morte da vítima, para redução ou perda da sua capacidade para o trabalho, ou produzido lesão que exija atenção médica para a sua recuperação.

Configura-se a concausa quando uma outra causa se soma à causa principal para resultar no dano ou no agravamento do dano. Embora a concausa contribua para o resultado, não afasta a responsabilidade do agente.

A concausa pode ser concomitante, como é o caso do trabalhador fumante que tem lesões no pulmão em virtude do uso contínuo do cigarro, agravadas por ter contraído a Covid-19 no local de trabalho; preexistente, como é o caso do trabalhador diabético que contrai a Covid-19 no local de trabalho, vindo a falecer; e superveniente, como é o caso do trabalhador que contrai a Covid-19 no local de trabalho e não consegue atendimento no hospital, vindo a falecer.

Na concausa superveniente, é possível a exclusão da responsabilidade pelo dano quando for interposta nova causa que interrompa a causa anterior, nos termos do art. 21, § 2º, da Lei n. 8.213/1991[(36)], como por exemplo, o caso do trabalhador internado no

---

(34) "Art. 118. O segurado que sofreu acidente do trabalho tem garantida, pelo prazo mínimo de doze meses, a manutenção do seu contrato de trabalho na empresa, após a cessação do auxílio-doença acidentário, independentemente de percepção de auxílio-acidente".

(35) "Art. 15. Para os fins previstos nesta lei, todos os empregadores ficam obrigados a depositar, até o dia 7 (sete) de cada mês, em conta bancária vinculada, a importância correspondente a 8 (oito) por cento da remuneração paga ou devida, no mês anterior, a cada trabalhador, incluídas na remuneração as parcelas de que tratam os arts. 457 e 458 da CLT e a gratificação de Natal a que se refere a Lei n. 4.090, de 13 de julho de 1962, com as modificações da Lei n. 4.749, de 12 de agosto de 1965.

§ 5º O depósito de que trata o *caput* deste artigo é obrigatório nos casos de afastamento para prestação do serviço militar obrigatório e licença por acidente do trabalho."

(36) "§ 2º Não é considerada agravação ou complicação de acidente do trabalho a lesão que, resultante de acidente de outra origem, se associe ou se superponha às conseqüências do anterior".

hospital com sintomas da Covid-19 adquirida no local de trabalho, que contrai uma bactéria resistente e falece por este último motivo.

E como alerta Marcelo Azevedo Chamone, para a efetiva verificação da concausalidade é necessária a investigação da vida privada do trabalhador, pois não só o meio ambiente do trabalho como também o ambiente privado pode contribuir para o surgimento ou mesmo o agravamento de doenças(37), como é o exemplo de um trabalhador que leva uma vida sedentária e não cuida da sua alimentação, apresentando isquemia no coração, agravada pela Covid-19 contraída no local de trabalho.

A configuração do nexo de concausalidade gera as mesmas consequências já especificadas em relação ao nexo de causalidade. Ou seja, a Covid-19 será considerada doença ocupacional ainda que o trabalho tenha sido apenas uma das causas que contribuíram para o surgimento ou agravamento da doença. Todavia, difere do nexo de causalidade, pois atenua a responsabilidade do empregador e do tomador de serviços, ou seja, o grau de contribuição da concausalidade deve ser observado para o arbitramento do valor da indenização.

Caberá ao julgador verificar qual o percentual de contribuição da concausa do trabalho para fixar a indenização. Se for possível identificar que a contribuição do trabalho foi mínima, média ou máxima, poderão ser adotados os percentuais de 25%, 50% e 70% respectivamente, aplicando-se, por analogia, a intensidade da exposição à insalubridade e os percentuais utilizados na MP n. 936/2020 de redução da jornada de trabalho e pagamento do benefício emergencial(38). Por exemplo, no caso do entregador de *delivery*, o grau de contribuição do trabalho pode ser fixado como mínimo e o percentual de 25%; no caso do operador de caixa do supermercado, o grau de contribuição do trabalho pode ser fixado como médio e o percentual de 50%; e no caso do profissional da saúde que atua no tratamento da Covid-19, o grau de contribuição do trabalho pode ser fixado como máximo e o percentual de 70%.

Caso não seja possível aferir qual o grau de contribuição da concausa do trabalho por meio dos elementos fáticos produzidos nos autos ou de perícia médica, é possível adotar o juízo de equidade e "definir que ambas as causas colaboraram em igual medida, o que levará a redução das indenizações devidas pela metade (50% do que seria devido)"(39).

Na concausa, a análise dos elementos fáticos que contribuíram para a contaminação da Covid-19 e para o agravamento da doença devem ser analisados com especial atenção pelo julgador a fim de se fixar a justa indenização.

---

(37) CHAMONE, *Responsabilidade civil nas relações de emprego por acidente ou doença relacionados ao trabalho*, p. 98.

(38) SILVA, *Ibidem*, p. 135.

(39) *Idem*.

4.2. Excludentes de causalidade

A responsabilidade civil e, consequentemente, o dever de reparar o dano serão afastados no caso de inexistência de nexo de causalidade. A doutrina aponta como excludentes de causalidade: cláusula de não indenizar; caso fortuito ou força maior; fato de terceiro e culpa exclusiva da vítima.

A cláusula de não indenizar resultaria de uma previsão no contrato de que uma das partes não se responsabilizaria pelos danos sofridos pela outra. Todavia, essa excludente não se aplica às relações de emprego, pois os direitos trabalhistas são irrenunciáveis e ofende ao art. 7º, XXVIII, da Constituição Federal(40).

Como aponta Dallegrave Neto(41), a força maior "está relacionada com um evento da natureza; conhecido, contudo inevitável", citando como exemplo um terremoto; e o caso fortuito "decorre de uma fatalidade imprevisível, como, por exemplo, uma queda traumática ou um assalto". Diante do conceito de força maior e de caso fortuito, verifica-se que não se aplica aos casos de Covid-19, pois a contaminação se dá em razão do contato com o coronavírus SARS-CoV-2 no ar ou em superfície, ou seja, a forma de contaminação em nada se relaciona a evento da natureza ou a imprevisibilidade.

O fato de terceiro se caracteriza quando o dano é causado por terceiro estranho ao contrato, ou seja, não se confunde com o empregador, tomador de serviços ou empregado. E quando se faz referência ao empregador e ao tomador de serviços abrange-se os seus prepostos, nos termos do art. 932, III, do Código Civil(42). No caso da Covid-19, o fato de terceiro será de difícil configuração, mas não impossível, como, por exemplo, um terceiro contaminado pela Covid-19 que, sabedor da sua condição, tosse ou cospe em um trabalhador com o intuito de contaminá-lo. Contudo, não se verificaria a excludente de fato de terceiro quando o trabalhador é contaminado por um terceiro no local de trabalho em razão de não terem sido observadas, pelo empregador, medidas gerais de higiene, etiqueta respiratória ou de distanciamento a serem adotados no ambiente de trabalho.

A culpa exclusiva da vítima ocorre quando o dano sofrido decorre de ato ou omissão praticado por ela, não havendo qualquer contribuição do empregador ou do tomador de serviços. Nesse sentido, o art. 158, parágrafo único, da CLT prevê como

---

(40) "Art. 7º São direitos dos trabalhadores urbanos e rurais, além de outros que visem à melhoria de sua condição social:

XXVIII – seguro contra acidentes de trabalho, a cargo do empregador, sem excluir a indenização a que este está obrigado, quando incorrer em dolo ou culpa;"

(41) DALLEGRAVE NETO, 'Elementos da responsabilidade civil nos acidentes do trabalho', p. 118.

(42) "Art. 932. São também responsáveis pela reparação civil: (...) III – o empregador ou comitente, por seus empregados, serviçais e prepostos, no exercício do trabalho que lhes competir, ou em razão dele;"

ato faltoso do empregado a recusa injustificada à observância das instruções expedidas pelo empregador relativas à segurança e medicina do trabalho e para evitar acidentes do trabalho ou doenças ocupacionais; e ao uso de equipamentos de proteção individual fornecidos pela empresa. Assim, pode restar configurada a culpa exclusiva da vítima, caso seja comprovado que o empregado não observou a disposição contida no citado dispositivo legal.

No caso da Covid-19, pode ser comprovada a culpa exclusiva da vítima quando o empregador fornece máscara a ser utilizada no local do trabalho e orienta a sua utilização, mas o empregado a utiliza de forma inadequada, mantendo nariz e/ou boca expostos. Também pode ser comprovada a culpa exclusiva da vítima, quando o empregador observa as medidas de prevenção à Covid-19, mas o empregado participa de aglomerações fora do local de trabalho, como festas.

Comprovada a culpa exclusiva da vítima, o empregador e tomador de serviços não estão obrigados a indenizar o trabalhador pelos danos sofridos pela contaminação da Covid-19, pois foi rompido o nexo de causalidade. Mas é importante fazer a distinção entre a culpa exclusiva da vítima e a culpa concorrente, pois esta última não exclui o nexo de causalidade e o dever de indenizar, servindo apenas como autorização para a redução proporcional do valor da indenização a ser arbitrado, conforme disposição do art. 945 do Código Civil[(43)]. E no caso da Covid-19, pode ser caracterizada como culpa concorrente, o empregador que não fornece, no local de trabalho, álcool em gel a 70% ou local para que o empregado higienize as mãos com água e sabão, e o empregado que utiliza a máscara de forma inadequada.

Em quaisquer das hipóteses, seja fato de terceiro, culpa exclusiva da vítima ou culpa concorrente, caberá ao empregador comprovar o fato, pois se trata de fato impeditivo e modificativo do direito do reclamante, nos termos do art. 818, II, da CLT.

5. Responsabilidade objetiva

Embora a responsabilidade subjetiva prevaleça no nosso ordenamento jurídico, o parágrafo único do art. 927 do Código Civil autoriza o reconhecimento da responsabilidade civil independentemente da configuração de culpa nos casos especificados em lei ou quando a atividade normalmente desenvolvida pelo autor do dano implicar, por sua natureza, risco para os direitos de outrem. Logo, presume-se o comportamento culposo do causador do dano e a responsabilidade civil poderá ser afastada caso comprovada alguma das excludentes de causalidade expostas anteriormente.

(43) "Art. 945. Se a vítima tiver concorrido culposamente para o evento danoso, a sua indenização será fixada tendo-se em conta a gravidade de sua culpa em confronto com a do autor do dano."

Recentemente, o STF firmou a seguinte tese de Repercussão Geral (Tema n. 932)(44):

> O art. 927, parágrafo único, do Código Civil é compatível com o art. 7º, XXVIII, da Constituição Federal, sendo constitucional a responsabilização objetiva do empregador por danos decorrentes de acidentes de trabalho, nos casos especificados em lei, ou quando a atividade normalmente desenvolvida, por sua natureza, apresentar exposição habitual a risco especial, com potencialidade lesiva e implicar ao trabalhador ônus maior do que aos demais membros da coletividade.

No julgamento do Recurso Extraordinário n. 828.040, entendeu-se que o art. 7º, XXVIII, da Constituição Federal não estabelece uma limitação normativa absoluta, devendo ser lido como uma regra de proteção mínima do trabalhador, uma vez que o *caput* garante a inclusão de outros direitos que visem à melhoria da condição social dos trabalhadores. E além de fixar a compatibilidade do art. 927, parágrafo único, do Código Civil com o citado dispositivo constitucional, o STF também fixou que, para se afastar a teoria subjetiva, a atividade da qual diretamente decorra o dano deve expor habitualmente o trabalhador a um risco diferenciado, superior ao que as pessoas comuns sofrem e inerente à própria atividade.

No contexto da crise sanitária, enquadra-se como atividade de risco aquela exercida por trabalhadores da "linha de frente" de combate à Covid-19 em razão de terem contato habitual e com risco acentuado com pessoas contaminadas pela Covid-19, tais como, profissionais da saúde que atuam no transporte, diagnóstico e tratamento desses pacientes, auxiliares de limpeza de unidades de saúde e trabalhadores de apoio ao serviço funerário de vítimas da Covid-19. Também pode ser considerada atividade com risco acentuado em razão de não possibilitar o distanciamento físico e da quantidade de pessoas necessárias para o funcionamento da linha de produção, os trabalhadores de frigoríficos. Nesse caso, é suficiente que o trabalhador comprove que contraiu a Covid-19, a função exercida e o local de trabalho para que seja caracterizada a responsabilidade civil e a doença ocupacional. Haverá inversão do ônus da prova, competindo ao empregador e tomador de serviços comprovarem a excludente de causalidade.

Não basta que o trabalhador exerça uma atividade essencial para estar caracterizada a atividade de risco, sendo necessária à exposição habitual ao risco. Nesse sentido, há atividades como a de entregador de *delivery*, que embora seja classificada como essencial, não importa em exposição habitual e com risco acentuado a pessoas contaminadas pela Covid-19. Logo, a este se aplica a responsabilidade subjetiva, cabendo ao empregador e tomador de serviços comprovarem a adoção de medidas de higiene e sanitárias capazes de prevenir a contaminação de empregados e prestadores de serviços e a fiscalização do cumprimento dessas medidas a fim de afastar a caracterização da responsabilidade civil e da doença ocupacional.

---

(44) Disponível em: <https://jurisprudencia.stf.jus.br/pages/search?classeNumeroIncidente=RE%20828040&base=acordaos&sinonimo=true&plural=true&page=1&pageSize=10&sort=_score&sortBy=desc&isAdvanced=true&origem=AP>. Acesso em: 28 set. 2020.

Por último, a configuração do NTEP é capaz de enquadrar a atividade como de risco, nos termos do parágrafo único do art. 927 do Código Civil. Nesse sentido, caso a Covid-19 seja reconhecida como doença ocupacional a partir da elevada incidência estatística em determinada atividade econômica, configura-se o NTEP e, por conseguinte, há aplicação da teoria da responsabilidade objetiva.

Conclusão

No contexto da crise sanitária causada pela pandemia da Covid-19, a construção jurisprudencial deve ser para proteger a saúde física e psíquica do trabalhador, pois se trata da própria expressão do direito à vida.

Como já decidido pelo STF, ao suspender a eficácia do art. 29 da MP n. 927/2020, o art. 7º, *caput*, da Constituição Federal confere uma dimensão protetiva ao trabalhador em matéria de saúde e segurança do trabalho. Por esse motivo, caberá ao empregador e ao tomador de serviços comprovar o cumprimento e fiscalização das normas de saúde, higiene e segurança no trabalho, em especial aquelas específicas para prevenção, controle e mitigação dos riscos de transmissão da Covid-19 nos ambientes de trabalho editadas pelos governos federal, estadual e municipal.

A caracterização da Covid-19 como doença ocupacional dependerá predominantemente de elementos fáticos relacionados às condições nas quais o trabalho foi desenvolvido para se estabelecer ou afastar o nexo de causalidade.

Em razão do alto grau de transmissibilidade da Covid-19 e dos diversos fatores de risco preexistentes para agravamento da doença, a concausalidade tem especial relevância, podendo ser utilizada pelo julgador como medida de equidade nos casos em que não for possível estabelecer com segurança o nexo de causalidade direto entre a Covid-19 e a atividade laboral, importando em atenuação da responsabilidade do empregador e do tomador de serviços, bem como em redução do valor da indenização por danos morais e/ou materiais decorrentes da doença ocupacional.

Por fim, as atividades essenciais com alto grau de exposição ao contágio da Covid-19 devem ter especial atenção do julgador em razão de serem consideradas como atividades de risco, o que atrai a aplicação da teoria da responsabilidade objetiva, afastando-se a responsabilidade do empregador e do tomador de serviços somente quando comprovada alguma das excludentes de causalidade.

Referências bibliográficas

BRANDÃO, Cláudio. 'A Covid-19 e o adoecimento ocupacional'. In: BELMONTE, Alexandre Agra; MARTINEZ, Luciano; MARANHÃO, Ney (Coords.). *O Direito do Trabalho na crise da Covid-19*. Salvador: JusPodivm, 2020. p. 279-293.

BRASIL. Ministério Público do Trabalho. *Pandemia Covid-19:* veja aqui notas técnicas, recomendações e a atuação do MPT nos estados. Brasília, 18 de março de 2020. Disponível em:

<https://mpt.mp.br/pgt/noticias/coronavirus-veja-aqui-as-notas-tecnicas-do-mpt>. Acesso em: 31 ago. 2020.

______. Ministério da Saúde. *Portaria de Consolidação n. 05*, de 28 de setembro de 2017. Consolidação das normas sobre as ações e os serviços de saúde e do Sistema Único de Saúde. Disponível em <http://bvsms.saude.gov.br/bvs/saudelegis/gm/2017/prc0005_03_10_2017.html>. Acesso em: 21 set. 2020.

CHAMONE, Marcelo Azevedo. *Responsabilidade civil nas relações de emprego por acidente ou doença relacionados ao trabalho*. São Paulo: LTr, 2016.

DALLEGRAVE NETO, José Affonso. 'Normas Regulamentadoras e saúde do Trabalhador em Tempos de Coronavírus'. In: BELMONTE, Alexandre Agra; MARTINEZ, Luciano; MARANHÃO, Ney (Coords.). *O Direito do Trabalho na crise da Covid-19*. Salvador: JusPodivm, 2020. p. 239-256.

DALLEGRAVE NETO, José Affonso. 'Elementos da responsabilidade civil nos acidentes do trabalho'. In: *Revista do Tribunal Superior do Trabalho*, Porto Alegre, RS, v. 76, n. 1, p. 99-125, jan./mar. 2010. Disponível em: <https://hdl.handle.net/20.500.12178/13699>. Acesso em: 22 set. 2020.

OLIVEIRA, Sebastião Geraldo de. 'Repercussões do enquadramento da Covid-19 como doença ocupacional'. In: *Revista do Tribunal Regional do Trabalho da 3ª Região*, Belo Horizonte, edição especial, t. I, p. 59-102, jul. 2020. Disponível em: <http://as1.trt3.jus.br/bd-trt3/handle/11103/55768>. Acesso em: 1º set. 2020.

ORGANIZAÇÃO DOS ESTADOS AMERICANOS. Comissão Interamericana de Direitos Humanos. *Resolução n. 1/2020*. Pandemia e Direitos Humanos nas Américas, 10 de abril de 2020. Disponível em: <http://www.oas.org/es/cidh/decisiones/pdf/Resolucion-1-20-es.pdf>. Acesso em: 14 set. 2020.

PRATA, Marcelo Rodrigues. 'Direito fundamental à precaução em tempos de coronavírus'. In: BELMONTE, Alexandre Agra; MARTINEZ, Luciano; MARANHÃO, Ney (Coords.). *O Direito do Trabalho na crise da Covid-19*. Salvador: JusPodivm, 2020. p. 151-162.

ROCHA, Fábio Ribeiro da. *Efetividade do direito fundamental ao meio ambiente de trabalho seguro e adequado:* a responsabilidade civil do tomador de serviços. São Paulo: LTr, 2016.

SÃO PAULO. Secretaria Municipal de Desenvolvimento Econômico. *Retomada econômica da cidade de São Paulo*. São Paulo, 11 set. 2020. Disponível em: <https://www.prefeitura.sp.gov.br/cidade/secretarias/desenvolvimento/desenvolvimento_economico/index.php?p=297913>. Acesso em: 29 set. 2020.

SILVA, José Antônio Ribeiro de Oliveira. 'A Covid-19 como doença ocupacional: nexo causal e concausal'. in: *Revista Eletrônica do Tribunal Regional do Trabalho do Paraná*. Curitiba, v. 9, n. 88, p. 117-138, maio 2020. Disponível em: <http://www.mflip.com.br/pub/escolajudicial/?numero=88&edicao=11359#page/117>. Acesso em: 1º set. 2020.

VEIGA, Aloysio Corrêa da Veiga; SIVOLELLA, Roberta Ferme. '*Dejà-vu*, normatividade e sociedade em mutação: o direito em quarentena nas medidas de prevenção contra o Covid-19'. In: BELMONTE, Alexandre Agra; MARTINEZ, Luciano; MARANHÃO, Ney (Coords.). *O Direito do Trabalho na crise da Covid-19*. Salvador: JusPodivm, 2020, p. 49-73.

9. Trabalhadores em Plataformas Digitais e a Covid-19

Leonardo Aliaga Betti[(1)]

Introdução

No momento em que este texto é escrito, são contabilizadas mais de duzentas e dez mil mortes no Brasil pela Covid-19, com praticamente nove milhões de casos oficialmente notificados da doença no país[(2)]. Levando em conta os dados globais, esses números equivalem a dizer que, a cada dez pessoas contaminadas no mundo pela Covid-19, uma é brasileira, em proporção ainda mais elevada em relação aos casos fatais.

O Governo brasileiro tem direta participação nesses números. Com uma política negacionista, por vezes terraplanista, e invariavelmente charlatanista, o atual ocupante da cadeira da Presidência da República não mede esforços para minimizar os efeitos da doença e, de tal modo, submeter cidadãos brasileiros aos seus efeitos devastadores[(3)]. O resultado afeta a população como um todo, mas uma parte importante dela, a que depende do próprio salário para sobreviver, é a que mais sofre.

A partir do momento em que a Covid-19 começou a se alastrar pelo país, muito se passou a falar sobre a preocupação com aqueles que se encontram na "linha de frente" no enfrentamento da doença, ou seja, trabalhadoras e trabalhadores que precisam dia após dia se expor, mantendo-se em seus postos de trabalho para angariar os recursos necessários à sua sobrevivência — e, obviamente, à sobrevivência do sistema capitalista de produção[(4)].

---

(1) Juiz Titular da 3ª Vara do Trabalho de Mogi das Cruzes (TRT/SP). Mestre em Direito do Trabalho pela Universidade de São Paulo (USP). Professor de Direito do Trabalho, Processo do Trabalho e Processo Civil na Universidade de Mogi das Cruzes (UMC) e na Escola Paulista de Direito (EPD).

(2) Disponível em: <https://www.who.int/emergencies/diseases/novel-coronavirus-2019?gclid=EAIaIQob-Ch MI38CtjLqr7glVygiRCh3SuQGwEAAYASAAEgK8PvD_BwE>. Acesso em: 20 jan. 2021.

(3) A esse respeito: <https://congressoemfoco.uol.com.br/governo/gripezinha-e-histeria-cinco-vezes-em--que-bolsonaro-minimizou-o-coronavirus/>. Acesso em: 20 jan. 2021.

(4) "Por um lado, o processo de produção transforma continuamente a riqueza material em capital, em meio de valorização e de fruição para o capitalista. Por outro, o trabalhador sai do processo sempre como nele

Essa "preocupação", porém, parece ser meramente retórica. Afinal, uma grande parcela das pessoas que se encontram nessa "linha de frente", que já vinha sendo marginalizada de direitos trabalhistas ou de mínima proteção social antes da pandemia, passou pelo ano de 2020 se expondo à doença e inicia 2021 sem qualquer perspectiva de mudança: trata-se dos trabalhadores em plataformas digitais, categoria cada vez mais ameaçada pela Covid-19 e, do mesmo modo, pela absoluta inércia legislativa e insegurança jurídica que grassam o país a respeito de sua condição social.

O objetivo deste artigo é trazer reflexões sobre a condição jurídica e social desses trabalhadores e os impactos da Covid-19 em sua atuação profissional.

Trabalhadores em plataformas digitais: uma categoria sem direitos

Estatísticas indicam que, a partir de 2016, o número de trabalhadores que, por meio de aplicativos eletrônicos, realizam entregas de produtos e transporte de passageiros, aumentou exponencialmente no país(5).

Essa característica reflete a intensificação de ideias liberais — maximizadas por políticas de austeridade — que vêm orientando desde então as políticas governamentais no país. Disso são exemplos eloquentes a Lei do Teto de Gastos de 2016, a "Reforma" Trabalhista de 2017 e a "Reforma" da Previdência de 2019(6).

O problema é que a relação entre esses elementos — aumento do número de trabalhadores por aplicativos de um lado, e avanço do ideário liberal, de outro — induz a um cenário extremamente preocupante do ponto de vista da desigualdade social e da marginalização.

---

entrou: como fonte pessoal de riqueza, porém despojado de todos os meios para tornar essa riqueza efetiva para si. Como antes de entrar no processo seu próprio trabalho já está alienado dele [*ihm selbst entfremdet*], apropriado pelo capitalista e incorporado ao capital, esse trabalho se objetiva continuamente, no decorrer do processo, em produto alheio. Sendo processo de produção e, ao mesmo tempo, processo de consumo da força de trabalho pelo capitalista, o produto do trabalhador transforma-se continuamente não só em mercadoria, mas em capital, em valor que suga a força criadora de valor, em meios de subsistência que compram pessoas, em meios de produção que se utilizam dos produtores. Por conseguinte, o próprio trabalhador produz constantemente a riqueza objetiva como capital, como poder que lhe é estranho, que o domina e explora, e o capitalista produz de forma igualmente contínua a força de trabalho como fonte subjetiva de riqueza, separada de seus próprios meios de objetivação e efetivação, abstrata, existente na mera corporeidade do trabalhador; numa palavra, produz o trabalhador como assalariado. Essa constante reprodução ou perpetuação do trabalhador é a *sine qua non* da produção capitalista". Karl Marx, *O capital*, p. 645-646.

(5) "Do primeiro trimestre de 2016 ao primeiro trimestre de 2020, o número de condutores de automóveis, táxis e caminhonetes — categoria em que estão incluídos trabalhadores que atuam em aplicativos como o Uber — passou de 1,39 milhões para 2,02 milhões, um aumento de 41,9%. Já os condutores de motocicletas tiveram um aumento de magnitude similar, de 39,2%, saltando de 522,1 mil para 729,7 mil entre 2016 e 2020". Marcelo Manzano e André Krein, *A pandemia e o trabalho de motoristas e de entregadores por aplicativos no Brasil*, p. 2-3. Disponível em: <https://www.cesit.net.br/wp-content/uploads/2020/07/ MANZANO-M--KREIN-A.-2020_A-pandemia-e-os-motoristas-e-entregadores-por-aplicativo.pdf>. Acesso em: 20 jan. 2021.

(6) Nesse sentido, Manzano e Krein, *op. cit*.

Não que essa realidade cruel seja uma novidade. Na verdade, a corrosão da proteção social especialmente para aqueles que dependem do próprio salário para sobreviver vem de algumas décadas, principalmente a partir da introdução das ideias neoliberais que, no Brasil, representaram — e ainda representam — intensa precarização de direitos: trabalho por cooperativas, desregulamentação da terceirização e "pejotização" desenfreada no mundo do trabalho são apenas algumas das transformações por que passaram as relações de trabalho nos últimos trinta a quarenta anos[(7)]. Todas elas, vale frisar, amparadas na lógica de que "o mundo mudou", e, por isso, também as relações de trabalho devem mudar[(8)].

Essas mudanças foram também centradas na premissa de que o suposto "excesso de regulação" promovido pela legislação trabalhista é empecilho para o desenvolvimento econômico[(9)]. Nesse sentido, as transformações verificadas buscaram, de alguma forma, *reduzir essa regulação*, conferindo a trabalhadores e empregadores aparente liberdade para reger seus contratos, como se isso fosse realmente possível do ponto de vista dos trabalhadores.

A realidade dos trabalhadores por aplicativos é, porém, um pouco pior.

Por se tratar de um fenômeno relativamente novo na realidade mundial, o trabalho por meio de plataformas digitais não conta, como regra, com efetiva regulação, mormente com conteúdo protetivo para os trabalhadores, sendo o Brasil um claro exemplo dessa realidade. Nesse aspecto, a julgar pela suposta compreensão "liberal na economia e conservadora nos costumes" do mandatário que atualmente ocupa

---

(7) Nesse sentido: "A implementação da política econômica neoliberal nos anos 90 [...] provocou transformações estruturais na economia brasileira, apontando para uma regressão econômica, sendo que a desestruturação do mercado de trabalho urbano foi uma de suas manifestações mais visíveis. As mudanças mais significativas na estrutura ocupacional do País expressaram um processo de eliminação de postos de trabalho, que se caracterizou pela menor participação relativa dos empregados no total da população ocupada, redução do emprego assalariado e do emprego formal (com registro em carteira). Em paralelo, houve crescimento de empregos precários, principalmente em segmentos do comércio e prestação de serviços (alimentação, reparação e manutenção, educação, saúde e emprego doméstico remunerado), relacionados à terceirização de atividades, para pequenas empresas ou trabalhadores autônomos, eliminação de postos de trabalho, aumento da população nas cidades e intensificação da vida urbana. Por isso, cresceram as ocupações por conta própria, as atividades sem remuneração fixa, o emprego informal (sem carteira assinada) e os trabalhos temporários sem compromisso de efetivação do empregador". Enoque Ribeiro dos Santos, *Fundamentos do Direito Coletivo do Trabalho*, p. 193.

(8) "'Flexibilidade' é o *slogan* do dia, e quando aplicado ao mercado de trabalho augura um fim 'do emprego como o conhecemos', anunciando em seu lugar o advento do trabalho por contratos de curto prazo, ou sem contratos, posições sem cobertura previdenciária, mas com cláusulas 'até nova ordem'. A vida de trabalho está saturada de incertezas". Zygmunt Bauman, *Modernidade líquida*, p. 169.

(9) "A incapacidade do sistema econômico de criar ou manter emprego tem levado seus cultores a 'culpar' o Direito do Trabalho, que seria um dos obstáculos à sua ação: talvez se pudessem gerar (péssimos) empregos, se não houvesse (tantos) mínimos trabalhistas: eliminemo-los". Oscar Ermida Uriarte, *A flexibilidade*, p. 55.

a Presidência da República[10] — assim também de grande parte dos ocupantes do Poder Legislativo Federal —, é muito provável que essa anomia persista ainda por algum tempo no país.

Essa compreensão decorre da premissa de que o fenômeno em questão — o trabalho em plataformas digitais — deve ser incorporado sob a lógica da plena liberdade contratual que supostamente cerca também o mundo do trabalho. Sob esse ponto de vista, quanto menor for a regulação jurídica, melhor será para a sociedade, o que encampa a clássica visão liberal.

Nada há, porém, de mais equivocado.

"Liberdade contratual" é instituto que nem mesmo no direito comum resistiu à (in)volução promovida pelo sistema capitalista de produção e suas respectivas fases (comercial, até o século XVIII; industrial, até o século XIX; financeiro, a partir do século XX; e informacional, nos dias atuais).

Com efeito, a partir do momento em que se concebeu que, com a explosão do consumismo no planeta, a mais eloquente das relações contratuais a partir de então vivenciadas — a relação de consumo — exigiu uma espécie de "releitura" da própria noção de "contrato" — introduzindo-se a figura dos chamados "contratos de adesão —, também se apercebeu que o nível de liberdade conferido a uma das partes desse tipo de contrato (o consumidor) é o menor possível — praticamente restrito à aceitação ou não do que lhe é de certa forma imposto pelo prestador de serviços.

Ora: se mesmo nesse tipo de relação — em que ainda supostamente impera a liberdade de aceitar ou não o serviço oferecido — tornou-se difícil conceber a caracterização de um "contrato" em sua acepção clássica, reconhecer que um pacto empregatício constitui verdadeiro contrato — ainda que de adesão — é chancelar o absurdo[11].

Há uma enorme diferença entre o consumidor que, entre as diversificadas ofertas de "contratos de adesão" possíveis, tem a liberdade de optar por *esta ou aquela* prestadora de serviços, e o trabalhador que, entre as quase inexistentes ofertas de emprego

(10) A expressão é do político João Amoedo (Partido Novo), candidato à Presidência da República em 2018. Mas se amolda com perfeição à visão do Presidente eleito. Nesse sentido: Rene José Keller e Suéllen Bezerra Alves Keller, "Liberal na economia e conservador nos costumes", p. 44-52. Disponível em: <https://www.colibri.udelar.edu.uy/jspui/bi tstream/20.500.12008/23409/1/RF_Keller_2019n13.pdf>. Acesso em: 20 jan. 2021.

(11) "A história da pesquisa acerca da natureza jurídica da relação empregatícia enveredou, na primeira metade do século XX, por um ramal teórico singular, inteiramente dissociado da matriz contratualista em que se realizava essa pesquisa desde o nascimento do Direito do Trabalho. Trata-se das vertentes acontratualistas. Esse ramal teórico não somente enxergava um leito próprio e distintivo de caracterização da natureza jurídica da relação de emprego, como tinha a preocupação principal de negar qualquer relevância ao papel da liberdade e da vontade — e assim do contrato — na formação e desenvolvimento dessa relação jurídica especializada. Desdobrava-se tal ramal em duas vertentes principais, estreitamente próximas entre si: a teoria da relação de trabalho e a teoria institucionalista". Maurício Godinho Delgado, *Curso de direito do trabalho*, p. 364-465.

possíveis, tem a *grata satisfação* de *aceitar* as condições (quase que invariavelmente desvantajosas do ponto de vista financeiro) que lhe garantirão a sobrevivência, ao menos por algum período.

Não há, evidentemente, nesta segunda hipótese, efetiva *liberdade* na acepção da palavra, mas um simples estado de sujeição, maximizado pela pressão que o desemprego crescente — especialmente em tempos de pandemia — impõe para aqueles que nada têm além da força de trabalho para oferecer em troca de sua sobrevivência.

A questão é que, se para o empregado em geral — ou seja, aquele com registro em CTPS, décimo terceiro salário, férias, FGTS e acesso ao sistema previdenciário — a situação já é complicada, para aqueles que nem mesmo a esses direitos têm tido acesso, mas, ainda assim, sobrevivem à custa da venda de sua força de trabalho, o problema é muito mais grave.

Baseadas na "liberdade" que os trabalhadores têm de aceitar ou não suas condições, as empresas proprietárias de plataformas digitais propõem, de forma aparentemente inovadora, uma "parceria" em um negócio que lhes é altamente lucrativo: pelo modelo em questão, o "parceiro" oferece-se para trabalhar. Em troca, recebe um pagamento que, com a dedução dos valores de titularidade da empresa que explora o aplicativo, é muito parecido, na média, com os salários normalmente pagos a empregados que desempenham funções similares (em especial, no transporte de passageiros e na entrega de mercadorias).

Diante da "liberdade" que esses trabalhadores têm para até mesmo recusar alguns serviços, com aparente autonomia, as empresas que exploram essa atividade recusam-se a compreender que, no caso em questão, há típica relação de emprego[(12)]. É exatamente aí que se encontram os principais problemas enfrentados pelos trabalhadores submetidos às condições mencionadas.

Os ganhos similares aos empregados nas mesmas atividades[(13)] encobrem os enormes prejuízos que os trabalhadores por aplicativos enfrentam no "moderno" modelo

---

(12) "A estrutura da relação entre as empresas que se utilizam de aplicativos para a realização de sua atividade econômica e os motoristas se dá na forma de aliança neofeudal, na qual chama os trabalhadores de 'parceiros'. Por ela, concede-se certa liberdade aos trabalhadores, como 'você decide a hora e quanto vai trabalhar', que é imediatamente negada pelo dever de aliança e de cumprimento dos objetivos traçados na programação, que é realizada de forma unilateral pelas empresas". Juliana Carreiro Corbal Oitaven, Rodrigo de Lacerda Carelli, e Cássio Luís Casagrande. *Empresas de transporte, plataformas digitais e a relação de emprego*, p. 35-36.

(13) "No primeiro trimestre de 2020, a média de rendimento do total de ocupados no país era de R$ 2.323. Já entre os condutores de automóveis, táxis e caminhonetes, a média foi de R$ 1.954, ou ainda, 84,1% da média de rendimento do total de ocupados. Entre os condutores de motocicletas a diferença era ainda maior, com um rendimento médio de R$ 1.199 no primeiro trimestre de 2020, representando apenas 51,6% da média de rendimento do total de ocupados no país [...]. [...] a partir da crise recessiva de 2015/2016, as duas ocupações em tela se descolaram da tendência registrada para o conjunto dos ocupados, quando também se dissemina o uso dos aplicativos de plataforma". Manzano e Krein, *op.cit.*, p. 5.

de "parceria", a começar pela completa ausência de direitos tipicamente empregatícios, neste texto já exemplificados.

Mas o problema é muito maior: ao se submeter a esse sistema de "parceria", o trabalhador assume os riscos de uma atividade própria, supostamente autônoma, arcando, portanto, com os custos de cada deslocamento e de manutenção do veículo, meio de condução que, em grande parte dos casos, sequer é de propriedade do prestador de serviços, mas alugado junto a empresas focadas nesse negócio(14), em verdadeira condição em que se obriga a "pagar para trabalhar".

Para piorar, o trabalhador supostamente autônomo é, na verdade, submetido a um novo modelo de subordinação, a chamada "subordinação por algoritmo", que, em linhas gerais, é implementada a partir de comandos por instrumentos telemáticos que, embora aparentemente sejam apenas *sugestivos*, encampam verdadeiro controle e fiscalização típicos das relações de emprego tradicionais(15).

O que se tem, a partir desse contexto, é um fenômeno no mínimo perverso para esses trabalhadores, que, sob uma roupagem liberal, são, em verdade, os típicos empregados de outrora que, na realidade atual, não têm quaisquer direitos e, ao mesmo tempo, assumem o risco da atividade que se propõem a realizar.

Essa "ausência de direitos", porém, pode ser contornada de duas maneiras: de um lado, apreendendo-se na legislação já em vigência essa reinvenção do sistema capitalista, em especial quanto ao novo conceito de subordinação; de outro, regulando-se a atividade de modo específico, contemplando-se os direitos que, a partir da postura das empresas por aplicativos, vêm sendo negados a essa categoria crescente de trabalhadores.

A primeira dessas alternativas diz respeito à atuação do Poder Judiciário brasileiro, que é o responsável por interpretar o direito posto, conformando-o à realidade

(14) Nesse sentido, divulgação feita pela Uber, a maior plataforma digital do mundo que explora o transporte de passageiros: "Não tem carro? Temos soluções. Queremos ajudar você a começar. Por isso, temos parcerias com várias empresas para conseguir ofertas de aluguel de veículos, descontos em carros novos e muito mais". Disponível em: <https://www.uber.com/br/pt-br/drive/vehicle-solutions/?city=sao-paulo>. Acesso em: 20 jan. 2021.

(15) A esse respeito: "[...] a subordinação por algoritmo [...] é aquela implementada pelas empresas e organizações que se utilizam de um sistema de computador aliado a outros instrumentos telemáticos e a uma plataforma digital que emitem ordens e comandos ao trabalhador, ainda que sob o pseudônimo de sugestão ou outros rótulos mais amenos. Muitas dessas ordens e comandos são ocultos e dissimulados por sua própria natureza, fazendo com que o trabalhador seja obrigado a ficar conectado indefinidamente à plataforma digital como condição para executar seu trabalho. Não há, necessariamente, uma ordem expressa do empregador. Há sim, metas a cumprir e uma cobrança, ainda que velada. A ordem passa a ser interiorizada pelo trabalhador, que vê no seu colega de trabalho um concorrente a tomar-lhe a promoção ou o próprio emprego, caso não consiga executar todas as tarefas designadas para a sua função". Paulo Cesar Baria de Castilho, "Subordinação por algoritmo", p. 44-45.

das relações de trabalho por meio das plataformas digitais. Porém, o que se verifica na prática é uma maioria crescente de decisões que negam o reconhecimento de vínculo de emprego nesses casos, algumas delas até mesmo reconhecendo a necessidade de regulação específica e de ausência de enquadramento possível da nova figura à clássica relação de emprego[16].

O outro caminho proposto — o de se regular a atividade de maneira específica — até já começou a ser trilhado. A iniciativa, porém, embora aparentemente louvável do ponto de vista da *preocupação social* com trabalhadores por aplicativos, não pode ser poupada de críticas. Senão, vejamos.

Em 13 de julho de 2020, foi apresentado no Senado Federal projeto de lei que, recebendo o número 3754/2020, tem a pretensão de "instituir e dispor sobre o regime de trabalho sob demanda"[17].

O grande problema da proposta em questão identifica-se já no art. 1º do projeto, que, em seu parágrafo único, dispõe que "aos trabalhadores em regime de trabalho sob demanda **não se aplicam** as disposições da Consolidação das Leis do Trabalho (CLT)" (o destaque é da transcrição).

É certo que, em princípio, não há qualquer problema nessa restrição, desde que esta "nova modalidade" de contratação — assim compreendida sob a ótica do legislador, a partir do cotejo entre o afastamento da CLT à sua regulação e a recente introdução do modelo no mercado de trabalho — traga efetivas distinções para o já regulado contrato de emprego, modificações estas acompanhadas da introdução de direitos específicos para a categoria em comento.

A análise do projeto, porém, conduz a conclusão diversa. Na verdade, seus dispositivos servem apenas para estimular a criação de uma espécie de *subemprego formalizado*, uma vez que, a par de ostentar diversos dispositivos que aparentemente pretendem garantir ao trabalhador por aplicativos direitos equivalentes aos de um empregado *comum*, a regulação em questão denuncia sua real intenção precarizante, ao afastar do trabalhador em plataformas digitais uma série de direitos hoje reconhecidos aos empregados em geral.

---

(16) Nesse sentido: "[...] A relação de emprego definida pela CLT (1943) tem como padrão a relação clássica de trabalho industrial, comercial e de serviços. As novas formas de trabalho devem ser reguladas por lei própria e, enquanto o legislador não a edita, não pode o julgador aplicar indiscriminadamente o padrão da relação de emprego. [...] o trabalho prestado com a utilização de plataforma tecnológica de gestão de oferta de motoristas-usuários e demanda de clientes-usuários, não se dá para a plataforma e não atende aos elementos configuradores da relação de emprego previstos nos arts. 2º e 3º da CLT, inexistindo, por isso, relação de emprego entre o motorista profissional e a desenvolvedora do aplicativo [...]". (Tribunal Superior do Trabalho; Processo TST-AIRR-10575-88.2019.5.03.0003; 4ª Turma; rel. Alexandre Luiz Ramos; DEJT de 11.09.2020)

(17) Íntegra disponível em: <https://legis.senado.leg.br/sdleg-getter/documento?dm=8864004&ts=1602118392053&disposition=inline>. Acesso em: 20 jan. 2021.

Exemplos dessa inconsistência são diversos:

a) de um lado, identifica-se a menção ao direito a um "salário-hora de trabalho nunca inferior ao salário profissional-hora ou ao piso da categoria por hora, ou, quando estes forem inexistentes, ao salário mínimo-hora" (art. 5º do projeto); de outro, não se garante FGTS, direito indistintamente assegurado a qualquer empregado;

b) em certo ponto, também no art. 5º, reconhece-se o direito a "1/12 (um doze avos), correspondendo ao 13º salário proporcional", "1/12 (um doze avos), correspondendo às férias proporcionais", e "1/36 (um trinta e seis avos), correspondendo ao 1/3 (um terço) constitucional de adicional de férias"; porém, não há uma garantia sequer de manutenção do trabalho, mesmo em situações de acidente de trabalho ou maternidade, ao contrário do que se prevê para os empregados em geral;

c) no art. 8º do projeto, dispõe-se que, "caso o trabalhador utilize os próprios instrumentos de trabalho para a realização dos serviços, a plataforma deve indenizar os custos com insumos, manutenção e depreciação, de forma proporcional à utilização", resguardando-se o trabalhador, portanto, dos riscos do negócio; ao mesmo tempo, embora se garanta o direito ao seguro-desemprego, restringe-se tal direito ao limite de apenas três parcelas, e apenas após quinze meses de contrato, em nítida condição inferior à dos empregados *comuns*(18).

Mas a pior contradição parece ser a prevista no art. 16 do projeto, que estabelece que "o trabalhador sob demanda é filiado ao Regime Geral de Previdência Social — RGPS **na qualidade de segurado empregado**" (sem destaque no original). Nela, o legislador deixa claro que, embora seja evidente que o trabalhador por aplicativos é, na verdade, um empregado como outro qualquer, parece o Poder Legislativo *perdido* na missão de regular essa condição, ora buscando assimilar a figura à do empregado, ora tentando deixar claro que o que é na verdade não é. Ou vice-versa.

Enfim, o fato é que, mesmo que se reconheça que o único diferencial relevante do trabalhador por aplicativo em relação ao empregado em geral é a possibilidade de recusa aos chamados (daí a suposta autonomia a que nos referimos anteriormente), a própria regulação do contrato de trabalho intermitente na CLT encamparia a figura,

(18) Nunca é demais realçar, especialmente quando se fala em "isonomia", que, para uma categoria específica de empregados, o legislador *institucionalizou a discriminação*: trata-se do empregado doméstico, que somente faz jus a três parcelas do seguro-desemprego, independentemente do tempo trabalhado (art. 26 da Lei Complementar n. 150/2015), diferentemente dos demais empregados, que podem chegar a receber cinco parcelas (art. 4º da Lei n. 7.998/1990). Há, aqui, de certa forma, alguma *coerência* do legislador (se é que isso pode ser concebido), uma vez que a própria caracterização do vínculo doméstico já parte de uma *distintiva não eventualidade*, com número de dias trabalhados por semana previamente fixados para sua caracterização (art. 1º da LC n. 150), ao contrário do empregado em geral (CLT, art. 3º).

a teor do disposto no § 3º do art. 452-A daquele diploma, que dispõe que "a recusa da oferta não descaracteriza a subordinação para fins do contrato de trabalho intermitente".

É por esses motivos que se pode afirmar que o projeto em questão é muito fraco, inservível para o fim a que se propõe, tanto que está paralisado no Senado desde sua apresentação, estando, pois, fadado a ser arquivado em futuro próximo. O problema é que, a permanecer o contexto atual, os trabalhadores por aplicativos continuarão marginalizados de qualquer tipo de proteção social.

O trabalho por aplicativos e a Covid-19

Desde seu surgimento, o trabalho por aplicativos é uma espécie de *válvula de escape* para trabalhadores desempregados, não uma ocupação *almejada* por essas pessoas. Essa condição se deve justamente à informalidade que cerca o setor, contexto de marginalização de direitos que se encaixa como uma luva à realidade *flutuante* das relações sociais características do século XXI(19).

Por sua vez, a pandemia de Covid-19 que assola o mundo desde fins de 2019 trouxe consigo um rastro de destruição social e de intensificação da desigualdade social. No Brasil, o percentual de desemprego, que era de 12,2% da população economicamente ativa no primeiro trimestre de 2020 (número já elevado), atingiu alarmantes 14,6%, na "maior taxa registrada na série histórica do IBGE" (ou 14,1 milhões de desempregados), segundo o próprio IBGE(20).

As estatísticas mostram que o aumento do desemprego leva a um natural acréscimo do número de trabalhadores em plataformas digitais. O problema é que esse inchaço também provoca um decréscimo nos rendimentos desses trabalhadores, fenômeno assim captado por Manzano e Krein:

> Enquanto o rendimento médio mensal real (deflacionado pelo INPC) do total de ocupados no Brasil aumentou 7,4% no período de 2012 a 2020, o rendimento médio mensal dos condutores de motocicletas caiu 6,4% e o dos condutores de automóveis, táxis e caminhonetes diminuiu 8,2%. Ou seja, os trabalhadores nas ocupações selecionadas tiveram perdas reais significativas de 2012 a 2020. Esse quadro é causado, em parte,

(19) "[...] adotando o conceito de informalidade utilizado pelo IBGE, observa-se que a taxa de informalidade entre os condutores de motocicletas e condutores de automóveis, táxis e caminhonetes aumentou mais do que a média de todos os ocupados no país. Os condutores de motocicletas saíram de uma taxa de 67,0% no primeiro trimestre de 2016 para 71,8% no primeiro trimestre de 2020. Já os condutores de automóveis, táxis e caminhonetes que em 2016 registravam uma taxa de informalidade de 44,7% alcançavam 59,5% em 2020, com um pico em 2019 de 61,9%". MANZANO, M.; KREIN, A. *Ibidem*, p. 3-4.

(20) Disponível em: <https://www.ibge.gov.br/explica/desemprego.php>. Acesso em: 21 jan. 2021.

> pelo chamado efeito composição, isso é, o aumento de trabalhadores por aplicativo em relação aos ocupados tradicionais dos setores.[21]

Nessa linha de ideias, é certo considerar que, do ponto de vista dos ganhos dos trabalhadores por aplicativos, a crise econômica causada pela pandemia pode ter efeito significativamente perverso. Afinal, a absorção de número elevado de trabalhadores desempregados nesse setor contribui para a redução dos ganhos desses prestadores de serviços, tornando a relação — que já caminha à margem de qualquer esfera de direitos — um vínculo ainda mais precário, mormente se considerado o fato de que o trabalhador em questão arca com os custos dos insumos utilizados na prestação de serviços.

Por outro lado, o estudo desenvolvido por Manzano e Krein enuncia ainda outro efeito preocupante: o de aumentar a desigualdade econômica com viés racial. É que, de acordo com a PNAD Covid-19, 60% (sessenta por cento) dos trabalhadores por aplicativos de transporte (motoristas, motoboys e entregadores) são negros[22], o que tem o condão de maximizar a desigualdade racial que já é gritante[23].

Não bastassem essas características, o estudo estatístico também indica que houve um percentual maior de trabalhadores por aplicativos que apresentaram sintomas da Covid-19, quando comparados com as pessoas ocupadas em geral, o que, além de ser uma consequência da alta da demanda nesse setor (causada pelo isolamento social), também é resultante da maior exposição desses trabalhadores, que, pela condição supostamente autônoma a que se enquadram, seriam também os próprios responsáveis pela aquisição de equipamentos de proteção individual.

Em atenção a essas dificuldades, foi proposto em 7 de abril de 2020 um projeto de lei na Câmara dos Deputados (que recebeu o número 1.665/2020), com a finalidade de "dispor sobre os direitos dos entregadores que prestam serviços a aplicativos de entrega durante o estado de calamidade pública decorrente da pandemia do coronavírus (Covid-19)".

É interessante notar que esse projeto foi apresentado anteriormente ao PL n. 3.754/2020 (a que nos referimos no tópico anterior). Porém, a proposta em tramitação na Câmara passa ao largo da efetiva regulação da atividade desempenhada pelos

---

(21) *Op. cit.*, p. 5.

(22) *Ibidem*, p. 6.

(23) De acordo com dados do IBGE, em 2019, o trabalhador branco recebeu, em média, 56,6% a mais que o trabalhador negro. Com a pandemia de Covid-19, essa desigualdade também se aprofundou na taxa de ocupação. De acordo com dados do segundo trimestre de 2020, enquanto o desemprego foi de 15,8% entre pretos e pardos, entre as demais raças atingiu 10,4%. Disponível em: <https://www.ibge.gov.br /estatisticas/sociais/populacao/25844-desigualdades-sociais-por-cor-ou-raca.html?=&t=resultados>. Acesso em: 21 jan. 2021.

trabalhadores em plataformas digitais, uma vez que sua finalidade é tão somente impor às empresas por aplicativos certas responsabilidades inerentes aos riscos causados pela pandemia, a exemplo:

a) "contratar em benefício do entregador a ela vinculado seguro contra acidentes e por doença contagiosa" (art. 3º);

b) "assegurar aos entregadores afastados em razão de acidente ou por suspeita ou contaminação pelo coronavírus (Covid-19) a assistência financeira durante o período de afastamento necessário para a recuperação do trabalhador" (art. 4º); e

c) "assegurar ao entregador: a) fornecimento de máscaras, álcool-gel e luvas para proteção pessoal durante as entregas; b) material para a limpeza da mochila, bicicleta, motocicleta, capacete e outros itens utilizados para a entrega de produtos e serviços; c) acesso à água potável e alimentação; d) acesso a espaço seguro para descanso entre as entregas" (art. 5º).

O problema é que, tal como ocorrera com o PL n. 3.754/2020, o projeto iniciado na Câmara também não vem progredindo.

Independentemente dessa *inércia legislativa*, é digna de destaque a atuação institucional do Ministério Público do Trabalho, que, por meio de sua Coordenadoria Nacional de Combate às Fraudes nas Relações de Trabalho — CONAFRET, já no início do alastramento da pandemia de Covid-19 pelo país, em março de 2020, emitiu nota técnica especificamente em relação "às empresas de transporte de mercadorias e de transporte de passageiros, por plataformas digitais", recomendando uma série de providências tendentes a proteger os trabalhadores contra os riscos da doença (tais como o fornecimento de álcool-gel e a prestação de assistência financeira a trabalhadores que integram grupos de risco)[(24)].

Como resultado dessa orientação, o Ministério Público também ajuizou diversas ações em face de empresas por aplicativos, buscando proteção aos respectivos trabalhadores. No âmbito do TRT da 2ª Região (com sede em São Paulo/SP), tem-se caso paradigmático na decisão da lavra da Juíza Josiane Grossl, proferida em 19 de agosto de 2020, no processo n. 1000436-37.2020.5.02.0073, movido em face de Uber do Brasil Tecnologia Ltda., em que se determinou a concessão de auxílio financeiro e custeio de proteção a todos os trabalhadores afetados pela pandemia.

Ainda assim, o Poder Judiciário vem se mostrando vacilante em relação ao tema em análise. É que, ao largo da decisão mencionada, tem-se outra, proferida pelo juiz do trabalho Vanilson Rodrigues Fernandes no âmbito do TRT da 8ª Região (Pará/Amapá), que, em ação movida pelo Sindicato de Motoristas de Transportes por

(24) A nota na íntegra está disponível em: <https://mpt.mp.br/pgt/noticias/nota-conafret-corona-virus-01.pdf>. Acesso em: 20 jan. 2021.

Aplicativo do Estado do Pará em face de Uber do Brasil Tecnologia Ltda (Processo n. 0000325-18.2020.5.08.0004), determinou providências similares às mencionadas no parágrafo anterior, mas com a particularidade de "dividir" os gastos com a proteção entre trabalhadores e a empresa exploradora da plataforma digital, nos seguintes termos:

> [...] é dever do proprietário da plataforma digital, como aplicativo que favorece a mobilidade urbana e angaria lucros com tal serviço, arcar também com os custos para o ambiente laboral sadio e salubre, fornecendo aos motoristas os EPI adequados ao exercício de suas atividades, principalmente no momento em que diversos municípios decretam a obrigatoriedade do uso de máscaras para toda a população. [...] Entretanto, como já dito alhures, se tratamos esse novo momento como economia compartilhada, é certo que prestadores de serviço e proprietários de plataformas, devem, na medida de suas capacidades, suportar e dividir os ônus do difícil momento pelo qual atravessamos, valendo destacar que somente os motoristas têm suportado os encargos da diminuição de passageiros e o aumento dos custos, impondo-se a necessidade de revisão da pactuação com a empresa detentora da plataforma.

Por outro lado, também há precedente no âmbito do TST em que se negou atribuição de responsabilidade pela proteção de trabalhadores a empresa que explora aplicativos de transporte, o que se deu, vale frisar, por via *correcional*. Trata-se de correição parcial também movida por Uber do Brasil Tecnologia Ltda em face de decisão que, na origem, lhe fora desfavorável, e em relação à qual assim decidiu o TST:

> A decisão impugnada utilizou como fundamentação para a responsabilização da Requerente em fornecer os aludidos métodos de prevenção do Coronavírus o atual contexto excepcional imposto pela pandemia da Covid-19 e a função social da empresa entrelaçada com o princípio da dignidade da pessoa humana, registrando que *"cabe à empresa que disponibiliza as plataformas digitais ofertar os meios para que os serviços sejam prestados de forma segura, sobretudo diante da situação excepcional vivenciada no mundo inteiro em razão da pandemia pela Covid-19"*.
>
> Vê-se, portanto, que o ato ora impugnado imputou à requerente a responsabilidade do fornecimento dos aludidos equipamentos, de imediato, sem previsão expressa normativa para tanto no que concerne à relação jurídica travada, e sem considerar as questões afetas à disponibilidade e dificuldade na entrega dos ditos equipamentos, de notório conhecimento.
>
> Sem emitir juízo de valor a respeito da matéria controvertida nos autos principais, não há dúvidas de que situação descrita, por seus contornos de indefinição acerca dos efeitos gerados na atividade praticada, bem como sem contornos nítidos dos parâmetros objetivos de previsão normativa utilizados para calcar as medidas aplicadas, caracteriza situação extrema e excepcional a atrair a atuação acautelatória da Corregedoria-Geral, a fim de impedir lesão de difícil reparação, com vistas a assegurar eventual resultado útil do processo, até que ocorra o exame da matéria pelo órgão jurisdicional competente, nos moldes permitidos pelo parágrafo único do art. 13 do RICGJT. (Processo TST n. 1000504-66.2020.5.00.0000; Corregedoria-Geral da Justiça do Trabalho; rel. Ministro Aloysio Silva Corrêa da Veiga; DEJT de 19.05.2020)

Ou seja: não há qualquer uniformidade sobre o assunto no Poder Judiciário brasileiro, o que apenas reforça a enorme insegurança dos trabalhadores em plataformas digitais, agora também detectada em tempos de pandemia.

Por parte do Poder Executivo, as expectativas são ainda mais frustrantes. Não se observa, afinal, qualquer medida tendente a promover algum tipo de proteção aos trabalhadores em plataformas digitais, exceto a *vala comum* de um auxílio emergencial temporário de apenas R$ 600,00 (seiscentos reais) mensais.

Essa postura já era esperada de um mandatário que, em seu primeiro dia de exercício, foi o responsável por extinguir o Ministério do Trabalho (criado ainda em 1930), relegando-o a condição de "secretaria especial" subordinada ao Ministério da Economia(25), demonstrando, assim, sua falta de apreço ao lugar de destaque que a valorização do trabalho *deveria ter* na ordem jurídica e social do país.

O que não se espera é que a população brasileira, mormente a trabalhadora, permaneça em estado de dormência, mesmo depois de uma política de reprovável negacionismo à Covid-19, pautada em verdadeiro genocídio e em constantes ameaças às instituições democráticas(26), o que, sem dúvida alguma, impactou e ainda impacta fortemente também na vida dos trabalhadores por aplicativos do país.

Considerações finais

A condição dos trabalhadores em plataformas digitais é de completo limbo social e jurídico. Embora seja possível conceber que sua condição jurídica em nada difere da clássica relação de emprego — com as consequências protetivas daí resultantes —, não vem sendo essa a compreensão dominante, especialmente no plano judicial.

A superação, no plano legislativo, do vácuo resultante dessa interpretação, não vem sendo bem conduzida. O mais eloquente projeto de lei apresentado sobre o tema mostra-se tecnicamente falho e mais se aproxima de uma tentativa de formalização de uma espécie de subemprego que propriamente a regulação adequada da questão.

Com a pandemia de Covid-19, outras preocupações se somaram à já inquietante condição de marginalização desses trabalhadores: houve redução de ganhos, intensificou-se a desigualdade racial e constatou-se aumento de casos da doença entre os trabalhadores em plataformas digitais, o que não só é resultado da maior exposição à doença (causada pelo isolamento social) como da inexistência de medidas efetivas de proteção à saúde desses trabalhadores, sujeitos à própria sorte e aos riscos de sua atividade, ainda que não sejam detentores de mais que a própria força de trabalho.

(25) Essa transformação seu deu pela Medida Provisória n. 870, de 1º de janeiro de 2019.

(26) Nesse sentido: <https://brasil.elpais.com/brasil/2020-05-29/bolsonaro-invoca-intervencao-militar-contra-o-stf-e-flerta-com-golpe.html>. Acesso em: 21 jan. 2021.

Embora o Ministério Público do Trabalho tenha, de forma louvável, buscado reduzir essas dificuldades, tanto o Poder Legislativo como o Poder Judiciário não conseguiram dar respostas adequadas ao problema. E o Poder Executivo, que poderia implementar alguma política em prol dessa gama de trabalhadores, afunda-se em preocupações ideologicamente reprováveis e socialmente falhas, mostrando sua completa inépcia já evidente em relação a outros problemas que assolam o país.

Espera-se que, em um futuro próximo, as instituições se voltem de forma mais efetiva para o problema, sob pena de se intensificar a marginalização social e, com ela, se comprometer ainda mais a já desigual e sofrida sociedade brasileira.

Referências bibliográficas

BAUMAN, Zygmunt. *Modernidade líquida*. Tradução: Plínio Dentzien. Rio de Janeiro: Jorge Zahar Editor, 2001.

CASTILHO, Paulo Cesar Baria de. "Subordinação por algoritmo". In: *Revista Themis*, ano 01. v. 01. jan./jun. 2020.

DELGADO, Mauricio Godinho. *Curso de direito do trabalho*. 18. ed. São Paulo: LTr, 2019.

ERMIDA URIARTE, Oscar. *A flexibilidade*. São Paulo: LTr, 2002.

KELLER, Rene José; KELLER, Suéllen Bezerra Alves. " 'Liberal na economia e conservador nos costumes': um arranjo sincrético na política brasileira pós-golpe de 2016". In: *Revista Fronteras: Facultad de Ciencias Sociales*, Montevidéu, Fronteras, n. 13.

MANZANO, Marcelo; KREIN, André. *A pandemia e o trabalho de motoristas e de entregadores por aplicativos no Brasil*. Campinas: Centro de Estudos Sindicais e de Economia do Trabalho (Cesit), 2020.

MARX, Karl. *O capital*. Livro I. Tradução de Rubens Enderle. São Paulo: Boitempo, 2017.

OITAVEN, Juliana Carreiro Corbal; CARELLI, Rodrigo de Lacerda; CASAGRANDE, Cássio Luís. *Empresas de transporte, plataformas digitais e a relação de emprego:* um estudo do trabalho subordinado sob aplicativos. Brasília: Ministério Público do Trabalho, 2018.

SANTOS, Enoque Ribeiro dos. *Fundamentos do Direito Coletivo do Trabalho:* nos Estados Unidos, na União Europeia, no Mercosul e a Experiência Sindical Brasileira. 2. ed. Rio de Janeiro: Lumen Juris, 2018.

PARTE III

Direito Processual do Trabalho

1. "Ainda Somos os Mesmos": Consequencialismo e Direitos Fundamentais dos Trabalhadores

Eduardo Rockenbach Pires[1]

1. Introdução

A Constituição Federal prevê um catálogo de direitos fundamentais, entre os quais aqueles de natureza social e do trabalho. A Carta possui um sistema rígido de estabilização dos direitos fundamentais, o que de resto vale para todo o núcleo das disposições essenciais da ordem constitucional.

Mesmo assim, a população brasileira, que enfrenta um desafio sanitário e econômico de magnitude indescritível, encontra-se carente de tutela efetiva em tema de direitos sociais e trabalhistas. Os trabalhadores estão submetidos a riscos sanitários, a precarização laboral acentuada, a instabilidade econômica severa, enfim, a uma turbulência social agressiva. Em uma leitura histórica de escala mais ampla, seriam situações em que os direitos fundamentais sociais estatuídos na Constituição Federal se mostrariam relevantes para a proteção da dignidade humana. Mas os jornais diários mostram uma realidade diferente e cruel; a classe trabalhadora parece desamparada, com poucos motivos para acreditar na força real de direitos sociais, para além de discursos jurídicos.

O que está havendo? O que aconteceu com a Constituição Federal brasileira de 1988? Direitos fundamentais, onde estais que não respondeis? (a leitora e o leitor hão de me permitir a paráfrase do poeta Castro Alves, em seu imortal *Vozes d'África*).

O vácuo existente entre as declarações de direitos constitucionais e a realidade dos trabalhadores brasileiros passa pela atuação dos intérpretes, dos juristas. É preciso

(1) Doutor e mestre em direito do trabalho pela Faculdade de Direito da Universidade de São Paulo (USP). Juiz Titular da 38ª Vara do Trabalho de São Paulo (TRT da 2ª Região).

refletir sobre a interpretação jurídica contemporânea e sua contribuição com o estado de coisas. O objetivo deste texto é tratar especificamente de um aspecto do problema: o pensamento consequencialista na interpretação jurídica e seus efeitos sobre a concretização dos direitos fundamentais sociais dos trabalhadores. E isso em um contexto social absolutamente excepcional: o da pandemia de Covid-19.

Não tenho a intenção de esgotar o assunto, pois para tal missão seria necessário espaço — e tempo — incompatível com o deste trabalho. A ideia é traçar as linhas essenciais do problema e seus aspectos mais relevantes para a questão da interpretação jurídica no cenário que atualmente encontramos no Brasil.

Por fim, meu propósito não é de emitir conclusões definitivas, mas sim de concatenar as conclusões possíveis no estágio de reflexão que me seja permitido alcançar. Pretendo contribuir para com debate importante de nosso tempo, e tenho plena consciência de que verdades absolutas são miragens no horizonte de quem se propõe ao estudo e ao desenvolvimento de teses. Todas as conclusões são, de certa forma, temporárias e sujeitas eternamente a novas verificações, para ratificação ou descarte. Esse é o caminho da ciência, é o caminho que possibilita o progresso do conhecimento, e nele não nos é permitida apropriação das ideias. Elas devem circular, sem pertencer a ninguém.

Em suma, a tarefa deste texto é propiciar a circulação das ideias e das reflexões.

2. A pandemia e os direitos sociais

Um texto sempre é, entre várias outras coisas, um potencial registro do tempo. Escrevemos um texto em nosso presente, para que em geral seja lido em futuro próximo; todavia, temos de trabalhar com a hipótese de que ele pode vir a ser lido no futuro de médio ou longo prazo. Por que não? As pessoas trocam as coisas de lugar e muitas vezes encontram textos esquecidos ou desconhecidos, no fundo de uma gaveta; nas mudanças, ocorre de os papéis que estavam escondidos ou perdidos ficarem sobre alguma caixa, na casa nova, à vista de potenciais leitores; ou ainda, mais provavelmente, alguma pesquisa em *sites* de busca pode capturar como palavra-chave uma palavra deste já antigo texto e um estudante ter contato inadvertido com estas linhas. Muitas coisas podem acontecer.

O que tenho em mente é que hoje escrevo para meus contemporâneos, mas, em potencial, também para pessoas que viverão em um futuro desconhecido. Pessoas que talvez ainda nem nasceram. Então, peço à leitora e ao leitor do futuro que tente compreender as vicissitudes de nosso tempo; e peço à leitora e ao leitor contemporâneos que, por sua vez, tentem ler as nossas vicissitudes presentes com um olhar carregado de futuro. É um exercício que proponho para que possamos refletir sobre problemas cruciais de nossa época e sobre os horizontes que eles nos desvelam.

Estamos vivendo — e sobrevivendo — no ano de 2020, em meio a uma assustadora pandemia de uma doença nova (chamada de Covid-19) e de consequências potencialmente graves à saúde e à vida humanas. Há um ano, muito poucas pessoas teriam a capacidade de prever ou de imaginar a situação em que estamos hoje: a humanidade, ou boa parte dela, confinou-se em isolamento, cercou-se de cuidados para sair à rua e mesmo para ter breves e distantes contatos com outras pessoas. A desinfecção de corpos e objetos é a manifestação visível mais clara de uma rede de cuidados para evitar o contágio e, mais do que isso, para evitar a circulação do vírus pela comunidade e, com ela, a morte de pessoas mais vulneráveis. Conversas, abraços, beijos, risadas, convivência humana em geral são hoje imagens nubladas chamadas pela lembrança de um passado recente e, ao mesmo tempo, tão distante de nossa realidade. O ser humano sente que está sob risco constante, a cada vez que inspira o ar necessário para viver. Hoje o mundo já não é o mesmo. E é muito difícil para nós, aqui em 2020, prever se o mundo voltará a ser aquele de antes.

No entanto, respeitemos o dever de sinceridade para com nossos leitores do futuro: nem todas as pessoas estão na situação descrita no parágrafo anterior. Uma parte da humanidade vive no que hoje em dia nos habituamos a chamar de *negacionismo*. Trata-se de uma aversão comportamental às necessidades sanitárias da prevenção à Covid-19, uma ilusão de que a vida pode seguir de acordo com a normalidade anterior à pandemia, e de que seriam alarmistas as orientações divulgadas pela Organização Mundial da Saúde (OMS) e firmadas por instituições de saúde e de pesquisa em todo o mundo. Tais pessoas têm lotado praias e bares em dias quentes, sem maiores preocupações com os números oficiais que, enquanto escrevo este parágrafo, dão conta de que no Brasil já morreram mais de cento e cinquenta mil pessoas[(2)] devido à contaminação pelo novo coronavírus. Feito esse registro, voltemos ao ponto.

A crise decorrente da Covid-19 é sanitária, humanitária, mas também econômica. Sim, a economia mundial sofreu um abalo sísmico devido não apenas à necessidade de destinar recursos às medidas preventivas da doença, mas também por causa do isolamento social, que implicou a paralisação de algumas atividades econômicas e a redução drástica de outras. Setores como transportes, turismo, restaurantes, entre vários outros, tiveram um choque brutal. Nesse contexto, muitas pessoas tiveram de parar de trabalhar, muitas pessoas perderam seu posto de trabalho, e uma parcela considerável da população ativa foi destinada a trabalhar de sua própria casa — o chamado teletrabalho, ou *home-office*. O fato é que um grande contingente de pessoas teve sensível redução em sua renda, ou simplesmente perdeu sua fonte de sustento. O Estado brasileiro viu-se na premência de prestar auxílio às pessoas em situação

---

(2) A marca de 150 mil mortes foi ultrapassada no dia 10 de outubro de 2020. Cf.: <https://www1.folha.uol.com.br/cotidiano/2020/10/brasil-chega-a-150-mil-mortos-sem-saber-real-dimensao-da-Covid-19.shtml>. Acesso em: 10 out. 2020.

de vulnerabilidade, mediante o pagamento de quantia mensal como suporte para a manutenção das famílias.

Vivemos, portanto, uma época de protagonismo dos direitos sociais. Fundados no postulado da *solidariedade*, os direitos sociais são os mecanismos jurídicos destinados a impedir que as pessoas sejam jogadas à própria sorte — ou falta de sorte. Deveriam impedir que as pessoas sobrevivam sem moradia, sem mínimas condições de alimentação, higiene e outros elementos básicos de uma vida que se possa considerar humanamente digna. Não é à toa que a Constituição Federal dispõe que são "fundamentos da República", entre outros, a cidadania, a dignidade da pessoa humana e os valores sociais do trabalho e da livre iniciativa (art. 1º, II, III e IV); e que seus "objetivos fundamentais" são "construir uma sociedade livre, justa e solidária", "garantir o desenvolvimento nacional", "erradicar a pobreza e a marginalização e reduzir as desigualdades sociais e regionais" e por fim "promover o bem de todos, sem preconceitos de origem, raça, sexo, cor, idade e quaisquer outras formas de discriminação" (art. 3º). É imprescindível compreender que tais valores fundamentais não são conselhos, mas *mandamentos*. Trata-se da própria estrutura da república construída a partir da redemocratização do Brasil, na década de 1980. Não se pode admitir uma interpretação que leve a qualificar tais fundamentos como algo não impositivo. Todo o ordenamento jurídico brasileiro se legitima a partir da observância dos valores fundamentais republicanos consagrados pela Constituição Federal de 1988.

Para além do direito positivo, em um contexto de crise com tamanha gravidade, os direitos sociais passam a ser trincheiras da condição civilizatória da humanidade. Desprezar direitos sociais na atual situação equivaleria a adotar a barbárie como modelo de sociedade, e isso, acima de opiniões ou ideologias, seria juridicamente ilegítimo, dadas as disposições constitucionais fundantes da República brasileira e o catálogo de direitos fundamentais sociais nela erigido.

A Constituição não se destina exclusivamente a momentos de calmaria social. Uma leitura que impusesse a relativização de disposições fundamentais em razão de crises teria o efeito de tornar flexível uma Carta Magna reconhecidamente rígida. O próprio constituinte derivado tem limites claros à sua liberdade de atuação (CF, art. 60, § 4º), o que implica reconhecer que os mandamentos fundamentais da constituição são imutáveis e de inafastável vigência e eficácia, inclusive em momentos de crise aguda. Se assim é, a liberdade do legislador infraconstitucional e dos intérpretes normativos não pode ir além: todos devem pautar suas atuações pelo conteúdo dos valores fundamentais da Constituição Federal.

A exigibilidade de respeito aos direitos sociais não é, então, uma faceta de um laço de natureza moral ou ética entre membros da comunidade. Como vimos, a Constituição Federal impõe a observância de preceitos fundamentais que estruturam a república; seu cumprimento está atrelado a regras e princípios jurídicos, não meramente morais. Por outras palavras, a solidariedade está presente no ordenamento jurídico brasileiro como preceito fundamental, de natureza normativa, não como conselho de boa convivência humana.

Ora, se estamos diante de preceitos fundamentais de natureza jurídica, é imperioso que haja mecanismos de imposição de observância de direitos fundamentais, seja ao Estado, seja a sujeitos privados. Aqui chegamos à jurisdição e ao direito fundamental de ação, objeto do próximo tópico.

3. Tutela estatal dos direitos sociais frente a riscos sanitários

A tendência do jurista em geral é de vislumbrar o Estado — e por decorrência seu poder jurisdicional — como uma instância neutra, que funciona como árbitro independente a resolver disputas sociais fundadas no ordenamento jurídico. E não se pode dizer que essa visão esteja errada; em certo sentido, ela é correta. Mas é uma visão parcial do fenômeno estatal — e consequentemente jurídico — no âmbito de uma sociedade capitalista. Para melhor entendimento do que pretendo expor na sequência do trabalho, é conveniente uma rápida referência à abordagem materialista, mais abrangente e profunda, do fenômeno estatal(3).

Não há como negar que as sociedades humanas têm sido estruturadas a partir da exploração do trabalho. Isso ocorreu no modelo escravista antigo, ocorreu no modelo feudal medieval, e ocorre no modelo capitalista moderno e contemporâneo. Variam as formas que permitem a exploração do trabalho e a consequente produção de riqueza, mas é indispensável que a exploração do trabalho ocorra. Podemos perceber uma linha evolutiva, digamos assim, que vai da exploração por violência direta, no escravismo, até a exploração por meios indiretos de coerção, que é o que ocorre no capitalismo.

Desenvolvido a partir de princípios iluministas e interesses econômicos e políticos da burguesia, o capitalismo adotou o lema da igualdade de todos na vida em sociedade (fazendo frente aos privilégios estamentais da sociedade feudal e do absolutismo), constituindo as pessoas como **sujeitos de direito**, livres e iguais, que se relacionam socialmente por meio do **contrato** — isto é, por manifestação de sua autonomia da vontade. Assim, uma pessoa não trabalha para outra porque foi compelida a isso mediante violência, mas porque "livremente" se obrigou a tanto, mediante um contrato devidamente formalizado. É muito importante, no desenvolvimento da sociedade capitalista, a mudança essencial da exploração por violência direta para a exploração por meio do contrato firmado entre sujeitos livres e iguais(4). Trata-se, como se sabe,

(3) Remeto o leitor interessado no assunto a obras que enfrentam com aprofundamento a temática do estado e sua materialidade no sistema capitalista, em especial MASCARO (2013) e HIRSH (2010).

(4) Recorde-se, a propósito, a alteração da postura da Inglaterra no tocante à escravidão, na virada do século XVIII para o XIX (WILLIAMS, 2012, p. 190-194). Após ter explorado o tráfico de escravos africanos e acumulado capital com o respectivo mercado, os ingleses aboliram a escravidão em seus territórios e passaram a

de uma igualdade meramente formal, porque pouco importam as condições materiais que levaram uma pessoa a aceitar o trabalho e o salário oferecidos pelo empresário: se o trabalhador não tinha outra opção, pois morreria de fome caso não aceitasse trabalhar, não podemos propriamente chamar esse fenômeno de liberdade[(5)]. Mas o fato é que tais razões nunca sensibilizaram os adeptos dos dogmas do capitalismo (e do liberalismo econômico), para quem bastam a liberdade e a igualdade formais que constituem o sujeito de direito moderno.

Então, enquanto no escravismo a exploração do trabalho ocorria mediante violência direta entre as pessoas e classes envolvidas, no capitalismo a exploração é instrumentalizada pelo ajuste de vontades formalmente isonômicas, isto é, pelo contrato. Como o contrato é um instrumento jurídico por excelência, percebemos que o direito é elemento da estrutura de exploração do trabalhador: a partir do momento em que se faça necessária a coerção para cumprimento do contrato firmado, essa coerção decorre do direito. Implicada no mesmo fenômeno está a entidade estatal. A exigibilidade de cumprimento do contrato não pode prescindir de eventual uso da força física. Mas a força física não pode ser usada legitimamente por um sujeito de direito em face do outro — isso seria violar um dos postulados básicos do modelo capitalista, uma vez que partimos de uma premissa formal de que todos são iguais. Então, é o Estado, agora caracterizado como um **terceiro**, posto acima das partes e das classes sociais, que poderá de forma independente arbitrar o conflito e, se necessário, usar legitimamente a força para exigir o cumprimento das obrigações[(6)].

Em modelos anteriores de sociedade, o governante era clara e inequivocamente um membro da classe dominante. O estado moderno, diferentemente, foi estruturado de forma a aparentar que essa relação foi superada. De fato, ocasionalmente (ou excepcionalmente?), o estado democrático contemporâneo pode ser gerido por pessoas oriundas das classes exploradas, mas isso não altera sua natureza ou sua estrutura. O estado, repita-se, é um elemento do sistema de exploração capitalista, pois cumpre a

---

pressionar os países sobre os quais exerciam influência — dentre os quais o Brasil — a fazer o mesmo. De certa forma, isso se deve aos efeitos da revolução industrial britânica e à sua definitiva entrada no modelo capitalista industrial.

(5) A não ser que nos refiramos, eufemisticamente, a uma "liberdade" de escolher por quem seremos explorados.

(6) Segundo Pachukanis, "emerge, dessa maneira, o domínio mediato e refletido na forma do poder estatal oficial como uma força particular, destacada da sociedade" (2017, p. 142). Joachim Hirsch sustenta que "relações capitalistas apenas podem se formar inteiramente quando a força de coerção física se separa de todas as classes sociais, inclusive das classes economicamente dominantes: isso ocorre precisamente sob a forma do Estado" (2010, p. 29). Entretanto, "a violência não desaparece da sociedade. Ela continua a operar sobretudo silenciosamente, na medida em que obriga os indivíduos a venderem sua força de trabalho. Mas a força de coerção física se concentra no aparelho de Estado e, com isso, passa a ter ainda mais eficácia do que antes na história. A função central do aparelho de força estatal consiste na garantia da propriedade privada sobre os meios de produção como precondição da exploração mercantil da força de trabalho. (*ibidem*, p. 29).

missão de monopolizar o uso legítimo da força e manter a aparência de igualdade entre as pessoas constituídas em sujeitos de direito. Por outras palavras, é imprescindível que as pessoas em geral tenham a confiança na neutralidade do estado em relação aos conflitos sociais e, especialmente, quanto ao pertencimento de classe. Só assim os conflitos são mantidos dentro de uma arena formal, controlada e que impede danos estruturais graves ao modelo capitalista; tal arena é constituída pelo direito e seus ritos(7).

Daí se revela a insuficiência — ou, melhor dizendo, a parcialidade — da visão do Estado como um ente neutro, que seria voltado simplesmente à realização do bem comum. Na verdade, visto mais de perto, "o Estado é um derivado necessário da própria reprodução capitalista; essas relações ensejam sua constituição ou sua formação" (MASCARO, 2013, p. 19)(8).

Feita esta breve digressão teórica, voltemos ao ponto de partida deste tópico. Falávamos dos direitos sociais, sua importância e exigibilidade. Na evolução da sociedade capitalista, o surgimento dos direitos sociais é uma resposta a movimentos de reivindicação das classes exploradas, de forma a tornar menos agressiva a exploração; de forma a manter mínimo respeito à condição humana. Os direitos fundamentais em geral, e os direitos sociais e trabalhistas em particular, são portanto compromissos estabilizadores de uma sociedade que precisa manter uma classe de pessoas prontas para se submeterem à exploração. Mais uma vez, não são conselhos ou imperativos morais ou éticos: são mandamentos de natureza jurídica. E são essenciais para o equilíbrio do sistema social, uma vez que a tendência da classe exploradora é levar a exploração aos limites últimos das forças dos trabalhadores, mesmo que isso, em médio prazo, produza mais danos ao sistema do que ganhos em termos de acumulação capitalista. Os trabalhadores necessitam de vida minimamente digna, manutenção familiar suficiente, moradia, saúde, educação, entre outros direitos constantes do rol constitucional.

Ora, como a tendência da classe que explora é de levar a exploração às últimas consequências, os direitos fundamentais, em especial os direitos sociais, correspondem aos limites jurídicos da exploração. E o estado deve estar atento às transgressões nessa seara, de modo que possa suprimir abusos e manter algum equilíbrio na dinâmica da exploração. Assim, o sujeito interessado possui um direito de socorrer-se da tutela estatal. Trata-se do direito fundamental de ação (CF, art. 5º, XXXV), cujo conteúdo é doutrinariamente concebido como o direito não apenas de ajuizar a ação judicial, mas sim o direito à obtenção de tutela jurisdicional efetiva e adequada(9).

---

(7) É interessante o paralelo traçado por Pachukanis entre os duelos primitivos dos indivíduos ou grupos armados e os processos que se desenvolvem nos tribunais (2017, p. 125).

(8) Cf. sobre o assunto, ainda: PIRES, 2018, especialmente capítulo 5.2.

(9) Sobre a tutela jurisdicional efetiva como direito fundamental, cf. BEDAQUE (2007, p. 78). A propósito, CANOTILHO é claro ao sustentar que "as normas — constitucionais, internacionais e legais — garantidoras da abertura da via judiciária devem assegurar a eficácia da protecção jurisdicional" (2003, p. 497).

O papel da jurisdição, nesse contexto, é de não apenas receber denúncias e reclamações sobre descumprimentos de direitos fundamentais, mas sobretudo de prestar a tutela jurisdicional adequada e efetiva para a real e concreta proteção do direito em questão. Sendo os direitos fundamentais mandamentos essenciais do sistema jurídico, e tendo eles eficácia jurídica e não meramente moral, cabe ao judiciário, como poder de estado, assegurar a supremacia de tais normas e fazer valer as promessas constitucionais. Não custa insistir: o estado — e por extensão o judiciário —, no modelo capitalista, é erigido de forma a figurar como elemento terceiro e alheio às classes em disputa; logo, suas diretrizes decorrem diretamente da Constituição e não de interesses de classe. Pretendo tornar a debater este ponto mais à frente.

Pois bem. Chegamos ao direito fundamental à saúde (CF, arts. 6º e 196). Vivemos, como acentuei no início deste trabalho, tempos de pandemia de uma doença pouco conhecida e perigosa. Para alguns grupos de pessoas (idosos; pessoas com imunidade reduzida ou debilitada; pessoas com problemas cardíacos; pessoas com obesidade; entre outros), a Covid-19 pode causar a morte. Então, as medidas de prevenção e isolamento acarretam direta interferência no conteúdo do direito fundamental à saúde e, para os grupos vulneráveis, no do direito fundamental à vida. Em algumas circunstâncias, o desempenho do trabalho profissional fica inviabilizado, por envolver contato direto com o público, por exemplo. Em tais condições, a reclamação quanto à eficácia do direito fundamental à saúde deve ser enfrentada pelo judiciário com vistas à manutenção do direito e do marco civilizatório que ele representa.

Reconheçamos que o aparato técnico do processo brasileiro possui ferramentas suficientes para prestação da tutela adequada e efetiva aos direitos fundamentais. Nesse nível estão os mecanismos da tutela de urgência, tutela inibitória, tutela de remoção do ilícito, entre outros. É perfeitamente possível assentar, então, que o direito brasileiro — material e processual — está devidamente aparelhado a responder com efetividade a tais demandas de proteção aos direitos fundamentais. Logo, do ponto de vista estritamente técnico-jurídico, não haveria motivos para preocupação com relação à tutela dos direitos fundamentais à saúde e à vida em situação de risco sanitário decorrente da Covid-19.

Entretanto, a observação da realidade não ampara qualquer sentimento de tranquilidade, ainda que restrito ao âmbito da dogmática do direito. Um surto de outra natureza tem acometido a hermenêutica. Trata-se do chamado consequencialismo, objeto de nossa atenção no próximo tópico.

4. Consequencialismo nas decisões jurídicas e a jurisdição do bom senso

É dever do juiz considerar as consequências práticas de suas decisões, de modo a não adotar entendimentos que causem danos sociais exagerados em vista da amplitude da tutela do direito que se pretende proteger. Nesse sentido, a Lei de Introdução às Normas do Direito Brasileiro (LINDB) dispõe, em seu art. 20, que "nas esferas administrativa, controladora e judicial, não se decidirá com base em valores jurídicos abstratos sem que sejam consideradas as consequências práticas da decisão".

No entanto, levado o raciocínio a patamares mais extremados, na medida em que o intérprete pauta a sua decisão pelas consequências que ela pode vir a acarretar, ainda que indiretamente, podemos dizer que estamos diante de um pensamento consequencialista. O **consequencialismo** seria, então, o procedimento decisório que submete a validade de decisões jurídicas à valoração das consequências práticas diretas e indiretas que elas possam acarretar. Segundo Lenio Streck (2020), "consequencialismo é uma postura pela qual o valor de uma ação é dado pelos resultados que produz e não por princípios deontológicos. Aquilo que Dworkin chamaria de decisão por política e não por princípio". Luiz Fernando Schuartz propõe conceito amplo, entendendo o consequencialismo como "qualquer programa teórico que se proponha a condicionar, ou qualquer atitude que condicione explícita ou implicitamente a adequação jurídica de uma determinada decisão judicante à valoração das consequências associadas à mesma e às suas alternativas" (2011, p. 383-384).

Preciso ressalvar que a abordagem do consequencialismo, levada a efeito neste espaço, não pode ser profunda a ponto de proporcionar conhecimento específico de seu conceito, natureza e características. O fenômeno tem implicações mais abrangentes, mas a dedicação ao aprofundamento da matéria levaria a um desvio de rumo do presente trabalho. Por isso, atenho-me à noção geral do consequencialismo, exposta acima.

Dito isso, voltemos os olhos ao problema central de nossa reflexão, que é a relação entre pandemia, pensamento consequencialista e efetividade de direitos sociais dos trabalhadores.

Se o jurista tem diante de si um caso problemático de tensão envolvendo direitos fundamentais sociais dos trabalhadores e riscos sanitários da pandemia de Covid-19, nada mais natural que a solução jurídica normativa específica seja construída à luz de um pensamento consequencialista. É razoável e, até certo ponto, desejável que as consequências das decisões jurídicas sejam consideradas na solução dos casos concretos — *vide* a já referida disposição do art. 20 da LINDB. Entretanto, é preciso evitar o exagero do consequencialismo, no sentido de pautar a validade da decisão pelas consequências tidas como certas ou prováveis. O risco aqui é sério: a decisão jurídica deve ser pautada pelo ordenamento constitucional e legal, notadamente pelo sistema de proteção a direitos fundamentais, e não pelo juízo consequencialista dos intérpretes. E a colocação do problema é importante para perceber até onde o risco nos leva: os juízos consequencialistas têm em geral o potencial de impor restrições a direitos fundamentais, não de ampliar a respectiva proteção. Ora, as restrições aos direitos fundamentais devem ser extraídas do sistema constitucional, que os previu com propósito de concordância prática, e não de sistemas externos e de menor hierarquia jurídica. É por essa razão, entre outras, que a interpretação jurídica há muito tempo assentou a premissa de que normas infraconstitucionais não podem restringir normas constitucionais, salvo no caso em que a própria Constituição delegou ao legislador ordinário essa atribuição[10]. Com mais razão, evidentemente, o intérprete do ordenamento não tem legitimidade para impor restrições vedadas ao próprio legislador ordinário, com base em um juízo consequencialista pessoal.

Quando se trata de Poder Judiciário e da interpretação jurídica levada a cabo pelos juízes, a gravidade da situação é potencializada ao extremo. As decisões judiciais interferem diretamente na vida das pessoas e têm imperatividade e potencial definitividade — a garantia da coisa julgada torna perenes decisões judiciais das quais já não caiba recurso. Logo, a legitimidade das interpretações e decisões do judiciário deve ser cuidadosamente aferida em um sistema fundado nos princípios do estado democrático de direito. A Constituição Federal estabelece um catálogo rígido de disposições fundamentais, e não outorga ao judiciário o status de moderador entre os poderes da república ou mesmo qualquer liberdade para decidir. Pelo contrário, a Carta Magna prevê a regra suprema da separação dos poderes (art. 2º) e impõe às decisões judiciais a observância do dever de motivação (art. 93, IX). Com isso, o constituinte delimitou o espaço de atuação do poder jurisdicional do Estado, pois o dever de motivar as decisões implica essencialmente o dever de observar os ditames do ordenamento jurídico fundado pela própria Constituição Federal. Se é necessário motivar as decisões judiciais, por exigência constitucional, é porque a motivação é elemento de verificação e controle da legitimidade das decisões; e se a motivação tem esse caráter, ela evidentemente não pode ter por conteúdo disposição oriunda de juízos meramente pessoais do juiz, mas sim, necessariamente, um raciocínio baseado nas regras e princípios do ordenamento jurídico, fundado na Constituição Federal.

Por tudo isso, quando tratamos de decisões tomadas pelo judiciário, arroubos consequencialistas podem agredir o princípio fundamental do Estado de Direito e da legitimidade democrática do poder jurisdicional. Se um juízo consequencialista é posto como elemento determinante de uma decisão judicial, o controle de legitimidade da motivação da decisão fica prejudicado. Cada intérprete chamado a pensar sobre o caso concreto teria seu próprio juízo pessoal de probabilidade sobre as possíveis consequências de determinada decisão. O sistema judiciário estaria fadado ao arbítrio: a técnica jurídica daria lugar ao juízo pessoal do magistrado chamado a julgar o caso na

---

(10) É o que ocorre, por exemplo, no inciso XIII do art. 5º: "é livre o exercício de qualquer trabalho, ofício ou profissão, atendidas as qualificações profissionais que a lei estabelecer".

última instância recursal. Dizemos então que existe um déficit de fundamentação em decisões desse jaez[11].

Antes que a leitora ou o leitor possam atribuir-me a pretensão de supervalorizar uma leitura positivista do direito ou mesmo de enaltecer a máxima *fiat iustitia, pereat mundus*, observo: **não estou a defender que as decisões jurídicas ignorem as consequências práticas que delas podem decorrer**. Concordo que o intérprete — notadamente o juiz — deva avaliar cautelosamente as consequências que sua decisão possa gerar na sociedade. O que tenho enfatizado nos parágrafos anteriores é que o intérprete deve lançar mão da avaliação de consequências como elemento do método jurídico, tendente à construção da decisão para o caso concreto, e não como razão preponderante da decisão. Por outras palavras: o juízo consequencialista não deve ser fundamento da decisão jurídica. Muito menos ser a razão preponderante de uma restrição de direito fundamental.

Aqui é conveniente expender algumas linhas sobre a técnica jurídica da **ponderação normativa**, que muitas vezes é associada ao pensamento consequencialista para construir decisões restritivas. É comum que a restrição ao exercício de direito fundamental venha como resultado de uma suposta "ponderação" no caso concreto, de modo que a decisão estaria amparada na técnica jurídica e, no plano da linguagem, teria inclusive o mérito de valorizar o conjunto dos direitos fundamentais.

Pois bem. A ponderação é compreendida como "técnica jurídica de solução de conflitos normativos que envolvem valores ou opções políticas em tensão, insuperáveis pelas formas hermenêuticas tradicionais" (BARCELLOS, 2005, p. 23). Deve-se afastar de plano a confusão entre a ponderação como técnica jurídica e a ponderação em um sentido comum, amplo, que significa avaliar todos os aspectos de um problema para chegar a uma conclusão. Esta segunda forma está presente em qualquer decisão humana; sempre haverá um procedimento mental de análise dos elementos que podem interferir na decisão, em qualquer situação. Trata-se de uma característica geral do pensamento, não de uma técnica jurídica de decisão. A técnica jurídica tem método, justificativas e meios de controle, como qualquer decisão jurídica em um sistema democrático[12]. Não basta ao intérprete, então, sinalizar que está realizando uma ponderação e enunciar a decisão para o caso concreto; é preciso justificar os passos do

(11) "De forma esquemática, em um Estado de direito, republicano e democrático, no qual se adota como pressuposto a igualdade de todos, a imperatividade do ordenamento jurídico decorre de contar, em última análise, com o respaldo de uma decisão majoritária, representada pela lei e/ou pela Constituição. [...] Nesse mesmo sentido, [...] a legitimidade da atuação judicial decorre igualmente de sua vinculação a decisões majoritárias." (BARCELLOS, 2005, p. 43).

(12) Como o estudo completo e aprofundado da ponderação normativa não compõe o objetivo deste trabalho, remete-se a leitora e o leitor interessados no assunto à obra de Ana Paula de Barcellos, citada no texto e incluída nas referências ao final.

raciocínio seguido no procedimento de ponderação, até chegar à conclusão da decisão — principalmente quando esta for restritiva de direito fundamental.

No problema que nos ocupa — e preocupa — neste trabalho, a decisão que estabeleça restrição a direito fundamental social com base em consequências práticas dela mesma não está, só por isso, aplicando a técnica da ponderação normativa. Não se faz ponderação (entendida como técnica) entre um direito e uma consequência. Aqui poderíamos falar, no máximo, em uso de ponderação em sentido comum, o que diz muito pouco em termos de análise jurídica.

É preciso realçar que a técnica da ponderação é aplicada para a solução de conflitos normativos e, então, seu objeto são os **enunciados normativos** aparentemente contraditórios. **Interesses** não entram na técnica da ponderação, a menos que possam ser representados diretamente como enunciados normativos. Nas palavras de Ana Paula de Barcellos (2005, p. 97):

> Interesses genericamente considerados só podem ser levados em conta se puderem ser reconduzidos a enunciados normativos explícitos ou implícitos. Um interesse que não encontre fundamento no sistema jurídico não deverá ser considerado e, em qualquer caso, nesta primeira fase, o que estará sendo examinado é o enunciado normativo no qual o interesse encontrou respaldo lógico, e não o interesse propriamente dito.

Trata-se de aspecto importante da técnica de ponderação normativa, pois preserva sua racionalidade e também sua legitimidade democrática. Ainda de acordo com a autora (2005, p. 101-102):

> O uso exclusivo de enunciados normativos na ponderação tem por objetivo preservar o espaço de determinação democrática e a legitimidade da própria operação ponderativa, na medida em que se exige, desde o início, que as diferentes pretensões demonstrem sua vinculação com o sistema jurídico. Os interesses que não puderem demonstrar alguma conexão com a ordem jurídica não serão admitidos na discussão. Desse modo, tenta-se reduzir a fragilidade apontada pela crítica quando afirma que a ponderação seria um meio de politizar as decisões jurídicas e invadir, arbitrária e ilegitimamente, a esfera reservada aos órgãos majoritários.

Em suma, se por um lado é possível realizar ponderação normativa e concluir validamente pela restrição a direito fundamental, por outro lado é necessário que a aplicação da técnica seja legítima, e considere efetivamente os enunciados normativos em aparente colisão. Não é legítima a restrição oriunda de uma suposta ponderação entre direitos e consequências vislumbradas pelo intérprete, que em verdade podem se relacionar a interesses não admitidos no procedimento da ponderação.

O risco de decisões consequencialistas é o de estabelecer uma "jurisdição do bom senso", em que os intérpretes admitam interesses de diferentes níveis de generalidade e de diferentes grupos como fundamento para impor restrições a direitos fundamentais, em um procedimento que veta as possibilidades de verificação da legitimidade democrática das decisões. A referência a "bom senso" é proposital. É uma forma de indicar o pensamento médio da sociedade, aquilo que em determinada época se admite como referendado pela maioria da população. Daí a inferência comum de que tal pensamento majoritário sirva de guia aos intérpretes jurídicos.

No entanto, recorde-se que os princípios constitucionais e os próprios direitos fundamentais são oriundos de um pacto social fundador, o qual protege inclusive a situação de pessoas que estiverem à margem das maiorias de ocasião. Há aspectos fundamentais do pacto social que não são entregues à decisão das maiorias; são dotados de proteção constitucional mesmo que em contraponto à vontade média da população em determinado momento. Assim são especificamente os direitos sociais, notadamente os direitos dos trabalhadores. Não foi por acaso que o constituinte brasileiro da década de 1980 alçou direitos trabalhistas básicos ao patamar de direitos fundamentais; foi uma decisão importante da assembleia constituinte, que retirou do legislador ordinário — e do intérprete jurídico — a avaliação sobre a instituição e a extensão de direitos básicos da classe trabalhadora. Por outras palavras, conferiu à classe trabalhadora uma proteção em face de eventuais maiorias futuras que não concordassem com a extensão dos direitos ali consagrados.

Se nesse contexto constitucional os intérpretes jurídicos pudessem sobrevalorizar suas próprias predições acerca das consequências da tutela a direitos fundamentais e, ainda, colocar seu juízo consequencialista como fundamento para restringir a tutela a direitos, as decisões resultantes provavelmente seriam consentâneas com o pensamento médio da população. É provável que no grupo dos operadores jurídicos as diretrizes de pensamento da maioria da população em geral estejam representadas. Logo, há grande probabilidade de as decisões resultantes desse processo serem decisões espelhadas com o pensamento da maioria da população. São decisões, por assim dizer, "populares" do ponto de vista da chamada opinião pública. Mas isso não é motivo para júbilo, uma vez que os direitos fundamentais são protegidos e merecedores de tutela inclusive, se for o caso, contra interesses da maioria da população. Em suma, o processo ora identificado viola a previsão constitucional de tutela a direitos fundamentais, entregando às maiorias o destino da proteção a direitos que deveriam estar a salvo de qualquer maioria ocasional. Por outro lado, exsurge aqui a faceta contramajoritária da função jurisdicional: a independência e as demais garantias da magistratura estão diretamente relacionadas à postura que se espera de um intérprete constitucional, que pode se mostrar antipática frente aos anseios das maiorias que se choquem contra a proteção de direitos fundamentais.

A situação da classe trabalhadora e de seus direitos é particularmente problemática no panorama traçado. Abordar esse problema é o objetivo do próximo tópico.

5. Os trabalhadores e o "consequencialismo de classe"

A partir da perspectiva dos trabalhadores como sujeitos titulares de direitos fundamentais garantidos pela Constituição Federal, é fácil perceber a função desempenhada por decisões e interpretações consequencialistas: trata-se inconfundivelmente de um mecanismo de redução de tutela jurídica. Com efeito, nesta quadra do direito, o recurso ao pensamento consequencialista por intérpretes do direito não é adotado senão para reduzir o âmbito da tutela de direitos fundamentais sociais; não se cogita de a interpretação consequencialista resultar em ampliação ou valorização de direitos dos trabalhadores. E apesar do cenho franzido com que muitos estudiosos possam receber essa afirmação, não há nela qualquer elemento surpreendente, quando vista no contexto histórico brasileiro do último século.

Os direitos dos trabalhadores foram positivados no Brasil como resultado de lutas sociais acirradas no período de industrialização do país, no século XX. As leis foram editadas e garantiram direitos mínimos, ainda que gerando protestos do patronato, que sempre ofereceu resistência à ampliação da tutela jurídica destinada aos trabalhadores[(13)]. Não se sustenta, assim, o discurso de que no Brasil os direitos foram "concedidos" graciosamente; pelo contrário, os direitos da classe trabalhadora brasileira foram obtidos com dificuldade, e ainda hoje, no século XXI, sua manutenção demanda atenção e luta, pois a reação da classe empresarial está a pleno vapor.

O direito do trabalho é hoje, por assim dizer, um refúgio do positivismo. Por outras palavras, as normas estatais editadas em um contexto histórico de ascensão do protagonismo da classe trabalhadora são agora as tábuas de salvação de uma classe vilipendiada e fragilizada. O ordenamento jurídico estatal garante mínimas conquistas para manutenção de vida das pessoas que trabalham, em uma situação econômica que beira o desespero, em um período de níveis alarmantes de desemprego e de alta taxa de informalidade no mercado de trabalho. Na verdade, a essência de tal garantia jurídica é de fato a Constituição Federal.

---

(13) Cite-se como exemplo o ataque desferido ao Decreto n. 4.982/1925, que instituiu o direito às férias remuneradas. Na obra de Otavio Pupo Nogueira, da década de 1930, lê-se o seguinte trecho: "Fará o proletariado nacional misteres tão penosos que sinta necessidade de revigoramento periódico do seu organismo? Digamos sem rebuço que não" (1935, p. 64). Além disso, o mesmo autor salienta: "Os lazeres, os ocios, representam um perigo iminente para o homem habituado ao trabalho e nos lazeres elle encontra seducções extremamente perigosas" (*ibidem*, p. 67). E arremata: "Que fará um trabalhador braçal durante quize dias de ócios? Elle não tem o culto do lar, como ocorre nos paizes de climas inhospitos e padrão de vida elevado. Para o nosso proletário, para o geral do nosso povo, o lar é um acampamento — sem conforto e sem doçura. O lar não pode prendel-o e elle procurará matar suas longas horas de inacção nas ruas. A rua provoca com freqüência o desabrochar de vícios latentes [...]. O proletário é, pois, um elemento da collectividade social que as férias estragarão." (*ibidem*, p. 70).

A Carta Magna brasileira é um pacto progressista tardio. O país estava, na década de 1980, superando um período ditatorial que havia vigorado por cerca de vinte anos, desde o golpe militar de 1964. Nesse período, o grupo que tomou o poder violou garantias jurídicas humanitárias, em nome de um regime autoritário e reacionário — que contava com um discurso de combate à "ameaça comunista". Sindicatos, greves, assembleias de trabalhadores eram vistos com péssimos olhos durante o regime militar. Então, na superação da ditadura, as garantias de liberdade tomaram as aspirações nos debates da assembleia constituinte, e deles resultou uma constituição democrática, garantista, progressista e, principalmente, rígida. A geração responsável pela elaboração da Constituição Federal parecia saber que era preciso dotar o testamento democrático da sociedade brasileira de força e proteção, capazes de evitar a ruína pelas reações que viriam nas décadas seguintes. Uma sábia decisão.

Enquanto isso, outro movimento vinha ocorrendo no contexto internacional: a ascensão do neoliberalismo. Desde o início da década de 1970, o centro do mundo capitalista havia encerrado o chamado "ciclo de ouro", e substituía a doutrina do estado de bem-estar social pela revivida liberdade de mercado. Os símbolos desse movimento foram os governos de Margareth Tatcher, no Reino Unido, e de Ronald Reagan, nos Estados Unidos da América.

O surgimento da Constituição Federal brasileira, já nos anos finais da década de 1980, veio como um sopro carregado de aroma social-democrático, em meio a um mundo ocidental cada vez mais abafado pelo neoliberalismo. Daí a referência a ser um pacto progressista tardio. Como não foi o fim da história, a reação — já agora francamente neoliberal — veio com muita velocidade.

As leis trabalhistas a partir da década de 1990 foram marcadamente atenuantes da incidência dos direitos dos trabalhadores[(14)]; logo, o marco jurídico fundamental foi e é a Constituição Federal, que previu de forma rígida os direitos fundamentais trabalhistas. Nos últimos anos, as leis ordinárias estão conseguindo dar vazão a anseios de impor desgastes ao direito do trabalho e, por extensão, ao processo do trabalho. O mecanismo de reação chegou ao plano da legislação infraconstitucional, e nele está instalado. Só assim se explica uma Lei como a 13.467/2017, que chegou ao ponto — inimaginável, há poucos anos — de imputar a um trabalhador titular do direito à assistência judiciária gratuita o pagamento de custas processuais e honorários periciais. Ora, a assistência jurídica integral e gratuita é direito fundamental previsto na Constituição Federal (art. 5º, LXXIV); logo, a lei ordinária não poderia excluí-lo. Mas mesmo sem excluí-lo formal e explicitamente, a lei tenta fazer crer que o titular do direito — desde que seja um trabalhador, pois no processo comum essa regra não tem paralelo — à assistência judiciária **gratuita** possa **pagar** custas e honorários periciais,

(14) *Vide* exemplos como a Lei de Greve, de 1989; a Lei do Banco de Horas, de 1998, entre outras.

em um malabarismo linguístico e lógico de fazer corar. Mas o que é importante perceber nesse exemplo típico da época em que vivemos é que a reação à tutela jurídica dos trabalhadores é aguerrida e já tomou o plano da legislação ordinária. A razão da existência do malabarismo linguístico citado é a barreira da garantia dos direitos fundamentais trabalhistas pela Constituição Federal. Não fosse ela, a lei teria pura e simplesmente revogado uma lista de direitos dos trabalhadores.

Nessa esteira, o amparo da classe trabalhadora, que eram as leis estatais e posteriormente também a Constituição Federal, passou hoje a ser basicamente a Carta Magna. Trata-se de um núcleo duro de tutela jurídica posto a salvo das maiorias do processo legislativo ordinário. Mas isso não significa consolo ou tranquilidade para os trabalhadores brasileiros. Seus direitos estão sob constante perigo. Se não é possível juridicamente excluir direitos fundamentais previstos na Constituição Federal, pode ser possível conferir-lhes uma interpretação atenuante.

E aqui voltamos ao ponto do pensamento consequencialista. A razão da afirmação de que ele é usado para restrição, nunca para ampliação dos direitos dos trabalhadores (e dos direitos sociais em geral), torna-se evidente: é um mecanismo que vem inserido em uma sequência histórica de tentativas de reduzir a incidência e os efeitos da tutela constitucional aos direitos trabalhistas. Por isso faz tão pouco sentido pensar em uma interpretação ampliativa de direito social que esteja fundada em argumento consequencialista. Na verdade, os limites dos direitos fundamentais dos trabalhadores são os limites de sua positivação; estes não serão ampliados além do que diz a lei ou a constituição por uma interpretação consequencialista.

Além do uso não técnico da ponderação normativa, de que se falou rapidamente linhas acima, o pensamento consequencialista é uma arma poderosa para manejar ataques à estabilidade dos direitos fundamentais dos trabalhadores. O argumento de que a interpretação da incidência de um direito deve ser restritiva, sob pena de causar danos à coletividade, e mesmo aos interesses mais gerais da própria classe trabalhadora, é praticamente livre das amarras da fundamentação constitucional. É grande a possibilidade de uma comparação *ad terrorem* para amparar uma conclusão que restringe direito fundamental à revelia de autorização constitucional ou de lei ordinária.

Por todos esses motivos, que fique claro que a classe trabalhadora brasileira tem na Constituição Federal a base de apoio para defesa dos seus direitos fundamentais; é na defesa e na aplicação efetiva da Constituição Federal que os trabalhadores devem envidar seus esforços em perspectiva jurídica. Os raciocínios consequencialistas e argumentos *ad terrorem* requerem cuidado e reserva, pois deles não virá progresso nem melhoria de condição social. A maior probabilidade é justamente a inversa; a tendência é que eles tragam precarização e redução do patamar de direitos trabalhistas.

Antes de encerrar este tópico, é preciso voltar os olhos para o papel do Poder Judiciário no movimento histórico pendular dos direitos dos trabalhadores. No atual momento do país, que função exercem os juízes, e qual o valor que deve orientar sua atuação?

Recordemos que o Estado em nosso sistema é uma estrutura de manutenção do modelo de sociedade, e figura como um terceiro, alheio aos interesses de classe, a atuar como árbitro dos conflitos sociais. A separação entre os interesses das classes dominantes e os interesses estatais é um dos pilares do modelo capitalista. O poder jurisdicional está vinculado a essa raiz da natureza do Estado: o juiz não decide os conflitos com base nos interesses das classes dominantes, e sim com base nas normas fundamentais do Estado(15). Em outras palavras, a atuação do juiz é legitimada pela Constituição.

Assim sendo, deve-se analisar com muito cuidado os procedimentos de ponderação realizados nas decisões jurídicas. Como mencionado antes, a ponderação deve ter por objeto enunciados normativos, e não interesses descolados de normas jurídicas. Se a ponderação tem sua visão focada em interesses, é bem provável que esteja ocorrendo um desvirtuamento da função jurisdicional, porque somente um interesse qualificado seria capaz de ser selecionado para um procedimento de ponderação no Judiciário. Em outras palavras, somente um interesse relevante, assim qualificado pelas lentes das classes dominantes. E então já não teríamos aquela necessária separação entre Estado e classes sociais. A função jurisdicional estaria arvorando-se em mediadora entre interesses de classes e normas estatais, o que revela confusão no papel do Estado na dinâmica dos conflitos sociais.

O mesmo ocorre com o argumento consequencialista. Se ele for alçado a fundamento da decisão jurídica, estaremos diante de um comportamento estatal desvirtuado em relação à sua natureza na sociedade capitalista. O poder jurisdicional não tem atribuição de "conceder descontos" na incidência e na eficácia dos direitos fundamentais, sob pretexto de argumentos *ad terrorem*. Cabe-lhe atuar à luz da carta de compromissos básicos da sociedade, a mesma que lhe confere a legitimidade para agir com poder de império.

Por outras palavras, a jurisdição construída pela sociedade brasileira não é jurisdição do "bom senso"; é verdadeiramente uma jurisdição constitucional. O poder

(15) Segundo Carlos Eduardo Oliveira Dias (2020), "para o STF, todavia, os certos direitos fundamentais são *líquidos* — em especial os sociais —, ficando à mercê dos interesses do mercado. A constitucionalidade das medidas de precarização é sustentada apenas na preservação da saúde das empresas, pouco importando os efeitos destinados aos trabalhadores e trabalhadoras atingidos pelas medidas. Adotou-se técnica jurídica muito comum na interpretação constitucional brasileira contemporânea: a *jurisprudência de ocasião*, moldada de acordo com os interesses exclusivos das classes dominantes."

jurisdicional é legítimo na medida em que exercido à luz dos princípios e valores da Constituição Federal, sendo a tutela de direitos fundamentais uma de suas principais missões.

6. Considerações finais

Diante de tudo que foi exposto nos tópicos precedentes, cumpre-me reforçar que os direitos fundamentais dos trabalhadores possuem assento privilegiado na Constituição Federal, tendo o direito à saúde uma posição de destaque.

Assim, o risco sanitário decorrente da pandemia de Covid-19 deve ser analisado à luz dos direitos fundamentais sociais, de modo a balizar decisões jurídicas acerca da proteção da saúde e da vida dos trabalhadores.

Na medida em que tais direitos sofram restrições por via de argumentos consequencialistas, estamos diante de uma crise do estado constitucional, já que a rigidez do capítulo de direitos fundamentais não permite nem ao legislador ordinário operar incisões nos preceitos estatuídos em 1988; com muito mais razão, está vedado ao intérprete jurídico acessar tais caminhos.

Em verdade, o mecanismo de restrição de direitos dos trabalhadores pelos argumentos consequencialistas vem na esteira da história das contradições brasileiras no campo do trabalho humano. Não é algo que foi inventado no século XXI. Não custa recordar dos debates ocorridos no século XIX, no sentido de que a escravidão não deveria ser abolida, sob pena de causar de ruína da economia do país.

Como podem ver, leitoras e leitores do presente e do futuro, os brasileiros somos consequencialistas há muito tempo. Como dizia a canção de Belchior, "apesar de termos feito tudo, tudo o que fizemos, ainda somos os mesmos, e vivemos como nossos pais".

Referências

BARCELLOS, Ana Paula de. *Ponderação, racionalidade e atividade jurisdicional.* Rio de Janeiro: Renovar, 2005.

BEDAQUE, José Roberto dos Santos. *Efetividade do processo e técnica processual.* 2 ed. São Paulo: Malheiros, 2007.

CANOTILHO, José Joaquim Gomes. *Direito constitucional e teoria da constituição.* 7 ed. Coimbra: Almedina, 2003.

DIAS, Carlos Eduardo Oliveira. *Os direitos fundamentais líquidos e a gestão dos indesejáveis.* Disponível em: <https://www.justificando.com/2020/10/08/os-direitos-fundamentais-liquidos--e-a-gestao-dos-indesejaveis>. Acesso 12 out. 2020.

HIRSCH, Joachim. *Teoria materialista do estado.* Tradução Luciano Cavini Martorano. Rio de Janeiro: Revan, 2010.

MASCARO, Alysson Leandro. *Estado e forma política*. São Paulo: Boitempo, 2013.

NOGUEIRA, Otávio Pupo. *A indústria em face das leis do trabalho*. São Paulo: Escolas Profissionaes Salesianas, 1935.

PACHUKANIS, Evguiéni B. *Teoria geral do direito e marxismo*. Tradução Paula Vaz de Almeida; revisão técnica Alysson Leandro Mascaro e Pedro Davoglio. São Paulo: Boitempo, 2017.

PIRES, Eduardo Rockenbach. *A conciliação no direito do trabalho brasileiro:* do discurso da irrenunciabilidade ao risco da precarização homologada. Tese de doutorado. São Paulo: FD-USP, 2018.

SCHUARTZ, Luiz Fernando. "Consequencialismo jurídico, racionalidade decisória e malandragem". In: MACEDO JR., Ronaldo Porto; BARBIERI, Catarina Helena Cortada (Orgs.). *Direito e interpretação:* racionalidades e instituições. São Paulo: FGV, 2011. p. 383-418.

STRECK, Lenio Luiz. "Coronavírus, o consequencialismo e o dilema do trem: matar o gordinho?" In: *Revista Consultor Jurídico*. 02 abr. 2020. Disponível em: <https://www.conjur.com.br/2020-abr-02/senso-incomum-Covid-19-consequencialismo-dilema-trem-matar-gordinho>. Acesso em: 15 set. 2020.

WILLIAMS, Eric. *Capitalismo e escravidão*. São Paulo: Cia. das Letras, 2012.

2. Papel e Atuação do Judiciário em Tempos de Isolamento Social: Análise da Atualidade e Prognóstico

Frederico Monacci Cerutti[(1)]

1. Papel e atuação do judiciário em tempos 'normais'

O Poder Judiciário constitui-se um dos poderes da República e tem como função o poder dever de exercer a jurisdição. Dizer o direito, pacificar conflitos, entregar a tutela jurisdicional, fazer cumprir contratos e decisões, tornar efetivo o comando da sentença, entre outros. O Poder Judiciário nasceu com feição concreta ou de perspectiva concreta, isto é, trata-se de Poder que tem como escopo ações concretas e efetivas.

Não menos certo é o fato de que o Poder Judiciário é apenas um dos três poderes da república. Ao lado dos Poderes Executivo e Legislativo, cumpre papel edificante do Estado Democrático de Direito. São Poderes intimamente ligados que exercem funções diferentes, mas que também impõem limites e medidas aos demais no tão conhecido sistema de freios e contrapesos.

Exatamente neste ponto, lança-se a primeira crítica com relação a crise institucional que vivemos e assistimos nos últimos anos.

Os Poderes da República e do Estado Democrático de Direito são independentes e, frise-se, harmônicos entre si. Atuam cada um em sua atividade e sua função preponderante, mas devem exercer tais funções de forma coordenada, interferindo em outro Poder apenas e tão somente nos casos constitucionalmente previstos, de forma episódica e pontual.

Ocorre que o atrofiamento ou inação de um Poder acaba por fazer com que outro Poder assuma um protagonismo não constitucional. Exemplos disso não faltam.

---

(1) Juiz do Tribunal Regional do Trabalho da 2ª Região. Auxiliar Fixo da 85ª Vara do Trabalho de São Paulo. Graduado em Direito em 2009 pela Pontifícia Universidade Católica de Campinas. Pós-graduado em Direito do Trabalho e Processo do Trabalho pela Pontifícia Universidade Católica de São Paulo (COGEAE) em 2012. Aprovado no 18º Concurso para Provimento de Cargos de Procurador do Trabalho — MPT.

Quando o Poder Legislativo deixa de legislar sobre determinada matéria, sem os debates dos representantes do povo e do Estado, o tema pode e vai desaguar no Judiciário.

Quando o Poder Executivo não atua com políticas públicas adequadas e efetivas, novamente o judiciário é provocado a atuar — aí repousando o tão polêmico ativismo judicial.

Quando o legislativo não edita leis, o Poder Executivo passa a legislar com decretos sobre todo e qualquer tema, exorbitando os limites constitucionais. Nesse ponto, basta ver a reação do legislador constituinte derivado quando da promulgação da Emenda Constitucional n. 32, que trouxe importantes restrições à edição de medidas provisórias, em resposta à profusão de medidas adotadas em determinado governo.

Quando o poder Judiciário passa a tratar temas que não lhe são afetos ou consolidar entendimentos além de sua competência, o Poder Legislativo edita leis contrárias a tal entendimento, ocorrendo o chamado efeito “Backlash”(2). Aqui, são exemplos muito claros diversos dispositivos da chamada reforma trabalhista promovida pela Lei n. 13.467/17. Um exemplo simples é a redação do art. 58, § 2º que positivou exatamente o contrário do entendimento ao que consta da Súmula n. 90 do C. Tribunal Superior do Trabalho(3).

Em suma, a inanição de um Poder ou o protagonismo exacerbado de outro não são consentâneos com a ideia de democracia, de divisão de poderes e com a própria noção de Estado Democrático de Direito.

A partir dessa noção de Estado Democrático de Direito, a hermenêutica de nossa Constituição passou e passa por uma séria ressignificação.

A norma constitucional passa a ser tratada não somente como norma prospectiva e como objetivo de sociedade. Movimentos com o neoconstitucionalismo passam a interpretar o texto constitucional com força normativa. O texto da carta magna do qual se extraem as normas princípio e regra são e devem ser cumpridas de imediato (eficácia imediata). Os direitos humanos e fundamentais devem ter máxima efetividade. A constituição não é mera limitadora do exercício do poder pelo Estado, nem mera definidora do funcionamento do Estado.

---

(2) "O backlash é uma reação adversa não desejada à atuação judicial. Para ser mais preciso, é, literalmente, um contra-ataque político ao resultado de uma deliberação judicial" — George Marmelstein. Disponível em: <https://www.cjf.jus.br/caju/Efeito.Backlash.Jurisdicao.Constitucional_1.pdf>.

(3) O tempo despendido pelo empregado, em condução fornecida pelo empregador, até o local de trabalho de difícil acesso, ou não servido por transporte público regular, e para o seu retorno é computável na jornada de trabalho.

Nas palavras de Pedro Lenza[4]

> Busca-se, dentro dessa nova realidade, não mais apenas atrelar o constitucionalismo à ideia de limitação do poder político, mas, acima de tudo, buscar a eficácia da constituição, deixando o texto de ter um caráter meramente retórico e passando a ser mais efetivo, especialmente diante da expectativa de concretização de direitos fundamentais. Kildare, de maneira interessante, anota que a perspectiva é de que 'ao constitucionalismo social seja incorporado o constitucionalismo fraternal e de solidariedade', valores já destacados por Dromi dentro de um contexto de constitucionalismo do futuro ou do por vir. Nas palavras de Walber de Moura Agra "o neoconstitucionalismo tem como uma de suas marcas a concretização das prestações materiais prometidas pela sociedade, servindo como ferramenta para a implantação de um Estado Democrático Social de Direito. Ele pode ser considerado como um movimento caudatário do pós-modernismo. Dentre suas principais características podem ser mencionados: a) positivação e concretização de um catálogo de direitos fundamentais; b) onipresença dos princípios e das regras; c) inovações hermenêuticas; d) densificação da força normativa do Estado; e) desenvolvimento da justiça distributiva'.

Essa nova hermenêutica constitucional permeia todos os ramos do direito. A intepretação do direito processual passa pelo filtro constitucional. A intepretação do direito do trabalho passa pelo filtro constitucional. Há uma saudável constitucionalização das vertentes do direito. Nada mais salutar que interpretar as normas à luz da norma fundante até mesmo para conferir unidade, coesão, harmonia e coerência ao sistema jurídico. Não é demais lembrar a lição do Ministro Eros Grau, segundo a qual, *"Não se interpreta o direito em tiras; não se interpreta textos normativos isoladamente, mas sim o direito, no seu todo"*, conforme exposto no voto vista da ADPF n. 101.

E mais. A hermenêutica constitucional aproxima o direito posto do valor Justiça. O conceito antigo, batido e surrado dos filósofos Ulpiano e Aristóteles — dar a cada um o que é seu — se faz cada vez mais presente na intepretação dos textos[5].

A força normativa dos princípios, a eficácia vertical e horizontal dos direitos humanos em todas suas dimensões, a dignidade humana como fundamento da República (art. 1º, III, da Constituição Federal), entre outros inúmeros postulados interpretativos reforçam a visão do direito como instrumento de realização de justiça e não mero sistema de leis.

---

(4) Lenza, *Direito Constitucional Esquematizado*, p. 59-60.

(5) "Normas não são textos nem o conjunto deles, mas os sentidos construídos a partir da interpretação sistemática de textos normativos." ÁVILA, *Teoria dos Princípios*, p. 50.

Um dos pontos mais importantes deste neoconstitucionalismo e interpretação da constituição é o acesso à justiça. Não há como se alcançar o valor Justiça sem acesso ao Poder Judiciário.

Aqui, invocam-se as lições dos professores Mauro Cappelleti e Bryant Garth e as ondas renovatórias de acesso à justiça[(6)].

A primeira onda renovatória de acesso à justiça seria a assistência judiciária aos pobres. Tal mecanismo de acesso à justiça implica o despendimento de recursos materiais para que os menos afortunados tenham isenção de custas para demandar, bem como que o Estado forneça representação jurídica adequada. Em outras palavras, permite-se que aquele que não tenha recursos possa se valer do Poder Judiciário para ver sua pretensão analisada.

A ideia é de amplo acesso até mesmo com base em nossa constituição (art. 5º, XXXV). Ainda que se argumente pelo assoberbamento do judiciário — seja pela enxurrada de recursos, seja pela morosidade — a solução passa não pela restrição ao acesso à justiça, mas pela criação de mecanismos alternativos de solução de conflitos e pelo aparelhamento do Poder Judiciário para permitir uma resposta mais célere.

Novamente, no cenário atual cabe mais uma crítica. Representando a primeira onda renovatória do acesso à justiça tem-se inúmeros mecanismos, como a antiga Lei n. 1.060/50, o art. 6º, VIII, do CDC e, mais recentemente, as disposições do Código de Processo Civil de 2015, o qual dedica toda uma seção (IV) à gratuidade de justiça.

Na mencionada seção, como é salutar, a abrangência da gratuidade é ampla e efetivamente abrange uma série de taxas e honorários, efetivamente franqueando acesso aos menos favorecidos. Observe-se que o Código de Processo Civil trata de relações onde não há o pressuposto de que uma das partes esteja em desvantagem fática, jurídica ou econômica.

Chama-se atenção para esse fato porque a reforma trabalhista veio na contramão do acesso à justiça. Citam-se dois exemplos dos mais simplistas. O art. 790-B da Consolidação das Leis do Trabalho expressamente determina que a parte beneficiária da gratuidade de justiça tem responsabilidade pelos honorários periciais caso sucumbente no objeto da perícia; o art. 844, § 2º, da Consolidação das Leis do Trabalho determina que o autor será condenado no pagamento de custas no caso de arquivamento ainda que beneficiária da gratuidade de justiça. Mais ainda, no § 3º do mesmo artigo estatui-se como condição da ação o pagamento das custas da ação anterior.

Os exemplos mencionados, de duvidosa constitucionalidade, representam, se não impedimento do acesso à justiça, sérios óbices à ampla movimentação da máquina

(6) Capelletti, *Acesso à Justiça.*

judiciária. São restrições mais severas do que as constantes do Código de Processo Civil em que se presume a paridade de armas, sendo que no direito do trabalho existe inegavelmente a hipossuficiência de uma das partes. O tema já foi levado ao Supremo Tribunal Federal, por exemplo na ADI n. 5766, a qual pende julgamento.

Tal situação deixa mais latente a crise e a relutância em se reconhecer a máxima efetividade dos direitos constantes na constituição, além de ir de encontro à primeira onda renovatória de acesso à justiça.

Com relação à segunda onda de acesso à justiça, esta se consubstancia na representação dos direitos difusos ou a coletivização das demandas.

Esse modelo de tutela no Brasil conta com um microssistema (Código de Defesa do Consumidor, Lei de Ação Civil Pública, Lei da Ação Popular, entre outros) atual e com ferramentas efetivas para salvaguarda dos direitos tutelados coletivos em sentido lato.

Não obstante, o próprio poder Judiciário tem tido dificuldades em interpretar de forma ampla a coletivização das demandas. Basta uma pesquisa rápida para se verificar a quantidade de ações civis públicas ou ações coletivas que são extintas sem julgamento do mérito em razão de serem os direitos pleiteados de natureza “heterogênea”.

Felizmente, os tribunais superiores e o Supremo Tribunal Federal têm dado interpretação mais ampla e franqueado o ajuizamento das ações coletivas — *vide* alguns precedentes relativos aos sindicatos[(7)].

O tratamento coletivo dos direitos representa maior efetividade, economia processual, razoável duração do processo e efetiva realização de justiça. A visão macro, em contraponto à visão micro e pulverizada, permite o maior alcance da jurisdição e até mesmo a unidade de intepretação com relação a determinada matéria. Desta forma, a tutela coletiva deve ser incentivada e ampliada cada vez mais.

Por derradeiro, a terceira onda renovatória preconiza uma concepção mais ampla de acesso à justiça, o tratamento adequado das demandas e a efetiva representação em juízo. Abrange meios judiciais e extrajudiciais de solução de conflitos, bem como a prevenção de conflitos. É um aprofundamento das ondas anteriores com uma visão sistêmica de forma a identificar as barreiras do acesso à justiça e tentar eliminá-las. Com isso, permitir-se-ia pensar em pressões sociais direcionadas aos legisladores com a finalidade de edição de leis que ampliassem o acesso à justiça, eliminando os obstáculos já existentes no ordenamento jurídico.

Em arremate, pontua-se a função do Poder Judiciário, mais intensamente do Supremo Tribunal Federal, de exercício do papel contra majoritário. Seja na esteira

(7) Recurso Extraordinário n. 193.503-1, São Paulo.

das ondas de acesso à justiça, seja no campo da efetivação dos direitos fundamentais, o Poder Judiciário exerce importante função de proteção de minorias e de hipossuficientes.

Nas palavras do Ministro Luiz Fux(8):

> Incumbe à Corte Constitucional operar como instância contramajoritária, na guarda dos direitos fundamentais plasmados na Carta Magna em face da ação da maioria ou, como no caso em testilha, para impor a ação do Poder Público na promoção desses direitos. Canetas de magistrados não são capazes de extinguir o preconceito, mas, num Estado Democrático de Direito, detêm o poder de determinar ao aparato estatal a atuação positiva na garantia da igualdade material entre os indivíduos e no combate ostensivo às discriminações odiosas. Esta Corte pode, aqui e agora, firmar posição histórica e tornar público e cogente que o Estado não será indiferente à discriminação em virtude da orientação sexual de cada um; ao revés, será o primeiro e maior opositor do preconceito aos homossexuais em qualquer de suas formas.

À primeira vista, esse papel contra majoritário pode parecer ou soar antidemocrático ou contrário aos interesses da sociedade. Contudo, o Poder Judiciário não é eleito como os representantes do Congresso Nacional e do Executivo. Os membros do Poder Judiciário têm e encontram sua legitimidade democrática na própria Constituição Federal e dela são seus guardiões. Por tal razão, a hermenêutica do direito passa pela defesa dos direitos humanos e fundamentais, defesa esta que nem sempre está conectada com a 'maioria'. O poder Judiciário pode e dá voz àqueles que não são efetivamente representados.

Reitera-se, o papel contra majoritário decorre da própria constituição e consolida o Poder Judiciário como defensor não só da constituição, mas de seu conteúdo, de seus princípios, regras, postulados.

Assim, o papel do poder judiciário ganha ainda mais relevo em tempos de crise.

2. Papel e atuação do judiciário em tempos de isolamento social

O Poder Judiciário em tempos de crise e de isolamento social torna-se o fiel da balança dos rumos da sociedade e o efetivo guardião da Constituição Federal. Assume papel protagonista na interpretação das medidas de combate à crise, sua compatibilidade com a norma fundante e sinaliza aos outros Poderes da República os caminhos para o enfretamento das dificuldades.

Antes de analisar a questão jurídico hermenêutica da atuação do poder Judiciário em época de crise sanitária decorrente da pandemia do Covid-19, é importante destacar alguns pontos mais pragmáticos, como o efetivo funcionamento os tribunais, as formas de atuação e prestação do serviço público judiciário.

---

(8) ADI n. 4277-DF.

A profusão de normas sobre a pandemia deixa qualquer operador do direito preocupado. São emendas constitucionais, medidas provisórias, leis, decretos, decretos legislativos, normas administrativas e todo o tipo de atividade legiferante, algumas de duvidosa competência e constitucionalidade, que trazem medidas para encarar a crise.

No âmbito do Poder Judiciário, assim como em toda sociedade, a primeira medida foi o fechamento total dos fóruns, tribunais e instalações, de forma a permitir o isolamento social e prevenir o contágio pela doença. Adotada a primeira medida, extrema e necessária, logo se passou a pensar sobre o efetivo funcionamento do Poder Judiciário.

A atividade judicial é serviço público essencial e a sociedade simplesmente não podia ficar sem esse serviço imprescindível.

Especificamente na Justiça do Trabalho, o problema se apresentou de gravidade ainda mais substancial, tendo em vista que a dinâmica do processo do trabalho é baseada na audiência, nos princípios da oralidade, da simplicidade e da informalidade.

Curiosa ou providencialmente, a Justiça do Trabalho é o ramo do Poder Judiciário dos mais informatizados e com adoção quase que integral do Processo Judicial Eletrônico. Este fato permitiu que fosse implementado o serviço remoto para magistrados e servidores de forma a prestar a jurisdição, mesmo que à distância. Os números de produtividade não mentem e apontam um crescimento exponencial na produção de sentenças, decisões e despachos. Este ponto, certamente, acelerou algumas inovações que serão abordadas mais adiante.

Remanescia o problema das audiências. Ponto sensível. O Tribunal Superior do Trabalho incentivou e positivou a adoção do rito processual previsto no Código de Processo Civil, adaptando-se o processo do trabalho ao processo civil comum. A medida, com as críticas merecidas, foi um caminho que permitiu aos juízes, dentro de sua independência funcional, movimentar os processos e impulsionar a marcha da demanda.

Ainda assim, muitos processos dependiam e dependem da audiência.

Surgiu, então, a figura da audiência telepresencial, virtual, remota, à distância ou qualquer outro nome que agrade o leitor.

Tal modalidade de audiência, em uma primeira análise, já tinha sua gênese no processo tradicional. Já havia notícias de oitiva de testemunhas por aplicativos de celular quando estas estavam fora do país, procedimento que encurtava o caminho da carta rogatória — dispendiosa e morosa. Também já havia notícia de oitivas de testemunhas fora da área de jurisdição do juiz natural, da mesma forma, por aplicativos de celular, ceifando a expedição de carta precatória. Ainda, havia a oitiva de réus presos por meio de videoconferência diretamente do estabelecimento prisional.

Certo é que a audiência por videoconferência não era uma novidade completa. Toda audiência, com todos os participantes em meio remoto, isso sim se tornou a novidade.

Não se ignora a profusão de críticas quanto a tal procedimento. Juridicamente, pode-se apontar problemas com a segurança da prova, ambiente controlado, incomunicabilidade das testemunhas, possibilidade de fraude — pontos eletrônicos, teleprompters, anotações, entre outros. No âmbito prático e fático, também há sérios problemas de acesso à justiça. A realização da audiência por videoconferência exige uma conexão de internet boa e estável, aparelho celular, tablete ou computador adequados — problemas estes acentuados na justiça do trabalho que lida com público hipossuficiente, na esmagadora maioria das vezes. Também há exigência de um espaço físico com silêncio e que permita o desenvolvimento do ato processual. Da mesma forma, o fechamento das escolas, os afazeres domésticos, as atividades do lar impactam na disponibilidade para realização da audiência. Muitos e muitos problemas poderiam ser apontados com relação às videoconferências.

No entanto, as audiências por videoconferência são um meio de solução, mesmo que imperfeito. Ora, superados tantos e tantos óbices, muitos juízes tem conseguido realizar os atos processuais, com a colaboração expressiva de advogados e partes. Certamente não é ideal e está-se longe de uma uniformização na adoção do procedimento — *vide* decisões do CNJ(9).

Não obstante, caso possível sua realização, pode ser um forte aliado não só para o momento de crise, mas para o futuro. Ora, o Código de Processo Civil no art. 190 permite o chamado negócio processual, artigo este que pode ser aplicado ao processo do trabalho por força do art. 769 da Consolidação das Leis do Trabalho. Assim, caso as partes concordem, inexiste prejuízo — art. 794 da Consolidação das Leis do Trabalho — e o ato pode ser realizado por videoconferência. As audiências iniciais ou meramente de conciliação por videoconferência, de forma exemplificativa, evitam deslocamentos desnecessários, permitem economia e trazem celeridade.

Nada impede, também, que seja positivada na Consolidação das Leis do Trabalho alguma disposição especifica para o processo do trabalho sobre o tema, desde que eventual lei seja precedida dos democráticos e constitucionais debates.

A medida que se impõe é a reinvenção, a adaptação ao tempo novo e às inovações tecnológicas.

---

(9) No PCA n. 0003753- 91.2.00.0000, o CNJ decidiu que *"Havendo manifestação contrária de uma das partes ou de ambas, deve o Magistrado suspender a realização de audiências por meio de videoconferência, independentemente de juízo de valor quanto à fundamentação apresentada"*. Já no PP n. 0005321-45.2020.2.00.0000, o CNJ decidiu que *"De acordo com o § 2º do art. 3º da Resolução CNJ n. 314/2020, há necessidade de decisão judicial fundamentada acolhendo pleito para o adiamento do ato processual, não sendo a alegação pela parte de impossibilidade da prática condição automática para o adiamento. Precedentes do CNJ".*

Como mencionado antes, a crise e o isolamento podem ter acelerado esse processo de reinvenção.

Nesse sentido, em recente sessão o CNJ aprovou resolução para permitir a adoção do juízo 100% digital, com realização de atos exclusivamente por meio remoto — audiências, citações, intimações, todos os atos processuais[10].

Inicialmente, o procedimento 100% digital será facultativo às partes, devendo os tribunais pelo país adaptarem-se com a criação de salas de audiência e unidades com infraestrutura de informática e telecomunicações para o funcionamento desta modalidade de prestação da jurisdição.

É um importante avanço na adaptação do Poder Judiciário com relação às inovações tecnológicas.

Não se pode negar que o Poder Judiciário faz parte da sociedade e com ela deve caminhar. Preservados os princípios constitucionais, todas as inovações são bem vindas para permitir maior e melhor produtividade, sempre com vistas a realizar o fim máximo do poder judiciário, a Justiça.

Feitas tais considerações sobre o funcionamento da máquina judiciária como prestadora do serviço público da jurisdição é necessário pensar sobre a hermenêutica e a intepretação do direito do trabalho em tempos de crise.

Como referido linhas acima, norma e texto não se confundem. Do texto se extrai a norma. Daqueles símbolos escritos, falados ou costumeiros, o intérprete e o operador do direito identificam o conteúdo e traduzem em normas princípio e normas regra. A primeira de caráter genérico e com alto grau de abstração, mas com funções interpretativas, integrativas e, em alguns casos, normativas. Já a segunda com pouco grau de abstração e com prescrição de uma conduta específica, podendo ou não conter uma sanção.

Ao intérprete, na tentativa de extrair o conteúdo da norma, cabe fazer sua interpretação, a qual pode ser literal, lógica, histórica, sistemática, teleológica, sociológica entre inúmeras outras formas de interpretar. Pode parecer banal ou até mesmo supérfluo, mas da intepretação segue-se a forma de aplicar o direito. E, exatamente, essa forma de aplicar o direito em tempos de crise que é necessária a reflexão.

A Constituição Federal trouxe o modelo de sociedade pretendido pelo povo brasileiro, desenhou o funcionamento do Estado, impôs os limites e de forma analítica debruçou-se sobre direitos humanos de várias dimensões. Passaram-se mais de três décadas. A própria ideia e conceito de constituição evoluíram — *vide* o citado neoconstitucionalismo.

(10) *Vide* Resolução n. 345, de 9 de outubro de 2020, do Conselho Nacional de Justiça.

O modelo semirrígido de alteração da carta constitucional, com quórum qualificado votação e aprovação, de um lado protege o núcleo duro do texto constitucional e de outro permite sua evolução. Muitas emendas constitucionais foram produzidas pelo constituinte derivado, mas muito se evoluiu na intepretação da constituição por meio da hermenêutica.

Exemplo clássico da evolução da interpretação é a mutação constitucional. Sobre o tema, as lições colhidas no julgamento do HC n. 82.959-7 São Paulo:

> No plano constitucional, esse tema mereceu uma análise superior no trabalho de Inocêncio Mártires Coelho sobre interpretação constitucional (Inocêncio Mártires Coelho, Interpretação Constitucional. Sergio Antonio Fabris, Porto Alegre, 1997). No Capítulo 4 da obra em referência, que trata das consequências da diferença entre lei e Constituição, propicia-se uma releitura do fenômeno da chamada mutação constitucional, asseverando-se que as situações da vida são constitutivas do significado das regras de direito, posto que é somente no momento de sua aplicação aos casos ocorrentes que se revelam o sentido e o alcance dos enunciados normativos. Com base em Perez Luño e Reale, enfatiza-se que, em verdade, a norma jurídica não é o pressuposto, mas o resultado do processo interpretativo ou que a norma é a sua interpretação. Essa colocação coincide, fundamentalmente, com a observação de Häberle, segundo a qual não existe norma jurídica, senão norma jurídica interpretada (Es gibt keine Rechtsnormen, es gibt nur interpretierte Rechtsnormen), ressaltando-se que interpretar um ato normativo nada mais é do que colocá-lo no tempo ou integrá-lo na realidade pública (Einen Rechssatz "auslegen" bedeutet, ihn in die Zeit, d.h. in die öffentliche Wirklichkeit stellen — um seiner Wirksamkeit willen). Por isso, Häberle introduz o conceito de pós-compreensão (Nachverständnis), entendido como o conjunto de fatores temporalmente condicionados com base nos quais se compreende "supervenientemente" uma dada norma. A pós-compreensão nada mais seria, para Häberle, do que a pré-compreensão do futuro, isto é, o elemento dialético correspondente da ideia de précompreensão (Häberle, Peter. "Zeit und Verfassung". in: Probleme der Verfassungsinterpretation,org: Dreier, Ralf/ Schwegmann, Friedrich, Nomos, Baden-Baden, 1976, p.312-313). Tal concepção permite a Häberle afirmar que, em sentido amplo, toda lei interpretada — não apenas as chamadas leis temporárias — é uma lei com duração temporal limitada (In einem weiteren Sinne sind alle — interpretierten — Gesetzen "Zeitgesetze" — nicht nur die zeitlich befristeten). Em outras palavras, o texto, confrontado com novas experiências, transforma-se necessariamente em um outro. Essa reflexão e a ideia segundo a qual a atividade hermenêutica nada mais é do que um procedimento historicamente situado autorizam Häberle a realçar que uma interpretação constitucional aberta prescinde do conceito de mutação constitucional (Verfassungswandel) enquanto categoria autônoma. Nesses casos, fica evidente que o Tribunal não poderá fingir que sempre pensara dessa forma. Daí a necessidade de, em tais casos, fazer-se o ajuste do resultado, adotando-se técnica de decisão que, tanto quanto possível, traduza a mudança de valoração. No plano constitucional, esses casos de mudança na concepção jurídica podem produzir uma mutação normativa ou a evolução na interpretação, permitindo que venha a ser reconhecida a inconstitucionalidade de situações anteriormente consideradas legítimas. A orientação doutrinária tradicional, marcada por uma alternativa rigorosa entre atos legítimos ou ilegítimos (entweder als rechtmässig oder als rechtswidrig), encontra dificuldade para

identificar a consolidação de um processo de inconstitucionalização (Prozess des Verfassungswidrigwerdens). Prefere-se admitir que, embora não tivesse sido identificada, a ilegitimidade sempre existira. Daí afirmar Häberle; "O Direito Constitucional vive, prima facie, uma problemática temporal. De um lado, a dificuldade de alteração e a conseqüente duração e continuidade, confiabilidade e segurança; de outro, o tempo envolve agora mesmo, especificamente o Direito Constitucional. É que o processo de reforma constitucional deverá ser feito de forma flexível e a partir de uma interpretação constitucional aberta. A continuidade da Constituição somente será possível se passado e futuro estiverem nela associados." (Häberle, Zeit und Verfassung, *cit.*, p. 295-296) Häberle indaga: "O que significa tempo? Objetivamente, tempo é a possibilidade de se introduzir mudança, ainda que não haja a necessidade de produzi-la." (Häberle, Zeit und Verfassung, *cit.*, p. 300). Tal como anota Häberle, "o tempo sinaliza ou indica uma reunião (ensemble) de forças sociais e ideias. (...) A ênfase ao 'fator tempo' não deve levar ao entendimento de que o tempo há de ser utilizado como 'sujeito' de transformação ou de movimento (...). A história (da comunidade) tem muitos sujeitos. O tempo nada mais é do que a dimensão na qual as mudanças se tornam possíveis e necessárias (...)." (Häberle, Zeit und Verfassung, *cit.*, p. 300)

O excerto mencionado traz a aplicação expressa e intensa da hermenêutica diretamente ligada ao tempo e ao espaço, bem como a possibilidade de evolução da intepretação. Essa possibilidade é que permite ao intérprete a aplicação do direito em tempos normais e tempos de crise.

Não obstante, a evolução e a intepretação constitucionais não podem se traduzir em negação do texto constitucional, não aplicação de seus preceitos ou completa distorção do conteúdo mínimo da norma fundante.

O núcleo duro dos direitos fundamentais deve ser preservado, sob pena de subversão dos próprios valores e fundamentos da constituição. Em outras poucas palavras, a hermenêutica da Constituição Federal não pode ser usada para negar a Constituição Federal.

Aqui, é interessante fazer algumas digressões sobre a Medida Provisória n. 936/2020 e a ADI n. 6363.

Como medida de enfrentamento da crise sanitária e econômica, o Poder Executivo editou a citada MP n. 936/2020, a qual previu no art. 7º a redução de jornada de trabalho e de salário por prazo determinado, preconizando no inciso II a *"pactuação por acordo individual escrito entre empregador e empregado, que será encaminhado ao empregado com antecedência de, no mínimo, dois dias corridos"*.

O mencionado dispositivo, dentre outros, foi impugnado pelo Partido Rede Sustentabilidade por meio da ADI n. 6.363. A medida cautelar foi deferida pelo Ministro Lewandowski para:

Dar interpretação conforme à Constituição ao § 4º do art. 11 da Medida Provisória n. 936/2020, de maneira a assentar que "[os] acordos individuais de redução de jornada de trabalho e de salário ou de suspensão temporária de contrato de trabalho [...] deverão ser comunicados pelos empregadores ao respectivo sindicato laboral, no prazo de até dez dias corridos, contado da data de sua celebração", para que este, querendo, deflagre a negociação coletiva, importando sua inércia em anuência com o acordado pelas partes.

A decisão, em primeira análise, tentou compatibilizar o teor da medida provisória com as disposições do art. 7º, VI, XII e XVI, e 8º, III e VI, da Constituição Federal.

Entretanto, a leitura mais descompromissada e simplista permite concluir que a disposição da Medida Provisória é absolutamente incompatível com o art. 7º, VI, da Constituição Federal. Ora, se o salário é irredutível, salvo disposição em negociação coletiva, não há como dizer em outras palavras que o salário é redutível por negociação individual.

Não se ignoram as balizas hermenêuticas, a liberdade do interprete de se extrair a norma do texto, nem o descolamento do sentido da lei da vontade do legislador. O que não parece exercício de intepretação é mudar o sentido do texto. O exercício de intepretação encontra limites no próprio texto — no brocardo latino: "*in claris cessat interpretatio*".

Ainda assim, o deferimento da medida cautelar permitiu, ainda que sob críticas, a tentativa de compatibilizar a norma da medida provisória com o texto da constituição ao determinar que os acordos individuais sejam remetidos aos sindicatos para deflagração da negociação coletiva.

Todavia, a medida cautelar não foi referendada pelo plenário do Supremo Tribunal Federal na forma da Lei n. 9.868/99.

Nesse ponto, a inquietude e o incomodo tornam-se um pouco mais intensos.

Nos debates que permearam a sessão de referendo ou não da medida cautelar na ADI, invocou-se um instituto, argumento, parâmetro hermenêutico — ou subterfúgio — chamado direito constitucional de crise.

Segundo este direito constitucional de crise, é permitida uma interpretação constitucional aberta, autorizando-se escapar da literalidade do texto. E ai, o perigo mora ao lado.

O direito constitucional de crise se reveste de algo um tanto quanto pragmático. Adota-se uma dita solução para o caso concreto, de forma a 'resolver o problema'. A técnica utilizada se aproxima muito de um utilitarismo de Bentham[11]. É um utilitarismo pragmático, sendo a redundância proposital.

---

(11) "O Direito, para Bentham, não era mais do que instrumento a serviço da vontade humana. Tal instrumento, de acordo com ele, deveria ser manipulado segundo o princípio da utilidade, que propiciaria um padrão democrático para a formulação das leis, tendo em vista o bem estar do maior número de pessoas.

O fato é que a intepretação, a pretexto de equacionar o período de crise, tornou letra morta o texto da constituição.

Não se ignora as inúmeras dificuldades trazidas pelo período de pandemia. Micro e pequenos empreendedores fechando as portas, empregos ceifados, miséria e fome crescendo. Mas ainda assim existem meios e mecanismos para o enfrentamento da crise.

O fortalecimento dos sindicatos e o estímulo a negociação coletiva podem auxiliar na resolução de problemas. De forma salutar, pode-se citar a Medida Provisória n. 931/2020, convertida pela Lei n. 14.030/2020, a qual permitiu a realização de assembleias por meio virtual, facilitando as interações e o funcionamento das pessoas jurídicas.

O que não se pode conceber é que o chamado direito constitucional de crise negue o núcleo duro da constituição. A repetição é necessária: não há espaço para intepretação quanto o texto é claro.

A negação das normas constitucionais abre caminho para arbitrariedades. A partir do momento que se torce o texto da constituição para se extrair qualquer norma, o intérprete não tem mais limites. Pode-se tudo. Hoje concorda-se com o direito constitucional de crise, porque ele supostamente salvou empregos. E amanhã, quando este mesmo direito constitucional de crise restringir direitos fundamentais? Qual será a tábua de salvação?

A própria Constituição Federal tem meios e mecanismos para lidar com as crises (estado de defesa, estado de sítio e intervenção federal). E, de forma ainda mais justificada, existem severas restrições às medidas a serem adotadas na crise, como por exemplo, a vedação à emenda da Constituição Federal (art. 60, § 2º). Especificamente porque se entendeu que na crise não é o momento oportuno para alterar a norma fundamental. A tensão de forças e o período de excepcionalidade justificam a imutabilidade da norma.

É importante frisar que Bentham foi um verdadeiro reformista. Ele teve consciência de que as pessoas em geral e os juristas em particular viam o Direito como uma instituição complexa por natureza, incompreensível ao cidadão comum, e que, por isso, não se atreviam a propor mudanças significativas no sistema jurídico — seja no que se refere à elaboração das normas jurídicas, seja no que concerne à sua implementação. Assim sua produção intelectual foi destinada a desmistificar aura de mistério que envolvia (e ainda envolve) o Direito. (...) Nesse sentido, o princípio da utilidade, também denominado princípio da maior felicidade, exerceu função essencial na teoria de Bentham. De acordo com esse princípio, uma ação poderia ser considerada boa ou correta se proporcionasse mais felicidade do que dor, e má ou incorreta se resultasse no contrário. Para ele, é inerente ao ser humano buscar sua maior felicidade. Todavia, no âmbito da sociedade, em regra os indivíduos perseguem objetivos contrapostos, de forma que a maior felicidade de um pode culminar em grande infelicidade para outro. Caberia, portanto, ao legislador (e também ao juiz — lembremos que Bentham viveu no common law) equacionar essa disparidade de interesses, direcionando, por meio das leis, a conduta dos indivíduos, à luz do princípio da utilidade e com vistas a atingir a maior felicidade para o maior número de pessoas — o interesse geral. Conforme tal raciocínio, Bentham atribuía à censorial jurisprudence um papel preponderante sobre a expository jurisprudence, uma vez que aquela forneceria elementos críticos para a reforma do Direito (SCHOFIELD, 1991, p. 59-60)". Mota, 'Jeremy Bentham', p. 284.

Ora, se há restrição ao constituinte derivado, certamente ao intérprete da constituição se impõe deveres ainda mais severos.

Nas crises, a Constituição Federal fica mais suscetível de ataques. Os direitos humanos e fundamentais mais fragilizados e passíveis de propostas de sua mitigação. Por isso, a luta é pela preservação dos direitos constitucionais arduamente conquistados e consolidados durante a história do país. Não à toa, a carta magna é tão minuciosa, detalhista e analítica com relação aos direitos individuais, sociais e coletivos.

A crise certamente demanda medidas concretas e efetivas para seu enfrentamento. Mas a crise não desnatura o Estado Democrático de Direito. A pandemia não alterou os fundamentos (art. 1º), nem os objetivos da Republica (art. 3º).

Em arremate, cabem algumas ponderações sobre as relações de trabalho.

Não se pode negar que a economia mudou, as relações mudaram, a forma de trabalhar mudou. Economia compartilhada, 'uberização', plataformas digitais, '*co-working*' e inúmeras e inovadoras formas de prestação de serviços.

Muitos doutrinadores defendem que as novas formas de trabalho se encaixam no modelo celetista de prestação de serviço. Outros muitos doutrinadores rechaçam veementemente a subsunção das novas formas ao modelo de vínculo de emprego. Há também quem defenda a adoção do modelo italiano do parassubordinado. Há inclusive um Projeto de Lei que pretende instituir e regulamentar o 'trabalho sob demanda' (PL n. 3.748/20).

Inicialmente, com o mercado de trabalho globalizado e o compartilhamento dos modos de produção, as novidades se espalham pelo mundo do trabalho com uma velocidade alucinante. Lugares com leis, costumes e culturas diferentes passam a adotar modelos similares de prestação de serviços.

Até mesmo por isso, a formação de um entendimento universal ou uniforme sobre o tema é algo complexo. Alguns países da Europa vêm reconhecendo que a prestação de serviços por plataformas digitais tem natureza empregatícia, assim como o Estado da Califórnia reconheceu da mesma forma. Observe-se que o berço da liberdade individual, a tão copiada América do Norte, tem precedente pelo reconhecimento do vínculo do trabalhador de plataforma.

No Brasil não há consenso. Há precedentes para ambos os lados. Curiosamente, o Superior Tribunal de Justiça no julgamento do Conflito de Competência n. 164.544 fez considerações sobre a natureza do vínculo do motorista de aplicativo:

> Os fundamentos de fato e de direito da causa não dizem respeito a eventual relação de emprego havida entre as partes, tampouco veiculam a pretensão de recebimento de verbas de natureza trabalhista. A pretensão decorre do contrato firmado com empresa detentora de aplicativo de celular, de cunho eminentemente civil. 3. As ferramentas

tecnológicas disponíveis atualmente permitiram criar uma nova modalidade de interação econômica, fazendo surgir a economia compartilhada (*sharing economy*), em que a prestação de serviços por detentores de veículos particulares é intermediada por aplicativos geridos por empresas de tecnologia. Nesse processo, os motoristas, executores da atividade, atuam como empreendedores individuais, sem vínculo de emprego com a empresa proprietária da plataforma.

A decisão é curiosa porque, a pretexto de decidir sobre o conflito de competência, entra no mérito sobre a natureza do vínculo empregatício do motorista de aplicativo, algo que nem o Tribunal Superior do Trabalho tem jurisprudência pacificada.

Enfim, os debates sobre a natureza dessa prestação de serviços são inúmeros, chegando até mesmo a surgir a figura da subordinação algorítimica ou um desdobramento da subordinação estrutural.

A despeito dos infindáveis e inevitáveis debates sobre o tema, a questão que deve ser levada em consideração é a precarização das relações de trabalho.

Independentemente do modelo de prestação de serviço a ser adotado, o que é deletério para o trabalhador (em sentido lato), para a empresa e para sociedade como um todo é a piora nas condições de trabalho. O enfoque que precisa ser encarado é a não precarização.

Seja no modelo sob subordinação, seja na terceirização, seja no modelo autônomo, o trabalho precarizado fragiliza a pessoa. O trabalhador passa a viver para trabalhar e não trabalhar para viver. Há uma mercantilização da mão de obra e coisificação do ser humano, sendo que desde 1944 na Constituição da OIT e na Declaração referente aos Fins e Objetivos da Organização já se previu que trabalho não é uma mercadoria.

A pessoa que trabalha 12, 14, 18, 20 horas por dia não tem lazer. Não consegue exercer suas potencialidades como ser humano. Não há dignidade em tais condições de trabalho.

Ora, ainda que se conceba de uma ótica estritamente egoísta, mesquinha e mercantilista, o trabalhador exausto nem sequer consegue consumir. Não se tem tempo para comprar, para gastar, para movimentar a economia.

Há mais.

Sem uma rede de proteção mínima, sob a ótica da seguridade social, o trabalhador passa a ser um 'problema' da sociedade. O raciocínio é simples. O trabalhador autônomo, que nem sequer ganha o suficiente para a subsistência, certamente não tem plano de saúde, seguro de vida ou paga as contribuições para a previdência social. Se ele se acidenta, quem arca com isso é toda a sociedade, seja pela utilização do Sistema Único de Saúde, seja pelo pagamento de benefícios assistenciais, porque proteção previdenciária ele não tem.

Em pouquíssimas palavras, a precarização do trabalho e, via de consequência, do ser humano, vai de encontro com a lógica capitalista. O sistema simplesmente não fecha. Não há mercado de consumo para o mercado produtivo.

Em qualquer modelo que se pretenda encaixar as novas relações de trabalho (modelos antigos ou novas formas), o pressuposto deve ser a não precarização.

A ideia que deve permear a lógica capitalista, ainda que se vise o lucro, deve ser a de um trabalho decente. O conceito foi cunhado no âmbito da OIT há mais de 20 anos e continua sendo um norte a ser seguido nas relações de trabalho.

O trabalho decente consiste no trabalho produtivo, adequadamente remunerado, exercido em condições de liberdade, equidade e segurança e capaz de garantir uma vida digna(12).

Em uma primeira análise, podem parecer redundantes ou óbvios todos os adjetivos usados para conceituar o trabalho decente, não obstante eles sintetizam um patamar mínimo. Sem remuneração adequada, liberdade, equidade e segurança, qualquer modelo de prestação de serviços sucumbe à exploração do trabalhador e se torna insustentável até mesmo economicamente.

A liberdade pode ser analisada sob o viés da contratação e manifestação de vontade; a equidade é a não discriminação e a igualdade de oportunidades; a segurança física, psíquica e mental reflete-se no meio ambiente de trabalho saudável; sem prejuízo de uma remuneração que atenda a subsistência mínima do trabalhador.

Sobre o tema, o seguinte excerto.

> O conceito de trabalho decente foi formulado pela primeira vez oficialmente pela OIT em 1999, e constituiu o eixo da comunicação do Diretor Geral da OIT à 87ª Sessão da Conferência Internacional do Trabalho, reunida em junho desse ano em Genebra (OIT, 1999). Ele sintetiza a missão histórica da OIT de promover oportunidades para que homens e mulheres possam obter um trabalho produtivo e de qualidade em condições de liberdade, equidade, segurança e dignidade humanas. O trabalho decente passa a ser conceitualizado, assim, como o ponto de convergência de quatro objetivos estratégicos: a promoção dos direitos no trabalho, a geração de empregos produtivos e de qualidade, a extensão da proteção social e o fortalecimento do diálogo social. Trata-se, portanto, do trabalho que permite satisfazer as necessidades pessoais e familiares de alimentação, educação, moradia, saúde e segurança.

(12) Organização Internacional do Trabalho. *Trabalho Decente*. Disponível em: <https://www.ilo.org/brasilia/temas/trabalho-decente/lang-pt/index.htm>. Acesso em: 14 out. 2020

> É também o trabalho que garante proteção social nos impedimentos ao exercício do trabalho (desemprego, doença, acidentes, entre outros), assegura renda ao chegar à época da aposentadoria e no qual os direitos fundamentais dos trabalhadores e trabalhadoras são respeitados (OIT, 1999). É um trabalho no qual as relações entre cada trabalhador ou trabalhadora e seus empregadores ou empregadoras estão devidamente regulamentadas por lei, especialmente no que se refere aos direitos fundamentais no trabalho, e autorreguladas através de acordos negociados em um processo de diálogo social em diversos níveis, o que implica o pleno exercício do direito da liberdade sindical, assim como o fortalecimento das diferentes instituições da administração do trabalho e das formas de representação e organização dos atores sociais (MARTÍNEZ, 2005). A noção de Trabalho Decente integra, portanto, a dimensão quantitativa e qualitativa do emprego. Ela propõe não apenas medidas de geração de postos de trabalho e de enfrentamento do desemprego, mas também de superação de formas de trabalho que geram renda insuficiente para que os indivíduos e suas famílias superem a situação de pobreza ou que se baseiam em atividades insalubres, perigosas, inseguras e/ou degradantes. Afirma a necessidade de que o emprego esteja também associado à proteção social e aos direitos do trabalho, entre eles os de representação, associação, organização sindical e negociação coletiva. Ainda segundo Martínez (2005), a noção de trabalho decente é uma tentativa de expressar, numa linguagem cotidiana, a integração de objetivos sociais e econômicos, reunindo as dimensões do emprego, dos direitos no trabalho, da segurança e da representação, em uma unidade com coerência interna e que adquire sentido quando considerada na sua totalidade(13).

Com base nessas ideias de trabalho decente e nas 'core obligations' da OIT(14) é que deve caminhar a evolução no mundo do trabalho. A lógica simplista e mercadológica é autofágica, não se sustenta e é predatória. Um desenvolvimento econômico e social sustentável passa pelo trabalho decente.

O modelo de prestação de serviços, empregatício, autônomo, parassubordinado ou qualquer outro nome, deve levar em consideração que a precarização prejudica não só o ser humano, mas a sociedade como um todo.

---

(13) Abramo, *Uma década de promoção do trabalho decente no Brasil*, p. 27

(14) A Organização Internacional do Trabalho na sua Declaração sobre os Princípios e Direitos Fundamentais no Trabalho elegeu como vetor essencial a eliminação da discriminação em matéria de emprego e ocupação. Esse vetor junto outros três (liberdade sindical, eliminação do trabalho forçado e abolição do trabalho infantil) compõe as denominadas *"core obligations"* da OIT e devem ser observadas por todos os membros da organização, ainda que não tenham ratificado os tratados fundamentais atinentes às matérias correlatas.

Reitere-se: por mais que se tente encaixar neste ou naquele modelo, a mera subsunção talvez não seja a resposta mais adequada para se enfrentar o período de crise e o pós crise.

É extremamente necessário revisitar o neoconstitucionalismo, fazer valer os fundamentos da República, os objetivos do Estado Democrático de Direito e os direitos fundamentais.

Os novos caminhos passam, necessariamente, pela valorização do trabalhador, pelo estímulo da economia, pela utilização da tecnologia e das novas formas de prestação de serviços, pela simplificação do sistema fiscal e tributário, pela criatividade dos empreendedores e principalmente pela centralidade do ser humano no âmbito do direito e da sociedade.

Conclusão

O mundo parece ter se cansado da pandemia, do isolamento social, das dificuldades e de todos os transtornos inerentes ao Covid-19. Nunca se falou tanto em 'novo normal', período de crise ou como lidar com a crise.

A despeito do inegável aspecto negativo de uma crise (econômica, financeira, sanitária), o período por ela permeado pode representar uma oportunidade de revisitar antigos conceitos, repensar práticas e usar da criatividade para trazer soluções.

Em períodos relativamente calmos, certamente as discussões e tensões jurídicas não estão mortas ou estagnadas. Mas na crise, as tensões crescem e há uma necessidade de se pensar prospectivamente para solucionar os problemas que se apresentam.

O processo histórico de ressignificação da Constituição Federal ganha maior relevo. O neoconstitucionalismo se fortalece. A constitucionalização de todos os ramos do direito e a força normativa do texto fundante são importantes instrumentos, não só de balizas hermenêuticas, mas de realização da justiça.

As ondas renovatórias de acesso à justiça precisam ser intensificadas para permitir que a sociedade se faça representar. Não basta mais garantir que a demanda seja isenta de custos. Deve-se fornecer recursos para demandar, isto é, fornecer ou prover meios para que a pessoa consiga acessar uma rede de dados para a audiência telepresencial. Não atinge a sua finalidade apenas franquear o ajuizamento de ações coletivas pelos legitimados autônomos. É necessário que sejam envidados todos os esforços para que o mérito da demanda seja efetivamente julgado, de forma a pacificar o conflito social. Não se pode exigir a redução de conflitos sem que se disponham de meios alternativos para sua solução, como os Centros Judiciários de Métodos Consensuais de Solução de Disputas espalhados pelo país.

Não só isso.

O Poder Judiciário deve intensificar seu papel contra majoritário, dando voz às minorias, fazendo-as representadas e tornando efetivo o princípio da igualdade em seu aspecto material ao "tratar igualmente os iguais e desigualmente os desiguais, na medida em que se desigualam".

Ainda materialmente, o Poder Judiciário deve ser prestigiado e aparelhado para exercer seu poder função de dizer o direito e pacificar os conflitos. O estímulo ao uso das ferramentas tecnológicas é medida importantíssima para se modernizar a prestação jurisdicional e, novamente, franquear acesso à justiça.

No campo da hermenêutica, com a devida vênia, o parâmetro interpretativo deve ser o da máxima efetividade da constituição e não a sua negação por meio do chamado direito constitucional de crise. A densificação dos princípios constitucionais fortalece o Poder Judiciário e o já citado papel contra majoritário.

Não se defende o protagonismo do poder judiciário em sobreposição aos demais poderes. Entretanto, o Poder Judiciário forte e atuante é símbolo de uma sociedade forte, de uma democracia consolidada e de um Estado Democrático de Direito. O sistema de freios e contrapesos é o maior marco dessa harmonia entre os Poderes da República.

No âmbito das relações de trabalho, propõe-se deslocar a discussão sobre a natureza da relação para a proibição da precarização. Seja qual for o modelo adotado, a super exploração é contrária aos interesses do capitalismo por minar o mercado consumidor. O trabalho decente nos patamares delineados pela Organização Internacional do Trabalho pode ser um norte na construção de um modelo sustentável de relação de trabalho.

O que não se pode fazer é ignorar a realidade. Nas palavras de Georges Ripert: *"Quando o Direito ignora a realidade, a realidade se vinga ignorando o Direito"*.

Bibliografia

ABRAMO, Laís. *Uma década de promoção do trabalho decente no Brasil:* uma estratégia de ação baseada no diálogo social. Genebra: OIT, 2015.

ÁVILA, Humberto. *Teoria dos Princípios:* da definição à aplicação dos princípios jurídicos. 15. ed. São Paulo: Malheiros, 2014.

CAPELLETTI, Mauro. *Acesso à Justiça*. Tradução de Ellen Gracie Northfleet. Porto Alegre: Fabris, 1988.

LENZA, Pedro. *Direito Constitucional Esquematizado*. 15. ed. São Paulo: Saraiva, 2011.

MARMELSTEIN, George. *Efeito Backlash da Jurisdição Constitucional:* reações políticas ao ativismo judicial. Disponível em: <https://www.cjf.jus.br/caju/Efeito.Backlash.Jurisdicao.Constitucional_1.pdf>.

MOTA, Louise Menegaz de Barros. 'Jeremy Bentham: entre o esquecimento e o retorno às ideias de um visionário'. In: *Revista de Informação Legislativa*, ano 49 n. 196 out./dez. 2012, p. 283-295.

3. Instrução Processual e Distanciamento Social: por Uma Necessária Observância dos Valores Consagrados no Modelo Constitucional de Processo

Walter Rosati Vegas Jr.[(1)]

O momento vivenciado pela humanidade é verdadeiramente único e os já atuais e notórios efeitos da pandemia decorrentes da Covid-19 em todas as relações sociais eram possivelmente inimagináveis para a maior parte da população mundial que, no despertar deste peculiar ano de 2020, talvez achasse verdadeiramente utópica a ideia de que o ser humano retornaria a viver a maior parte do seu tempo em sua agora denominada cabana digital.[(2)]

De qualquer forma, o caráter único e excepcional do momento vivenciado na sociedade brasileira não se apresenta, do ponto de vista jurídico evidentemente, como justificativa para todo e qualquer ato ou interpretação em detrimento de legítimas escolhas realizadas pelo Constituinte pátrio e pelos legisladores no regular desempenho de seu papéis institucionais em um Estado democrático de Direito.[(3)]

---

(1) Juiz do Tribunal Regional do Trabalho da 2ª Região. Mestre em Direito do Trabalho na Faculdade de Direito da Universidade de São Paulo. Especialista em Direito do Trabalho pela Faculdade de Direito da Universidade de São Paulo. Especialista em Direito Processual Civil pela Escola Paulista da Magistratura. Professor universitário na Associação Educacional Nove de Julho (Uninove).

(2) A expressão "cabana eletrônica" foi utilizada por Alvin Toffler em meados da década de 80 do século XX na perspectiva então futurista de que o lar passaria a ser o "centro da sociedade" e se tornaria o ponto focal de todas as mudanças desencadeadas por uma chamada "terceira onda" da incipiente sociedade da informação (TOFFLER, Alvin. *A Terceira Onda*. Tradução de João Távora. 8. ed.. Rio de Janeiro: Record, 1980). Entre os sociólogos simpatizantes da ideia do caráter revolucionário da sociedade da informação houve quem defendesse, inclusive, que a futura sociedade da informação se tornaria uma sociedade sem classes, isenta de poder dominante, tendo como núcleo comunidades voluntárias que tornariam possível dispensar a existência de governos centralizados (MASUDA, Yoneji. *A sociedade da informação como sociedade pós-industrial*. Tradução de Kival Chaves Weber e Angela Melim. Rio de Janeiro: IPEA, Brasília: PNUD, 1996. p. 184).

(3) Não se compartilha da ideia de que as normas jurídicas — aqui entendidas em sentido amplo — não sejam suficientes no atual momento de pandemia para apresentar soluções aos problemas decorrentes

O presente artigo pretende, a partir da realidade histórica acima indicada e em face das já disseminadas medidas de distanciamento social adotadas e exigidas pelas autoridades públicas, abordar aspectos de uma das etapas mais importantes no curso do processo, aqui entendido como o método de trabalho por meio do qual o Estado presta a tutela jurisdicional em observância aos conhecidos escopos jurídico, político e social.(4) Trata-se de uma breve e pontual abordagem de parâmetros legais aplicáveis na fase de produção de provas orais no processo do trabalho em tempos de pandemia e de distanciamento social, com o intuito de contribuir para algumas das inúmeras dúvidas interpretativas e práticas surgidas a partir dos primeiros efeitos da pandemia no funcionamento das sedes dos órgãos do Poder Judiciário.

Inicialmente, embora possa parecer lugar comum desde os avanços que o constitucionalismo obteve nas sociedades democráticas ocidentais no século passado, não é demais lembrar que toda e qualquer interpretação e solução para os "novos" problemas surgidos para a colheita de provas orais deveria passar por uma análise dos valores, postulados, princípios e regras consagradas na Constituição Federal de 1988 (CRFB/88) e particularmente dos limites do assim denominado modelo constitucional do processo.

Alguns dos princípios constitucionais são demasiadamente amplos e demandam verdadeira densificação normativa pelos intérpretes, como ocorre, por exemplo, com o devido processo legal e a duração razoável do processo, mas, por outro lado, existem regras suficientemente claras em seus limites semânticos(5) para indicar que a competência para legislar em matéria processual permanece sendo privativamente da União Federal (art. 22, I, CRFB/88) e que as sessões de julgamento devem permanecer públicas (art. 93, IX, CRFB/88).

Assim, já causa certa estranheza, ao menos à luz do modelo constitucional do processo, que se veiculem e se estabelecem longos debates de maneira acrítica quanto a minúcias fixadas em atos administrativos aprovados por órgãos de controle integrantes do Poder Judiciário,(6) os quais não têm o papel institucional de verdadeiros

---

desse fenômeno social, muito menos se pode concordar com a afirmação no sentido que a "flexibilização do direito não significa uma rendição ao Estado democrático de Direito" veiculada em artigo publicado pelo atual presidente do Supremo Tribunal Federal em jornal de grande circulação. Disponível em: <https://www1.folha.uol.com.br/opiniao/2020/04/a-licao-de-santo-agostinho.shtml>. Acesso em: 06 out. 2020.

(4) Para o estudo de cada um dos escopos dentro da ideia de instrumentalidade ver DINAMARCO, Cândido Rangel. *A instrumentalidade do Processo*. 15. ed.. São Paulo: Malheiros, 2013.

(5) Como bem pontua J. J. Gomes Canotilho, a "formulação lingüística da norma constitui o *limite externo* para quaisquer variações de sentido jurídico-constitucionalmente possíveis (função negativa do texto)" (CANOTILHO, J. J. Gomes. *Direito Constitucional e Teoria da Constituição*. 7. ed. Coimbra: Almedina, 2003. p. 1.218).

(6) O tema não é novo e merece destaque o fato que ao menos um destes atos administrativos normativos editados por parte de órgão judicial de cúpula, especificamente a instrução Normativa n. 39/2016 do TST, é objeto da Ação Direta de Inconstitucionalidade (ADI n. 5.516/DF) em trâmite no Supremo Tribunal Federal — STF.

legisladores primários e, inclusive, possuem competência bastante clara e delimitada pelo Constituinte derivado (art. 103-B, § 4º, CRFB/88).(7)

Do ponto de vista ideal, as soluções processuais — ainda que temporárias — para o momento peculiar vivenciado deveriam ter sido estabelecidas no âmbito do Congresso Nacional e, inclusive, mediante o respectivo encaminhamento de projetos de lei que mereceriam indubitavelmente a tramitação em regime de urgência.(8)

Ocorre que, entre o ideal e o possível, dúvidas não há que cabe aos operadores jurídicos, a míngua de regras expressas regulando as questões processuais sensíveis quanto à produção de provas durante o período de pandemia, o estabelecimento de soluções a partir dos valores já contemplados na Constituição Federal e nos diplomas processuais.

Nesse caminho, é oportuno lembrar que o próprio Supremo Tribunal Federal, especificamente analisando uma concreta violação aos limites constitucionais de competência em matéria processual e tratando de tema que se relaciona com as já disseminadas audiências telepresenciais, quando do julgamento do HC 90.900/SP e na condição de último intérprete da CRFB/88, reputou inconstitucional a tentativa de regulamentação e adoção indiscriminada de videoconferências no âmbito do processo penal, por meio de singela lei estadual, o que já indica que o percurso trilhado por meio de atos administrativos legiferantes é, no mínimo, de duvidosa constitucionalidade do ponto de vista formal e não pode prevalecer.

Os princípios do devido processo legal e da segurança jurídica exigem por parte de todos os órgãos do Poder Judiciário a observância das regras ainda vigentes em matéria de processo e procedimento, sendo que, em caso de omissão, as soluções passíveis de preservação — na melhor medida possível — de todos os valores envolvidos

---

(7) Nem se cogite aqui de incidência de uma controvertida ideia de derrotabilidade (*defeasibility*) das regras processuais durante a pandemia, por meio do uso da ponderação, notadamente considerando que um dos defensores de tal ideia, em sua conhecida obra sobre o conceito do Direito, destaca que "uma norma, vencida num determinado caso ao conflitar com outra mais importante, pode, como um princípio, sobreviver e continuar vigente, de modo que determine o desenlace em outros casos onde for considerada mais importante que outra norma concorrente" (HART, H. L. A. *O conceito de direito*. Tradução de Antônio de Oliveira Sette-Câmara. São Paulo: WWF Martins Fontes, 2009. p. 338). Trata-se evidentemente de ponderação de valores consagrados em duas regras vigentes em um dado ordenamento, o que se compara a um pretenso conflito entre lei em sentido formal e ato administrativo editado por aquele que não possui a função primária de inovação na ordem jurídica.

(8) Nesse sentido foi o que aconteceu, por exemplo, no campo das relações de direito privado quando da aprovação do denominado regime jurídico emergencial e transitório (RJET), por meio da Lei Ordinária n. 14.010, publicada em 12 de junho de 2020, e que teve por origem o projeto de lei n. 1.179, apresentado em 30 de março de 2020. Para além da célere tramitação do projeto, o que mais salta aos olhos para os fins do presente estudo é que o singelo cotejo da lei com as propostas iniciais denota que algumas das "soluções" temporárias e emergenciais foram claramente descartadas por aqueles que possuem a legitimidade do voto em um Estado democrático.

devem ser concretamente analisadas pelos órgãos judiciais e sujeitas ao contraditório pelas partes envolvidas, sem que cogitem de soluções administrativas abstratas e muito menos com pretenso caráter vinculante.

Não parece haver grande dúvida que inexiste no ordenamento pátrio um verdadeiro direito processual de pandemia ou regras processuais própria para tal situação especial, de modo que, a partir de tal premissa, alguns caminhos precisam ser trilhados a fim de evitar que os efeitos bastante sensíveis em diversos campos da sociedade acabem por ensejar verdadeira negativa de jurisdição,(9) ou seja, com total paralisia dos órgãos do Poder Judiciário e em manifesto descompasso com uma das principais garantias fundamentais do cidadão consagradas no art. 5º da CRFB/88.

Soluções doutrinárias que pretendam nesse momento inaugurar uma nova era no Direito Processual do Trabalho a partir de uma suposta quarta fase ou revolução industrial, envolvendo automação, troca digital de dados entre objetos e computação em nuvem, algo que em alguma medida já se fala desde o desenvolvimento da chamada sociedade da informação no final do século passado,(10) não podem verdadeiramente ignorar que todo esse voluntarismo passa ou deveria passar inicialmente pelo aprimoramento legislativo, sempre de maneira compatível com os valores constitucionais já mencionados.

A eventual flexibilidade ou plasticidade do processo do trabalho pátrio, que segundo alguns pode ser reconhecida no art. 765 da Consolidação das Leis do Trabalho — CLT, não autoriza a determinação de diligências inconstitucionais ou ilegais no campo probatório, nem mesmo permite a adoção arbitrária e unilateral de "soluções" para a imediata prática, de maneira telepresencial e sem o eventual fornecimento gratuito de meios para tanto, de todos os atos processuais relativos à instrução processual.

Um primeiro passo, que nos parece bastante pertinente e compatível com o ordenamento pátrio, é estabelecer um verdadeiro diálogo entre os órgãos do Poder

---

(9) A ampla disseminação em toda a Justiça do Trabalho da tramitação eletrônica de autos no processo do trabalho por intermédio do Processo Judicial eletrônico (PJe), bem como a relativa segurança e estabilidade do sistema, contribuíram substancialmente para que nesse período não se cogitasse de verdadeira negativa de jurisdição. Além disso, as técnicas de tutelas de urgência (art. 300 do CPC), tutela de evidência (art. 311 do CPC) e julgamento antecipado parcial do mérito (art. 356 do CPC), que são plenamente compatíveis com o processo do trabalho pátrio, em muito contribuem para que o bem da vida não pereça e que eventual demora na marcha processual não prive o titular de um direito à tutela jurisdicional tempestiva para reparação ou prevenção de um ilícito.

(10) Embora a informação, em sua acepção ampla de comunicação de conhecimento, já tenha acarretado inovações tecnológicas e verdadeiros rompimentos em um dado modelo de sociedade ao longo da história, o que se verifica no final do século XX é basicamente que o ciclo entre a aquisição de uma informação e a sua utilização em um dado contexto social intensifica-se a tal ponto de tornar aquela a principal origem do poder dentro da sociedade (CASTELLS, Manuel. *A Sociedade em rede* (A era da informação: economia, sociedade e cultura; v.1.). Atualizado para 6. edição. Tradução Roseneide Venâncio Majer. São Paulo: Paz & Terra, 1999. p. 69).

Judiciário — juízes de primeiro grau — e as partes de um processo judicial, considerando que são elas as principais destinatárias da função jurisdicional e terão as suas respectivas esferas jurídicas diretamente afetadas no bojo do processo judicial.

A ideia de colaboração ou cooperação, que segundo parte da doutrina se depreende da atual interpretação da garantia do contraditório (art. 5º, LV, CRFB/88), tem campo bastante fértil diante da realidade excepcional vivenciada, de modo que a atuação dos órgãos do Poder Judiciário e dos advogados como verdadeiros indutores de tal mecanismo parece inexorável e bastante pertinente para a continuidade da prática de alguns atos processuais relativos à fase de instrução processual.(11)

Além da nova perspectiva de negociação processual, que faculta às partes plenamente capazes estipular mudanças no procedimento para ajustá-lo às especificidades da causa, positivada no art. 190 do Código de Processo Civil — CPC e que nos parece plenamente compatível com o processo do trabalho nas hipóteses de direitos que admitam autocomposição,(12) cumpre relembrar que mesmo no diploma processual anterior já se reputava lícita a eventual suspensão — total — da tramitação do feito, por comum acordo, o que vai ao encontro da ideia que a jurisdição — como função, atividade e poder — deve ser pensada a partir dos interesses de todos os destinatários de tal função pública e não como um ato com fim em si mesmo.(13)

A própria diversidade de condições de inclusão digital e acesso às ferramentas tecnológicas é outro ponto de substancial importância, notadamente considerando as ainda tão diferentes realidades sociais e econômicas das partes de um litígio, o que avulta no campo do processo do trabalho pátrio e pode prejudicar sensivelmente a esfera jurídica dos envolvidos.(14)

---

(11) Embora a cooperação entre os atores processuais seja aspecto romântico a partir da realidade vivenciada no processo do trabalho pátrio e sem qualquer pretensão ilusória de que o momento excepcional de pandemia teria alterado o patamar ético de conduta de todos os atores processuais, acredita-se que no campo das garantias processuais destinadas às partes há possibilidade de avanço em negócios jurídicos processuais que permitam, por exemplo, a prática segura de atos relativos à colheita de prova oral, por meios telepresenciais.

(12) É paradoxal que o órgão pleno do Tribunal Superior do Trabalho tenha fixado em março de 2016 a incompatibilidade de tal instituto com o processo do trabalho, por meio da já mencionada peculiar instrução normativa n. 39/2016 (art. 2º), e que no ano seguinte, alguns de seus membros, no exercício da função jurisdicional por excelência, tenham reputados válidos pontuais negócios jurídicos processuais firmados pelas partes ao longo do procedimento, como se verifica, por exemplo, da decisão da 3ª Turma no RR-147300-49.2012.5.13.0004, relator Ministro Alexandre de Souza Agra Belmonte, DEJT 27.10.2017.

(13) Eduardo Rockenbach Pires, ao tratar do consentimento das partes e da previsão legal supracitada, destaca com bastante perspicácia que "se o juiz não tem a prerrogativa de rejeitar a suspensão do feito, igualmente não teria a de impor a realização da audiência de instrução telepresencial" (PIRES, Eduardo Rockenbach. "Audiências telepresenciais no Processo do Trabalho: a verdade à distância". In: *Revista Consultor Jurídico*, 13 jul 2020. Disponível em: <https://www.conjur.com.br/2020-jul-13/eduardo-pires-audiencias-telepresenciais-processo-trabalho>. Acesso em: 06 out. 2020).

(14) José Carlos de Araújo Almeida Filho adverte com bastante pertinência que "os que mais têm necessidade de acesso à justiça, conforme relatório da ONU, encontram-se excluídos digitalmente ou marginalizados pela sociedade da informação" (ALMEIDA FILHO, José Carlos de Araújo. *Processo eletrônico e teoria geral do processo eletrônico:* a informatização judicial no Brasil. 3. ed. Rio de Janeiro: Forense, 2010. p. 48).

As opções legislativas pretéritas (art. 10, § 3º da Lei ordinária n. 11.419/2006 e art. 198 do CPC) quanto ao tema da inclusão contemplam que compete às unidades do Poder Judiciário manter gratuitamente, à disposição dos interessados, equipamentos necessários à prática dos atos em ambiente digital, o que indica que determinações ou "sugestões" no sentido de que partes e testemunhas sejam ouvidas nos escritórios dos procuradores estão em dissonância com as regras positivadas que almejam potencializar o acesso gratuito à justiça e acabam, em alguma medida, por transferir — indevidamente — custos de um serviço público a terceiros, além de terem por consequência a preocupação destes com a adoção de medidas de proteção à saúde no ambiente privado.

Fixadas essas proposições essenciais quanto aos limites constitucionais da competência para a edição de normas processuais, bem como após a indicação de que eventuais soluções para possíveis dilemas na fase de instrução processual devem ser concretamente adotadas a partir das garantias que integram o modelo processual, primordialmente a partir do diálogo com os destinatários da tutela jurisdicional e considerando as condições de inclusão digital de cada uma das partes, torna-se imperiosa a análise de algumas possíveis inflexões em relação ao regramento previsto na CLT.

Dentro dos parâmetros existentes no capítulo X da CLT, quando trata do denominado processo judiciário do trabalho, verifica-se que habitualmente as audiências serão públicas e realizadas na sede de juízo em dias úteis, sendo que apenas em casos especiais poderá ser designado outro local para a realização do ato e mediante edital afixado na sede da unidade judiciária com antecedência mínima de 24 horas (art. 813 da CLT).

Assim, em um primeiro momento, não nos parece ilegal ou manifestamente incompatível com o modelo processual que, ante a situação especial vivenciada, ocorra a transferência da própria audiência de uma sede física para um ambiente virtual,(15) por meio do uso de aplicativos digitais disponibilizados gratuitamente e desde que as partes disponham de meios próprios — ferramentas — para tanto, ou seja, que elas não indiquem total indisponibilidade técnica para a participação no ato.

Não obstante a ideia de obrigatoriedade da presença física das partes perante um juiz já tenha sido relacionada à ideia do juiz natural (art. 5º, LIII, CRFB/88),(16)

(15) Em alguma medida, também durante o período de pandemia, a hipótese de determinação judicial de apresentação das eventuais modalidades de defesa e prova documental pelo reclamado fora de uma audiência presencial e das condições previstas no art. 847 da CLT, por meio de verdadeira dilação do prazo legal, contempla situação expressamente autorizada pelo art. 775 da CLT e que também resguarda a necessária duração razoável do processo, sem ensejar manifesta violação ao núcleo essencial da garantia do contraditório e do devido processo legal.

(16) Como se depreende dos seguintes trechos do voto do Min. Carlos Ayres Brito proferido no HC n. 90.900/SP: "[...]Esse acesso ao juiz é expressão da garantia constitucional do processo que atende pelo nome de juiz

referida garantia de julgamento perante a autoridade competente está relacionada à inadmissibilidade de tribunais de exceção e à observância das regras vigentes de distribuição das demandas, razão pela qual o singelo fato de o depoimento da parte ou testemunha ocorrer por meio de audiência telepresencial em nada afrontaria o núcleo de tal garantia que integra o devido processo legal substancial.

Inúmeros avanços disseminados durante a sociedade da informação acabaram por reinventar os conhecidos padrões de tempo e espaço utilizados tradicionalmente na ciência do Direito, pois possibilitaram a ubiquidade e a redução da distância entre os integrantes dos processos comunicativos. Assim, ainda que se considere que o comparecimento físico das partes e testemunhas perante um juiz integre a supracitada garantia do devido processo legal, a ideia de presença não deve mais ser interpretada de forma literal e de modo a impedir a prática de ato telepresencial.(17)

Todavia, tal premissa não significa a imediata conclusão de que todos os atos de instrução processual, particularmente a colheita de prova oral, devam imediatamente ocorrer de maneira telepresencial sem que existam condições adequadas e concordância expressa ou tácita das partes.

Atos telepresenciais relacionados à sustentação oral previamente ao julgamento de recursos ou relativos a tentativas de conciliação, que foram adotados com algum êxito em diversos órgãos do Poder Judiciário a partir do segundo trimestre deste ano, não parecem ser, ao menos em uma análise das normas jurídicas que os regulamentam, comparáveis ao procedimento de produção de provas orais, principalmente considerando o elevado volume de regras que tratam desta última temática até mesmo em procedimentos dotados de um ideal de simplicidade,(18) como almeja ser o processo do trabalho pátrio.

---

natural, e o próprio nome juiz natural também é auto-explicativo. Juiz natural não é juiz virtual. Na chamada "videoconferência", o juiz se faz virtual. Ora, o juiz natural, por definição, contrapõe-se ao juiz virtual. É um juiz que é visto fisicamente....Entendo que esse direito de ver e ser visto, de ouvir e ser ouvido, não é só expressão da garantia do juiz natural, como da garantia da ampla defesa, porque importa muito, no interrogatório de um réu, o gestual, o mímico, o fácies, o metal da voz, o brilho do olho, tudo faz parte de uma aferição natural insubstituível pela tecnologia da televisão[...]" (STF, HC 90900, relator(a): Min. ELLEN GRACIE, relator(a) p/ Acórdão: Min. MENEZES DIREITO, Tribunal Pleno, julgado em 30.10.2008, DJe-200 DIVULG 22.10.2009 PUBLIC 23.10.2009 EMENT VOL-02379-04 PP-00747).

(17) Pierre Levy, ao tratar do denominado ciberespaço, destaca que ele "encoraja um estilo de relacionamento quase independente dos lugares geográficos (telecomunicação, telepresença) e da coincidência dos tempos (comunicação assíncrona) (LEVY, Pierre. *Cibercultura*. Tradução de Carlos Irineu da Costa. 3. ed. São Paulo: Editora 34, 2010. p. 51).

(18) Mario Pasco indica que as características relevantes do processo do trabalho são a simplicidade, celeridade, oralidade, concentração, imediação, eventualidade ou lealdade processual, gratuidade ou custo mínimo e a hipervalorização da conciliação, sendo que os princípios essenciais do direito processual do trabalho são o da veracidade ou da predominância da matéria sobre a forma, protetor ou da desigualdade compensatória e, ainda, o critério de consciência na exegese da prova e de equidade na resolução (PASCO, Mario. *Fundamentos do Direito Processual do Trabalho*. Tradução de Edilson Alkmin Cunha. São Paulo: LTr, 1997. p. 51-105).

A CLT trata entre os seus arts. 819 e 829 da prova oral, modalidade que tem atualmente despertado maiores dilemas, sendo que estabelece regras específicas quanto à forma pela qual o conhecimento de terceiros (testemunhas) sobre fatos que foram presenciados por seus sentidos próprios[(19)] podem ingressar no processo e passarem a ser utilizados como elementos de convicção do julgador.

Em que pesem algumas alterações promovidas pela Lei Ordinária n. 13.467/2017 quanto a temas relacionados ao ônus da prova, nota-se que o legislador não teve qualquer preocupação com a atualização do meio pelo qual o conhecimento das testemunhas deve ingressar no feito e muito menos com a forma de oitiva delas, mantendo-se intactas as disposições, por exemplo, quanto à forma de inquirição (art. 820 da CLT) e incomunicabilidade entre as testemunhas durante o depoimento (art. 824 da CLT).

De outra banda, nota-se que o CPC aprovado em 2015 consagrou expressamente a possibilidade de utilização da videoconferência no curso da instrução probatória quando do depoimento das partes (§ 3º do art. 385) e também das testemunhas (§ 1º do art. 453), previsões que são atualmente reputadas aplicáveis supletivamente ao processo do trabalho pátrio, ante o tratamento insuficiente do tema e pela manifesta compatibilidade com as normas — princípios e regras — contempladas na CLT, de modo a afastar qualquer possível restrição quanto à legalidade da adoção de tal mecanismo por ausência de autorização legislativa expressa.

Todavia, não obstante a importância de um marco normativo — compatível com as regras de competência legislativa da CRFB/88 — autorizando expressamente a utilização deste importante avanço tecnológico no campo da prova oral, a regulamentação aprovada apresentou-se insuficiente para abranger questões relativas à necessidade de que o depoimento ocorra em ambiente seguro, com condições mínimas que permitam o controle dos resultados obtidos das fontes de prova e de modo a permitir o exercício do contraditório durante a produção da prova oral.

A própria imposição legislativa no sentido que os órgãos judiciais têm o dever de manter equipamento apto para a transmissão e recepção de sons e imagens contida no § 2º do art. 453 do CPC já indica que o depoimento deveria ocorrer, sempre que possível, em uma das salas devidamente equipadas de uma unidade judiciária, preferencialmente com a presença física de um juiz ou servidor público no

---

(19) O denominado testemunho de ouvida ou por referência costuma ser reputado como de menor valor probatório dentro dos modelos processuais vigentes nos regimes ocidentais, de modo a indicar que o juiz deve acessar, sempre que possível, as fontes diretas de informação. O Federal Rules of Evidence, que constitui uma espécie de diploma que regulamenta as provas no âmbito das cortes com jurisdição federal nos Estados Unidos da América, possuir disposição no sentido que, em regra, o testemunho de ouvida não é admissível (*rule 802*). Disponível em: <http://www.uscourts.gov/uscourts/rules/rules-evidence.pdf>. Acesso em: 06 out. 2020.

ambiente, de modo a dotar a produção da prova oral de um mínimo de segurança e credibilidade.[20]

A preocupação com o estabelecimento de critérios seguros para o uso da videoconferência ou outro recurso tecnológico para a comunicação audiovisual em tempo real na colheita da prova oral foi abordada no anteprojeto de reforma do direito probatório no processo civil brasileiro, coordenado pelo renomado processualista Leonardo Greco perante o programa de Pós-Graduação em Direito da Universidade Estadual do Rio de Janeiro, o qual indica em seu art. 115 que a inquirição deverá ocorrer em sede de órgão judicial, certificando-se a correta identificação e incomunicabilidade da testemunha durante depoimento não acompanhado pelo juiz.[21]

Além disso, deve-se ter em mente que determinadas exigências previstas pelo ordenamento pátrio para a produção de alguns meios de prova não são singelos formalismos destituídos de significado, mas constituem efetivos requisitos para um adequado acesso às fontes de prova oral pelo juiz e para uma segura formação da

---

(20) O atual Código de Processo Civil Português, ao tratar do tema da inquirição por meio tecnológico, estabelece no item 4 de seu art. 502 que "no dia da inquirição, a testemunha identifica-se perante o funcionário judicial do tribunal ou do juízo ou perante o funcionário do serviço público onde o depoimento é prestado, mas a partir desse momento a inquirição é efetuada perante o juiz da causa e os mandatários das partes, através de equipamento tecnológico que permita a comunicação, por meio visual e sonoro, em tempo real, sem necessidade de intervenção do juiz do local onde o depoimento é prestado".

(21) "Art. 115. A inquirição de testemunha por carta poderá ser efetuada por videoconferência ou outro recurso tecnológico de transmissão de sons e imagens em tempo real, o que ocorrerá, preferencialmente, durante a realização da audiência de instrução e julgamento no juízo de origem, dirigindo o juiz da causa e os advogados das partes que o acompanharem as perguntas a serem respondidas pelo depoente no juízo responsável pelo seu cumprimento. § 1º Sempre que possível, a inquirição da testemunha será realizada na presença de um juiz, sem prejuízo da atuação do juiz da causa no juízo de origem. § 2º Caso inviabilizado o disposto no § 1º, a inquirição da testemunha poderá se dar na presença de um funcionário do juízo responsável pelo cumprimento, devendo, neste caso, ser elaborado termo escrito e circunstanciado, a ser remetido ao juízo de origem, no qual constarão, no mínimo, as seguintes informações: I – identificação do funcionário que supervisionou a inquirição e que será responsável, sob as penas da lei, pela exatidão das informações prestadas; II – explicitação dos motivos pelos quais não se realizou a inquirição na presença de um juiz, na forma do § 1º; III – identificação completa da testemunha e de todas as circunstâncias exigidas pelo *caput* do art. 105; IV – indicação dos horários de início e de encerramento da inquirição; V – indicação de que a testemunha foi advertida expressamente de seu dever de veracidade, na forma do art. 106; VI – indicação de que foi observada a incomunicabilidade da testemunha (art. 104), bem como a regra disposta no art. 107, § 2º; VII – identificação de quaisquer outras pessoas presentes durante a inquirição da testemunha, incluindo os advogados das partes e o Ministério Público, se for o caso. § 3º O funcionário que supervisionar a inquirição poderá, ainda, fazer constar no termo qualquer outra circunstância relevante. § 4º Surgindo qualquer ocorrência relevante durante a inquirição, o funcionário responsável pela sua supervisão deverá, sempre que possível, submeter tal circunstância de imediato e em tempo real ao juiz da causa. § 5º O depoimento da testemunha por carta observará, em qualquer caso, o disposto no art. 55. A gravação por qualquer das partes será previamente comunicada ao depoente, às demais partes presentes, ao juiz da causa no juízo de origem, se estiver acompanhando a inquirição em tempo real e, ainda, ao juiz ou funcionário que presenciar a inquirição" (GRECO, Leonardo. A reforma do Direito Probatório no processo civil brasileiro. Primeira parte. *Revista de Processo*. São Paulo, a. 40, n. 240, p. 61-136, fev. 2015).

convicção deste acerca das afirmações fáticas controvertidas dentre de um Estado democrático de Direito.

Nesse sentido, a consagração da ideia de atipicidade(22) dos meios de prova não deve acarretar, por si só, a possibilidade de ampla produção, sem qualquer justificativa, das provas anômalas, ou seja, das provas típicas sem observância das garantias constitucionais e dos requisitos estabelecidos nas regras que tratam dos meios de prova na legislação processual. A exigência especialmente de um contraditório efetivo e simultâneo na produção de provas orais "decorre do valor heurísitico do contraditório, como um eficiente mecanismo para a busca da verdade", o que não pode ser abandonado por força de aspectos lógicos e ideológicos que permeiam o modelo processual.(23)

Como a CLT estabelece em seu art. 820 que as partes e testemunhas serão inquiridas em audiência, não se pode concluir que a apresentação de singela declaração assinada pelas partes ou testemunhas presenciais seria uma espécie de prova atípica que deva ter, sem a concordância expressa dos envolvidos, ampla aceitação e idêntica valoração ao de um testemunho prestado em audiência.

Embora do ponto de vista epistêmico a inobservância da formalidade deixe de ter qualquer relevância, tendo em vista que nada garante que um depoimento firmado presencialmente perante um juiz leve necessariamente à correta elucidação dos fatos pelo singelo procedimento formal adotado, deve-se atentar que os requisitos para a produção de uma determinada prova oral permitem o controle dos resultados obtidos das fontes de prova e a observância do contraditório simultâneo e efetivo.(24)

---

(22) Com base no previsto no inciso LVI do art. 5º da Constituição Federal de 1988 reputa-se que esteja implícito um verdadeiro princípio de atipicidade das provas no modelo pátrio, por meio do qual todo e qualquer elemento de prova ainda que não expressamente previsto deva ser admitido e valorado, desde que ele não ofenda os demais valores consagrados no ordenamento jurídico. (BUENO, Cássio Scarpinella. *Curso sistematizado de direito processual civil:* procedimento comum: ordinário e sumário, 2: tomo I, São Paulo: Saraiva, 2007 p. 242).

(23) BADARÓ, Gustavo Henrique. *Epistemologia judiciária e prova penal.* São Paulo: Thomson Reuters Brasil, 2019. p. 199.

(24) No âmbito do processo penal a questão ganha ainda mais relevância especialmente com base no reconhecimento de um verdadeiro direito ao confronto do acusado em face das testemunhas presenciais. No ordenamento norte americano, o *right of confrontation* é assegurado na VI Emenda à Constituição dos EUA quando fixa que *"in all criminal prosecutions, the accused shall enjoy the right [...] to be confronted with the witness against him".* Na Itália tal direito também possui previsão no art. 111 da Constituição quando estabelece que *"Nel processo penale, la legge assicura che la persona accusata di un reato sia, nel più breve tempo possibile, informata riservatamente della natura e dei motivi dell'accusa elevata a suo carico; disponga del tempo e delle condizioni necessari per preparare la sua difesa; abbia la facoltà, davanti al giudice, di interrogare o di far interrogare le persone che rendono dichiarazioni a suo carico, di ottenere la convocazione e l'interrogatorio di persone a sua difesa nelle stesse condizioni dell'accusa e l'acquisizione di ogni altro mezzo di prova a suo favore; sia assistita da un interprete se non comprende o non parla la lingua impiegata nel processo".*

É a partir de tais premissas que se questiona na atualidade a perspectiva de adoção acrítica de instruções telepresenciais, olvidando-se de aspectos relativos ao controle dos resultados obtidos das fontes de prova e sem que se apresente por qual fundamento legal, sem a concordância das partes, a regra de incomunicabilidade durante o depoimento prevista no art. 824 da CLT seja solenemente ignorada.(25)

Ora, se a ideia é no sentido que a obtenção do conhecimento das partes e testemunhas quanto aos fatos deve ser feita a qualquer custo, com fundamento no valor da duração razoável do processo,(26) ainda que a despeito da recusa expressa de um dos sujeitos processuais, talvez todos os "contornos" circunstancialmente utilizados para superar a diversidade de condições de inclusão digital pudessem ser substituídos pela singela gravação de um áudio ou pelo preenchimento de formulário pelas testemunhas,(27) que seriam valorados por ocasião do julgamento.

Ocorre que tal perspectiva não é admissível no ordenamento pátrio justamente considerando que as partes têm o direito de confrontar as declarações e explorar as fontes de prova durante o depoimento, o que restará evidentemente prejudicado na hipótese em que se substitua, por exemplo, a oitiva de uma testemunha disponível por uma singela declaração assinada por esta e apresentada em juízo apenas por aquele que se beneficiaria do resultado de tal meio de prova,(28) de modo que, sem a concordância das partes, "não se pode admitir, sob o pálio da prova atípica, uma prova típica que não observe a garantia constitucional do contraditório".(29)

---

(25) O art. 824 da CLT consagra a ideia de incomunicabilidade das testemunhas durante o depoimento, ou seja, no sentido de que as declarações prestadas por cada uma das pessoas a serem ouvidas no processo não sejam contaminadas pelos relatos de outras pessoas anteriormente ouvidas em juízo. O procedimento também deve ser adotado em relação às partes por ocasião da colheita dos depoimentos pessoais, em que pese a menor formalidade inerente ao processo do trabalho pátrio e por aplicação supletiva do que estabelece o § 2º do art. 385 do CPC.

(26) Nesse particular é interessante pontuar que o próprio legislador ordinário já ponderou previamente situações em que a urgência demandaria a produção antecipada de provas, consoante se depreende do inciso I do art. 381 do CPC, procedimento que demanda prévio requerimento da parte interessada e por meio do qual não se autoriza qualquer alteração judicial da forma por meio da qual um depoimento será colhido.

(27) Oportuno referir que o Código de Processo Penal, desde a alteração promovida pela lei ordinária n. 6.416/77, contempla no § 1º de seu art. 221 que "O Presidente e o Vice-Presidente da República, os presidentes do Senado Federal, da Câmara dos Deputados e do Supremo Tribunal Federal poderão optar pela prestação de depoimento por escrito, caso em que as perguntas, formuladas pelas partes e deferidas pelo juiz, lhes serão transmitidas por ofício", o qual é atualmente de discutível constitucionalidade por postergar o contraditório e impedir o direito ao confronto das declarações da testemunha.

(28) A juntada aos autos de um documento que retrate a narrativa unilateral de uma das partes ou de um relato da testemunha presencial acerca de um fato, o que inclusive é muito comum no processo do trabalho em casos de alegada ofensa aos direitos da personalidade quando são juntados boletins de ocorrência e declarações de outros empregados, exige do juiz redobrado cuidado quanto à devida valoração de tais declarações unilaterais, tendo em vista que estas não devem ser equiparadas à prova produzida em juízo.

(29) CAMBI, Eduardo. *A prova civil*. Admissibilidade e relevância. São Paulo: Revista dos Tribunais, 2006. p. 46.

Já em sede de conclusão, cumpre também destacar que são de duvidosa legalidade os denominados "protocolos de boas práticas" adotados e disseminados por alguns órgãos da Justiça do Trabalho no bojo de audiências telepresenciais, por meio dos quais se cogita que o juiz possa estabelecer exigências no que concerne à vestimenta, ao posicionamento de cada indivíduo em uma sala e, inclusive, quanto ao acesso de imagens de todo o ambiente privado em que uma parte ou testemunha preste depoimento telepresencial, sendo que o fato de circunstancialmente tal pedido ser habitualmente acolhido pelos partícipes do ato não torna lícita a premissa que o denominado poder de polícia seja expandido para além dos limites territoriais da sede da unidade judiciária e desborde digitalmente para ambientes com legítima expectativa de privacidade.(30)

No mesmo sentido, a ideia de um denominado "compromisso estendido", ou seja, por meio do qual se estabelece que a testemunha firme juramento também no sentido de que não terá acesso durante o depoimento a nenhum escrito previamente elaborado ou contato com terceiros, sob pena de incidência da penalidade prevista no art. 793-C da CLT, desconsidera os limites semânticos do art. 458 do CPC que trata do solene compromisso de dizer a verdade(31) e indica sanção que não se coaduna exatamente com o que a lei ordinária n. 13.467/2017 positivou no art. 793-D da CLT.

Em arremate, cumpre reiterar que a concordância — tácita ou expressa — das partes envolvidas, no regular exercício do que alguns denominam de negociação processual, é elemento substancial(32) para que se possa cogitar do prosseguimento de atos

---

(30) Kleber de Souza Waki, ao tratar do tema no início do século XXI antes da atual realidade de distanciamento social, destaca "se é certo que o juiz exerce a jurisdição dentro de sua área territorial e observados os limites da sua competência material, não há como assegurar que o magistrado tenha o poder de polícia sobre a testemunha que está sendo por ele inquirida em videoconferência. Ainda que haja instrumentos de segurança a coibir figuras penais de desacato ou falso testemunho, tais poderes não poderiam, nem virtualmente, ser exercidos sobre testemunha que está localizada fisicamente em área externa à jurisdição do magistrado" (WAKI, Kleber de Souza. A teleaudiência no processo trabalhista. Acesso à justiça. *O Trabalho*. Curitiba, n. 95, p. 2.513-21, jan. 2005, p. 2.519). Em idêntico sentido são os ensinamentos de Luiz Guilherme Marinoni e Sérgio Cruz Arenhart, quando destacam que "o julgador não terá competência, ou até mesmo jurisdição, nesse outro local, e por isso necessitará da autorização da autoridade em que está o depoente" (MARINONI, Luiz Guilherme. ARENHART, Sérgio Cruz. *Prova*. 2. ed. São Paulo: RT, 2011. p. 734).

(31) Em que pese a solenidade seja injustificável do ponto de vista epistêmico e sua eventual inobservância não necessariamente acarrete qualquer nulidade processual, o ordenamento pátrio permanece prevendo a realização de tal compromisso. Trata-se de reminiscência do período das provas tarifadas e que na atualidade possui relevância principalmente para a configuração do tipo penal previsto no art. 342 do Código Penal.

(32) Como bem pontual Ingo Wolfgang Sarlet e Hermes Zaneti Junior, ao tratar do estado de calamidade e atuação do Poder Judiciário, "a melhor forma de prosseguir nos feitos pendentes para além dos atos urgentes e expressamente previstos na lei é através do case management consensual entre o juiz, as partes e seus advogados. Isso significa que os direitos fundamentais processuais são respeitados e protegidos em sua maior amplitude, tais como o direito de acesso à justiça e à efetividade da jurisdição, o direito à segurança jurídica e o auto regramento da vontade no processo" (SARLET, Ingo Wolfgang; ZANETI JUNIOR, Hermes. "Direitos fundamentais em tempos de pandemia II: estado de calamidade e Justiça". *In*: *Revista Consultor Jurídico*, 05 abr. 2020. Disponível em: <https://www.conjur.com.br/2020-abr-05/direitos-fundamentais-direitos-fundamentais-tempos-pandemia-ii>. Acesso em: 06 out. 2020).

de colheita da prova oral de maneira telepresencial e, inclusive, para que se imaginem novas perspectivas para que o conhecimento de terceiros (testemunhas) sobre fatos que foram presenciados por seus sentidos próprios ingresse de maneira legítima nos autos processuais para a formação da convicção do julgador.

Experiências positivadas nos diplomas processuais de países ocidentais indicam para a possibilidade de, com a concordância das partes e autorização judicial, cogitar-se em determinadas situações da substituição de um depoimento oral por apresentação de documento escrito[(33)] e, inclusive, que a inquirição da testemunha ocorra em ambiente externo[(34)] ao da sede da unidade judiciária, as quais indicam inflexão possível às regras voltadas ao controle da produção de provas orais no processo do trabalho, por contemplarem válida construção[(35)] consensual de procedimento probatório pelos principais destinatários das garantias inerentes ao modelo constitucional de processo.

A interação entre as partes e o juiz, por meio do necessário diálogo sobre todos os atos processuais que integram o procedimento necessário ao exercício da função jurisdicional, acaba por qualificar o debate com a possível apresentação de novas perspectivas, reduzindo demasiadamente o risco de opiniões preconcebidas[(36)] e, por conseguinte, beneficiando a construção de decisões ponderadas e corretas à luz de um determinado ordenamento jurídico.

---

(33) As disposições contidas nos artigos 200 a 203 do Código de Processo Civil Francês, que permitem o depoimento por escrito e indicam que o juiz pode determinar a oitiva presencial do autor da declaração É bastante elucidativo o teor do formulário de testemunho disponível no sítio eletrônico de órgãos públicos, inclusive com previsão de penalidades severas para eventual falsa declaração. Disponível em: <https://www.service-public.fr/particuliers/vosdroits/R11307>. Acesso em: 11 set. 2020. Em sentido similar é a disposição prevista no art. 518 do Código de Processo Civil Português, ao estabelecer que "1 – Quando se verificar impossibilidade ou grave dificuldade de comparência no tribunal, pode o juiz autorizar, havendo acordo das partes, que o depoimento da testemunha seja prestado através de documento escrito, datado e assinado pelo seu autor, do qual conste relação discriminada dos factos a que assistiu ou que verificou pessoalmente e das razões de ciência invocadas. 2 – Incorre nas penas cominadas para o crime de falsidade de testemunho quem, pela forma constante do número anterior, prestar depoimento falso".

(34) O Código de Processo Civil Português, ao tratar do tema, estabelece em seu art. 517 que "1 – Havendo acordo das partes, a testemunha pode ser inquirida pelos mandatários judiciais no domicílio profissional de um deles, devendo tal inquirição constar de uma ata, datada e assinada pelo depoente e pelos mandatários das partes, da qual conste a relação discriminada dos factos a que a testemunha assistiu ou que verificou pessoalmente e das razões de ciência invocadas, aplicando-se-lhe ainda o disposto nos ns. 1, 2 e 4 do art. 519º. 2 – A ata de inquirição de testemunha efetuada ao abrigo do disposto no número anterior pode ser apresentada até ao encerramento da discussão em 1ª instância".

(35) A qual evidentemente deverá ser analisada e controlada pelo magistrado, como inclusive prevê o parágrafo único do art. 190 do CPC, e que em nada deve limitar a eventual iniciativa probatória do próprio julgador para a elucidação dos fatos controvertidos. Como bem pondera o processualista português Francisco Manuel Lucas Ferreira de Almeida se "entender necessário, pode o juiz, oficiosamente ou a requerimento das partes, determinar, sendo ainda possível, a *renovação do depoimento* na sua presença, caso em que a testemunha é notificada pelo tribunal" (ALMEIDA, Francisco Manuel Lucas Ferreira de. *Direito processual civil. 2. ed. Vol. II.* Coimbra: Almedina, 2019. p. 379.

(36) OLIVEIRA, Carlos Alberto Alvaro de. Garantia do Contraditório. In: TUCCI, José Rorério Cruz e (Coord.). *Garantias Constitucionais do Processo Civil*. São Paulo: Revista dos Tribunais, 1999. p. 139.

Por fim, não há dúvidas que um eventual fetiche pelo novo ou o medo do desconhecido possa contaminar todas as premissas adotadas por qualquer um que pretenda abordar o assunto ora em análise,[37] mas, para além das opiniões pessoais quanto aos efetivos e talvez inegáveis benefícios que um sistema telepresencial possui, por exemplo, para a documentação dos depoimentos, os exatos valores constitucionais e parâmetros legais permanecem sendo o norte necessário para que o juiz, como escravo da Constituição Federal e das leis,[38] exerça o papel dele esperado dentro de um Estado democrático de Direito e não atropele legítimas expectativas criadas em favor daqueles que são os principais destinatários da função jurisdicional.

Referências bibliográficas

ALMEIDA, Francisco Manuel Lucas Ferreira de. *Direito processual civil.* 2. ed. Vol. II. Coimbra: Almedina, 2019.

ALMEIDA FILHO, José Carlos de Araújo. *Processo eletrônico e teoria geral do processo eletrônico:* a informatização judicial no Brasil. 3. ed. Rio de Janeiro: Forense, 2010.

BADARÓ, Gustavo Henrique. *Epistemologia judiciária e prova penal.* São Paulo: Thomson Reuters Brasil, 2019.

CANOTILHO, J. J. Gomes. *Direito Constitucional e Teoria da Constituição.* 7. ed.. Coimbra: Almedina, 2003.

CAMBI, Eduardo. *A prova civil.* Admissibilidade e relevância. São Paulo: Revista dos Tribunais, 2006.

CASTELLS, Manuel. *A Sociedade em rede* (A era da informação: economia, sociedade e cultura; v.1.). Atualizado para 6. edição. Tradução Roseneide Venâncio Majer. São Paulo: Paz & Terra, 1999.

DALLARI, Dalmo. *O Poder dos Juízes.* São Paulo: Saraiva, 1996.

DINAMARCO, Cândido Rangel. *A instrumentalidade do Processo.* 15. ed. São Paulo: Malheiros, 2013.

GRECO, Leonardo. A reforma do Direito Probatório no processo civil brasileiro. Primeira parte. *Revista de Processo,* São Paulo, ano 40, n. 240, p. 61-136, fev. 2015.

LEVY, Pierre. *Cibercultura.* Tradução de Carlos Irineu da Costa. 3. ed. São Paulo: Editora 34, 2010.

HART, H. L. A. *O conceito de direito.* Tradução de Antônio de Oliveira Sette-Câmara. São Paulo: WWF Martins Fontes, 2009.

(37) Tal aspecto também foi bastante debatido por ocasião da implantação da tramitação eletrônica de autos no processo do trabalho por intermédio do Processo Judicial eletrônico (PJe), mas não é demais lembrar que tal medida de informatização foi decorrência de legítima opção legislativa veiculada na lei ordinária n. 11.419/2006 e não decorreu somente do voluntarismo ou visão de futuro dos circunstanciais ocupantes de cargos de direção dos Tribunais Superiores.

(38) Para uma análise crítica de tal proposição, principalmente no campo do direito material, ver por todos DALLARI, Dalmo. *O Poder dos Juízes.* São Paulo: Saraiva, 1996.

MARINONI, Luiz Guilherme. ARENHART, Sérgio Cruz. *Prova*. 2. ed. São Paulo: RT, 2011.

MASUDA, Yoneji. *A sociedade da informação como sociedade pós-industrial*. Tradução de Kival Chaves Weber e Angela Melim. Rio de Janeiro: IPEA, Brasília: PNUD, 1996.

OLIVEIRA, Carlos Alberto Alvaro de. Garantia do Contraditório. In: TUCCI, José Rogério Cruz e (Coord.). *Garantias Constitucionais do Processo Civil*. São Paulo: Revista dos Tribunais, 1999.

PASCO, Mario. *Fundamentos do Direito Processual do Trabalho*. Tradução de Edilson Alkmin Cunha. São Paulo: LTr, 1997.

PIRES, Eduardo Rockenbach. "Audiências telepresenciais no Processo do Trabalho: a verdade à distância". In: *Revista Consultor Jurídico*, 13 jul. 2020. Disponível em: <https://www.conjur.com.br/2020-jul-13/eduardo-pires-audiencias-telepresenciais-processo-trabalho>. Acesso em: 06 out. 2020.

SARLET, Ingo Wolfgang; ZANETI JUNIOR, Hermes. "Direitos fundamentais em tempos de pandemia II: estado de calamidade e Justiça". In: *Revista Consultor Jurídico*, 05 abr. 2020. Disponível em: <https://www.conjur.com.br/2020-abr-05/direitos-fundamentais-direitos-fundamentais-tempos-pandemia-ii>. Acesso em: 06 out. 2020.

TOFFLER, Alvin. *A Terceira Onda*. Tradução de João Távora. 8. ed. Rio de Janeiro: Record, 1980.

WAKI, Kleber de Souza. A teleaudiência no processo trabalhista. Acesso à justiça. *O Trabalho*, Curitiba, n. 95, p. 2.513-21, jan. 2005.

4. Crise e Execução no Processo Trabalhista. É Possível Relativizar a Coisa Julgada?

Mauro Schiavi[(1)]

1. Conceito. Coisa julgada material e coisa julgada formal

Em razão de ser escopo da jurisdição solucionar o conflito de forma definitiva, dizendo o direito diante de um caso concreto, ganha destaque o instituto da coisa julgada que busca tornar imutável a decisão, a fim de que seu cumprimento possa ser imposto pelo Estado, dando a cada um o que é seu por direito.

Sem o efeito da coisa julgada, seria impossível o término da relação processual. Desse modo, segundo a doutrina, a coisa julgada é a preclusão máxima do processo, pois, quando atingida, a decisão se torna imutável.

Como destaca *Moacyr Amaral Santos*[(2)]:

> "Enquanto sujeita a recurso e, pois, suscetível de reforma, a sentença, em princípio, não produz os seus efeitos regulares, principais ou secundários. É uma situação jurídica. Enquanto sujeita a recurso a sentença, não se atingiu ainda a finalidade do processo, que é a composição da lide, pelo julgamento final da *res in iudicium deducta*. E, assim, o Estado não satisfez nem ultimou a prestação jurisdicional, a que está obrigado. O Estado ainda não disse, pela boca do órgão jurisdicional, a palavra final, que traduzirá a vontade da lei na sua atuação à relação jurídica deduzida em juízo."

---

(1) Juiz Titular da 19ª Vara do Trabalho de São Paulo (fórum central). Doutor e Mestre em Direito pela PUC/SP. Professor Universitário Autor da Editora JusPodivm. Autor de 21 livros sobre direito e processo do trabalho, dos quais destacam-se: Manual de Direito Processual do Trabalho. 17. ed. Salvador: JusPodivm, 2021, e Manual Didático de Direito do Trabalho. Salvador: JusPodivm, 2021.

(2) Moacyr Amaral Santos, *Primeiras linhas de direito processual civil*, p. 42.

Diante da importância da coisa julgada, não só para as partes do processo como para a sociedade, a Constituição Federal, no art. 5º, inciso XXXVI, disciplina a proteção da coisa julgada, como direito fundamental, constituindo cláusula pétrea constitucional e também uma garantia da cidadania (art. 60, § 4º, da CF). Dispõe o referido dispositivo constitucional: "A lei não prejudicará o direito adquirido, o ato jurídico perfeito e a coisa julgada."

Nesse sentido, destacamos a seguinte ementa:

> "Coisa julgada. A coisa julgada é a entrega final, pelo Judiciário, da tutela jurisdicional, solucionando as questões colocadas em discussão, da qual não existe mais recurso, tornando imutável a decisão judicialmente proferida. Logo, é característica imperiosa da coisa julgada a existência de uma sentença anterior, proferida em autos de ação idêntica, com as mesmas partes, objeto e causa de pedir, que extinguiu o processo com julgamento do mérito de que já não caiba recurso, impossibilitando, portanto, a teor do art. 5º, inciso XXXVI, da CF, a prolação de nova decisão." (TRT - 12ª R. - 3ª T. - ROV n. 1951/2005.029.12.00-5 - Ac. n. 13.386/06 - relª Gisele P. Alexandrino - DJ 10.10.06 - p. 63) (RDT n. 11 - novembro de 2006)

Embora a proteção à coisa julgada tenha *status* constitucional, como bem adverte *Vicente Greco Filho*, o momento em que ocorre a coisa julgada e as condições de sua efetivação dependem da lei processual e da lei material.

Dispõe o art. 502 do CPC: "Denomina-se coisa julgada material a autoridade que torna imutável e indiscutível a decisão de mérito não mais sujeita a recurso."

Diante do referido dispositivo legal, a coisa julgada material é a autoridade que torna imutável a decisão de mérito, dentro da mesma relação jurídico-processual, em razão de já se terem escoado os recursos, ou, ainda que não esgotados todos os recursos, eles já não serem possíveis em razão de a parte que pretendia a reforma da decisão não os ter interposto ou eles não terem sido recebidos.

Da definição que adotamos, extraímos as seguintes características:

a) a coisa julgada é a autoridade da decisão;

b) a coisa julgada torna imutável a decisão dentro da mesma relação jurídico-processual. No prazo de dois anos, a sentença de mérito pode ser rescindida, desde que presentes as hipóteses legais (art. 966 do CPC);

c) não há necessidade de se esgotarem todos os recursos, basta que eles não sejam mais possíveis;

d) havendo a coisa julgada material, os efeitos da coisa julgada se projetam para fora da relação jurídico-processual, pois obrigam as partes ao que foi decidido na sentença. Caso haja apenas a coisa julgada formal, os efeitos da decisão somente produzirão efeitos dentro da relação jurídico-processual, pois a decisão não poderá mais ser objeto de recursos.

Ensina *Moacyr Amaral Santos*[3], referindo-se à coisa julgada material: "O comando emergente da sentença, como ato imperativo do Estado, torna-se definitivo, inatacável, imutável, não podendo ser desconhecido fora do processo. E aí se tem o que se chama coisa julgada material, ou coisa julgada substancial, que consiste no fenômeno pelo qual a imperatividade do comando emergente da sentença adquire força de lei entre as partes."

De outro lado, embora a lei não defina, a coisa julgada formal é a impossibilidade de alteração da decisão, por já esgotados todos os recursos, ou eles não serem mais possíveis. Em verdade, a coisa julgada formal é uma mera preclusão, atinente a não mais ser possível a recorribilidade da sentença dentro da mesma relação jurídico-processual.

Toda sentença adquirirá a qualidade da coisa julgada formal (seja terminativa ou definitiva), pois chegará o momento em que ela não poderá mais ser recorrível, entretanto, somente adquirirão a qualidade de coisa julgada material as sentenças de mérito, pois serão imutáveis.

Por isso, se diz que a coisa julgada material traz consigo a coisa julgada formal, uma vez que somente haverá a qualidade da coisa julgada material, se antes houver a coisa julgada formal.

Pode-se dizer, com *Liebman*, que a coisa julgada formal e a coisa julgada material são degraus do mesmo fenômeno. Proferida a sentença e preclusos os prazos para recursos, a sentença se torna imutável (primeiro degrau — coisa julgada formal); e, em consequência, tornam-se imutáveis os seus efeitos (segundo degrau — coisa julgada material)[4].

A Consolidação das Leis do Trabalho tem um único artigo que se refere à coisa julgada, porém, sem defini-la. Dispõe o art. 836:

> "É vedado aos órgãos da Justiça do Trabalho conhecer de questões já decididas, excetuados os casos expressamente previstos neste Título e a ação rescisória, que será admitida na forma do disposto no Capítulo IV do Título IX da Lei n. 5.869, de 11 de janeiro de 1973 — Código de Processo Civil, sujeita ao depósito prévio de 20% (vinte por cento) do valor da causa, salvo prova de miserabilidade jurídica do autor."

Quanto aos efeitos e às consequências da coisa julgada, restam aplicáveis ao Processo do Trabalho as disposições dos artigos (arts. 502 a 508 do CPC), em razão

(3) *Op. cit.*, p. 43.

(4) Moacyr Amaral Santos, *Primeiras linhas de direito processual civil*, p. 43.

de omissão da CLT e compatibilidade com os princípios que regem o Processo do Trabalho (art. 769 da CLT).

2. Limites subjetivos da coisa julgada

Dispõe o art. 506 do CPC: "A sentença faz coisa julgada às partes entre as quais é dada, não prejudicando terceiros".

Conforme destaca o referido dispositivo legal, a coisa julgada somente vincula as partes que participaram do processo e também os litisconsortes que nele intervieram. A coisa julgada não pode vincular quem não participou do processo.

Não obstante, em determinadas hipóteses, os efeitos da coisa julgada material se projetam sobre terceiros, como espécie de efeito reflexo da coisa julgada mesmo que eles não tenham participado do processo. Tal acontece com os terceiros que tenham interesse jurídico no processo em que se formou a coisa julgada material, como o sócio da empresa demandada, a empresa do mesmo grupo econômico etc.

Conforme *Enrico Tullio Liebman*(5), terceiros juridicamente interessados, sujeitos à exceção de coisa julgada, são os que se encontram subordinados às partes com referência à relação decidida; para estes logra aplicação exclusiva do princípio positivo, e a coisa julgada que se formou entre as partes estende-se-lhes como sua própria.

No mesmo sentido sustenta *Vicente Greco Filho*(6): "Pode ocorrer, porém, que certas relações jurídicas, por dependerem de outra que está sob julgamento, conforme decisão proferida, se transmudem de tal forma no plano do direito material que o terceiro se vê atingido inevitavelmente pelas consequências da sentença [...] há casos, porém, de extensão da coisa julgada a quem não foi parte em virtude da especial posição ocupada no plano das relações de direito material e de sua natureza. São casos de verdadeira extensão da coisa julgada decorrente do tratamento legal dado a certas relações de direito material. Entre esses casos podem ser citados: o dos sucessores das partes, os quais, a despeito de não terem sido partes, estão sujeitos à coisa julgada porque receberam os direitos e ações no estado de coisa julgada; o do substituído, no caso de substituição processual, em que o substituto foi parte, mas o direito é do substituído, o qual, consequentemente, tem sua relação jurídica decidida com força de coisa julgada; o dos legitimados concorrentes para demandar (como, p. ex., os credores solidários), que também, mesmo sem serem partes, têm a decisão de mérito contra si imutável."

Nas ações coletivas em que se discutem direitos difusos e coletivos e individuais homogêneos, a coisa julgada tem efeitos *erga omnes* e *ultra partes*, nos termos do art. 103 da Lei n. 8.078/90.

---

(5) *Eficácia e autoridade da sentença e outros escritos sobre a coisa julgada*, p. 91.

(6) *Op. cit.*, p. 271.

3. Limites objetivos da coisa julgada

Dispõe o art. 503 do CPC:

"A decisão que julgar total ou parcialmente o mérito tem força de lei nos limites da questão principal expressamente decidida.

§ 1º O disposto no *caput* aplica-se à resolução de questão prejudicial, decidida expressa e incidentemente no processo, se:

I – dessa resolução depender o julgamento do mérito;

II – a seu respeito tiver havido contraditório prévio e efetivo, não se aplicando no caso de revelia;

III – o juízo tiver competência em razão da matéria e da pessoa para resolvê-la como questão principal.

§ 2º A hipótese do § 1º não se aplica se no processo houver restrições probatórias ou limitações à cognição que impeçam o aprofundamento da análise da questão prejudicial."

Os limites objetivos da coisa julgada são fixados pelo pedido e pela defesa e pelo que foi apreciado na decisão.

Como bem adverte *Moacyr Amaral Santos*(7): "A sentença que decide uma lide. Por isso mesmo deverá ater-se aos limites da lide, tal qual se projetou no processo. Faz coisa julgada e tem força de lei dentro desses limites."

O § 1º do art. 503 do CPC estende os efeitos da coisa julgada à questão prejudicial.

Como nos ensina *Jorge Pinheiro Castelo*(8): "a teoria da prejudicialidade atua no sentido de se buscar a consecução do princípio básico da unidade de jurisdição. Para que esse princípio não seja vulnerado é que, embora não haja identidade de objeto litigioso, na prejudicialidade, determina-se a suspensão do processos até que se resolva aquele da questão prejudicial. Resolvida esta, resolver-se-á o segundo conforme tenha sido a decisão do primeiro com o que se lograrão dois pronunciamentos coerentes".

Questão prejudicial constitui uma relação jurídica controvertida, cuja existência deve enfrentar o juiz, declarando-a existente ou inexistente, na fundamentação da sentença, como condição para decidir o pedido ou pedidos formulados na inicial. Conforme *Nelson Nery Junior*, questão prejudicial "é o fato ou a relação jurídica anterior ao mérito, de cuja declaração de existência ou inexistência o julgado não pode prescindir para julgar a causa. A questão prejudicial influencia no teor da questão

---

(7) *Op. cit.*, p. 60.

(8) *Tratado de direito processual do trabalho na teoria geral do processo*, p. 363.

seguinte (prejudicada)" — por exemplo: a declaração da existência do vínculo de emprego é uma questão prejudicial para o Juiz do Trabalho decidir os pedidos de verbas rescisórias, horas extras e demais pretensões que decorrem da existência da relação de emprego.

Conforme o CPC (art. 503, § 1º), aplica-se a autoridade da coisa julgada material à resolução de questão decidida expressa e incidentemente no processo, se:

a) dessa resolução depender o julgamento do mérito. No processo do trabalho, por exemplo, se a questão da justa causa é prejudicial ao recebimento das verbas rescisórias;

b) a seu respeito tiver havido contraditório prévio e efetivo, não se aplicando no caso de revelia: deve ter havido contraditório prévio sobre a questão prejudicial, tendo sido facultado às partes amplo debate sobre a questão e ampla possibilidade de dilação probatória, o que incorre na hipótese de revelia;

c) o juízo tiver competência em razão da matéria e da pessoa para resolvê-la como questão principal.

Como nos adverte *Fredie Didier Jr.*[9]: "não há problema algum com a criação de um regime especial de coisa julgada: trata-se de uma legítima opção legislativa, com nítido propósito de estabilizar a discussão em torno de uma questão que tenha sido debatida em contraditório, ainda que não seja questão principal".

Nesse sentido, recentemente, decidiu a mais alta Corte Trabalhista Brasileira, conforme se constata da redação da seguinte ementa:

> **RECURSO DE REVISTA. COISA JULGADA MATERIAL. EFICÁCIA PRECLUSIVA.** 1. Trata-se de hipótese em que o Tribunal Regional concluiu pela eficácia preclusiva da coisa julgada material, registrando que, na reclamação trabalhista, anteriormente ajuizada, fora reconhecido o enquadramento sindical do reclamante na categoria de bancário, com a responsabilização solidária do segundo reclamado — HSBC. No entanto, foi julgado improcedente o pedido de aplicação das normas coletivas da categoria de bancário. Na presente ação, o pedido é de reconhecimento de vínculo de emprego diretamente com o segundo reclamado e, por consequência, os direitos previstos nos referidos instrumentos coletivos da categoria bancária. 2. Contexto fático no qual forçoso é reconhecer que o acórdão regional foi proferido de modo a resguardar a coisa julgada material, em observância ao comando do art. 508 do CPC de 2015 (art. 474 do CPC de 1973), no sentido de que, transitada em julgado a sentença de mérito, reputar-se-ão deduzidas e repelidas todas as alegações e defesas, que a parte poderia opor assim ao acolhimento como à rejeição do pedido. Logo, não resulta violado o art. 468 do CPC de 1973 (art. 503 do CPC de 2015), sobretudo à míngua de pertinência temática. Arestos inespecíficos, nos termos da Súmula n. 296, I, do TST. Recurso de revista de que não se conhece. (Processo: RR – 89700-81.2009.5.18.0054 Data de Julgamento: 13.4.2016, rel. Ministro Walmir Oliveira da Costa, 1ª Turma, Data de Publicação: DEJT 15.4.2016)

---

(9) *Curso de direito processual civil*. Vol. 2, p. 534.

Conforme o § 2º, do art. 503, do CPC, não se aplicará a autoridade da coisa julgada material à questão prejudicial se no processo houver restrições probatórias ou limitações à cognição que impeçam o aprofundamento da análise da questão prejudicial.

Dispõe o art. 504 do CPC: "Não fazem coisa julgada: I – os motivos, ainda que importantes para determinar o alcance da parte dispositiva da sentença; II – a verdade dos fatos, estabelecida como fundamento da sentença;"

Conforme o referido dispositivo legal, os motivos da decisão, a verdade dos fatos constantes da fundamentação, bem como a questão prejudicial decidida na fundamentação não são abrangidos pelo efeito da coisa julgada material. Somente o dispositivo da sentença ou acórdão adquire a qualidade da coisa julgada material.

Nesse sentido, destacamos a seguinte ementa:

"Coisa julgada — Sentença — *Decisum*. É exato dizer que a coisa julgada se restringe à parte dispositiva da sentença, a essa expressão, todavia, deve dar-se um sentido substancial e não formalista, de modo que abranja não só a parte final da sentença, como também qualquer outro ponto em que tenha o juiz eventualmente provido sobre o pedido das partes. RT n. 623/125." (TRT - 12ª R. - 2ª T. - Ac. n. 1931/2003 - rel. Dilnei A. Biléssimo - DJSC 24.2.2003 - p. 158) (RDT n. 3 - março de 2003).

Nos termos do art. 508 do CPC: "Transitada em julgado a decisão de mérito, considerar-se-ão deduzidas e repelidas todas as alegações e as defesas que a parte poderia opor tanto ao acolhimento quanto à rejeição do pedido."

Nesse sentido, destacamos a seguinte ementa:

"Coisa julgada — Gênese — Oportunidade — Limites objetivos — Obrigação de fazer — Multa. 1. Havendo cumulação objetiva, de par com a ausência de interposição de recurso sobre um dos temas versados na lide, o trânsito em julgado em relação a ele ocorre em momento anterior aos demais devolvidos à instância revisional. Incidência da Súmula n. 100, item I, do c. TST. 2. É inerente à multa, pelo descumprimento de obrigação de fazer, a limitação de seu valor ao da obrigação principal (arts. 920 do CCB/1916, 412 do CCB/2002 e OJ SBDI-1 n. 54). 3. Agravo de petição conhecido e parcialmente provido." (TRT - 10ª R. - 2ª T. - AP n. 26/2003.020.10.00-9 - rel. João Amílcar - DJ 1.6.07 - p. 19) (RDT n. 7 - Julho de 2007)

Dispõe o art. 505 do CPC: "Nenhum juiz decidirá novamente as questões já decididas, relativas à mesma lide, salvo: I – se, tratando-se de relação jurídica de trato continuado, sobreveio modificação no estado de fato ou de direito; caso em que poderá a parte pedir a revisão do que foi estatuído na sentença; II – nos demais casos prescritos em lei."

Como já mencionado, a coisa julgada torna imutáveis os efeitos da sentença, exceto:

a) relação jurídica continuativa: é a relação que se prolonga no tempo, ou seja, que tem continuidade após a decisão final. Normalmente, as decisões proferidas neste tipo de relação são provisórias, *rebus sic stantibus*, pois podem ser objeto de revisão. Não obstante, enquanto não modificadas por meio de pedido de revisão (art. 505, I do CPC) continuam produzindo efeitos.

Ensina *Moacyr Amaral Santos*(10):

> "Relações jurídicas continuativas são as 'reguladas por regras jurídicas que projetam no tempo os próprios pressupostos, admitindo variações dos elementos quantitativos e qualitativos' (Pontes de Miranda). Dando atuação a tais regras, a sentença atende aos pressupostos do tempo em que foi proferida, sem, entretanto, extinguir a relação jurídica, que continua sujeita a variações dos seus elementos constitutivos. Tais as sentenças condenatórias em prestações periódicas, como a de alimentos e a de acidente de trabalho."

Como exemplos de relações continuativas temos os benefícios acidentários, que podem ser revistos (auxílio-doença, aposentadoria por invalidez etc.); a condenação no pagamento de adicionais de insalubridade ou de periculosidade quando o contrato de trabalho continua vigente; a sentença normativa em dissídio coletivo de natureza econômica, que pode sofrer revisão.

No aspecto, destacamos a seguinte ementa:

> OFENSA À COISA JULGADA. TÍTULO EXECUTIVO JUDICIAL. AJUIZAMENTO DE AÇÃO AUTÔNOMA PARA O CUMPRIMENTO DO COMANDO EXEQUENDO. NÃO CONFIGURAÇÃO. RELAÇÃO JURÍDICA DE TRATO CONTINUADO. INTERESSE DE AGIR. RELATIVIZAÇÃO DOS EFEITOS DA GARANTIA. O art. 502 do Código de Processo Civil conceitua a coisa julgada material como sendo a " autoridade que torna imutável e indiscutível a decisão de mérito não mais sujeita a recurso ". O respeito a essa qualidade das decisões judiciais de mérito foi garantido por norma constitucional, prevista no rol de direitos e garantias fundamentais (art. 5º, XXVI, da Constituição Federal), que representa o principal alicerce do princípio da segurança jurídica. Em resumo, o nosso ordenamento jurídico assegura que, transitada em julgado a decisão de mérito, não será mais possível, em regra, a modificação do que foi decidido, mediante discussão em ação diversa, sob pena de violação à coisa julgada material. Sucede que a própria lei adjetiva civil previu a possibilidade de relativização de tal garantia nos casos em que a relação jurídica tutelada seja de trato continuado, ou seja, produza efeitos futuros à medida que ocorra o fato gerador do direito estabelecido. Tal hipótese encontra-se prevista no art. 505, I, do CPC, cujo teor segue transcrito: " Art. 505. Nenhum juiz decidirá novamente as questões já decididas

(10) *Op. cit.*, p. 55.

relativas à mesma lide, salvo: I – se, tratando-se de relação jurídica de trato continuado, sobreveio modificação no estado de fato ou de direito, caso em que poderá a parte pedir a revisão do que foi estatuído na sentença; (...)" (grifei). Logo, ocorrendo modificação superveniente no estado de fato ou de direito que foi base para a formação da coisa julgada material, será possível a revisão ou rediscussão do que foi estabelecido em decisão anterior, com novo pronunciamento jurisdicional, ante a observância da cláusula geral *rebus sic standibus.* No presente caso, observa-se que a pretensão se refere à impossibilidade de supressão de direito garantido por sentença transitada em julgado, em razão do advento de decisão administrativa do Tribunal de Contas da União que eliminou os reajustes remuneratórios concedidos, sob o argumento de que foram absorvidos em razão da superveniente reestruturação do plano de cargos, carreira e remuneração dos servidores, ora transpostos para o regime estatutário. Nessa linha, é possível constatar que a situação se amolda perfeitamente à disposição contida no art. 505, I, do CPC, pois ficou demonstrada a alteração no estado de fato da relação jurídica continuativa tutelada, o que permite a análise, agora sob outra perspectiva (causa de pedir), da pretensão, por meio de uma nova ação. Precedentes do STF. Agravo de instrumento conhecido e não provido." (AIRR-639-63.2015.5.14.0006, 7ª Turma, relator Ministro Cláudio Mascarenhas Brandão, DEJT 30.05.2019)

b) nos casos previstos em lei: somente quando a lei possibilitar será possível a reapreciação da sentença transitada em julgado, como na hipótese de ação rescisória (art. 966 e seguintes do CPC).

4. Relativização da coisa julgada material no processo do trabalho

Embora não haja previsão legal e a proteção à coisa julgada tenha *status* constitucional (art. 5º, XXXVI, da CF), há entendimentos, na doutrina e na jurisprudência, defendendo a relativização da coisa julgada material em determinadas hipóteses, tendo à vista que a coisa julgada se forma em compasso com a lei processual; que não subsiste a coisa julgada contra a Constituição Federal; que a coisa julgada deve refletir justiça, não subsistindo a coisa julgada injusta; supremacia da efetividade processual.

Nessa linha de argumentação, mesmo após o trânsito em julgado, é possível se desconstituir a coisa julgada material, desde que presentes as hipóteses mencionadas.

Como destaca *Nelson Nery Junior*(11): "Os exemplos trazidos por essa tendência para justificar a desconsideração da intangibilidade constitucional da coisa julgada são casos de exceção que não justificam a criação de regra para quebrar-se o Estado Democrático de Direito, fundamento constitucional da própria República Brasileira (CF, § 1º, *caput*). Essa tendência se verifica por conta de, principalmente, dois exemplos: investigação de paternidade julgada improcedente quando ainda não havia DNA e desapropriação de imóvel com avaliação supervalorizada."

(11) Nelson Nery Junior, *Código de Processo Civil comentado*, p. 684-685.

Não obstante os ponderáveis argumentos da doutrina que embasam, em determinadas hipóteses, a relativização (desconsideração da coisa julgada material), com eles não concordamos, pois a coisa julgada tem assento constitucional (art. 5º, XXXVI), sendo uma garantia da cidadania e do Estado Democrático de Direito. Pensamos ser muito perigosa a desconstituição da coisa julgada material quando ela se formou diante de um regular processo judicial, uma vez que proteção à coisa julgada visa à segurança jurídica.

De nossa parte, é mais relevante proteger a intangibilidade da coisa julgada material do que a justiça da decisão ou eventual inconstitucionalidade do dispositivo em que se baseou a decisão. Vale destacar que o sistema processual brasileiro permite uma gama elevada de recursos visando ao aperfeiçoamento da decisão, e, ainda, depois do trânsito em julgado, há a possibilidade de propositura da Ação Rescisória. Fazem parte do sistema processual coisas julgadas injustas ou que não refletem a realidade dos fatos, mas tais vicissitudes decorrem do devido processo legal, pois o julgamento das causas é realizado por seres humanos passíveis de erros.

Pelo exposto, embora sejamos favoráveis à ampla possibilidade probatória no processo, ao amplo contraditório e à ampla defesa, ao exercício de amplos poderes instrutórios do juiz, à aplicabilidade de leis processuais efetivas e à ampla possibilidade de discussões sobre a constitucionalidade das normas, após o trânsito em julgado, não somos favoráveis à desconstituição da coisa julgada fora das hipóteses admitidas pela legislação processual (art. 966 do CPC).

Como bem adverte *Nelson Nery Junior*(12): "Consoante o direito constitucional de ação (art. 5º, XXXV), busca-se pelo processo a tutela jurisdicional adequada e justa. A sentença justa é o ideal — utópico — maior do processo. Outro valor não menos importante para essa busca é a segurança das relações sociais e jurídicas. Havendo choque entre esses dois valores (justiça da sentença e segurança das relações sociais e jurídicas), o sistema constitucional brasileiro resolve o choque, optando pelo valor segurança (coisa julgada), que deve prevalecer em relação à justiça, que será sacrificada."

A Consolidação das Leis do Trabalho disciplina uma polêmica hipótese de desconstituição da coisa julgada material, no § 5º do art. 884, com a redação dada pela Medida Provisória n. 2.180-35/01. Dispõe o referido dispositivo legal: "Considera-se inexigível o título judicial fundado em lei ou ato normativo declarados inconstitucionais pelo Supremo Tribunal Federal ou em aplicação ou interpretação tidas por incompatíveis com a Constituição Federal".

---

(12) *Op. cit.*, p. 687.

No sentido da aplicabilidade do referido dispositivo, destacamos a seguinte ementa:

> "Coisa julgada — Relativização — Execução — Acordo judicial — Conluio entre as partes. 1. A garantia constitucional da intangibilidade da coisa julgada (art. 5º, inciso XXXVI, da Constituição da República) não constitui um princípio absoluto, mas condicionada a que se forme em processo regular e válido, nos termos da lei. Tanto que a própria lei autoriza rescindir a decisão de mérito em certos casos (CPC, arts. 485 e 741, inciso I), assim como autoriza o juiz, em caso de processo fraudulento ou de processo simulado, a pôr cobro a tal situação de modo a obstar os objetivos das partes (CPC, art. 129). 2. Somente a deusa que simboliza o valor Justiça tem os olhos vendados. A instituição 'Justiça', contudo, precisa tê-los bem abertos para não se deixar enredar por litigantes maliciosos, cuja atuação pode comprometer a base ética e de moralidade que deve permear o exercício da atividade jurisdicional do Estado. Daí por que, em situações extraordinárias e teratológicas, há que superar o formalismo estreito da coisa julgada material para dar prevalência a outros princípios de que também é cioso o ordenamento jurídico. 3. Constatado por depoimentos e documentos nas instâncias ordinárias que o acordo anteriormente homologado em juízo, de valor elevado, resultou de conluio fraudulento entre as partes, visando a comprometer o direito de credores quirografários junto à empresa em situação financeira ruinosa, é dever do juiz obstar o cumprimento da transação inadimplida e declarar extinto o processo, sem exame de mérito. 4. Não se vislumbra a acenada violação ao art. 5º, inciso XXXVI, da Constituição Federal, ante a viabilidade de relativizar-se a coisa julgada, a fim de coibir-se a avença fraudulenta alcançada entre as partes." (TST - 1ª T. - RR n. 108/2000.019.12.00-0 - rel. João Oreste Dalazen - DJ 8.4.05 - p. 685) (RDT n. 05 - Maio de 2005)

Como já nos pronunciamos anteriormente, somos contrários à relativização da coisa julgada material. Em razão disso, reputamos inconstitucional o § 5º do art. 884 da CLT, por colidir com o art. 5º, XXXVI, da CF, uma vez que a proteção da coisa julgada tem assento constitucional. Além disso, há inconstitucionalidade formal da norma, pois não houve relevância e urgência para a inclusão do § 5º ao art. 884 da CLT (art. 62 da CF).

Nesse sentido, sustenta com propriedade *Jorge Luiz Souto Maior*(13):

> "Ao aplicar a lei para solução de um conflito, o juiz avalia sua constitucionalidade, por meio do controle difuso, mesmo que não o diga, expressamente. Em outras palavras, o juiz só aplica a lei que considera constitucional. Proferida a decisão, em contraditório, com respeito à ampla defesa e ao duplo grau de jurisdição, uma vez transitada em julgado, deve esta ser respeitada. Não há sentido em negar eficácia executiva a esta decisão mesmo se, posteriormente, o Supremo Tribunal Federal venha declarar a lei, sobre a qual se baseia a decisão, inconstitucional ou

---

(13) SOUTO MAIOR, Jorge Luiz. *Reflexos das alterações do Código de Processo Civil no processo do trabalho*, p. 924.

> lhe der uma interpretação conforme a Constituição, pois que tentando preservar a autoridade da Constituição acaba-se negando um dos direitos que a própria Constituição estabelece na qualidade de direitos fundamentais, que é o respeito à coisa julgada."

No mesmo contexto, são as lúcidas conclusões de *Estêvão Mallet*[(14)]:

> "A Medida Provisória n. 2.180, ao introduzir o § 5º, do art. 884, da CLT, porque editada sem que estivesse presente o pressuposto da urgência, é formalmente inconstitucional. É, ademais, materialmente inconstitucional, quando pretende afastar a exequibilidade de sentenças já transitadas em julgado. Esses vícios, enquanto não reconhecidos em ação direta, podem e devem ser reconhecidos incidentalmente, por meio de controle difuso, para que não se afaste a exequibilidade de sentença fundada em lei ou ato normativo declarados inconstitucionais pelo Supremo Tribunal Federal ou em aplicação ou interpretação tidas por incompatíveis com a Constituição Federal."

5. Da crise provocada pela pandemia do Covid-19 no Direito do Trabalho e na Justiça do Trabalho: força maior ou fato príncipe?

A pandemia do Covid-19 está provocando muitos impactos no Mundo do Trabalho, e por via reflexa também no Processo do Trabalho, e no funcionamento da Justiça do Trabalho, pois, com a necessidade de isolamento social e restrição do convívio social, muitas empresas tiveram suas atividades reduzidas, ou paralisadas, e com isso, não têm fluxo de caixa para pagamento de seus trabalhadores e de condenações judiciais na Justiça do Trabalho ou cumprimento de conciliações entabuladas antes do início da pandemia.

O fato príncipe (*factum principis)*, segundo a doutrina trabalhista, é espécie do gênero *força maior*. Trata-se de acontecimento extraordinário, imprevisível ao empregador, independente da vontade deste, motivado por ato de autoridade municipal, estadual ou federal, ou promulgação de lei que impeça a continuidade do contrato de trabalho e inviabilize de forma total ou parcial a atividade empresarial.

Sob a ótica do direito administrativo, ensina Hely Lopes Meirelles[(15)], "fato do príncipe é toda determinação estatal positiva ou negativa, geral, imprevista e imprevisível, que onera substancialmente a execução do contrato administrativo. Essa oneração, constituindo uma álea administrativa extraordinária e extracontratual, desde que intolerável e impeditiva da execução do ajuste, obriga o Poder Público contratante a

---

(14) MALLET, Estêvão. "A dupla inconstitucionalidade do § 5º do art. 884, da CLT", p. 262.

(15) *Direito Administrativo Brasileiro*. 24. ed. São Paulo: Malheiros, 1999. p. 221.

compensar integralmente os prejuízos suportados pela outra parte, a fim de possibilitar o prosseguimento da execução, e, se esta fora impossível, rende ensejo à rescisão do contrato, com indenizações cabíveis."

Dispõe o art. 486 da CLT:

> No caso de paralisação temporária ou definitiva do trabalho, motivada por ato de autoridade municipal, estadual ou federal, ou pela promulgação de lei ou resolução que impossibilite a continuação da atividade, prevalecerá o pagamento da indenização, que ficará a cargo do governo responsável.
>
> § 1º Sempre que o empregador invocar em sua defesa o preceito do presente artigo, o tribunal do trabalho competente notificará a pessoa de direito público apontada como responsável pela paralisação do trabalho, para que, no prazo de 30 dias, alegue o que entender devido, passando a figurar no processo como chamada à autoria.
>
> § 2º Sempre que a parte interessada, firmada em documento hábil, invocar defesa baseada na disposição deste artigo e indicar qual o juiz competente, será ouvida a parte contrária, para, dentro de três dias, falar sobre essa alegação.
>
> § 3º Verificada qual a autoridade responsável, a Junta de Conciliação ou Juiz dar-se-á por incompetente, remetendo os autos ao Juiz privativo da Fazenda, perante o qual correrá o feito, nos termos previstos no processo comum.

Diante do referido dispositivo legal, são requisitos para a ocorrência do fato príncipe: a)ato legislativo ou administrativo de autoridade Municipal, Estadual ou Federal; b)imprevisibilidade do ato pelo empregador; c)impossibilidade de resistência aos efeitos do ato pelo empregador; d)impossibilidade total ou parcial de continuidade da atividade empresarial.

A indenização decorrente a extinção do contrato por fato príncipe (atual multa de 40% sobre o FGTS) ficará a cargo da autoridade que praticou o ato.

Quanto à força maior, dispõe o art. 393 do CC: "O devedor não responde pelos prejuízos resultantes de caso fortuito ou força maior, se expressamente não se houver por eles responsabilizado. Parágrafo único. O caso fortuito ou de força maior *verifica-se* no fato necessário, cujos efeitos não eram possíveis evitar ou impedir".

Todos os contratos bilaterais e onerosos como o contrato de trabalho têm implícita a chamada cláusula *rebus sic stantibus,* ou seja, a possibilidade de resolução do contrato em caso de onerosidade excessiva a uma das partes em razão de motivo de caso fortuito ou força maior.

Na doutrina, já distinção entre *caso fortuito* e *força maior*. Para alguns juristas, a exemplo de Clóvis Bevilaqua(16) caso fortuito seria aquilo que se deve às forças da natureza, enquanto força maior envolveria a participação do homem. Para outros

---

(16) In: Tepedino *et alii*, *Código Civil Interpretado conforme a Constituição da República*, p. 709.

juristas, o caso fortuito acarreta impossibilidade relativa de cumprimento da obrigação, enquanto que a força maior, absoluta.

Não obstante, o Código Civil não faz distinção entre *caso fortuito* e *força maior* para os efeitos que tais eventos acarretam nos contratos. Como bem advertem Gustavo Tepedino, Heloisa Helena Barboza e Maria Celina Bodin de Moraes(17), "fato é que, se existe distinção, ela é inteiramente indiferente ao direito, já que as consequências coincidem. Tanto o caso fortuito como a força maior desincumbem o devedor de responder pelas perdas e danos a que a sua inexecução deu causa."

A Consolidação das Leis do Trabalho define força maior no art. 501, *in verbis*:

> Entende-se como força maior todo acontecimento inevitável, em relação à vontade do empregador, e para a realização do qual este não concorreu, direta ou indiretamente.
>
> § 1º A imprevidência do empregador exclui a razão de força maior.
>
> § 2º À ocorrência do motivo de força maior que não afetar substancialmente, nem for suscetível de afetar, em tais condições, a situação econômica e financeira da empresa, não se aplicam as restrições desta lei referentes ao disposto neste Capítulo.

A imprevidência do empregador exclui a força maior. Como destaca Sérgio Pinto Martins(18), "imprevidência é o desleixo, a negligência. Se o empregador é negligente na manutenção do seu negócio, não pode falar em força maior. Seria a hipótese do empregador que não cuida da instalação e vem a ocorrer o inocência por esse motivo."

Conforme o referido dispositivo legal, há a definição de forma maior tomo todo acontecimento imprevisível e inevitável, o qual, não deu causa o empregador, direta, ou indiretamente, cujos efeitos não possa resistir. Pode ser em razão de um fato da natureza, como uma catástrofe da natureza, de evento que decorra do concurso do homem, como uma epidemia. Além disso, a ocorrência do motivo de força maior deve afetar substancialmente, a situação econômica e financeira da empresa, ou do empregador.

Nos termos do art. 502, da CLT,

> "ocorrendo motivo de força maior que determine a extinção da empresa, ou de um dos estabelecimentos em que trabalhe o empregado, é assegurado a este, quando despedido, uma indenização na forma seguinte:
>
> I - sendo estável, nos termos dos arts. 477 e 478;
>
> II - não tendo direito à estabilidade, metade da que seria devida em caso de rescisão sem justa causa; III - havendo contrato por prazo determinado, aquela a que se refere o art. 479, desta Lei, reduzida igualmente à metade."

---

(17) *Ibidem*, p. 709.

(18) *Comentários à CLT*, p. 585.

O citado dispositivo legal autoriza o empregador, em caso de motivo de força maior devidamente comprovado, dispensar o empregado, com redução, pela metade, a indenização decorrente da dispensa.

Atualmente, diante do que dispõe o art. 7º, I, da Constituição Federal, à qual extinguiu a estabilidade decenal, a indenização devida será de 20% sobre os depósitos de FGTS.

Discute-se, se em caso de fechamento do comércio por ato governamental, ou restrição de atividades empresariais (Decreto de Estado de Calamidade Pública[(19)]), provocando a dispensa de muitos empregados em razão de epidemia de grande contágio configura o fato príncipe. De nossa parte, embora a situação se assemelhe ao fato príncipe, dele não se trata, pois o fechamento do comércio em função da necessidade de se retirar as pessoas da rua configura força maior, uma vez que o Estado não tem condições materiais de tratar de todos que fiquem doentes ao mesmo tempo. Desse modo, diante da gravidade da situação, não há discricionariedade na escolha da prática do ato administrativo pela autoridade pública, a justificar a aplicação do art. 486, da CLT. Portanto, a situação configura força maior, nos moldes dos arts. 501, da CLT e 393 do Código Civil. Nesse sentido dispõe a Lei n. 14.020/20, em seu art. 29, *in verbis*:

> "Não se aplica o disposto no art. 486 da CLT, aprovada pelo Decreto-lei n. 5.452, de 1º de maio de 1943, na hipótese de paralisação ou suspensão de atividades empresariais determinada por ato de autoridade municipal, estadual ou federal, para o enfrentamento do estado de calamidade pública reconhecido pelo Decreto Legislativo n. 6, de 20 de março de 2020, e da emergência de saúde pública de importância internacional decorrente do coronavírus, de que trata a Lei n. 13.979, de 6 de fevereiro de 2020."

Não obstante, após passar a pandemia, pensamos ser possível discutir eventual responsabilidade civil do Estado (art. 196, da CF[(20)]), inclusive por verbas trabalhistas, se houver apuração de eventuais condutas omissivas do Estado na condução da pandemia, inclusive omissões em seu estágio inicial, a fim de reduzir os danos sociais, sanitários e econômicos gerados pela pandemia.

Como bem adverte *André Ramos Tavares*[(21)],

> "o Estado deve promover políticas sociais e econômicas destinadas a possibilitar o acesso universal igualitário às ações e serviços para a promoção, proteção e recuperação da saúde. Ademais, deve preocupar-se

(19) Exemplo da Pandemia do Coronavírus.

(20) Art. 196 da CF: "A saúde é direito de todos e dever do Estado, garantido mediante políticas sociais e econômicas que visem à redução do risco de doença e de outros agravos e ao acesso universal e igualitário às ações e serviços para sua promoção, proteção e recuperação."

(21) *Curso de Direito Constitucional*, 728.

igualmente com a prevenção de doenças e outros agravos, mediante redução de riscos (arts. 166 e 198, II). Por fim, o tema relaciona-se diretamente com a dignidade da pessoa humana e o direito à igualdade, que pressupõem o Estado garantidor, cujo deve é assegurar o mínimo de condições básicas para o indivíduo vier e desenvolver-se."

6. Da possibilidade de revisão de acordos judiciais ou suspensão de decisões da Justiça do Trabalho diante da pandemia do Covid-19

Conforme já exposto, a pandemia do coronavírus configura força maior, nos moldes dos arts. 501, da CLT e 393 do Código Civil.

Sendo força maior, é possível ao reclamado ou executado invocá-la para postular a suspensão de atos executivos ou a revisão de acordos homologados na Justiça do Trabalho, com inegável flexibilização da coisa julgada material?

Defendendo a possibilidade de revisão da coisa julgada na Justiça do Trabalho, destacamos a visão de *Alexandre Agra Belmonte*(22):

> "Muitos empresários não terão como cumprir, sem receita, acordos judiciais firmados anteriormente à pandemia. De um lado, está a imutabilidade da coisa julgada advinda de um ato jurídico perfeito e gerador de direito adquirido. De outro, a sobrevivência da empresa. Vive-se um momento em que as circunstâncias que ditaram um ajuste foram substancialmente alteradas. Assim como quem paga pensão alimentícia, é despedido e não encontra emprego, não tem como arcar com o valor a que se obrigou judicialmente. Para casos como este, é preciso flexibilizar a coisa julgada, quer para suspender a execução, quer para estabelecer novas condições de pagamento. E são vários os dispositivos legais, civis, trabalhista e processuais que, com base na imprevisão, dão suporte a essa conclusão: arts. 317, 413, 478 a 480 do Código Civil; 873, da CLT; e 505, I do CPC."

De nossa parte, a questão deve ser vista com cautela, avaliando-se o caso concreto, a situação econômica do empregador ou executado e a justiça do procedimento.

As próprias partes podem tomar a iniciativa de repactuar os acordos, ou, na fase de executiva, pactuar novas condições para cumprimento da decisão, à luz do instituto dos negócios jurídicos processuais.

A doutrina também inclui a categoria dos chamados *negócios jurídicos processuais*, onde os atos processuais são praticados de comum acordo pelas partes, submetidos à

---

(22) *Teorias do Fortuito, Força Maior, Fato do Príncipe e Imprevisão nas Relações de Trabalho*, p. 101-102.

chancela judicial. Como exemplos, temos os acordos judiciais onde as partes transacionam direitos e também atos de negociação sobre os próprios atos processuais, como o requerimento conjunto de suspensão do processo, a desistência do processo por requerimento do reclamante com a concordância do reclamado, etc.

O Código de Processo Civil ampliou a possibilidade dos negócios jurídicos processuais, nos arts. 190 e 191, que dispõem:

> "Art. 190. Versando o processo sobre direitos que admitam autocomposição, é lícito às partes plenamente capazes estipular mudanças no procedimento para ajustá-lo às especificidades da causa e convencionar sobre os seus ônus, poderes, faculdades e deveres processuais, antes ou durante o processo.
>
> Parágrafo único. De ofício ou a requerimento, o juiz controlará a validade das convenções previstas neste artigo, recusando-lhes aplicação somente nos casos de nulidade ou de inserção abusiva em contrato de adesão ou em que alguma parte se encontre em manifesta situação de vulnerabilidade."
>
> "Art. 191. De comum acordo, o juiz e as partes podem fixar calendário para a prática dos atos processuais, quando for o caso.
>
> § 1º O calendário vincula as partes e o juiz, e os prazos nele previstos somente serão modificados em casos excepcionais, devidamente justificados.
>
> § 2º Dispensa-se a intimação das partes para a prática de ato processual ou a realização de audiência cujas datas tiverem sido designadas no calendário."

Diante dos referidos dispositivos, podem as partes, doravante, nos processos em que se discutem direitos patrimoniais disponíveis:

a) estipular mudanças no procedimento para ajustá-los às características da causa;

b) convencionar sobre o exercício de faculdades processuais, como as espécies de provas a produzir, ônus da prova, não interpor recursos, etc.;

c) fixar um calendário para a prática de atos processuais.

Caso não haja negócio jurídico processual espontâneo das partes, a melhor alternativa para resolver a situação, é buscar uma nova conciliação, com designação de audiência para tal finalidade.

No entanto, se tal não for efetivo, pensamos ser possível as seguintes posturas processuais, quais sejam:

a) possibilidade de admissão de ação revisional (art. 505, I, do CPC), devendo o requerente produzir um mínimo conjunto probatório que comprove que fora afetado de forma significativa pelo estado de força maior;

b) propiciar amplo contraditório da parte contrária;

c) avaliar a situação concreta do devedor, o estado de necessidade econômica do credor, bem como as condições de fato em que a coisa julgada fora entabulada;

d) possibilidade de redução de juros e correção monetária, que são acessórios de dívida principal;

e) possibilidade de concessão de um prazo mais elastecido para pagamento, mantendo-se o valor integral da dívida.

Por ser nova a questão, seguem algumas decisões da Justiça do Trabalho, *in verbis*:

> Conquanto inegáveis os impactos econômicos resultantes da crise advinda com a pandemia pelo Covid-19, mera alegação não socorreria à reclamada, não apenas pela data em que houve o pacto, mas especialmente porque a dificuldade financeira ocasionada exclusivamente pela pandemia deve ser comprovada robustamente. (TRT/SP. Proc. 1001318-13.2019.5.02.0015 – Relª. Eliane Aparecida da Silva Pedroso – 19.10.2020)

> O estado de calamidade pública, portanto, configura força maior para fins trabalhistas e o impacto na economia nacional é fato público e notório. Todavia, o seu impacto econômico direto na empresa que alega a necessidade de adoção de medidas outras, além das já disponibilizadas pelo Poder Público, que viabilizem seu objeto social, não configura fato público e notório, per si, dependendo de demonstração probatória, não bastando a mera alegação de dificuldades econômicas decorrentes do decreto pandêmico para que seu pleito seja deferido. (TRT/SP – Proc. 1000379-88.2019.5.02.0708 – Relª. Dâmia Ávoli – 20.11.2020)

> Não se ignora a notória e excepcional situação enfrentada no Brasil e no mundo decorrente da pandemia de Covid-19 e seus efeitos no regular funcionamento dos estabelecimentos comerciais. Por outro lado, inegável que a situação de calamidade coloca o trabalhador em situação de vulnerabilidade, inclusive financeira. Destaca-se que o acordo homologado judicialmente faz coisa julgada material e vale como decisão irrecorrível. Necessária, portanto, a expressa concordância da parte adversa para postergação do pagamento e afastamento de multa. Ainda que assim não se entenda, somente cogitar-se-ia suspensão do pagamento de dívida trabalhista caso comprovados o impacto financeiro na empresa devedora em razão de força maior e a efetiva impossibilidade de a empresa arcar com o respectivo débito. (TRT/SP – Proc. 1001749-94.2019.5.02.0064 – Relª. Anneth Konesuke – 30.11.2020)

Referências

BELMONTE, Alexandre Agra. *Teorias do Fortuito, Força Maior, Fato do Príncipe e Imprevisão nas Relações de Trabalho*. Salvador: JusPodivm, 2020.

CASTELO, Jorge Pinheiro. *Tratado de direito processual do trabalho na teoria geral do processo*. 3. ed. São Paulo: LTr, 2012.

DIDIER JR., Fredie. *Curso de direito processual civil*. Vol. 2. 10. ed. Salvador: JusPodivm, 2015.

LIEBMAN, Enrico Tullio. *Eficácia e autoridade da sentença e outros escritos sobre a coisa julgada*. 4. ed. Rio de Janeiro: Forense, 2006.

MALLET, Estêvão. "A dupla inconstitucionalidade do § 5º do art. 884, da CLT". In: *Direito, trabalho e processo em transformação*. São Paulo: LTr, 2005.

MARTINS, Sergio Pinto. *Comentários à CLT*. 17. ed. São Paulo: Atlas, 2013.

NERY JUNIOR, Nelson. *Código de Processo Civil comentado*. 10. ed. São Paulo: RT, 2007.

SANTOS, Moacyr Amaral. *Primeiras linhas de direito processual civil*. 16. ed. São Paulo: Saraiva, 1997.

SOUTO MAIOR, Jorge Luiz. "Reflexos das alterações do Código de Processo Civil no processo do trabalho". In: *Revista LTr*, n. 70-09/924.

TAVARES, André Ramos. *Curso de Direito Constitucional*. 3. ed. São Paulo: Saraiva.

TEPEDINO, Gustavo; BARBOZA, Heloisa Helena; MORAES, Maria Celina Bodin de. *Código Civil Interpretado conforme a Constituição da República*. 2. ed. Rio de Janeiro: Renovar, 2011.

5. Ainda e Sempre a Efetividade da Execução Trabalhista

Marcos Neves Fava[1]

Deveria já ter passado do tempo em que alguém, no Brasil, se ocupasse da efetividade da execução.

Esse tema caminha trôpego há décadas, como uma busca do Santo Graal, do inatingível, do inescrutável. Examinam-se as razões, buscam-se alternativas, olham-se os números e dados, para apontar, ao fim e ao cabo, a existência de uma *crise* na efetividade da execução.

Crise, palavra de origem grega, significa o impasse anterior à decisão. Uma pulsão crescente a exigir do ator todas as forças para adotar uma decisão. Sair do lugar, alterar, modificar. Eis o peso da ideia de *crise*. De tal perspectiva, há perene crise, sempre que se trata da Justiça.

No processo do trabalho, fala-se em crise quase que há tanto tempo quanto ele existe. Aqui e alhures, discute-se a crise da efetividade do processo, a ponto de sentido não mais fazer o debate sobre o tema. Se um instituto enfrenta crise desde tempos imemoriais, melhor que não se perca tempo com a análise dos debates sobre a tal crise.

Ocorre, entretanto, que os movimentos legislativos e jurisprudenciais — e a alteração do estado de coisas efetivada pela lógica capitalista — não podem ser desconsiderados em suas peculiaridades evolutivas e, portanto, importante se mostra revisar os motivos e reações à crise de efetividade da execução trabalhista, sempre.

Organiza-se a presente reflexão em três fases simples: antes, durante, depois. Isso porque a execução, embora capítulo procedimental do encadeado de atos processuais, não existe de per se, isolada e, para se lhe alcançar maior efetividade, mister estabelecer padrão decisório desde a inauguração do feito.

---

(1) Graduado, mestre e doutor pela Faculdade de Direito da Universidade de São Paulo. Professor do *FGV Law*, da Escola de Direito da Fundação Getúlio Vargas de São Paulo. Juiz titular da 89ª Vara do Trabalho de São Paulo.

Antes

Uma execução efetiva depende de um processo democrática e procedimentalmente hígido que a anteceda. Não há execução caída do céu, mas ela, no mais das vezes, depende da formação hígida do título judicial.

Nesse passo, mister enfrentar-se algo do que vem sendo objeto de vívido debate na conformação do processo trabalhista contemporâneo.

O primeiro elemento diz respeito à admissão da parte em juízo, com as proteções legais dos que não podem arcar com os custos do processo.

A prerrogativa da justiça gratuita — chamada cinicamente pelo ordenamento de 'benefício' — endereça-se aos cidadãos que, não podendo arcar com os custos do processo, recebem dispensa, suspensão ou isenção de tais despesas, enquanto perdurar o estado de necessidade. Nada se alterou, significativamente, nas últimas décadas nesse tema, porém existe grande quantidade de decisões judiciárias referindo-se à 'mudança' a partir da 'reforma trabalhista', referência ao estrago legislativo provocado pela Lei n. 13.467/2017.

Repita-se: nada se alterou nas últimas décadas, para o que basta ler a CLT revogada, como estava desde 2002 (Lei n. 10.537):

> § 3º É facultado aos juízes, órgãos julgadores e presidentes dos tribunais do trabalho de qualquer instância conceder, a requerimento ou de ofício, o benefício da justiça gratuita, inclusive quanto a traslados e instrumentos, àqueles que perceberem salário igual ou inferior ao dobro do mínimo legal, ou declararem, sob as penas da lei, que não estão em condições de pagar as custas do processo sem prejuízo do sustento próprio ou de sua família.

Até dado limite, o 'benefício' pode ser concedido até *ex officio*, independentemente de outra providência, a partir daí, o interessado deve comprovar a necessidade — a expressão *comprovar* está na Constituição, 5º, LXXIV)

A Lei n. 10.537/2002, atenta ao desenvolvimento jurisprudencial iniciado em 1950, já lançou no texto da regra o meio da prova: declaração "sob as penas da lei". Nunca se reconheceu qualquer sombra de inconstitucionalidade no embate "comprovar" *x* "declarar", pois que, como dito, revela evolução jurisprudencial iniciada sob os auspícios da Lei n. 1060/1950. No princípio, declaração de autoridade — normalmente, o delegado de polícia — depois, com a confirmação de ser impossível tal prova, pois que não depende da renda do cidadão, senão que da equação *renda/despesas mínimas*, adotou-se a *declaração* como meio de prova. Eis a redação de 1986, para o art. 4º, § 1º, da referida Lei:

> § 1º Presume-se pobre, até prova em contrário, quem afirmar essa condição nos termos desta lei, sob pena de pagamento até o décuplo das custas judiciais.

Eis, pois, o estado de coisas desde, no mínimo, 1986, com advento da Lei n. 7.510/86.

A regra nova indica "comprovar", como a Constituição, mas, ante a construção jurisprudencial e normativa anterior, o meio de comprovação emerge da mera declaração do interessado. Não por outro motivo, há regra explícita no CPC de 2015, que revogou as leis de gratuidade judiciária, e estabeleceu, ao regular o pedido de assistência judiciária gratuita:

> Art. 99, § 3º Presume-se verdadeira a alegação de insuficiência deduzida exclusivamente por pessoa natural.

Eureca: nada mudou, do ponto de vista da hermenêutica efetiva do processo.

Admitir a gratuidade ampla constitui, pois, inegável mecanismo inicial de preparação de uma execução efetiva.

Com esse capítulo, vêm, também, as dificuldades impostas pela novel legislação, de todas, citam-se duas: honorários sucumbenciais de quem é titular das prerrogativas da gratuidade, e custas no arquivamento injustificado. Aqui, de novo, duas portas que podem, ou não, abrir espaço para execução efetiva.

Quanto aos honorários, em que pese a Lei referir-se à natureza alimentícia — corretament[(2)] — é de ver a necessidade de ponderação de dois valores importantes constitucionalmente: a proteção do fruto do trabalho e o acesso à justiça. Entre elas, no caso dos honorários sucumbenciais, que, via de regra, não são a única fonte de subsistência do advogado, prepondera a necessidade de irrestrito acesso à ordem jurídica justa, pelo que a gratuidade não pode mitigar-se com o pagamento de honorários à parte contrária, no caso de sucumbência parcial. A pavorosa invenção do açodado legislador reformista de 2017 no art. 791-A, § 4º, *initio* empurra o leitor igualmente apressado à equivocada ideia de que todo valor da reclamatória haverá de pagar honorários da parte contrária, até o limite deste valor. Não! Ainda que não se debata a constitucionalidade duvidosíssima desse normativo, a referência a "créditos capazes de suportar a despesa" vem a confirmar que tudo segue como sempre foi: se o crédito do empregado na demanda torna-o rico, fá-lo, portanto, perder a razão de proteção das prerrogativas da justiça gratuita, então ele paga custas e honorários sucumbenciais. Senão, não.

O arquivamento caro necessita, a seu turno, de regulamentação, pois que o texto da lei é claro, art. 844, § 2º, da CLT reformada, ao exigir do reclamante "motivo legalmente justificável". Legalmente, sabem-no os leitores habilitados no vernáculo,

---

(2) Observe-se que o texto da norma, art. 85, § 14, do CPC, indica "os mesmos privilégios dos créditos oriundos da legislação do trabalho", com o que confessa sua teleologia de proteção contra a universalidade da falência e a inclusão na ordem preferencial dos precatórios. Nada além.

são os motivos que a Lei diz justificáveis. E quais são? Ainda a Lei não os disse. Carece, a sofrível ideia legislativa, de complementação, de regulamentação, para colher eficácia. De novo, se a porta da justiça é fechada, porque o reclamante se ausentou e o processo foi arquivado, exigindo-se, de quem não pode pagar, as custas, não haverá execução efetiva.

O segundo elemento diz respeito à ideia de decisão de mérito. O CPC de 2015, encarnando princípios constitucionais, estabeleceu literalmente, em seu art. 6º, *in verbis*:

> Todos os sujeitos do processo devem cooperar entre si para que se obtenha, em tempo razoável, **decisão de mérito** justa e efetiva.

O objetivo do processo é atingir uma decisão de mérito, com a cooperação de todos.

As extinções por informalidades, falta de cálculos, inespecificação de números etc. devem render-se à ideia regente de que o processo visa ao recebimento de uma decisão de mérito.

Não se faz preciso, a esta altura, nem que se observe o princípio da cooperação, nem o tempo razoável, tampouco que a decisão seja justa e efetiva. O primeiro obstáculo a ser superado é o de atingir-se uma decisão de mérito.

Renegando sua história, o processo do trabalho vivenciado hodiernamente vem ratificando uma extremada preocupação com firulas, exigências legais e outras que nem existem, para, afoitamente, os juízes darem cabo dos processos, antes e sem resolverem-lhe o mérito.

Inúmeros são os exemplos, mas fiquemos com dois, por mais expressivos: **o primeiro**, há indicação do valor certo para o pedido determinado, por exemplo, "horas extras com reflexos"... R$ 5,00. O juiz encasqueta que a parte deveria indicar quais são os reflexos (embora eles já constem da causa de pedir) e quanto vale cada um. Exigência ilegal, que visa a estancar a existência da lide, como se não fosse princípio do próprio sistema a busca de uma decisão de mérito. **Outro**: todos os pedidos estão liquidados, em 'fases' e 'subfases', ao gosto do mais obcecado juiz, entretanto vieram sem a 'planilha de cálculos'. Mas ora! A leitura da lei não sugere a existência indispensável desse documento, mas o juiz, em seu 'convencimento', crê indispensável ao exercício do contraditório que haja 'planilha' de cálculos.

Em ambos os exemplos o fim encontrado é idêntico: o feito acaba extinto **sem** resolução do mérito, em desprestígio aos princípios constitucionais, à finalidade da Justiça e em franco desperdício de recursos públicos. Salários, alugueres, taxas, contratos de terceirização, mecanismos e meios informáticos, tudo posto à disposição do juiz para que ele acabe com o processo, sem dizer se alguém tinha razão.

A extinção opera-se, não raro, ainda, sem oportunidade de emenda, o que configura mais um desacato à ordem jurídica, com o que se menoscaba a mais ingênua *ratio* de ser do processo. Antiga súmula do TST já desestimula esse fenômeno, reescrita a partir da vigência do Código de 2015:

> Salvo nas hipóteses do art. 330 do CPC de 2015 (art. 295 do CPC de 1973), o indeferimento da petição inicial, por encontrar-se desacompanhada de documento indispensável à propositura da ação ou não preencher outro requisito legal, somente é cabível se, após intimada para suprir a irregularidade em 15 (quinze) dias, mediante indicação precisa do que deve ser corrigido ou completado, a parte não o fizer.

Mediante "indicação precisa" do que deve ser corrigido.

Noutro plano, os cálculos iniciais, instituídos como obrigatórios pela reforma trabalhista de 2017, apresentam outra consequência.

Imaginar que o legislador haja sido apenas **cruel** com o advogado do reclamante, impondo-lhe uma excessiva oneração — a de dar números aos pedidos — sem qualquer **finalidade prática**, seria impensável. O legislador, imbuído das forças do bem comum e da ideia de avanço da democracia, não inventaria uma obrigação apenas para divertir-se com as dificuldades que ela impõe a um dos usuários do sistema de justiça. É preciso extrair dessa medida um tanto mais.

Presta-se, ninguém nega, a colocar o processo em piso terráqueo. Não vai longe o tempo em que todas as causas tinham valor semelhante, o mínimo para escapar do *procedimento sumário* — depois de 2000, do *sumaríssimo* — tudo sob a frágil razão do *valor de alçada*. Valor *de alçada* nunca houve. Sempre se extraiu a consequência sobre a *alçada do processo*, a partir *do valor da causa*. A construção da práxis forense em sentido contrário constitui flagrante ilegalidade. Como se a parte pudesse escolher a alçada de seu processo, atribuindo-lhe um valor *para esse fim*. Não é essa a razão de ser da norma. Inútil, entretanto, chorar pelas décadas de ações com 'valor apenas para fins de alçada'.

Em determinado processo trabalhista daquela era, aberta a instrução, o juiz, observando que o valor da causa é de R$ 500,00, pouco mais de dois salários mínimos de então, pergunta ao reclamante sua pretensão para um acordo, ouvindo como resposta "dois milhões e meio de reais". Dirige-se, então, à parte contrária e pede uma contraoferta, escutando, então, que o reclamado paga o dobro do valor da causa, R$ 1.000,00. Esse disparate devia-se, em muito, à falta completa de parâmetros de realidade a delinear a pretensão, ante o desrespeito à ideia de valor da causa.

A novel legislação estabelece que os pedidos, sempre certos, devem apresentar valor correspondente, o que atrai para termos mais objetivos o debate em torno da lide. Isso tem notável efeito positivo sobre a conciliação. Ao redor de números concretos, mais fácil, racional e possível é buscar consenso. Nada de *dois milhões* x *mil reais*. Enriquece-se o procedimento, aperfeiçoa-se o alcance de resultado mais justo.

Não é, entretanto, só.

Ante o chamado princípio — que mais uma técnica parece ser — da concentração ou da eventualidade, impõe-se à parte que contesta o dever de impugnar todos os fatos, fundamentos e pedidos da parte autora, sob pena de reconhecimento, ou confissão. Essa técnica está a exigir que a contestante impugne os cálculos da inicial, o que não se confunde com a mera negativa do direito correspondente.

Contestar o pedido de horas extras pode significar negar sua existência, ou arguir a validade jurídica de um acordo compensatório. Tal providência não mitiga o dever de a parte indicar que os cálculos, ainda que procedente fosse o pedido, encontram-se errados. Não havendo manifestação a essa altura, estar-se-á diante de reconhecimento da correção dos números, inexistindo motivo para nova dilação por ocasião da fase de cumprimento da sentença. Não contestados — e contestação de cálculos faz-se com números — os valores lançados pela inicial para os pedidos procedentes já estão liquidados.

Um parêntese apresenta-se necessário, nesse degrau da argumentação. Apresentar pedido certo nem sempre significa apresentar pedido líquido. Esse debate vem, no mais das vezes, suscitado por parte das defesas, que insistem em ver reconhecido pela decisão judicial o limite do pedido ao valor atribuído na inicial. O art. 324, do CPC, entretanto, indica situações em que o pedido sequer pode ser certo, se depende ato da parte adversa ou se não for possível, desde logo, aquilatar seus desdobramentos. Nessas hipóteses, o valor é meramente estimativo e não limita nada. Fora delas, o importe atribuído ao pedido pode ser observado e, em face de procedência integral, já está ali a liquidação do feito.

Um último aspecto na fase do "antes" precisa ser sopesado. Vigora na práxis do foro trabalhista uma obsessão inexplicável pelo número perfeito. Quem milita nessa seara sabe que a 'fase' de liquidação pode tomar meses, anos, debatendo-se os centavos da conta. Tal providência eleva à condição de suposto debate jurídico, que pode movimentar segunda e terceira instâncias, algo que não ultrapassa a função de uma calculadora simples. Observe-se o que diz o CPC sobre essa 'fase':

> Art. 524, § 1º Quando o valor apontado no demonstrativo aparentemente exceder os limites da condenação, a execução será iniciada pelo valor pretendido, mas a penhora terá por base a importância que o juiz entender adequada.

Ninguém debaterá incansável e incessantemente as contas, bastando que o juiz fixe o valor que estima correto, se julgar, *prima facie*, que o apontado pelo exequente mostra-se irracional. Simples, como a vida há de ser. Prorrogar debates inférteis, por precisão na conta posterga o resultado útil do processo e prejudica a efetividade da execução.

Durante

Na fase de cumprimento da sentença, chamada ainda pela CLT de execução, tem-se a aclarar apenas a incidência de regra nova, aparentemente limitadora dos poderes do juiz, que vem a ser a estampada pelo art. 878, da CLT.

Eis o texto antes vigente:

"A execução poderá ser promovida por qualquer interessado, ou ex officio pelo próprio Juiz ou Presidente ou Tribunal competente, nos termos do artigo anterior."

O alterado preceitua:

"A execução será promovida pelas partes, permitida a execução de ofício pelo juiz ou pelo Presidente do Tribunal apenas nos casos em que as partes não estiverem representadas por advogado."

A modificação restringe a promoção da execução por parte do magistrado, ressalvado o caso de exercício do *jus postulandi* direto, que sobreviveu à sanha reformista de 2017. A interpretação mais restritiva viu no dispositivo uma regra obtusa segundo a qual apenas as partes podem mover o processo adiante, impondo-se ao magistrado a posição de constante perguntador. O célebre "requeira o quê de direito". Como se inexistisse de então em diante o impulso oficial. A limitação da Lei diz respeito à iniciativa para começo da fase executória, antes designada ao juiz ou às partes e agora restrita às partes, em regra. Uma vez iniciada a fase executória, cumpre ao condutor adotar todas as medidas úteis, refutar as inúteis, para ver cumprida a ordem estatal impressa na sentença.

Cuida-se, assim, da ideia de impulso oficial, que não se desprende do processo civil há muito tempo, e que veio reafirmada no art. 2º, do CPC:

"O processo começa por iniciativa da parte e se desenvolve por impulso oficial, salvo as exceções previstas em lei."

Na ciência, rememorando lição tão simples quanto antiga:

> "É o princípio pelo qual compete ao juiz, uma vez instaurada a relação processual, mover o procedimento de fase em fase, até exaurir a função jurisdicional." (CINTRA, Antônio Carlos de Araújo; GRINOVER, Ada Pellegrini; e DINAMARCO, Cândido Rangel. *Teoria Geral do Processo*. 28 ed. São Paulo: Malheiros, 2012. p. 75)

A cada passo do processado não terá o juiz que estancar a marcha processual — rememore-se que processo, etimologicamente, contém ideia de marcha adiante, contrário de retrocesso, marcha à ré — e perguntar à parte o que deve ser feito. Tampouco dirá que a falta de manifestação do interessado conduziu o feito à malsinada prescrição intercorrente.

Quanto a esta, mister rememorar que algum sentido faria no cenário do processo civil antigo, em que a fase de execução constituía um processo autônomo, que começava com petição inicial a que se seguia citação do devedor. Com dois processos, um de conhecimento, outro de execução, poder-se-ia conceber que a negligência em iniciar o segundo autorizaria o reconhecimento de prescrição. A partir das reformas, para o processo comum, dos anos dois mil, que criaram a chamada sentença sincrética, que contempla em si o fim do conhecimento e o início da fase de "cumprimento", não se poderia cogitar mais de prescrição intercorrente.

De toda sorte, com ou sem prescrição intercorrente, a condução do processo incumbe ao Estado-juiz, não é para ele opção, nem mistério. Diante da penhora de pecúnia, com oferta de um imóvel pelo devedor, não há regra processual que sugira ao juiz a interrupção dos atos processuais, para questionar ao exequente sua opinião ou sua escolha pelo melhor meio de cumprir o julgado. Os atos de ofício não foram extintos com a reforma de 2017, na fase de execução. A iniciativa do prosseguimento, após a frustração de cada tentativa, deve ser tomado pelo juiz, até o limite dos meios disponíveis.

Veja-se que, em situação não extraordinária, o devedor terá dinheiro no banco, automóvel ou imóvel, três espécies de bens a que tem acesso, por consulta eletrônica, o Poder Judiciário, inexistindo razão para que se aguarde a oportuna requisição de cada qual, de todos, ou de parte deles, na iniciativa do exequente. Não se perca de vista que a efetividade da execução prestigia, antes e mais, o próprio Judiciário, mostrando-se indireto, de tal perspectiva, o interesse do credor.

Durante a fase de cumprimento da sentença, ou, na nomenclatura da CLT, da execução, mantém-se habilitado o juiz à tomada de medidas ex officio, excetuado, pela literariedade da Lei reformada, apenas o primeiro impulso, que antes lhe era, também, atribuído.

Depois

Após o início do processo de execução, algumas ponderações em prol da efetividade hão de ser consideradas.

Num primeiro capítulo, a noção de inadimplemento, na execução dos acordos judiciais. Não se faz incomum a inserção de cláusula penal para estímulo do adimplemento dos acordos, nos termos que se tornam sentença judicial de homologação. Ocorre que, atrasado o cumprimento, surge um artificial debate sobre o cabimento da pena, por conta da interpretação do que venha a ser inadimplemento. Alguns, não poucos, sustentam que pagamento atrasado não constitui ato de não adimplir, o que virá a emergir tão somente na hipótese de absoluta inércia, sem qualquer pagamento.

Para efetividade da execução, tem-se que tal interpretação exibe-se frágil e estimula o descumprimento do avençado. Inadimplir é não cumprir a obrigação. Não é não pagar. Se a obrigação configura-se o pagamento da parcela de R$ 5,00, no dia 2, não pagar, pagar 4,50 no dia 2, ou pagar 5 no dia 3 são hipóteses de inadimplemento. Se o Judiciário, depois de homologar, por sentença, o ajuste que prevê penalidade por inadimplemento, mitiga a incidência da pena, com hermenêutica favorável ao negligente, estará a estimular, ele próprio, o descumprimento de suas ordens, notadamente as que se tomem em sede executória.

A firmeza da aplicação das penalidades impostas pela sentença, ou estabelecidas pelas partes para, depois, serem homologadas pelo juiz, dá o timbre da efetividade da execução. Funcionará como estímulo à obediência da avença ou da sentença, se não houver mitigação da aplicação da cláusula. De outra, exercerá estímulo ao não cumprimento, a leitura hermenêutica que abrandar os termos da incidência da cláusula penal.

Um último capítulo, nesse voo panorâmico sobre a efetividade da execução e sua crise: cumprimento de decisões judiciais na pandemia do Covid-19.

Pode dar-se, não significa que toda e qualquer situação empresária revele isso, de a pandemia desencadeada pelo novo coronavírus constituir força maior para o funcionamento da unidade produtiva. Para isso, um vínculo etiológico imediato entre a atividade e a interrupção do atendimento ao público mostrar-se-á necessário. Ao lado de que deve ser examinada a condição econômica do empreendimento.

No que toca ao primeiro requisito, embora pareça natural ou até óbvio, bem é de destacar que o senso comum acaba por desenhar o argumento de que todo negócio foi prejudicado pela ocorrência da indesejada pandemia. José Rogério Cruz e Tucci, em sua coluna no Migalhas (<https://migalhas.uol.com.br/depeso/325063/inexistencia-de-nexo-entre-a-pandemia-e-o--cumprimento-dos-contratos>) rememora o precedente americano da Corte Federal da Califórnia, no caso Lloyd *v.* Murphy [25 Cal. 2d 48], de 1944, em que, ainda após a interrupção da venda de carros novos por determinação do governo, que se seguiu à entrada dos Estados Unidos na II Grande Guerra Mundial, a loja de carros não teve reconhecido seu direito a não adimplir as obrigações do contrato de aluguel do imóvel em que tinha sua sede. Isso porque, conforme fundamentado pelo tribunal na ocasião, não se demonstrou suficientemente o grau de prejuízo imposto pelo fato externo e a realização dos negócios da autora da demanda.

Outro fator importante, o segundo requisito indicado, está na higidez econômica do empregador. Notícia do jornal Valor Econômico de 27.03.2020, citada por José Fernandes Simão (<https://migalhas.uol.com.br/coluna/migalhas-contratuais/323599/o-contrato-nos-tempos-da-Covid-19---esquecam-a-forca-maior-e--pensem-na-base-do-negocio>) afirma que 85% das companhias que tem ação na bolsa conseguem honrar seus compromissos trabalhistas ainda que ficassem 12 meses sem faturar e a metade das empresas restantes suportaria 6 meses.

Possível, embora não automático, que a superveniência da pandemia sugira a impossibilidade de cumprimento de obrigação imposta por sentença, inclusive — e talvez, em termos práticos, preponderantemente — as que advêm de sentença homologatória de acordo. A questão que se coloca emerge do meio de alegação e decisão sobre esse empecilho. No foro, colhem-se pedidos avulsos formulados para o juiz da execução, e mandados de segurança contra a negativa deste.

Cuida-se, como indicado, de alegação de fato superveniente, novo e, por isso, dependente de prova, que tem força para impedir o cumprimento de obrigação em relação jurídica continuada. Fácil afastar, de pronto, o uso do mandado de segurança, por inexistir direito líquido e certo, conceituado como aquele que independe da produção de provas, ou que tem a prova documental pré-constituída.

O manto dos efeitos da coisa julgada não pode ser revisto, nem pelo Estado, a propósito da cláusula rebus sic stantibus, mediante petição. À hipótese dos acordos em andamento, incide a ação revisional (505, I, do CPC), com possibilidade de concessão, presentes os supostos, de providência liminar (tutela de urgência), desenvolvimento de fase instrutória exauriente e prolação de sentença. Decisão que se insere no sistema recursal, assegurado pelo princípio do duplo grau de jurisdição.

Dispensar, mediante decisão interlocutória, a parte da obrigação, como mitigar os termos em que foi chancelada, desequilibra a relação jurídica, enfraquece o Judiciário e torna menor a efetividade da execução. Além disso, funda-se em premissa caolha, eis que as dificuldades econômicas impostas ao devedor da obrigação, por certo, incidem — e presumivelmente com mais densidade — sobre o credor de prestação de natureza alimentícia.

Conclua-se que a diretriz de dar cumprimento efetivo à ordem judicial emoldura o princípio constitucional do acesso à ordem jurídica justa. Embora presente antes, o texto do vigente CPC, em seu art. 4º, que tem dicção absolutamente constitucional:

> "As partes têm o direito de obter em prazo razoável a solução integral do mérito, incluída a **atividade satisfativa**."

A sentença condenatória nada restitui à parte cujo direito foi violado, como ensina Luiz Guilherme Marinoni[(3)]:

> "O direito de ação também não se exaure com a sentença que afirma o direito, mas **carece de execução para conferir a tutela** do direito ao

(3) "Direito fundamental de ação". In: CANOTILHO. J. J.; MENDES, Gilmar Ferreira; SARLET, Ingo Wolfgang; STRECK, Lenio Luiz. *Comentários à Constituição do Brasil.* 1. ed. 2. tir. São Paulo: Saraiva, Lisboa: Almedina, 2014. p. 362.

> autor. É o caso das sentenças que dependem de execução, isto é, das sentenças condenatória, mandamental e executiva. (...) A sentença condenatória, apesar dos esforços doutrinários, **nunca prestou a tutela** do direito. Sempre constituiu uma mera fase à prestação da tutela jurisdicional".

Evolui-se muito, desde o texto do antigo CPC, que definia a sentença como o ato pelo qual o juiz põe fim ao processo, diante da ideia do suso reproduzido art. 4º da Lei vigente. Torná-la letra viva configura dever da magistratura, auxiliada pelas partes, notadamente a devedora, cujo direito de defesa não inclui o de descumprir, desviar-se ou de se esconder do cumprimento tempestivo do comando sentencial.